DAS GROSSE JACK RUSSELL TERRIER BUCH

Herausgeber
Mary Strom

KYNOS VERLAG MÜRLENBACH

Englische Originalausgabe: »The Ultimate Jack Russell Terrier«
Ringpress Books Ltd., Lydney

Übersetzung: Helga und Dr. Dieter Fleig

Titelfoto: Sheila Atter

© 2000: KYNOS VERLAG Dr. Dieter Fleig GmbH
Am Remelsbach 30, D-54570 Mürlenbach/Eifel
Telefon: 06594/653, Telefax: 06594/452

Internet: http://www.kynos-verlag.de
e-mail: info@kynos-verlag.de

ISBN: 3-933228-18-2

Herstellung: Ringpress Books Ltd., Lydney, England

Das Werk einschließlich aller seiner Teile ist urheberrechtlich geschützt. Jede Verwertung außerhalb der engen Grenzen des Urheberrechtsgesetzes ist ohne schriftliche Zustimmung des Verlages unzulässig und strafbar. Das gilt insbesondere für Vervielfältigungen, Übersetzungen, Mikroverfilmungen und die Einspeicherung und Verarbeitung in elektronischen Systemen.

INHALTS-VERZEICHNIS

DIE AUTOREN — 6

Kapitel 1: VORSTELLUNG DES JACK RUSSELL — 10
Mein erster Terrier. Ein todbringendes Team. Der traditionelle Jack Russell. Meuteverhalten. Heulen. Telepathie. Temperament. Blencathra. Die Zukunft.

Kapitel 2: DIE TERRIER DES PARSON — 20
Oxford. Der junge Vikar. Seine eigene Gemeinde. Die Passion des Parson. Eine beachtliche Meinung.

Kapitel 3: DER JACK RUSSELL WELPE — 33
Der Züchter. Welpenauswahl (Rüde oder Hündin. Familien- oder Ausstellungshund. Felltypen. Markierungen. Farben. Ticking und Pigmentierung). Vorbereitungen auf den Welpen. Abholung des Welpen. Der erste Tag. Fütterung. Eingewöhnen. Stubenreinheit. Käfigtraining. Reisen im Auto. Schutzimpfungen. Entwurmung. Fellpflege und Baden. Auslauf. Hausordnung. Wachstumsfördernde Futtermittel.

Kapitel 4: DIE ERNÄHRUNG DES JACK RUSSELL — 54
Grundlagen der Ernährung. Energiebedarf. Auswahl des richtigen Futters. Wachstumsfördernde Futtermittel. Tragende und säugende Hündinnen. Erhaltungsfutter und Fütterung im Alter. Richtiges Etiketten lesen. Komplettfutter oder Ergänzungsfutter. Trockensubstanz. Kosten. Eigene Futtermischungen. Zusammenfassung.

Kapitel 5: DIE ERZIEHUNG DES JACK RUSSELL — 66
Ausbildungsziele. Früherziehung. Erlernen des Namens. Stubenreinheit. Das Warten. Training mit Halsband und Leine. Spielen. Platz auf längere Zeit. Aufmerksamkeit konzentrieren. Gute Manieren beim Autofahren. Gute Manieren an Türen. Sofortiges Platz. Sitz. Voraussenden. Sozialisation. Grundgehorsam. Formelles Sitz und Platz. Bei Fuß gehen. Bleib. Formelles Heranrufen. Formales Apportieren. Ausstellungstraining. Steh. Richterinspektion. Fuß. Problemverhalten. Lärmempfindlichkeit. Bewachen von Gegenständen. Schnappen. Ungehorsam.

Kapitel 6: DER VIELSEITIGE JACK RUSSELL 85
Arbeitsprüfungen in England. Qualifikation. US-Arbeitsprüfungen. Unterordnung - Obedience. Agility. Verkehrssicherer Begleithund - Good Citizen. Rennen - Racing. Falknerei. Baujagdprüfungen. Polizeiarbeit. Therapiehunde. Film- und Fernseharbeiten. Berühmte Jack Russells. Werbeträger.

Kapitel 7: DER JACK RUSSELL ALS ARBEITSHUND 103
Arbeitsterrier heute. Der Arbeitsinstinkt. USA (Werkzeug für Erdarbeiten. Beutetiere. Red Fox. Graufuchs. Amerikanischer Dachs, Murmeltier. Waschbär, Opossum. Aufbau einer Tradition. Training des Jack Russell für die Arbeit unter der Erde). Australien (Der ideale Terrier. Heutige Jagd).

Kapitel 8: DAS HOHELIED AUF DEN JACK RUSSELL 120
Jagende Landbesitzer. 19. Jahrhundert. Philip Reinagle. Sir Edwin Landseer. Die Jahrhundertwende. Tyddesley Davis. John Emms. Arthur Wardle. Maud Earl. George Earl. Chocolate-Box Art - Pralinenschachtelkunst. Edgar Hunt. William Stephen Coleman. William Henry Hamilton Trood. John Alfred Wheeler. Parson Jack Russell in der Kunst. 20. Jahrhundert.

Kapitel 9: DIE RASSESTANDARDS 140
Der erste Rassestandard. Der zweite Rassestandard. Anerkennung. Ein Vergleich der Rassestandards (Allgemeines Erscheinungsbild. Charakteristika. Größe, Substanz, Proportionen. Kopf. Ohren. Kopf. Fang. Kiefer/Zähne. Nase. Hals und obere Linie. Körper. Rute. Vorhand. Pfoten. Hinterhand. Haarkleid und Haut. Farbe. Gangwerk/Bewegung. Wesen. Spanning. Disqualifikationen).

Kapitel 10: FELLPFLEGE 156
Struktur und Länge. Farben. Pflege. Ausrüstung. Routinepflege. Augen und Ohren. Zähne. Krallen und Pfoten. Trimmen. Trimmen Schritt für Schritt. Trimmen für den Ausstellungsring. Spezielle Hinweise für den Ausstellungsring. Kopf. Hals und Brustkorb. Pfoten. Rute. Baden.

Kapitel 11: JACK RUSSELL ZUCHT 177
Erbliche Merkmale. Zucht auf Typ und Körperbau. Genetik. Phänotyp und Genotyp. Aufstellen eines Zuchtprogramms. Auswahl des Deckrüden. Vorausplanung. Ihre Hündin. Die Hitze. Die tragende Hündin. Ernährung und Auslauf. Der Geburtsort. Erstes Wehenstadium. Die Geburt. Nach der Geburt. Wenn das Schlimmste passiert. Betreuung nach der Geburt. Pflege der Neugeborenen. Aufzucht des Wurfes (Kupieren und Wolfskrallen. Entwurmung und Schutzimpfung. Fütterung. Spielzeug. Frühe Lektionen). Auswahl der richtigen Käufer. Wesenstest. Ankunft zu Hause. Identifikation. Versenden von Welpen. Der verantwortungsbewusste Züchter.

Kapitel 12: GESUNDHEITSFÜRSORGE 203
Auswahl des Tierarztes. Tierkrankenversicherung. Allgemeine Pflege und Hygiene. Vorbeugende Pflege (Schutzimpfungen. Impfungen). Innere Parasiten. Ektoparasiten. Unfälle und erste Hilfe. Hauterkrankungen. Verdauungsstörungen. Zucht und Fortpflanzung. Der ältere Hund.

Kapitel 13: RASSETYPISCHE ERKRANKUNGEN 221
Erbliche Augenerkrankungen (Katarakt. Primäre Linsenluxation). Erbliche Augenerkrankungen (Augenlidveränderungen. Retinaatrophie. Retinadysplasie). Erbliche Knochen- und Gelenkerkrankungen (Kreuzbandriss. Patellaluxation). Hüfterkrankungen. Andere Gelenkerkrankungen (Osteoarthritis. Osteochondrose). Hauterkrankungen mit möglicherweise genetischem Hintergrund (Atopische Dermatitis).

Kapitel 14: AUSSTELLUNGSZWINGER 225
Einflussreiche Deckrüden. Einflussreiche Zuchthündinnen. Züchten heute. Jack Russell in den USA (Einflussreiche Linien. Einflussreiche Rüden. Einflussreiche Züchter. Die Zukunft). Australien (Parson Jack Russells. Jack Russells).

DIE AUTOREN

MARY STROM: Die Herausgeberin besitzt einen der führenden Zucht- und Ausstellungszwinger des Jack Russells an der Westküste der Vereinigten Staaten. Ursprünglich importierte sie ihr Zuchtmaterial aus Arbeits- und Ausstellungszwingern in England und Schottland. Zu den jüngsten Erfolgen zählt der Preis des Weltjugendsiegers auf der Weltsiegerausstellung, gleichfalls errang sie den Puerto Rico Junior Championtitel. Ihr Zwinger hat fünf amerikanische *Rare Breed Champions* hervorgebracht, die sich anschließend alle im Gruppenwettbewerb wie im Wettbewerb um *Best in Breed* und *Best in Show* platzierten.

Mary hat sich für die Rettungsarbeit von in Not geratenen Hunden der *Jack Russell Terrier Association of America* eingesetzt, schreibt die nationalen Zuchtinformationen. Sie ist Mitglied der *Jack Russell Terrier Association of America,* dem *Parent Club* für *AKC Recognition.* Weiterhin ist sie Mitglied des *Parson Jack Russell Club of England* und der *American Rare Breed Association.*
Siehe Kapitel 3: Der Jack Russell Welpe; Kapitel 6: Der vielseitige Jack Russell; Kapitel 11: Jack Russell Zucht; Kapitel 14: Ausstellungszwinger.

SHEILA ATTER befasst sich mit Jack Russell Terriern über mehr als 25 Jahre, ihr Ridley Zwinger stellte Zuchtmaterial für viele andere Züchter in der ganzen Welt. Wir treffen in elf verschiedenen Ländern von Finnland bis Australien auf von Ridley gezüchtete Champions. Sheila verbrachte einige Zeit in den USA, hat dabei einen Parson Jack Russell zum ARBA-Titel geführt. In den USA hielt sie eine Anzahl von Seminaren, richtete die *National Specialty* der *Jack Russell Terrier Breed Association.*

Als Zuchtbuchführerin (Breed Registrar) des *Parson Jack Russell Terrier Club* in England war sie für die Koordination der Originaleintragungen mit dem Kennel Club verantwortlich. Sheila schreibt regelmäßig Beiträge in der Hundepresse, veröffentlicht Rassenotizen in einer der englischen wöchentlichen Hundezeitungen.

PAT BAKER begann 1980 die Hundeausbildung für Wettbewerbe und ist heute hoch geschätzt aufgrund Arbeiten für Film und Fernsehen. Ihren großen Durchbruch erzielte sie 1989, als sie von Cass Samways den Jack Russell Welpen Cassacre Berwick of Gripton kaufte. *Ace* bewährte sich gut im Ausstellungswesen, aber erst in Filmen machte er sich wirklich seinen Namen. Nahezu unermüdlich arbeitete er für Aufnahmen in einem Video für *Cher,* erschien als *Jumble* in der TV-Serie *Just William,* arbeitete neben Albert Finney in *Cold Lazarus* von Dennis Potter. Sein jüngstes Auftreten war in den Fernsehwerbespots *Burger King* und *Kids Club.* Ace erschien auch in ITV's *Londons Burning.*

Weltjugendsieger Heythrop Trailblazer Of Snow Wind. *Foto: T. M. Strom.*

Drei Jahre später kaufte Pat einen Halbbruder von Ace *Cassacre Drummer,* er wurde allgemein als *Floyd* bekannt. Auch er wirkte an Fotoaufnahmen mit, wurde besonders ausgiebig in Fernsehserien für Kinder eingesetzt. Die Krone seiner Erfolge war Crufts 1996, als *Floyd* unter dem Rassespezialisten Bernard Tuck *Best of Breed* wurde.
Siehe Kapitel 5: Die Erziehung des Jack Russell; Kapitel 6: Der vielseitige Jack Russell.

JO BALLARD befasst sich schon über viele Jahre mit der Zucht und Ausstellung von Rassehunden. Ihre erste Rasse waren Basset Hounds, und 13 ihrer Hunde errangen australische Championatstitel. 1978 begegnete sie erstmals Jack Russell Terriern, und diese Rasse wurde zu ihrer großen Liebe. Jo war aktiv an der Entwicklung der Rasse beteiligt, reiste zu Ausstellungen und Meetings, ist langjähriges Mitglied des *JRT Club of Australia Inc.* Heute ist sie Ehrenmitglied auf Lebenszeit, hat Richterverpflichtungen beim *Jack Russell Terrier Club of Australia Inc.* Zurzeit besitzt sie drei Parson Jack Russell Terrier-Champions.
Siehe Kapitel 7: Der Jack Russell als Arbeitshund; Kapitel 14: Ausstellungszwinger.

ALISON JONES BVetMed MRCVS qualifizierte sich 1987 als Tierärztin auf dem Royal Veterinary College der Universität London. Nach kurzer Forschungsarbeit wurde sie Mitglied einer Gemeinschaftspraxis in Gloucestershire, in der sie sieben Jahre arbeitete. In dieser Zeit interessierte sie sich mehr und mehr für den Einsatz der Fütterung unter klinischen Voraussetzungen sowohl bei Hunden wie bei Katzen. 1987 trat Alison der Hill's Pet Nutrition bei, wo sie heute als *Veterinary Affairs Manager* tätig ist. Alison veröffentlichte mehrere Beiträge über verschiedene Gesichtspunkte der Hundeernährung und beantwortet Leserfragen zum Thema Hundeernährung für die Zeitschrift *Your Dog.*
Siehe Kapitel 4: Die Ernährung des Jack Russell.

DICK LANE BSc FRAgS FRCVS arbeitete in den letzten 35 Jahren als Tierarzt in eigener Praxis, ist Berater der *Guide Dogs for the Blind Association.* 1968 wurde er zum Ehrenmitglied des *Royal College of Veterinary Surgeons* berufen, erwarb 1993 die Mitgliedschaft der *Royal Agricultural Societies.* Zu seinen weiteren Auszeichnungen gehören 1977 der *BSAVA's Dunkin Award* und 1987 der *BSAVA's Melton Award.* Zu seinen literarischen Veröffentlichungen zählt das *A - Z der Hundekrankheiten,* bei dem er Co-Autor ist (England: Ringpress Books, USA: Howell Book House, Deutschland: Kynos Verlag). Er ist Herausgeber von *Animal Nursing,* Mitherausgeber von *Veterinary Nursing.* Gelegentlich schreibt er Beiträge für *New Scientist, Veterinary Times* und *Veterinary Practice.*
Siehe Kapitel 12: Gesundheitsfürsorge; Kapitel 13: Rassetypische Erkrankungen.

DOROTHEA PENIZEK ist in Wien geboren, wuchs in den Vereinigten Staaten auf. Immer hatte sie eine Passion für Hunde, aber erst bei ihrer ersten Begegnung mit einem Jack Russell Terrier - einer der *Heythrop Hunt Terriers* - war sie wirklich hingerissen. Ihren ersten Jack Russell kaufte sie in Irland, nahm ihn mit nach Wien zurück. Hier wurde sie Mitglied des österreichischen *Jack Russell Terrier Club* und befasste sich mehr und mehr mit der Rasse. Auf Reisen nach England besuchte sie Spitzenzüchter, importierte Qualitätszuchtmaterial nach Österreich. Dieses nahm starken Einfluss auf die Zuchtentwicklung in Österreich und Deutschland. Dorothea ist als Jack Russell Richterin qualifiziert.
Siehe Kapitel 9: Die Rassestandards.

PAUL ROSS wurde bereits als Teenager zum Terrier-Enthusiast. Während seines Aufenthalts in den USA in den 1970er Jahren begann er, Jack Russell zu züchten und auszustellen, wurde auch Richter. Er gründete die *Jack Russell Terrier Association of America.* In seinen *Blencathra Zwingern* züchtete er eine Reihe von Jack Russell Champions, darunter Blencathra Badger. Paul kehrte 1988 nach England zurück, brachte Badger und seine Wurfschwester Blencathra Nettle mit. Beide Terrier bewährten sich auf englischen Terrier Arbeitsshows. Nach Anerkennung durch den English Kennel Club wurde Badger 1991 der erste Parson Jack Russell Terrier, der auf Crufts den Titel *Best of Breed* gewann.
Siehe Kapitel 1: Vorstellung des Jack Russell.

PAM SIMMONS befasst sich seit 1989 mit Jack Russell Terriern. Eine ihrer ersten Hündinnen brachte Corn Row Tyler, 1997 *JRTCA National Conformation Champion* und *1998 JRTAA National Champion*. Über die Jahre fand Pam großes Interesse an der Arbeit mit der Rasse, in jedem freien Augenblick jagt sie mit ihren Terriern. Inzwischen ist Pam auf *A Working Judge Status* bei der JRTCA qualifiziert. Zu ihren Aufgaben gehört das Einweisen vieler Neulinge in die jagdliche Arbeit, sie hält auch Seminare über die Arbeit mit der Rasse ab. Zurzeit ist sie Vorsitzende des *Working Committee* im JRTAA.
Siehe Kapitel 7: Der Jack Russell als Arbeitshund.

CINDI STUMM befasst sich seit 1969 mit Hunden, unter dem Zwingernamen *Aristes* züchtet und stellt sie diese in den USA wie international aus. Sie hat sich besonders auf die Kunst der Hundepflege spezialisiert und ist sowohl für ihre superbe Präsentation von Hunden im Ausstellungsring allgemein bekannt als auch für ihre Vorlesungen und Seminare über Trimmen und Fellpflege. Am bekanntesten geworden ist Cindi wahrscheinlich aufgrund ihrer Erfolge mit Bouvier des Flandres und Schwarzen Russischen Terriern. Erst in jüngerer Zeit befasst sie sich mehr mit Jack Russell Terriern.
Siehe Kapitel 10: Fellpflege.

JOHN VALENTINE besitzt und züchtet Jack Russell Terrier seit seiner Kindheit, heute blickt er auf acht Generationen seines eigenen Zuchtprogramms zurück. Vor den Eintragungen beim Kennel Club zeigte er seine Hunde mit einigem Erfolg auf *Hunt Shows,* seit der offiziellen Anerkennung haben seine Jack Russells auf Championatsebene ihre Qualität bewiesen. John ist von Beruf Hundepfleger und hat sich auf Terrierrassen spezialisiert.
Siehe Kapitel 10: Fellpflege.

NICK WATERS beschäftigt sich seit Mitte der 50er Jahre mit Hunden. Bei den Mastiffs, Standard Pudeln und Irish Water Spaniels züchtete er selbst CC-Gewinner. Mit Liz Waters teilt er den *Zanfi Zwinger,* einen der erfolgreichsten Zuchtzwinger von Irish Water Spaniels.

Von Beruf ist Nick Historiker mit dem Fachgebiet *Der Hund in der Kunst*. Als freischaffender Schriftsteller tätig, schreibt er regelmäßig über den Hund in der Kunst für Kunstmagazine und wöchentlich erscheinende Hundezeitschriften in England wie in den USA. Über viele Jahre bot sein Verkaufsstand gute Antiquitäten und Sammlergegenstände, in Ausstellungskreisen war er eine vertraute Erscheinung.
Siehe Kapitel 8: Das Hohelied auf den Jack Russell.

DER WAHRE JACK RUSSELL!
Eddie Chapman

Der *Terrierman* der *Welsh Hunt* berichtet ausführlich über sein Leben mit seinen Jack Russells.
140 Seiten Großformat, reich bebildert (107 Fotos).
Ein »Muss« für jeden Jack Russell Liebhaber.
ISBN 3-924008-99-X
DM 62,80/SFr 59,--/ÖS 458,--
KYNOS VERLAG Mürlenbach

Kapitel 1
VORSTELLUNG DES JACK RUSSELL

Der erste Familienhund, an den ich mich als sehr kleines Kind erinnere, war ein kleiner weißer Terrier vom Jack Russell Typ. Meine Erinnerung an diesen Terrier ist ein weißes Energiebündel, das insbesondere die örtliche Katzenbevölkerung terrorisierte. Wie bei vielen Unfall-anfälligen Jack Russells war das Leben dieser Hündin kurz, ihre Katzenjagd endete schließlich unter den Rädern ihres schlimmsten Feindes - des Automobils. Die Katze schaffte es gerade noch über die Straße - der verfolgende Jack Russell nicht mehr.

Ich war acht Jahre alt, als meine Eltern die Stadt verließen, sich im Lake District, einem ländlichen Gebiet im Nordwesten Englands, ansiedelten. Die große Freiheit zwischen Bergen, Seen und Wäldern war für einen kleinen Jungen ein echtes Paradies. Kurz nach meiner Ankunft adoptierte mich Ricky, ein sandfarbener kleiner unbekannter Terrier im Besitz eines älteren Ehepaars. Ricky war ein junger Terrier, voller Leben, von meiner Hyperaktivität entzückt, und über Jahre wurden wir unzertrennliche Freunde. Wir spielten in unserem großen Garten endlose Spiele, wenn ich mich aber auf Streifzug in die Wälder aufmachte, zeigte die Hündin sich immer zögerlich mir nachzufolgen, da sie ihre eigenen Grenzen und die Zuneigung zu ihren Besitzern daran hinderten.

MEIN ERSTER TERRIER

Alles veränderte sich für mich, als eines Tages ein ganz kleiner Welpe - ein winziger *Lakeland Fell Terrier* - in unserem Haus ankam, eingekuschelt in den Armen eines meiner Spielkameraden. Dieser Junghund war ein Geschenk für ihn, aber seine Mutter hatte ihr Veto eingelegt, und es gab nichts, sie davon abzubringen. Ich nahm das heimatlose Bündel mit zu meiner Mutter, deren Widerstand sofort gebrochen war - und dieser Welpe war mein Eigen! Als Zugeständnis an meine Eltern stimmte ich dem Namen *Patsy* zu - nach einer Tante, die während des Kriegs in Belgien gestorben war. In den nächsten fünf Jahren zeigte mir dieser Terrier alle Intelligenz und Fähigkeiten seiner Rasse. Und schnell erkannte ich, dass wir Menschen noch sehr viel über die seelischen und körperlichen Fähigkeiten von Tieren zu lernen haben. Patsy war einer der altmodischen *Lakeland Fell Terrier Typen*, schwarz und lohfarben, und wie viele ihrer Art in jenen Tagen trug sie auf der Brust einen kleinen weißen Fleck. Sie war im Fell lockiger als der moderne *Lakeland Fell*, der extrem dichtes Drahthaar und quadratischen Körperbau zur Schau trägt. Aber der Ausstellungsring für Working Terrier verändert nach und nach das Aussehen einer Rasse!

Aufmerksam, intelligent und von ausgeprägtem Charakter besitzt der Jack Russell heute weltweit eine große Anhängerschaft.
Foto: Sheila Atter.

Vorstellung des Jack Russell

EIN TODBRINGENDES TEAM
Alle meine Schulferien verbrachte ich gemeinsam mit meinem Hund, manchmal in Gesellschaft eines jugendlichen Freundes und seines Fell Terriers. Man erlaubte mir sogar, ein Frettchen zu halten - namens Weasel - das zusätzlichen Reiz in unsere Abenteuer brachte. Frettchen und Terrier waren die besten Freunde, berührten sich wechselseitig bei Kampfspielen auf dem Teppich unseres Wohnzimmers. Draußen bildeten wir ein todbringendes Team, jagten Kaninchen und Ratten; das Frettchen arbeitete unter der Erde, der Terrier wartete am Höhlenausgang. Und in den meisten Fällen fing Patsy alles, was Weasel herausjagte. Leider hatte Weasel die unangenehme Angewohnheit, in die Kaninchenlöcher zurückzukehren, selbst wenn sie leer waren. Ohne viel Federlesen pflegte Patsy dann auf mein Kommando Weasel am Schwanz herauszuziehen. Und völlig überraschend leistete Weasel gegen diese unwürdige Behandlung gar nicht viel Widerstand. Ich konnte das Frettchen zwischen Hemd und Haut umhertragen und ich liebte es so sehr wie meinen Terrier, bis eines Nachts Weasel durch den Überfall einer Katze auf seinen Käfig getötet wurde. Katzen waren für mich und meinen Terrier Feinde, obgleich natürlich, wenn Katzen und Terrier gemeinsam in einem Haushalt aufwachsen, sie Freunde werden können. Mein Ärger über den freien Auslauf, den man Katzen einräumt, wird bestätigt, wenn ich mir das Unheil betrachtete, das Katzen unter der örtlichen Vogelschar anrichten.

Es waren für mich prägende Jahre mit dem ersten Terrier, den ich wirklich mein Eigen nennen konnte, und ich unterstellte, dass viele seiner Geschicklichkeiten allgemein gegeben seien. Wenn Patsy sich zur Heimkehr entschloss - etwa weil meine Freunde und ich ein Spiel begannen und sie nicht einbezogen - konnte sie über Entfernungen von mehreren Meilen zurückfinden. Sie konnte mich auch einholen, wenn ich mit dem Fahrrad weggefahren war - dabei ignorierte sie die Rufe meiner Eltern, sie machte sich auf den Weg, Nase am Boden, offensichtlich auf der Spur meiner Räder. Und manchmal fand sie mich Fußball spielend im Park, wobei ihre Besessenheit beim Nachjagen von Bällen schnell unser ganzes Spiel zerstörte. Auf der Jagd brauchte ich nur den Namen der *Beute des Tages* auszusprechen - seien es Ratten, Kaninchen, Mäuse oder was auch immer - sofort konzentrierte sie sich auf diese Tiere, ohne sich ablenken zu lassen.

Diese untrennbare Partnerschaft mit meinem Terrier dauerte bis zu meinem 16. Lebensjahr, als ich mit Felsenklettern und Bergsteigen begann, mich diesem Sport - der seither mein ganzes Leben beeinflusste - völlig hingab. Ich verließ die Schule, begann in der Forstkommission zu arbeiten. Die harte körperliche Arbeit des Bäumefällens verstärkte noch meine Fitness. Ich fühlte mich recht schuldig, dass Patsy jetzt in aller Regel auf ruhige Spaziergänge mit meinen Eltern beschränkt war. Es dauerte nur wenige Monate, da war mein kleiner Terrier tot - ein weiteres Opfer der gefürchteten Automobile. Ich war völlig am Boden zerstört. Mein einziger Trost bestand darin, dass der Großteil dieses Hundelebens mit dem ausgefüllt war, was Terrier am meisten lieben - frei in der Wildnis des Landlebens umherzustrolchen. In den darauf folgenden Jahren verließen mich meine Liebe für Terrier und meine enge Bindung zu ihnen nie. Und oft sehnte ich mich nach dieser einzigartigen Kameradschaft zurück, die mir mein Terrier Patsy geschenkt hatte.

Achtzehn Jahre verstrichen, in dieser Zeit hatte mich das Bergsteigen nach Amerika geführt. Mit eigenem Haus in New Hampshire fühlte ich mich sesshaft genug, um wieder einen Hund zu halten. Und Jack Russells besaßen einen guten Ruf, intelligente und sehr arbeitsfähige Terrier zu sein; es gab auch einige Züchter in den USA, deren Preise mir aber sehr hoch schienen. So wartete ich etwas und bei meinem nächsten Besuch in England kaufte ich einen Welpen - eine lustige kleine Hündin namens *Meg*, mit seltsam geformter kurzer Rute, ihre Abstammung führte auf die *Fourbarrow Hunt* zurück. Die Züchterin erzählte mir, die Hündin stamme aus einer sich *selbst kupierenden Linie!* Und tatsächlich, als ich später Meg mit einem Jack Russell mit normaler Rute paarte, wurde die Hälfte der Welpen mit Ruten geboren, die sich ganz natürlich auf die Länge entwickelten, wie sie sonst kupiert wurden. Ich glaubte der Züchterin, als sie mir sagte, dass wenn ich diesen *sich selbst kupierenden Typ* mit einem anderen paarte, alle Welpen mit kurzen Ruten geboren würden!

Meg war bestimmt nicht das, was man wohl als einen Jack Russell Terrier von besonderer Qualität bezeichnete. Sie hatte mittellange gerade Läufe und Propellerohren, dabei ein angenehmes freundliches Wesen. Sie war ein begeisterter Jäger, dabei ziemlich unkontrollierbar und sehr eigenwillig.

DER TRADITIONELLE JACK RUSSELL
Meine Forschungen über die Rasse begann ich mit dem Sammeln aller modernen Bücher über Arbeitsterrier, zuzüglich vieler alter Bücher aus dem 19. Jahrhundert über den *alten* Fox Terrier. Sehr bald erkannte ich, dass der traditionelle Jack Russell in Wirklichkeit der Fox Terrier vor 1900 war, also aus einer Zeit, ehe der Ausstellungsring maßgebend wurde und die Größe der Hunde und die Länge des Kopfes sich steigerten. Reverend John Russell, nach dem die Rasse ihren Namen trägt, war einer der Spitzenzüchter für Arbeits-Fox Terrier des 19. Jahrhunderts. Ab dieser Zeit konzentrierte sich meine Aufmerksamkeit auf Wesen und Arbeitsfähigkeit der Rasse, die Zeit des Ausstellens und Richtens der Terrier sollte noch kommen.

Um mit dem Geschehen unter den Russell-Enthusiasten Schritt zu halten, trat ich sowohl in England wie in den USA den Clubs bei. Aus den Büchern gewann ich eine Vorstellung, was die *Terriermen* und erfolgreiche Züchter in England ausmachte. Meine Ferien verbrachte ich mit Reisen quer durch England, besuchte Terrierausstellungen und horchte auf die Meinungen erfahrener - oft besessener - Besitzer, die bei weitem nicht immer untereinander einer Meinung waren!

Bei einem dieser Besuche Mitte der 1970er Jahre traf ich auf Eddie Chapman. Eddie besaß vier Terrier und arbeitete als Terriermann mit der *Welsh Hunt*. In dieser Zeit stammte seine Linie an Arbeitsterriern vorwiegend aus der *Exmoor Hunt*. Diese Hunde waren glatthaarig, hatten tief kastanienbraune Markierungen, zeigten eine Widerristhöhe von rund 12 inches (30 cm). Er nahm mich mit auf die Jagd, um mir die Leistungsfähigkeit seiner Hunde auf Fuchs und Dachs zu zeigen - zu dieser Zeit

Der Parson Jack Russell Terrier *(rechts) und der* kurzläufige Jack Russell - *beide Schläge entstanden in England.*

Foto: Sheila Atter.

Vorstellung des Jack Russell

Es ist ein ganz besonderes Erlebnis, wenn man Jack Russells bei der gemeinsamen Arbeit beobachtet.

Foto: Sheila Atter.

war Terrierarbeit auf Dachse in England noch nicht verboten. *Impressive - beeindruckend* wäre sicherlich eine Untertreibung - diese Terrier waren zweifelsohne einige der besten Arbeitshunde im ganzen Land. Ebenso eindrucksvoll war ihr sanftes und freundliches Verhalten, nicht nur Eddie gegenüber, sondern gegenüber allen, die mit ihnen umgingen. Ich hatte schon immer behauptet, dass die sich am besten benehmenden und freundlichsten Terrier - gegenüber Menschen wie anderen Hunden - aus den Kennels mit den besten Arbeitshunden stammen. Eddie züchtete damals nur ein oder zwei Würfe jährlich, in aller Regel zum eigenen Einsatz, und ich hatte das Glück, bei einer dieser Gelegenheiten in dieses Haus zu kommen. Er verkaufte mir Kelly, einen wahrhaft wunderbaren Terrier, deren jagdliche Fähigkeiten und treues Wesen sich über 17 Jahre ihres Lebens niemals verringerten. Ihren Lebensabend verbrachte sie mit meinem Sohn in Salt Lake City, Utah - weit von ihrem Geburtsort in den *Welsh Valleys*.

Kelly wurde die Stammhündin meiner erfolgreichen Russell Zucht, und über die Jahre bekam ich von Chapman mehrere andere Terrier. Jetzt wiederum stieg mein Interesse an Jack Russells immer mehr. Alle meine Energie und Zeit verbrachte ich mit meinen Terriern, baute nach und nach meinen Zwinger auf, beschäftigte mich vorwiegend mit der Zucht. Das Haus, in das ich zu dieser Zeit umzog, besaß einen Grundbesitz von 6 Acres (24.000 qm), grenzte an offenes Gelände mit Wäldern und Ufern, wo der Farmer in der Nachbarschaft mir freundlicherweise gestattete, dass mein Rudel frei

Der vorherrschende Instinkt des Jack Russells ist - zu graben!

Foto: Sheila Atter.

umherstreifte. Ich baute eine Reihe von Zwingern auf, beheizbar, um gegen den sehr kalten Winter in New Hampshire zu schützen, während bis zu vier meiner Lieblings-Terrier stets im Haus lebten. Die übrigen Rudelmitglieder hatten von Zeit zu Zeit das gleiche Privileg. Es ist von größter Wichtigkeit, die Zuneigung bei einer großen Terriermeute so gleichmäßig wie möglich zu verteilen, andernfalls könnte Eifersucht zu Aggressionsproblemen führen.

Es war für mich ein großes Glück, dass mein Grundstück an das offene Land angrenzte. Jeden Tag lief mein ganzes Rudel - ein Dutzend oder mehr Hunde - frei umher, wir zogen mit einer kräftigen Meute durch Wälder und Felder, begegneten allen Arten von Wild. Hierzu gehörten Waldmurmeltiere, Eichhörnchen, Waschbären, Backenhörnchen, Stachelschweine, Biber und gelegentlich Füchse. Einmal kam es an Ostern zu einer kurzen Begegnung mit einem Kojoten. Das ganze Rudel ergänzte seine Nahrung durch eine reiche Ernte von Feldmäusen. Das Auslösen von Stachelschweinstacheln, die Widerhaken tragen, aus Fang und Gesichtern der Terrier gehörte recht häufig zu den weniger angenehmen Folgen unserer *ruhigen Spaziergänge*. Das Gleiche galt für das Auswaschen von Skunksäften, die diese verspritzten, mit Hilfe von Tomatensaft. Manchmal stießen die Terrier auf eine Waschbärenhöhle (in den Wintermonaten graben sich Waschbären in New Hampshire häufig ein), dann hieß es lange warten. Ausgraben kam überhaupt nicht in Frage - der Boden war wie Beton gefroren. Ob es ein Waschbär oder eher ein Waldmurmeltier oder Fuchs gewesen war, ließ sich immer danach bestimmen, wie viele Haare die Terrier verloren hatten. Näherten sie sich dem Waschbär zu sehr, führte dies dank dessen außerordentlich kraftvollen Vorderpfoten zu einem sehr knappen Haarschnitt.

Die häufigste Beute des Jack Russells im Osten der Vereinigten Staaten ist das Waldmurmeltier - das von den Farmern als große Plage angesehen wird. Dessen Gewohnheit, häufig vertikale Bauten mitten in den Feldern zu graben, bringt eine ernsthafte Bedrohung in Form von Beinbrüchen bei Rindern wie Pferden. Dementsprechend wurde der Farmer in meiner Nachbarschaft - gleichzeitig mein Tierarzt - auch ein echter *Fan* meiner Russells.

MEUTEVERHALTEN
Der Besitz eines großen Rudels von Jack Russells und die Möglichkeit, sie unangeleint spazieren zu führen, bietet Beobachtungen im hundlichen Verhalten, die wenigen Menschen offen stehen. Ich bin ganz sicher, die große Mehrheit so genannter Hundeverhaltensexperten beobachtet nie wirklich natürliches Verhalten, oder ich müsste noch überzeugendere Erklärungen für einige der verbreitetsten Verhaltensmuster von Hunden zu lesen bekommen. Lassen Sie mich einige meiner Beobachtungen mitteilen - beginnend mit der Sozialisation. Nie habe ich mehr als zwei Hunde in einem Auslauf gemeinsam gehalten, und tagtäglich, wenn ich sie freiließ, gab es ein großes Begrüßungszeremoniell mit Lecken, sich Niederwerfen, Züchtigungen und Ähnlichem. Lange Zeit glaubte ich, dies erfolge rein zufällig, aber durch immer sorgfältigere Beobachtung Tag für Tag ergab sich ein Verhaltensmuster, das deshalb schwer zu erkennen war, da es immer mit großer Schnelligkeit ablief. Zu meiner Überraschung gab es ein allgemeines Begrüßungssystem, bei dem jeder Terrier jeden Tag zum nächsten Terrier in gleicher Reihenfolge ging, wobei je nachdem die Körpersprache unterschiedlich war. Ich vermute, das war von dem Status in der Gruppe oder persönlichen Gefühlen der Hunde zueinander abhängig. Dieses Verhalten meiner Jack Russells folgte ganz genau dem Wolfsrudelverhalten, wie ich es in Naturprogrammen des Fernsehens beobachtete. Lecken und Schnauzengriff mit geöffnetem Fang gehören zu den Beispielen sich unterwerfenden, aber freundlichen Verhaltens. Vielleicht versucht es Ihr Hund auch einmal an Ihnen, und Sie werden entdecken, dass er, hat seine nasse Zunge erst einmal Ihre Nase gefunden hat, umso beharrlicher wird, je mehr Sie den Hund wegschieben, aus lauter Sorge, seine Zuneigung würde abgewiesen. Natürlich sind nicht alle Jack Russells *lickers* - vielleicht nur jene mit starkem Rudelverhalten oder mit nachsichtigen Besitzern!

Ein anderes Verhaltensmuster zeigte sich, als ich meine große Jack Russell Meute der Betreuung eines anderen überlassen musste. Über die ersten drei bis vier Tage verlief alles gut, dann wurden

Von vielen Besitzern wurden bei Jack Russell Terriern geradezu telepathische Eigenschaften beobachtet.

Foto: John Valentine.

einige Mitglieder am oberen Ende der Rangordnung ruhelos, konnten untereinander völlig gegen die Gepflogenheiten *schnappig* werden. Es scheint durchaus möglich, dass sie sich überlegten, an meiner Stelle einen neuen Rudelführer zu suchen. Es konnte auch zu sehr ungewöhnlichen Ausbrüchen schlechten Verhaltens führen. Einmal köpften sie eine ziemlich bösartige Gans, die auf unserem Grund umherlief. Bei anderer Gelegenheit kam ich nach Hause und fand meinen Hund *Badger*, der gerade einen meiner großen Hähne gefressen hatte, der ganz ungeniert in seinen Auslauf geflogen war. Noch nie habe ich einen Jack Russell beobachtet, der einen so ausgedehnten Magen hatte, kaum konnte ich es glauben, dass nur einige Federn als Beweis zurückgeblieben waren! Dabei laufen stets etwa dreißig Hühner frei auf meinem Gelände und mit dieser einzigen Ausnahme haben meine Terrier sie nie auch nur beachtet.

HEULEN
Zu einer anderen Aktivität, die Besitzer in der Regel zu unterdrücken versuchen, gehört das Heulen. Natürlich belästigt dies alle Nachbarn innerhalb Hörweite, nach meiner Erfahrung ist es aber für Hunde von größerer Bedeutung, als wir annehmen. Ich bin ganz sicher, dies muss eine Art von Kommunikation sein - ja sogar eine komplexe Sprache. Mein Rudel heulte nicht jeden Tag, es gab aber mehrwöchige Perioden, in denen sie täglich heulten, in aller Regel am Morgen und/oder am Abend. Für mich wirkte dies wie eine Art von Singen, wenn sie guter Laune sind, sich gegenseitig viel zu sagen haben. Viel später kehrte ich nach England zurück, hatte nur einen Rüden und eine Hündin bei mir. Sie schliefen in der Küche, wollten gerne eine kurze Heulperiode abhalten, in aller Regel, wenn ich gerade zu Bett gegangen war, gelegentlich aber auch vor meinem Aufstehen. Ich fragte mich, ob das eine Bedeutung habe, deshalb zeichnete ich viele dieser Heulsequenzen auf und stellte fest, dass sie - seltsam genug - immer von der Hündin begonnen wurden, 20 bis 35 Sekunden dauerten, immer ein unterschiedliches Verhaltensmuster von Bellen, Heulen und Ähnlichem zeigten. Nach einer Reihe von Monaten hörte das regelmäßige Heulen auf, und - aus unbekannter Ursache - trat es danach nur noch sehr selten auf. Es gibt große Unterschiede, ein einsamer Hund hat einen ganz anderen Gesang als ein Paar oder ein Rudel. Ich bin ganz sicher, dieses Heulen kommuniziert mehr als wir zu erkennen vermögen. Dies ist noch ein Beispiel dafür, was wir alles über tierisches Verhalten nicht wissen.

TELEPATHIE

Ein weiteres wichtiges Merkmal ist die Fähigkeit der Russells zur Telepathie. Es gibt diese für mich zweifelsfrei. Mein Jack Russell *Badger* war über volle vierzehn Jahre mein ständiger Begleiter. Wenn meine Frau und ich uns zum Ausgehen vorbereiten, weiß er immer, ob er mitdarf. Hat er das Gefühl, dass er mitdarf, zeigt er große Freude, wenn aber unsere geschäftlichen Angelegenheiten ihn ausschließen, bleibt er auf seinem Sessel mit einem Ausdruck, als würde er sagen: »Es macht mir überhaupt keinen Spaß - bleibt aber bitte nicht zu lange weg!« Genauso wenig konnte ich je verstehen, wie meine Terrier immer wussten, wann wir nur noch etwa eine Meile oder zwei von zu Hause entfernt waren, völlig unabhängig davon, wie lange und wie weit unsere Reise gewesen war. Sie begannen sich in ihren Boxen zu strecken, bereiteten sich auf unsere Rückkehr vor.

TEMPERAMENT

Interessierte Hundefreunde sollten sich darüber im Klaren sein, dass Terrier - ja alle Hunde - ebenso viele unterschiedliche Temperamente haben wie wir Menschen. Von den tausenden von Menschen, die wir in unserem Leben treffen, werden wenige enge Freunde, den richtigen Hund für sich zu finden, kann genauso schwierig werden. Viele Hundebesitzer holen sich einen absolut nicht zu ihnen passenden Hund - der Hund hat dabei keine Wahl - und glauben dann ganz einfach, das sei die Art, wie alle Hunde oder insbesondere Hunde dieser Rasse sich benehmen. So hat natürlich auch der Züchter von Jack Russells Zugang zu einer großen Variationsbreite von Temperamenten. Mein Hauptinteresse galt immer dem Hund als Lebensgefährten, Zucht nahm den zweiten Platz ein, Ausstellen den letzten. Und erfolgreiche Zucht ist nach meiner Meinung 50 Prozent Planung und 50 Prozent Glück. Wenn das Glück keine große Rolle spielte, würde jeder Züchter Champions hervorbringen - niemand möchte zu den *Verlierern - losers -* gehören!

BLENCATHRA

Nach eingehender Forschung und mit Hilfe verschiedener englischer *Terriermen* kam ich zu der Überzeugung, dass Linienzucht zu den gleichmäßigsten Ergebnissen hinsichtlich Typ und Körperbau

Es gibt eine enorme Variationsbreite des Wesens innerhalb einer Rasse. Für die meisten Menschen ist das Wichtigste der Hund als Gefährte.
Foto: John Valentine.

Blencathra Badger und seine Wurfschwester Blencathra Nettle.
Foto mit freundlicher Erlaubnis von Paul Ross.

Der großartige Blencathra Badger, 14 Jahre alt, fotografiert im Lake District. Foto: Paul Ross.

Der Jack Russell ist noch heute als Arbeitshund hoch geschätzt. Foto: Sheila Atter.

führt. Ich schaffte es, mehrere Fox Terrier Bücher aus der Zeit von Reverend Russell zu finden, sie zeigen genau den Terriertyp, den ich bevorzuge. Dabei basieren meine Vorstellungen von Typ auf den Fotos und Drucken von zwei Hunden. Der Erste war *Old Jock,* ein Glatthaar Terrier, von dem Reverend Russell der Überzeugung war, er sei der Beste gewesen, den er je gesehen hatte, und er paarte ihn mit mehreren seiner besten Hündinnen. Der Zweite war *Carlisle Tack,* ein Drahthaar Terrier, gezüchtet aus einer der Hündinnen von Russell.

Mein erster Erfolg in der Zucht kam 1984, als ich einen Rauhaar-Rüden, in England aus erfolgreichen Arbeits- und Show-Terriern gezüchtet, mit einer Glatthaar-Hündin paarte, die ich selbst aus Exmoor-Zuchtmaterial gezüchtet hatte, ein superber kleiner Arbeitsterrier namens *Dorset.* Sie brachte einen Wurf mit acht Welpen, davon behielt ich zwei - einen Rüden und eine Hündin. Der Rüde Badger hatte ein Fell, das mir dem von *Old Jock* recht ähnlich schien - dichtes, glattes Haar, das keine Pflege brauchte und etwas raueres Haar im Gesicht. Die Hündin Nettle besaß ein raues Drahthaarfell. Den Zwingernamen Blencathra übernahm ich von einer Foxhoundmeute im English Lake District. Blencathra Badger und Blencathra Nettle standen am Ausgangspunkt einer berühmten Karriere, für jeden künftigen Jack Russell dürfte es schwierig sein, sie zu übertreffen. Noch in seiner Zeit in den USA gewann Badger 90 Erste-Platz-Bänder, wurde elfmal *Best in Show* auf der *Jack Russell Terrier Club of America National Show.* 1986 wurde er Champion aus 400 Meldungen, die Bewertung erfolgte durch den englischen Richter Derek Hume. 1987 wurde er auf der *Jack Russell Terrier Breeders Association National Show* Champion. Seine jagdliche Leistung bewies er mit dem Erringen von drei *Field Hunting Certificates* auf Graufuchs, Rotfuchs und Waldmurmeltier. Badger ist der Vater von 174 Welpen in den USA, darunter des berühmten Fernsehstars *Wishbone;* später brachte er in England weitere 79 Welpen.

Bei meiner Rückkehr nach England begleiteten mich Badger und seine Schwester Nettle, sie mussten sechs lange Monate in Quarantäne verbringen. Als sie sich erholt hatten, gewannen beide viele *Ribbons* auf *British Terrier Hunt Shows.* Badger beispielsweise wurde zweitbester Rüde auf der berühmten Lowther Show unter Richter Eddie Chapman, gewann einen vierten Platz in der Rüdenklasse auf der *Great Yorkshire Show,* Richter David Jones. 1990 erfolgte die Anerkennung der Rasse durch den *Kennel Club of Great Britain.* Und Badger wurde der erste Jack Russell, der auf einer

Der sehr anpassungsfähige Jack Russell nimmt alle Herausforderungen an, vor die er gestellt wird.

Foto: Kim James, Badgerwood.

Durch die TV-Serie Wishbone *wurde die Rasse in den Status* Superstar *erhoben. Dies ist ein Portrait von Romeo in »Rosie, Oh, Rosie, Oh!«.*

*© 1996 Big Feats Entertainment, L. P. All rights reserved.
Used with permission.*

Vorstellung des Jack Russell

Hier fühlt sich der Jack Russell in seinem Element - voll von Leben und berstend vor Neugier.

Foto: Sheila Atter.

Kennel Club Championship Show *Best of Breed* errang (Scottish KC, Mai 1990) - dadurch hatte er sich für die weltberühmte Ausstellung *Crufts* qualifiziert. Und im Jahre 1991 wurde er der erste Jack Russell, der auf Crufts BoB (Best of Breed) errang, auf der gleichen Ausstellung wurde seine Wurfschwester Nettle dritte in der Offenen Klasse Hündinnen. Zwei seiner in England geborenen Söhne - Tithebarn Tally und Tithebarn Bracken - wurden in der *Postgraduate Dog* Klasse erster und zweiter. Zum Zeitpunkt, da ich dies schreibe, ist Badger 14 Jahre alt, noch immer topfit in Kondition, wandert durch die Berge von England und Schottland. Seine Wurfschwester starb im Alter von 11 Jahren.

DIE ZUKUNFT

Wie sieht die Zukunft dieser Rasse aus? Sie wurde außerordentlich populär, nicht alleine aufgrund ihrer großartigen Persönlichkeit. Auch die Medien haben viel dazu beigetragen, sowohl in TV-Programmen wie Anzeigen. Viele berühmte Zeitgenossen sind Jack Russell Besitzer - Charles, Prinz of Wales, ist einer davon. Während meines Aufenthalts in den USA gründete ich die *Jack Russell Terrier Breeders Association* (heute umbenannt in *Jack Russell Terrier Association of America*). Diese Organisation sollte den Originalarbeitstyp des Fox Terriers fördern, wie ihn Reverend Russell bevorzugte und wie er heute in England als der *Parson Jack Russell Terrier* bezeichnet wird. Vor meiner Abreise aus den USA beschlossen wir, uns um die Anerkennung der Rasse beim American Kennel Club zu bemühen, dieses Ziel wurde 1997 erreicht. Eine solche Anerkennung besteht heute auch in England. Ich bin davon überzeugt, ob wir einen Rasseterrier ausstellen, mit ihm arbeiten oder ihn nur als Familienmitglied halten, wir alle empfinden diesem Tier gegenüber eine tiefe, innere, große Liebe. Gerne möchte ich die Züchter und Aussteller unter Ihnen von Herzen bitten, in allererster Linie daran zu denken, ob alle gezüchteten Terrier auch den Lebensstil finden werden, den sie verdienen. Ich bitte Sie alle von Herzen, diese Hunde keinesfalls auf Dauer eingesperrt in einem Zwingerauslauf zu halten oder sie als Zuchtmaschinen zu missbrauchen. Sind Sie wirklich in der Lage, Ihren Terriern Spaziergänge und Auslauf in angenehmem Umfeld zu bieten? Ganz gleich wie gut gefüttert und gepflegt - ein Russell ohne Zugang zu Feldern und Wäldern und all den Gerüchen der Natur - er ist in ähnlicher Lage wie ein Fisch ohne Wasser. Und abschließend - wenn die Zeit der Arbeit und Ausstellung Ihres Terriers zu Ende ist - dann müssen Sie gewährleisten, dass alle die Dienste, die er Ihnen geleistet hat, durch einen glücklichen Ruhestand - wenn möglich im Umfeld der Familie - belohnt werden. Und ja - Sie sollen ihn auf dem Bett schlafen lassen!

Kapitel 2
DIE TERRIER DES PARSON

John Russell wurde am 12. Dezember 1795 in Dartmouth in Devon, England geboren. Auch sein Vater hieß John, war ebenfalls Geistlicher, lebte zu dieser Zeit als Rektor von Iddesleigh in North Devon. Als der kleine John 14 Monate alt war, erfolgte ein Umzug nach Cornwall. Später kehrte der Knabe zur Schulausbildung nach Devon zurück, zuerst an der Plympton Grammar School, danach - im Alter von vierzehn - an der Blundell's School in Tiverton.

In Blundell's ergab sich für den jungen John Russell die erste Gelegenheit, seiner Jagdleidenschaft zu frönen, und dies war auch dann die erste von zahlreichen Gelegenheiten, dass sein Enthusiasmus für Hounds und Terrier zu Schwierigkeiten mit den Behörden führte. Mit aktiver Hilfe seines Mitschülers Robert Bovey sammelte Russell eine kleine Meute von Foxhounds zusammen, baute in einem Schuppen hinter der örtlichen Schmiede einen Zwinger auf. Die kleine Meute errang schnell für ihre Tüchtigkeit beim Einsatz einen guten Ruf, und so war es in nicht zu langer Zeit unvermeidlich, dass die Neuigkeiten über diese Aktivitäten auch das Ohr des Direktors Dr. Richards erreichten, ein Mann, der für seine Strenge bekannt war. Der unglückliche Bovey wurde der Schule verwiesen, Russell gelang es aber, sich einer so schweren Strafe zu entziehen, seine Strafe beschränkte sich auf Prügel, obgleich er nahezu mit hundertprozentiger Sicherheit der Anstifter dieser Aktivitäten war. Trotz der Härte des Schulregimes auf Blundell bewahrte Russell seiner alten Schule gegenüber eine große Loyalität, kehrte regelmäßig zurück und übernahm hier, als er älter wurde, eigene Funktionen.

OXFORD

Im Jahre 1814 verließ Russell seine Grafschaft, ihn zog es zur Universität Oxford. Nach allen Berichten war er kein großartiger Akademiker, es gelang ihm aber, sich ein Gehalt am Exeter College zu sichern, es brachte über vier Jahre jährlich £ 30,-- und ermöglichte ihm, seine Gebühren zu bezahlen. Seine Familie war in der Gesellschaft von Devon angesehen und hatte viele Verbindungen, war aber nicht reich, und über sein langes Leben gehörte Mangel an Geld zu seinen Hauptproblemen.

Zumindest während der ersten zwei Jahre in Oxford investierte Russell wenig Anstrengungen in sein Studium, widmete sich vielmehr voll den vielen Sportarten, die eine Universität zu bieten hat. Er war ein großer, athletischer junger Mann, errang schnell, dank seiner Geschicklichkeit in Boxen wie Ringen, einen guten Ruf. Das Jagen jedoch war die Sportart, die seine meiste Zeit in Anspruch nahm, über sein ganzes langes Leben sollte es seine Hauptpassion werden, die mehr und mehr alle anderen ausschloss.

Für einen jungen Mann, der so interessiert am Sport war wie Russell, erwies sich zu dieser Zeit Oxford als eine ideale Stadt. In guter Reichweite zur Stadt gab es einige berühmte Foxhoundmeuten. Das heutige Heythrop-Gelände - im Nordwesten der Stadt - wurde zu dieser Zeit vom Duke of Beaufort bejagt, als *Huntsman* arbeitete Philip Payne, als Einpeitscher (*whipper-in*) Will Long. Und im Norden, heute Bicester und Warden Hill, hatte vor kurzem Sir Thomas Mostyn die Jagd von John Warde übernommen, den viele als den *Vater der Fuchsjagd* ansahen. Im Südwesten gab es die *Vale of White Horse Hunt*.

Soweit es ihm sein Geld erlaubte, konnte John Russell wöchentlich vier oder fünf Tage auf die Jagd ziehen. War es ihm aus finanziellen Gründen nicht möglich, an der Jagd teilzunehmen, entschuldigte er sich in der Regel damit, dass er auf Anordnung seines Doktors verzichten müsse. »Ich

Mindlen Whiskey Fly: Züchter Anne Murray und Lesley Miller.
Es gibt nur wenige Hunderassen, deren Geschichte so gut dokumentiert ist wie die des Parson Jack Russell Terrier.

leide an einer Beengung der Brust. Es ist eine alte Sache, und mein Doktor möchte mich unter keinen Umständen zur Jagd lassen.« Diese Brustbeklemmung sollte ihn über sein ganzes Leben bei vielen Gelegenheiten einschränken, denn er besaß nie ein Einkommen, das ihm die Jagd in üppigem Umfang erlaubt hätte.

Es geschah dann im letzten Studentenjahr in Oxford, dass Russell sich seinen ersten Terrier kaufte, es war eine Hündin, deren Name sich in der ganzen Welt einprägen sollte. Man rief sie *Trump*. Russell's Freund und Biograf E. W. L. Davies berichtet über diese Geschichte sehr beeindruckend:

Ende Mai wanderte er mit Horaz *in der Hand quer über die Magdalenenwiese, seinen Kopf regierte aber* Beckford. *Er verließ den klassischen Schatten von Addison's Walk, ging hinüber Richtung Cherwell und überquerte die Kreuzung in Richtung Marston. Er hoffte auf den ruhigen Wiesen ein oder zwei Stunden dem Studium von Hamlet widmen zu können, nahe den Hügeln von Elsfield oder in den tieferen und abgeschlosseneren Wäldern von Shotover Wood. Noch ehe er Marston erreichte, begegnete ihm ein Milchmann mit einem Terrier - ein solches Tier hatte Russell bisher nur in seinen Träumen erblickt. Er hielt an, wie wahrscheinlich Actaeon beim Anblick von Diana im Bad erstarrte, aber anders als der unglückliche Jäger entfernte er sich nicht von dem Ort, ehe er den Preis für sich selbst gesichert hatte. Er nannte die Hündin Trump, sie wurde die Stammmutter der berühmten Terrierrasse, die von diesem Tag an bis heute zu Hause wie in der ganzen Welt mit dem Namen von Russell verbunden ist.*

Es reizt, darüber zu spekulieren, ob es sich hierbei nur um eine zufällige Begegnung handelte. Russell war bei vielen Gelegenheiten sicherlich impulsiv, aber ob er in diesem jugendlichen Alter - und insbesondere unter Berücksichtigung seiner laufenden finanziellen Verlegenheit - wirklich einen Terrier gekauft hätte, dessen Herkunft auf den ersten Blick völlig unbekannt war? Man ist versucht zu glauben, dass Russell durchaus wusste, dass dieser Milchmann in dieser Gegend lebte. Sicherlich - die Worte »begegnete ihm ein Milchmann mit einem Terrier« könnten auch so verstanden werden, dass dieses Treffen vorsätzlich arrangiert war! Mehr als 50 Jahre später versuchte Hugh Dalziel, ein bekannter Fox Terrier Fachmann, mehr über diesen Milchmann aus Marston und über seine Terrier herauszufinden. Er fand wenig, nicht einmal einen Namen, aber man versicherte ihm, dass dieser Mann für den Terriertyp, den er züchtete, einen sehr guten Ruf hatte.

DER JUNGE VIKAR

Russell wurde bald ordiniert und Vikar von George Nympton in Devon. Sein Gehalt betrug gerade £ 60,-- jährlich. Seine Gemeinde bestand aus etwa 50 Häusern und 240 Bewohnern. Bald darauf überredete man ihn, das Vikariat der Nachbargemeinde South Molton in sein Amt mit einzubeziehen, allerdings verbesserte man sein mageres Einkommen dabei nicht. So wurden ihm weitere 2.700 Seelen anvertraut. Von Anfang an war er ein gewissenhafter Gemeindepriester, obgleich er aber viele seiner beträchtlichen Energien seiner Herde widmete, fand er immer noch Zeit, um seiner Jagdleidenschaft zu frönen.

Es dauerte gar nicht lange, da hatte er den Kern einer neuen kleinen Hundemeute beisammen. Sie wurden am Haus eines seiner Gemeindemitglieder in einem Zwinger gehalten und über einige Zeit versuchte er sich - erfolglos - an der Otterjagd. Schließlich erhielt er einen Hound namens *Racer,* der aus einer anderen Meute ausgestoßen worden war, weil er stumm jagte. Racer jedoch hatte Erfahrung in der Otterjagd, und bald zeigte die Meute gute jagdliche Arbeit. So ausgeprägt war der Erfolg, dass der Jagdjournalist Nimrod 1820 schrieb, dass der Parson ».... die fast unglaubliche Anzahl von 25 Ottern in gerade zwei Sommern getötet hatte, wofür ihm der Dank der Fische gebühre.«

Die Otterjagd war für John Russell der sommerliche Sport, trotzdem blieb die Fuchsjagd seine größte Leidenschaft. Häufig jagte er, während er in South Molton wohnte, also über etwa sechs Jahre, mit dem Vikar der Nachbargemeinde Knowstone, dem Reverend Jack Froude.

1826 heiratete er Miss Penelope Bury, deren Eltern in Swimbridge lebten. Sie teilte seine Jagdleidenschaft. Bald zog das junge Paar nach Iddesleigh um, wo John Russell das Vikariat seines Vaters antrat. Dies war eine wesentlich weniger anstrengende Stellung. Mit Hilfe und Ermutigung seiner Frau dauerte es nicht lange, bis eine neue Hundemeute zusammengestellt war - diese wurde in der darauf folgenden Saison mit den Hounds im Besitz von Arthur Harris vereinigt. Diese Meute zeigte bald großartige jagdliche Erfolge über ein weites Land, das sich von Broadbury bis Bodmin erstreckte.

Es lagen viele große Flüsse dazwischen, es war ein Land mit einer Fülle von offenen Mooren, ziemlich wenig entwässert. Der Boden hielt die Fährten großartig fest, Hounds und Pferde konnten mit Spitzengeschwindigkeit darüber laufen, jede Richtungsänderung vermochte der Reiter zu sehen.

Für diesen Landschaftstyp züchtete Parson Russell seine Terrier. Die Hounds mussten große Entfernungen bei hoher Geschwindigkeit überwinden, von den Terriern erwartete man, dass sie so viel Ausdauer und Intelligenz besaßen, dass sie sich selbst den besten Weg auszuwählen versuchten, um mit der Meute in Kontakt zu bleiben, zur Verfügung standen, wann immer man sie brauchte. Dieses Terrain forderte enorme Anstrengungen der Terrier. Sie trabten zum Treffpunkt neben dem Pferd, liefen den ganzen Tag über mit den Hounds, beschäftigten sich wann immer notwendig mit dem Fuchs und trabten dann am Ende des Tages wieder nach Hause. Gelegentlich legte Russell auch einen müden oder verletzten Terrier quer über seinen Sattel, wenn er nachts nach Hause trabte. Der Bericht von E. W. L. Davies vermittelt eine gute Vorstellung, welchen Herausforderungen die Terrier gegenüberstanden.

»Trump«, der erste Terrier von Rev. John Russell. Foto mit freundlicher Erlaubnis von Sheila Atter.

Die Terrier des Parson

Russell's Land bezeichnet man technisch als ›a hollow one‹, darunter versteht man einen Landstrich mit felsigen Burgen und Bauten, nahezu in jeder Richtung von Dachsen ausgegraben. Dementsprechend begleiteten ihn an jedem Jagdtag ein oder zwei Terrier hinaus ins Feld. Mit Sicherheit war kein General je vom vollen Vertrauen auf die Dienste seiner Hilfstruppen abhängiger als er von diesen Terriern. Auf der Jagd konnten sie mit der Meute nicht immer mitkommen, sie wählten ihre eigenen Wege und waren, wenn man sie brauchte, sicher an Ort und Stelle, auch wenn die Hounds auch nur für eine Minute verweilten.

»Ich mag es, wenn sie ihrem Gegner Fang an Fang gegenüber tüchtig Laut geben«, sagte eines Tages Russell, als er auf das Bellen seines berühmten Hundes Tip lauschte, der energiegeladen in einer langen Röhre etwa zwei Meter unter der Erdoberfläche markierte; »du weißt immer, wo sie sind und womit sie sich gerade beschäftigen«.

Früh jagdlich und nur auf den Fuchs gearbeitet, waren die Terrier von Russell in ihrem Verhalten so gleichmäßig wie die Besten seiner Hounds. Die Terrier rannten mit den Hounds gemeinsam, überliefen dabei nie einen Bau, ohne den Inhaber herauszujagen. So hatten die Füchse, über oder unter der Erde, nur wenig Chancen, nicht aufgespürt zu werden, entweder vom Hound oder dem Terrier. Ein kurzes Bellen eines Terriers war das sichere Signal, dass er die Beute aufgespürt hatte. In dem Rudel gab es keinen Hound, der nicht herbeistürzte - genauso schnell wie auf ein Hornsignal von Russell oder seinen eigenen wilden und wohlklingenden Jagdruf.

SEINE EIGENE GEMEINDE
Nach sechs Jahren in Iddesleigh trat eine weitere Veränderung im Lebensstil der Familie Russell ein, denn 1832 wurde das Pfarramt der Gemeinde Swimbridge und Landkey frei. Patron des Pfarramtes war der Dean of Exeter, ein Cousin von Penelope Russell. In den beiden Gemeinden lebten 1.600 Menschen, ein Gehalt von genau £ 180,-- jährlich war ausgeschrieben, mit dem der Pfarrer in Landkey bezahlt wurde. Dies konnte man schwerlich als eine gut bezahlte Karriereverbesserung bezeichnen, aber die Aussicht auf eine eigene Gemeinde musste für John Russell besonders verlockend sein, während seine Frau es zweifelsohne genoss, nicht länger bei ihren Schwiegereltern leben zu müssen. Hinzu kam - das junge Paar war in dieser Gegend schon bereits allgemein bekannt. Sie waren schließlich in der *Parish Church* getraut worden, und Penelope's verwitwete Mutter lebte noch immer in der Nachbarschaft in Dennington House.

Reverend John Russell.

Foto mit freundlicher Erlaubnis von Sheila Atter.

Swimbridge Parish Church. Als gewissenhafter Gemeindepfarrer diente hier John Russell über 45 Jahre.

John Russell und seine Frau zogen nach Tordown um, in ein niedriges, lang gestrecktes Haus hoch über dem Dorf, die dazu gehörenden Stallungen lagen auf der anderen Straßenseite - die Straße selbst wand sich steil bergaufwärts. In den ersten zwei Jahren des Pfarrerseins in Swimbridge hielt Russell keine Hounds, es gibt aber viele Hinweise, dass er unverändert seine Terrierzucht aufrechterhielt. Aber im Jahre 1834 arrangierte Harry Fellowes, Master der Vine Hunt, dass dem Parson sechseinhalb Paare seiner Hounds geschenkt wurden. Dieser war überglücklich.

»Da standen sie jetzt alleine in meinem Zwinger - die großartigsten Schönheiten, auf denen mein Auge je geruht hat - schauten mir so eindringlich ins Gesicht, als wollten sie sagen: ›Gib uns nur eine Chance, und wir werden dich nicht enttäuschen!‹ Sofort war ich innerlich entschlossen, die ganze Meute zu behalten und mich erneut an die Arbeit zu machen.«

Bald wurde die Foxhoundmeute in Tordown in Zwingern untergebracht, aber in Wahrheit ging ihr Unterhalt über seine finanziellen Mittel. Penelope Russell jedoch erkannte das Dilemma ihres Gatten, und sie war es, die ihn überredete, die Hounds zu halten, da er sich ohne sie immer so elend fühlte. Russell's Meute blieb über 37 Jahre erhalten - bis zum Jahre 1871. Bald errang sich der Parson den unbestrittenen Ruf eines geschickten Züchters, seine Hounds waren von so hoher Qualität, dass sie in jeder Meute willkommen waren.

John Russell sollte über 45 Jahre lang in Swimbridge bleiben - tatsächlich über sein gesamtes Arbeitsleben. Er war hier recht glücklich und erwies sich als pflichtbewusster und ergebener Gemeindepfarrer. Er war ein begeisterter *fund-raiser - Spendensammler -* und dank seiner Energie wurden Spenden zum Bau einer neuen Dorfschule aufgebracht, auch für andere Aufgaben.

Trotz seines guten Rufs auf dem Gebiet der Jagd war Russell ein hart arbeitender Gemeindepfarrer. Seine Freundlichkeit und Fröhlichkeit machten ihn sehr populär. Seine Gemeindemitglieder waren ihm ergeben und selbst wenn gelegentlich seine jagdlichen Aktivitäten klar mit seinen Verantwortlichkeiten als Pfarrer in Konflikt gerieten, stärkten sie ihm den Rücken. Der Bischof war nicht immer über die Berichte über diesen jungen Geistlichen glücklich, und die Probleme erreichten einen Höhepunkt, als er davon hörte, dass Russell die Beerdigung eines Kindes aufgeschoben hatte, um jagen zu gehen. Die Mutter des Kindes jedoch lehnte es ab, irgendwelche Beschwerden zu erheben. So ließ man die Angelegenheit auf sich beruhen. Sein Biograf Davies - gleichzeitig sein Kurator - berichtet: »Niemand wurde von den Armen mehr verehrt - ja geliebt - als Mr. Russell. Und hierfür gab es gute Gründe, denn niemand in Not wendete sich vergebens an ihn.«

Sein Glaube war recht einfach, er war davon überzeugt, dass Religion etwas sei, was man tagtäglich vorlebe. Seine Aufgabe war, Menschen in Not zu helfen, den weniger Glücklichen durch Güte und Unterstützung zur Seite zu stehen. Seine Lieblingskollekte galt dem Krankenhaus von North

Die Terrier des Parson

Devon, und im Alter von 80 Jahren ritt er durch ein schreckliches Unwetter zur Barnstaple Kirche, wo er, bis auf die Haut durchnässt, eine eloquente Predigt hielt und um Spenden für das Krankenhaus bat. Die Kollekte an diesem Tag brachte eine Rekordspende. Russell war als Prediger sehr gefragt, und seine beeindruckende Statur, seine wohlklingende Stimme und seine inhaltsreichen Predigten brachten ihm laufend Anfragen, auf der Kanzel zu erscheinen, und wann immer möglich akzeptierte er auch die Einladungen.

Außerdem vereinte er mit allen seinen Fähigkeiten auch einen vorzüglichen Sinn für Humor. Einmal besuchte er Haccombe, wo das vor kurzem gekaufte Harmonium ganz außergewöhnliche Geräusche von sich gab. Als diese aufhörten, kletterte Russell auf die Kanzel und verkündigte mit breitem Lächeln den Bibeltext: »Für diese Erleichterung vielen Dank!« Auch für die Restauration seiner Kirche in Swimbridge sammelte er beträchtliches Geld, und er konnte den Neubau einer Schule im Dorf erleben, die mittels der von ihm eingetriebenen Spenden ausgestattet werden konnte.

DIE PASSION DES PARSON

Wenn Religion und seine Gemeinde Russell's Leben bestimmten, so waren seine Passion seine Hounds und seine Terrier. Seine erste Terrier-Hündin namens Trump wurde 1819 gekauft, als er Student an der Universität Oxford war. Wenn wir auch überhaupt nichts über die Abstammung von Trump wissen, haben wir zumindest ein klares Bild, wie sie aussah. Ein Gemälde, datiert mit dem 20. Januar 1820 (gerade acht Monate nach dem Kauf), sah seiner Meinung nach dem Terrier außerordentlich ähnlich. Im Jahre 1878 kam dieses Gemälde in den Besitz des Prince of Wales - möglicherweise als Geschenk des Parson selbst? Auch Davies gibt eine nähere Beschreibung von Trump, und wiederum bestätigte ihr Besitzer, dass dies eine sehr akkurate Beschreibung sei.

Als Erstes zu erwähnen ist die weiße Farbe mit nur einem dunklen lohfarbenen Fleck über jedem Auge und Ohr, während ein ähnlicher Fleck - nicht größer als ein Pennystück - die Rutenwurzel markiert. Das Fell ist dick, dicht anliegend und etwas drahtig, gut geeignet, um den Körper gegen Nässe und Kälte zu schützen, hat aber keine Ähnlichkeit mit dem langen, rauen Jackett eines Scotch Terrier. Die Läufe sind wie Pfeile gerade, die Pfoten perfekt. Lendenpartie und der gesamte Körperbau zeigen Robustheit und Ausdauer. Größe und Widerristhöhe des Tieres kann man mit denen einer Füchsin vergleichen.

Parson Russell konnte einen beneidenswerten Ruf seiner Terrier aufbauen. Da sie immer in erster Linie für ihre Aufgabe gezüchtet wurden, blieb auch der Typ konstant. Die Fuchsjagd selbst verwandelte sich in dieser Zeit von einem sorgfältig und genauen Herausarbeiten der von der Beute hinterlassenen Fährte zu einer möglichst auf hohe Geschwindigkeit ausgerichteten Jagd, zu einem Kopf-an-Kopf-Rennen quer durch das Land. Nur in den weniger fortschrittlichen Regionen Englands wie dem Südwesten und Norden blieb der alte Jagdstil erhalten. Der Norden hatte seine eigenen Terrierrassen - insbesondere Lakeland und Border - und nur im äußersten Südwesten hielt der weiße Fox Terrier seine Stellung. 1872 schrieb Reverend Thomas Pearce:

Ein typischer Arbeitsterrier des 19. Jahrhunderts.
Foto mit freundlicher Erlaubnis von Sheila Atter.

Die Rasse wäre ausgestorben, davon bin ich überzeugt, ohne Rev. John Russell in Dennington, nahe Barnstaple, North Devon. Er hatte sie stets als die allerbeste unter den Terriern gesehen, und seine Meinung hat großes Gewicht.

Trotz ihres altmodischen Äußeren waren die Terrier von Russell sehr gefragt, verschiedene wurden zum Stammzuchtmaterial der Zwinger in anderen Teilen des Landes. Der Zwinger des Parson blieb bescheiden, denn er musste immer auf die Kosten achten, besaß dafür ein Auge für Qualität. So fragte ein Zeitgenosse: »Wo sollte man irgendeine Terrierlinie finden oder überhaupt eine Hundezucht, die so verehrt und anerkannt wird wie die des Devonshire Parsons?« Russell hatte große Freude, seinen Besuchern über den Mut und all die Intelligenz seiner Terrier zu erzählen. Einer seiner Berühmtesten war *Tip*. Über mehrere Jagdsaisons hinweg versäumte er kaum einen Jagdtag, schien niemals auch im Geringsten ermüdet, obgleich er manchmal am Tag über 15 oder 20 Meilen traben musste.

Obwohl John Russell mitten in der Landschaft von Devon lebte, begrenzte er sein Zuchtprogramm in keiner Weise, indem er nur Deckrüden aus der Nachbarschaft wählte, die leicht verfügbar waren. Davis beschrieb Trump als *Stammmutter der berühmten Terrierrasse,* es gibt aber keinen Nachweis, mit welchem Rüden oder tatsächlich mit welchen Rüden sie ihre Dynastie begründete. Die Grafschaft Devon war zu dieser Zeit für ihre eigene Linie von weißen, drahthaarigen Terriern bekannt. Es ist recht wahrscheinlich, dass der junge Russell in erster Linie von Trump deshalb angezogen war, weil sie den Terriern, mit denen er bereits vertraut war, ziemlich ähnelte. Deshalb scheint es sehr logisch, dass sie erst einmal mit einem Rüden gepaart wurde, der ihr im Typ weitgehend glich. Es wurde aber auch spekuliert, dass sie zu irgendeinem Zeitpunkt mit einem rauhaarigen Black and Tan Terrier gepaart worden sei. Später in seinem Leben setzte der Parson einige der berühmtesten Fox Terrier jener Tage für seine Hündinnen ein. Aber Form und Funktion waren unauflösbar mit denen eines Arbeitsterriers verbunden. Ein Terrier von korrektem Körperbau hat immer Vorteile gegenüber einem schlecht aufgebauten Hund, ganz einfach, weil er ökonomischer das Gelände überwindet, besser zu graben versteht. So ist es überhaupt nicht überraschend, dass John Russell, für den die Arbeitsfähigkeit das allerwichtigste war, Hunde aus den Spitzenausstellungssiegern aussuchte, sie mussten aber in jedem Fall auf reine Arbeitslinien zurückgehen. Ein Beispiel hierfür ist *Old Jock*, einer der berühmtesten Glatthaar Fox Terrier aller Zeiten.

Über Jock schrieb Rawdon Lee:

»*Man sagt, er sei von Jack Morgan gezüchtet, der zu der Zeit, als Anfang 1859 dieser Hund noch ein Welpe war, der erste Einpeitscher der Meute in Grove war. Tom Day jagte mit dieser Meute und Sir Richard Sutton war ihr Master. Ich habe auch gehört, dass davon gesprochen wurde, dass Jock in den Quorn Kennels geboren sei.*«

Rawdon Lee betont die Tatsache, dass die Eltern von Jock »ganz bestimmt beide Terrier von Jägern waren«. Obwohl über seinen Vater wenig bekannt ist, war es wahrscheinlich der Rüde von Captain Percy Williams, gleichfalls Jock genannt. Seine Mutter war Grove Pepper.

Über diese Hündin schrieb Thomas Wootton:

»*Jock's Mutter Grove Pepper kam in den Zwinger durch Will Merry, einen sich zur Ruhe setzenden Jäger. Diese Hündin wurde mir von Morgan überlassen. Sie war von weißer Farbe, hatte im Gesicht leichte lohfarbene Markierungen, wog etwa 16 lb (7,2 kg). Sie war ein wahres Wunder, trug gutes Haarkleid für die Jagd, konnte jedes Tempo mitgehen und jede Arbeit leisten.*«

Wahrscheinlich sah Parson *Pepper* entweder, als sie in Grove war oder in ihrer Zeit bei Thomas Wootton. Über ihren Sohn Jock schrieb er selbst, dass er »nie einen lieberen Hund als Jock sah, absolut perfekt in seiner Körperform und von hoher Qualität. Er ist der Perfektion so nahe wie es uns armen Sterblichen je erlaubt sein wird, unsere Augen daran zu erfreuen«. Rawdon Lee vermittelt uns eine sehr detaillierte Beschreibung dieses Rüden.

In Ausstellungsform wog Old Jock gerade über 18 lb (8,2 kg), er war etwas hochläufig, dadurch wirkte er im Galopp recht frei. Seine Farbe war weiß mit dunklen oder gemischt lohfarbenen Abzei-

Die Terrier des Parson

Fox Terrier erfreuten sich über viele Jahre enormer Popularität.

chen auf einem Ohr, einem schwarzen Fleck über der Rutenwurzel. Er war kein Hund, wie man ihn heute (1893) als »raubzeugscharf wirkend« bezeichnet, darunter verstand man ein ungewöhnliches Aussehen voller Feuer und Tapferkeit, insofern fehlte ihm etwas an Terriertyp. Seine Rippen waren gut aufgewölbt, Schultern und Hals gut gelagert. In guter Kondition vermittelte er den Eindruck von Kurzrippigkeit. Seine Hinterhand und Lendenpartie waren kraftvoll und stimmten mit den übrigen Körperteilen völlig überein. Für den modernen Geschmack mochte er an den Schultern etwas überladen wirken. Seine Vorderläufe, Pfoten und Knochenstärke waren gut, seine Sprunggelenke kraftvoll und schön gewinkelt. Seine Ohren waren schön platziert, weder zu groß noch zu klein, er hatte einen guten, kräftigen Kiefer. Mit den Jahren wirkte er in den Backenpartien etwas voll. Ringsum war Jock ein sehr symmetrischer Terrier .... und Jock, von dem man sagt, dass er mit den Grove Hounds gemeinsame Jagden ging, war an der Rute kupiert, aber das zurückgebliebene Rutenstück war länger als man es heutzutage sieht.

Mehrere seiner Terrier verschenkte der Parson an Freunde. 1879 schickte er zwei Welpen an Colonel John Anstruther Thompson, der als *Amateur Huntsman* mit verschiedenen berühmten Foxhoundmeuten einschließlich *Atherstone*, *Pytchley* und *Bicester* eine bemerkenswerte Karriere aufbaute. Der die Welpen begleitende Brief war für Russell typisch:

»Ich werde morgen früh die zwei Terrierwelpen mit dem Zug nach Charleston absenden und hoffe, dass sie frisch und munter ankommen. Triff unter ihnen deine erste Wahl, schicke den anderen Welpen an Pat Carnegy mit meinen besten Wünschen an die gnädige Frau und ihn selbst. Bitte packe ein paar Kartoffeln in den Korb, schick ihn an mich zurück - nicht, dass ich den Korb so nötig brauche, aber die Kartoffeln.«

Old Jock wurde »für mehr als sein Gewicht in Silber aufgewogen«, aber John Russell selbst war

Master Broom - ein Parson Jack Russell Typ.

Foto mit freundlicher Erlaubnis von Sheila Atter.

für seine wertvollen Welpen mit einigen Kartoffeln zufrieden.

Ein anderer, der Terrier des Parson sein Eigen nannte, war Thomas Henry Pearce, der unter dem Pseudonym Idstone Bücher schrieb. In *The Dog* (1872) beschreibt er den *Russell's type:*

»Die beste Zucht sind die Drahthaarigen. Die Fellstruktur stört das Körperprofil in keiner Weise, trotz der zottigen Augenbrauen und einem ausgeprägten Bart. Dabei bilden die Augenbrauen ein großartiges Merkmal, der Hund sieht dadurch aus wie ein Kaufmann aus Bristol. Die Hunde von Mr. Russell haben einen kräftigen Kiefer, schmal, aber stark; kurze, gut angesetzte Läufe; einen langen Rücken; kleine Ohren; dabei ist Weiß die vorherrschende Farbe. Aber einer der best aussehendsten und außerordentlich arbeitsfreudig gezüchteten seiner Hunde gehörte Lord Poltimore's Capital Huntsman Evans; er zeigte eine blasse Schildkrötenfarbe, gemischt mit weiß und grau, grobes Fell; ein ausdauernder Hund, für jede Arbeit einsatzfähig, so schwer sie auch sein mochte; er hatte ein raues Fell, das jedem Wetter widerstand. Er war voller Entschlusskraft, vereint mit genügend Verstand - um aus allen Schwierigkeiten wieder herauszufinden.«

Und weiter:

»Die alte Sorte war ein ziemlich grobschädeliger Hund. Wie Mr. Russell diesen so veredelte, vermag ich nicht zu sagen, aber die Hunde sind sehr veredelt, lassen sich leicht erziehen, insbesondere in den Händen ihres Züchters, dessen Kontrolle über Hound oder Terrier wenige - wenn überhaupt - erreichten, niemand aber übertraf.

Weiß ist eine ebenso nützliche wie modische Farbe, aber ein farbiges Ohr oder Farbe am Kopf sind zulässig. Im Allgemeinen ist das Auge klein und schwarz, der Hals lang, Schultern tief, Körperform lang und tief gestellt; die Rute ist etwa genauso bürstenartig wie die des Hounds, wird aber im Allgemeinen höher getragen als die Terrierruten sonst. Im Übrigen sind die Rassemerkmale - was Körper und Läufe angeht - die des Foxhounds.«

Dabei ist interessant, dass Pearce davon ausging, dass alle seine Leser mit dem Körperbau eines Foxhounds völlig vertraut seien. Worte wie »kurzbeinig«, »langrückig« und »lang und tief gestellt« sind offensichtlich nicht allzu wörtlich zu nehmen - andernfalls hätte dieser Terrier mehr die Formen eines Dachshundes. Sie wurden nur im Vergleich mit der Gesamtform des Foxhounds eingesetzt, auch im Vergleich mit dem kurzrückigeren, etwas langbeinigeren Ausstellungs-Fox Terrier.

Die Terrier des Parson

EINE BEACHTLICHE MEINUNG

Wahrscheinlich war der erste Terrier aus Russell's eigener Zucht, der im Ausstellungsring erschien, die Hündin *Venture*, Besitzer Pearce, wurde 1866 in einer Terrierklasse ausgestellt unter *of no definite breed*. Das Auftreten eines Terriers dieser Art im Ausstellungsring führte zu einem langsamen Stimmungswandel bei jenen, die bisher den Drahthaar Fox Terrier als sehr armselig im Vergleich zu dem Glatthaar Fox Terrier sahen. Und Edward Ash, der Hundehistoriker, schrieb Parson Russell sehr viel Verdienst zu:

»*Während der Jahre 1872 - 1880 erschienen Drahthaar Terrier auf Ausstellungen nur in kleiner Zahl. Aber die* Jack Russell-Linie *war sehr populär aufgrund ihrer Tapferkeit und Ausdauer. Diese Linie beendete nach und nach ein eingewurzeltes Vorurteil, machte den Drahthaar Fox immer beliebter. Dies war überhaupt nicht überraschend, denn die* Jack Russells *waren robuste, hart arbeitende, vierbeinige kleine* Helfer, *sie zur Seite zu haben, war zu jeder Zeit eine reine Freude.*«

Im *West Country* wurde die Meinung von John Russell sehr respektiert, und er wurde zu einem begeisterten Förderer der neuerdings populär gewordenen *Agricultural and Dog Shows*. 1831 war er Gründungsmitglied der *Devon Agricultural Society*, 1840 der *North Devon Agricultural Association*. In North Molton, Swimbridge und Torrington angesiedelte Gesellschaften, sie alle wurden von ihm unterstützt. Er stellte sowohl Foxhounds wie Terrier aus, erreichte beachtliche Erfolge. Zu dieser Zeit war er aber bereits ein alter Mann und seine Terrier wurden als etwas *altmodisch - old-fashioned -* im Typ angesehen. Er wurde im Gründungsjahr 1873 Mitglied des Kennel Club, blieb Mitglied in diesem Club bis zu seinem Tode zehn Jahre später. Dabei wurde ihm die Ehre zuteil, seine geliebten Terrier 1874 im *Crystal Palace* selbst zu richten - zu diesem Zeitpunkt war er nahezu 80 Jahre alt. Später im gleichen Jahr reiste er nach Darlington und Nottingham, um dort Fox Terrier zu richten. Mit Sicherheit hatte er zuvor auch bereits im *West Country* gerichtet.

Charlie Littleworth aus Wembworthy in North Devon schrieb:

»*Eine Hündin namens Mustard, die ich einmal besaß, stammte aus Whitemore's Trick und Egges-*

Oakley Topper, ein guter Parson Jack Russell Typ. Foto mit freundlicher Erlaubnis von Sheila Atter.

ford Fury. Letztere Hündin stammte aus Rev. J. Russell's Fuss, einem außerordentlich berühmten Arbeitshund. Sie war eine rauhaarige Hündin, kam später in den Besitz von Mr. Wootton und wurde dann vom Gut seines Vaters in Leicestershire gestohlen. Mustard hatte auf Ausstellungen im West of England viele Preise gewonnen, darunter auch unter einem allgemein bekannten und populären Fachmann, den ich schon erwähnte. Zu diesen Erfolgen zählte auch ein erster Preis 1873 in Plymouth.«

Es gibt keine Berichte, wonach John Russell noch nach 1874 gerichtet hat, wenn man aber sein hohes Alter und die Reiseschwierigkeiten der Zeit berücksichtigt, überrascht dies wahrscheinlich nicht. Russell's Engagement für die *Agricultural Societies* führte dazu, dass er 1865 in Plymouth dem *Prince of Wales* - dem späteren König Edward VII - vorgestellt wurde. Sein guter Ruf als *Hunting Man* brachte ihm viele Einladungen in die angesehenen Häuser im West Country, hier war er überall willkommen. Sein guter Ruf verbreitete sich weit über das Land, und 1873 verbrachte er eine Woche in Norfolk, traf erneut mit dem Prinz zusammen. Der Prinz lud ihn zu einem Ball im nahe gelegenen Sandringham House ein. Russell tanzte bis vier Uhr in den Morgen - immerhin war er 78 Jahre alt - und stieg dann in einen Frühzug nach London. Der Landpfarrer muss auf Prinz und Prinzessin einen guten Eindruck gemacht haben, denn Russell wurde über die Weihnachtswoche erneut nach Sandringham eingeladen. Die Einfachheit seiner Sprache und Manieren muss das königliche Paar sehr gemocht haben. An die alte Sprache in Devon gewöhnt, nannte er die Prinzessin *My dear* - auch heute noch eine Form der Ansprache in Devon, erst dann erinnerte er sich, dass seine Frau ihn vor solcher Vertraulichkeit gewarnt hatte. Bei einer anderen Gelegenheit war er über die Hilfe des Prinzen beim Vorlegen des Fisches so erfreut, dass er - ohne gefragt zu sein - seinen Teller für eine zweite Hilfe reichte. Der Prinz fragte ihn, ob er denn den Fisch möge. »Ja, Sir« antwortete Russell. »Ich mag Fisch besonders gerne und habe deshalb ein zweites Mal meinen Teller gereicht - und jetzt erinnere ich mich daran, dass genau dies es ist, was meine Frau mir zu Hause eingeschärft hatte, dass man es nicht tun dürfe.« Nach diesem Vorfall achtete der Prinz - in keiner Weise beleidigt - darauf, dass Russell immer einen zweiten Fischteller erhielt.

Aber die Zeit forderte unter den Freunden von Russell ihren Zoll. Im August 1873 starb Will Rawle, der über mehr als vierzig Jahre *Parsons Kennelman* war. Dies war für den alten Mann ein trauriger Augenblick, aber noch Schlimmeres sollte folgen. Die schlechte Gesundheit von Penelope Russell hatte sie daran gehindert, ihren Mann beim ersten Besuch in Sandringham zu begleiten, und auch sie sollte am Neujahrstag 1875 sterben. Das Paar war über nahezu 50 Jahre verheiratet. Und Russell's Finanzen waren in dieser Zeit noch armseliger geworden, da er einige unkluge Investitionen durchgeführt hatte. Lord Poltimore hatte großen Respekt vor der Arbeit des Parson sowohl in der Kirche wie bei privaten gesellschaftlichen Treffen auf der Jagd. Er bot dem alten Mann als Hilfe an, er könne in Black Torrington leben, einer noch in Devon gelegenen Gemeinde, aber ziemlich weit von dem von Parson besonders geliebten Exmoor. Russell war von Zweifeln geplagt. Er schrieb an seinen alten Freund Davies, der im Ruhestand in Bath lebte:

Sagen Sie mir, lieber alter Freund, was soll ich in West Torrington tun? Ich kann nicht von £ 200,-- leben, das ist alles, was mir bleibt, wenn ich in weiteren drei oder vier Jahren meine jährlichen Schulden zu bezahlen habe. Black Torrington bringt mir jährlich gute £ 500,--, es gibt dort ein schönes Haus, aber das ist weder Tordown noch Exmoor. Und bis zur Zeit, dass ich mich dort eingewöhnt habe, werde ich wahrscheinlich erneut zum Aufbruch gerufen, dieses Mal zum Friedhof in Swimbridge! Was soll ich tun? Wie kann ich mein eigenes Volk verlassen, mit dem ich über ein halbes Jahrhundert in Frieden und Glück gelebt habe. Es wäre eine bittere Pille, die ich schlucken müsste. Ursächlich wäre meine Arbeit, nicht mein Wille, wenn ich dem zustimme.

John Russell beugte sich dem Unvermeidlichen, zog im Juli 1879 in das Rektorat von Black Torrington. Hier hatte er neue Ställe für seine zwei Hunterpferde errichtet und für die Terrier, die nicht im Haus leben konnten. Nahezu sofort schlug das Schicksal erneut zu, als Gebäude und Tiere kurz danach durch ein Feuer vernichtet wurden. In seinem neuen Haus war John Russell einsam und unglücklich, er verbrachte so viel Zeit wie möglich außer Haus. Er setzte mit alter Leidenschaft das Jagen fort, war jetzt aber von seinen Freunden abhängig, ihm die Ausrüstung zu stellen, da seine eigenen Pferde nach dem Feuer nicht wieder ersetzt werden konnten.

Aber seine kleine Gemeinde und endlich die Freiheit von finanziellen Sorgen brachten es mit sich, dass er sich seiner Passion wieder voll widmen konnte. Sehr zögerlich trennte er sich 1871 von seinen Foxhounds. Diese Meute bestand immerhin seit 37 Jahren, und durch sorgfältige Zucht hatte der Parson Foxhounds von hoher Qualität hervorgebracht. Als das hohe Alter ihn zwang, sie abzugeben, kamen sie zu Henry Villebois, dem Master von West Norfolk. Russell fühlte sich außerordentlich erbärmlich ohne seine Hounds, und bald danach war eine in Schwierigkeiten geratene Harriermeute bei ihm eingezogen. Diese Hunde blieben bis 1882, als er sich erneut sehr zögerlich von ihnen trennte. Er vertraute sie seinem alten Freund Arthur Harris unter der Bedingung an, »dass du dich ganz besonders in Bailey um meine *lieben Hunde* kümmerst.«

Das John Russell Gedächtnis-Fenster in der Swimbridge Parish Church.

Foto: Sheila Atter.

Trotz seines hohen Alters verbrachte er eine Novemberwoche in Shires, besuchte erst eine offene Jagd in Quorn, wo die Hounds von Tom Firr eingesetzt wurden. Am darauf folgenden Tag war er mit draußen in Cottesmore, und am Mittwoch war Belvoir an der Reihe. Am Donnerstag dann reiste Russell von Leicester mit dem Zug nach Bath, am Freitag wiederum ging es hinaus mit den Beaufort Hounds. Und Freitag Nacht reiste er nach Hause, Samstag verbrachte er mit der Meute von Lord Portsmouth und am Sonntag stand er auf seiner Kanzel!

Im Jahre 1882 besuchte er erneut Prince und Princess of Wales in Sandringham. Aber im Oktober dieses Jahres begann der alte Mann sehr gebrechlich zu werden. Im Januar 1883 besuchte er letzt-

Das Grab von Parson John Russell in Swimbridge, Devon.

Foto: Sheila Atter.

mals sein geliebtes Exmoor, sein Ende stand kurz bevor. Seine zahlreichen Freunde hielten ihn über die Jagdsaison auf dem Laufenden, und selbst als er ans Bett gefesselt war, blieb seine Leidenschaft für diese Sportart. Sein Diener hörte eines Tages aus dem Schlafzimmer schwache kleine *Hallo*-Rufe und fand John Russell auf der Jagd nach einem Floh in seinem Nachtgewand.

John Russell starb in seinem 88. Lebensjahr am 28. April 1883. Der Friedhof in Swimbridge war bei seiner Beerdigung mit mehr als tausend Menschen überfüllt, und die Kirche war bis auf den letzten Platz gefüllt. Der Bürgermeister und der Stadtschreiber von Barnstaple, Repräsentanten der *North Devon Infirmary,* Mitglieder der großen Familien des Landes, sie alle kamen, um einem Mann das letzte Lebewohl zu sagen, der im ganzen *West Country* geliebt und respektiert war. Als man den Sarg in das Grab absenkte, traten kleine Kinder weinend an das Grab, warfen ihm Büschel von Wildblumen nach. Unter der Vielzahl von Kränzen war einer von Prince und Princess of Wales. Da sie wussten, wie sehr John Russell die Landschaft in Devon liebte, sandten sie keine formale Kranzspende, sondern einen Kranz, geflochten aus ländlichen Gartenblumen.

Ein in der Kennel Gazette veröffentlichter Nachruf erinnerte mit großem Respekt an den Menschen wie seine Terrier:

Seine Reise durch das Leben könnte man als eine seltsame Mischung zwischen altmodischem Pastor, Landgentleman und Höfling ansehen. In seiner Gemeinde war er der Ratgeber und Freund seiner Herde, draußen auf dem Land und bei Treffen der Landwirte war er voller Herzlichkeit, wurde von allen begrüßt, und im Saal des Palastes hieß man ihn in hohem Maße willkommen .... Ob beim Zusammenfügen zerrissener Bande oder beim Predigen um Wohltätigkeit, immer ging er seinen eigenen Weg, die Herzen zu rühren, wenige kamen ihm gleich, keiner vermochte ihn zu übertreffen.

Mr. Russell begann seine Zucht in Oxford, als er 18 Jahre alt war, das liegt etwa 70 Jahre zurück. Seine Hunde hatten Ahnenreihen, die er bis auf die Zeit, da er mit der Zucht begann, zurückführen konnte. Als ältestem Fox Terrier-Züchter Englands war die Verbindung Mr. Russell's mit dem Kennel Club für diese Körperschaft eine große Ehre.

Er war ein Landgeistlicher, der über mehr als 50 Jahre für seine Gemeinde gearbeitet hat. Er fand große Anerkennung als eloquenter Prediger, immer war er bereit, seine Dienste guten Zwecken zu widmen. Als Freund des künftigen Königs von England verkehrte er in den angesehenen Häusern und mischte sich unter die Berühmten, trotzdem blieb er ein einfacher Mann, dessen Religion das einzig Wichtige für ihn war. Aber keines dieser Dinge ist der Grund dafür, dass man sich noch heute seiner erinnert. Er hinterließ als ewiges Andenken die Hunderasse, die heute seinen Namen trägt. So lange es Menschen gibt, die einen tapferen Terrier lieben, wird der Name von Parson John Russell nie vergessen sein.

Kapitel 3
DER JACK RUSSELL WELPE

Der Kauf eines Jack Russell Terriers sollte mit großer Sorgfalt nach gründlicher Planung erfolgen. Die Popularität jeder Rasse steigt und fällt von Zeit zu Zeit - ein Welpe bringt über das gesamte Leben des Hundes für den Menschen eine feste Verpflichtung. Seien Sie sich darüber im Klaren, dass Jack Russell Terrier - gut gepflegt und viel geliebt - etwa vierzehn bis sechzehn Jahre leben können, dabei einen hohen Grad von Energie und Munterkeit bewahren. Aufgrund der Lebensfreude dieser Rasse wurde schon mancher ausgewachsene Hund für einen Junghund gehalten.

DER ZÜCHTER

Nach der Entscheidung, dass der Jack Russell der richtige Hund ist, sich für den eigenen Lebensstil am besten eignet, ist es von größter Bedeutung, beim Kauf sorgfältig vorzugehen. Am allerklügsten beginnt man mit Kontakten zu den nationalen Rassezuchtvereinen. In der Regel erhält man von diesen Organisationen eine Liste erprobter Züchter. Ein junger Welpe, sorgfältig aufgezogen, bei der Mutter lebend, bis er abgabebereit ist, kann zu einer großartigen Ergänzung der Familie werden. Wenn aber Welpen vor und nach der Geburt schlecht betreut und gepflegt oder zu früh von ihren Müttern getrennt wurden, kann dies zu Problemen führen, die sie über ihre gesamte Lebenszeit ver-

Die Übernahme eines Welpen bedeutet immer eine große Verpflichtung, vor der endgültigen Entscheidung sollte man sorgfältig darüber nachdenken.
Foto: T. M. Strom.

folgen. Welpen müssen unter sauberen, liebevollen Bedingungen aufgezogen werden, brauchen erstklassiges Futter, um ihr volles Potenzial auszuschöpfen. Überzeugen Sie sich, dass der Züchter, bei dem Sie kaufen, immer das Interesse seiner Welpen im Auge hat. Sollten sich aus irgendwelchen Gründen Ihre Lebensumstände verändern, können Sie deshalb den Junghund nicht behalten, wird ein verantwortungsbewusster Züchter in aller Regel den Hund zurücknehmen oder behilflich sein, für ihn ein neues Zuhause zu suchen. Gewissenhafte Züchter werden niemals Welpen über einen Händler verkaufen.

Als Alternative zum Welpenkauf sollte man daran denken, dass manchmal unverschuldet in Not geratene ältere Hunde von den Vereinen weiter vermittelt werden, zuweilen auch Züchter daran denken, aus dem Zuchtprogramm ausgeschiedene Hunde günstig in Liebhaberhand abzugeben. Wissen muss man, dass bei der wachsenden Popularität der Rasse zwangsläufig Hinterhofzüchter auftauchen, die weder die Käufer sorgfältig überprüfen noch sich überhaupt Sorge machen, was einmal mit ihren Hunden geschieht. Aus unglücklichen Verhältnissen gerettete Hunde werden mit etwas Erziehung, Liebe und viel Verständnis oft vorzügliche Liebhaberhunde und Lebensgefährten. Einige Züchter pensionieren Hunde aus ihrem Zuchtprogramm. Viele dieser Hunde sind - da sie älter sind - auch etwas ruhiger. Auch sie werden manchmal vorzügliche Lebensgefährten, da sie nicht mehr so viele Energien wie Junghunde haben. Dabei sollten Sie wissen, dass bei beiden obigen Alternativen im Allgemeinen die Adoption älterer Hunde mit einem geringeren Kostenaufwand möglich ist.

WELPENAUSWAHL

RÜDE ODER HÜNDIN

Über viele Jahre eigener Erfahrungen mit Welpen ist mir immer aufgefallen, dass die Käufer eine Art vorprogrammierte Meinung haben, wonach Hündinnen leichter aufzuziehen seien als Rüden. Dies ist ganz einfach nicht wahr. Wahr ist - beide Geschlechter können gleich gute Familienhunde werden. Dank moderner chirurgischer Techniken gibt es wenige Risiken, wenn

Jack Russell-Hündinnen schließen sich im Allgemeinen einem Familienmitglied sehr eng an.
Foto: Sheila Atter.

Der Jack Russell-Rüde ist recht unkompliziert, kommt im Allgemeinen mit allen Familienmitgliedern gut zurecht.
Foto: Sheila Atter.

Der Jack Russell Welpe

Sie sollten darauf achten, möglichst viele Verwandte Ihres Welpen zu sehen, dies gibt Ihnen einen guten Eindruck, wie der Welpe selbst sich entwickeln wird. *Foto: Kim James, Badgerwood.*

man Rüden oder Hündin kastrieren lassen möchte, weil sie nur Familienhunde sein sollen. Die Rüden dieser Rasse reifen schnell heran, ergeben sich die ersten Zeichen von Markierungsverhalten, sowohl im Haus wie außerhalb, könnte man sie auch schon in frühem Alter kastrieren lassen.

Haben Sie natürlich die Absicht, mit Ihrem Hund zu züchten oder ihn auszustellen, schließt dies die Kastration naturgemäß aus. Mit der Entscheidung aber, den Hund auszustellen oder mit ihm zu züchten, übernimmt man eine große Verantwortung, das sollte man sorgfältig überlegen. Hündinnen dieser Rasse werden in der Regel zweimal jährlich heiß, dies bedarf sorgfältiger Überwachung, außerdem muss es in den Ausstellungsplan mit einbezogen werden. Nach meiner Erfahrung sind Hündinnen vor und nach der Hitze launischer, im Allgemeinen weniger kooperativ; heiße Hündinnen dürfen überhaupt nicht ausgestellt werden. Für Liebhaber, die ausstellen möchten, könnte ein Rüde vorteilhafter sein. Nur selten sind Rüden launisch, und es gibt keine Hitzeperioden, die berücksichtigt werden müssen. Dagegen muss ein erwachsener Rüde ziemlich sorgfältig überwacht werden, wenn er mit anderen Rüden zusammenkommt.

Ein anderes häufig gehörtes Argument ist, Hündinnen hätten ein weicheres Wesen als Rüden. In dieser Rasse konnte ich nicht feststellen, dass dies wahr wäre, vielmehr bin ich genau der entgegengesetzten Meinung. Hündinnen binden sich oft intensiver an ein einzelnes Familienmitglied, während Rüden in der Regel gleich gut Freund mit der ganzen Familie sind. Aus diesem Grund bin ich der Auffassung, dass es keinen besseren Familienhund geben kann als einen kastrierten Rüden.

Der einzige Bereich, wo das Geschlecht des Welpen entscheidend sein kann, entsteht in einem Haushalt mit mehreren Hunden. Für einen Erstlingshundebesitzer ist es äußerst schwierig, effektiv und sicher eine Hundemeute zu halten. Aus diesem Grund empfehle ich für den Liebhaberbesitzer keinesfalls mehr als zwei Jack Russell Terrier. Hündinnen kommen mit anderen Hündinnen ihrer Rasse im Allgemeinen nicht immer gut zurecht, insbesondere während, vor und nach der Hitze. Jack

Russell Hündinnen vertragen sich oft gut mit Hündinnen einer anderen Rasse, aber auch bei solcher Haltung bedarf es sorgfältiger Überwachung. Das Gleiche gilt für Rüden - sehr wenige intakte Rüden vermögen harmonisch in einem Haushalt zusammenzuleben, Kastration kann sich als hilfreich erweisen. Die beste Regelung, wenn man zwei Hunde halten möchte, bieten Rüde und Hündin gemeinsam. Nur sehr selten trifft man Rüden und Hündinnen, die nicht fröhlich zusammenleben.

Gleich ob Sie einen Rüden oder eine Hündin wählen, Sie sollten sich darüber im Klaren sein, dass man auf eine Hündin guter Qualität zuweilen etwas länger warten muss, auch dass einige Züchter ihre Hündinnenwelpen etwas teurer als Rüden verkaufen. Dies ist aber von Land zu Land verschieden. Leider konzentrieren sich oft Hundekäufer mehr auf Geschlecht, Felltyp oder Abzeichen des Welpen, anstatt auf die Welpenpersönlichkeit und sein Temperament. Achten Sie darauf, Ihr Junghund soll über sein gesamtes Leben Ihr ständiger Begleiter und Freund sein. Aus diesem Grund müssen Temperament, Persönlichkeit und Ausbildungsfreude immer die allerersten Kriterien sein, gleich ob man einen Hund für die Familie oder für die Ausstellung kauft.

FAMILIEN- ODER AUSSTELLUNGSHUND

Die meisten Käufer sind sich in der Regel völlig sicher, ob sie einen Familien- oder Ausstellungshund haben möchten. Viele aber erkennen nicht klar die Gefahren, Welpen bei einem Händler, bei einem Vermehrer oder einem Hinterhofzüchter zu kaufen. Die meisten Ziele, die sorgfältige Züchter durch ihre Anstrengungen, gute Ausstellungshunde zu züchten, verfolgen, sind genau die Eigenschaften, welche die Käufer bei ihren Welpen haben möchten. Ein für den Ausstellungsring gezüchteter Jack Russell Terrier muss gesund, frei und offen, von festem Wesen, munter und intelligent sein. Dabei sollte man natürlich wissen, dass nicht jeder Welpe in einem Wurf aus zwei auf Ausstellungen erfolgreichen Elterntieren notwendigerweise selbst auch Ausstellungsqualitäten haben wird. Ein *Pet Puppy - Liebhaberwelpe* - könnte im einen oder anderen Punkt, was Ausstellungsqualitäten angeht, zurückstehen; die meisten Liebhaber aber werden solche Fehler überhaupt nicht erkennen, ohne den Züchter zu fragen. Der *Liebhaberwelpe* hat die gleichen Elterntiere, wurde genauso gut aufgezogen, hatte ein richtiges Umfeld, Sozialisation und tierärztliche Betreuung wie die Welpen aus dem gleichen Wurf, die einmal in den Ausstellungsring gehen.

Zu den ersten Fragen, die viele Züchter stellen, gehört, ob der Käufer an Hundeausstellung und Zucht interessiert ist oder ob der Welpe als Familienhund gedacht ist. Welpen können *Ausstellungspotenzial* haben, das bedeutet aber in keiner Weise eine Garantie für *Ausstellungsqualität*. Die

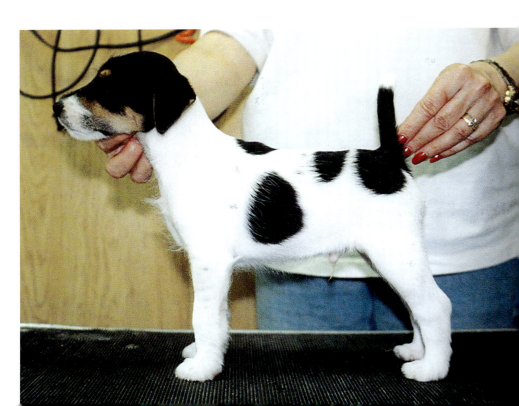

Wenn Sie Ihren Jack Russell ausstellen möchten, sollte der Züchter Ihnen behilflich sein, dass Sie die Anatomie des Welpen genau erkennen.

Foto mit freundlicher Erlaubnis von Mary Strom, Snow Wind.

Heythrop Blazer (links), Rauhaar; Hoelio Clarinda, Glatthaar.
Foto mit freundlicher Erlaubnis von Mary Strom, Snow Wind.

meisten erfahrenen Züchter haben aber eine sehr genaue Vorstellung über die Qualität eines zum Verkauf stehenden Welpen. Wenn der Käufer aber wirklich sicher sein möchte, dass sein Hund auf Ausstellungen Erfolg haben wird, sollte er mehr an den Kauf eines Junghundes oder gar eines ausgewachsenen Hundes denken. Viele Züchter, die für Ausstellungen züchten, behalten die besten Welpen aus dem Wurf selbst, ziehen sie auf, um sich zu vergewissern, ob sie sich erwartungsgemäß entwickeln. Derartige etwa sechs oder sieben Monate alte Junghunde lassen sich im Allgemeinen wesentlich besser auf ihre Ausstellungsqualität hin beurteilen als der acht Wochen alte Welpe.

FELLTYPEN

Im Unterschied zu vielen anderen Terrierrassen gibt es Jack Russell in einer Vielfalt von Felltypen, Farben und Markierungen. Aber nicht alle Felltypen, Farben und Abzeichen, die man bei Jack Russells trifft, sind korrekt und der Definition der Rassestandards angemessen.

Wahrscheinlich am besten ausgedrückt hat dies Reverend E. W. L. Davies in *A Memoir of the Reverend John Russell and his Out-of-Door-Life*. Hierin finden wir nachfolgende Beschreibung eines Ölgemäldes von Trump, dem Idealterrier des Reverend John Russell. »Das Fell ist dick, dicht und etwas drahtig, gut geeignet, um den Körper vor Nässe und Kälte zu schützen; es hat aber keine Ähnlichkeit mit dem langen, rauen Fell eines Scotch Terriers.« Für all die verschiedenen Felltypen, die man bei einer Gruppe von Jack Russell Terriern beobachtet, wird das richtige und vom Standard bevorzugte Haarkleid im Rassestandard beschrieben als »von natürlichem Aussehen, hart, wetterfest, entweder rau oder glatt«. Ein Fell von weicher Struktur, gelockt oder wollig, führt nicht nur nach den Rassestandards zur Disqualifikation, ein solches Fell ist auch überhaupt nicht tauglich für einen Hund, der den ganzen Tag bei der Arbeit auf den Feldern verbringt - genauso wie die Hunde des Parson vor vielen Jahren.

Obgleich keiner der Rassestandards alle drei Felltypen als akzeptabel aufführt, findet man in der Praxis glattes, gebrochenes und raues Fell quer durch die Rasse. Alys Serrell, einer der ersten Züchterinnen von Jack Russell Terriern, erhielt noch viele ihrer Terrier von dem Parson selbst. Sie beschrieb ihren Stammrüden Redcap, er habe »das allerbeste Haarkleid, das möglich ist - kurz, hart und dicht - mit viel Unterwolle und einer dicken Haut«. Dies ist die korrekte Beschreibung, wie das typische Haarkleid eines Glatthaarigen sein sollte.

Mr. Idstone - Autor in *The Field* 1865, brachte eine vorzügliche Beschreibung des *broken coat*, es sei »ziemlich lang, sehr hart oder grob, dabei aber eng anliegend«. Dies, glaube ich, wäre die Art, wie die meisten Züchter ein echtes *broken coat* beschreiben würden. Auf einige Entfernung wirkt ein *broken-coated* Hund wie ein Glatthaar, erst bei näherer Überprüfung sehen wir das lange Haar, das flach am Körper anliegt. Ein *rough-coated* - rauhaariger - Hund besitzt gleichfalls längeres Haar, dichte Unterwolle und ein etwas struppiges Gesicht mit deutlich betonten Augenbrauen und Barthaaren. Aber der rauhaarige Jack Russell darf nie ein gleiches Übermaß an Haar haben wie ein moderner Drahthaar Fox Terrier, genauso wenig sollte er viel Trimmen und Formen erfordern.

Aufgrund der Vielfalt von Haararten und den Gesetzen, nach denen Felltyp vererbt wird, kann manchmal auch der erfahrenste Züchter kaum voraussagen, wie genau das Fell des Junghundes werden wird. Die einzige Garantie bei einem Wurf Welpen besteht, wenn ein Züchter eine Glatthaar-Hündin mit einem Glatthaar-Rüden paart. Das führt zu einem Wurf mit nur glatthaarigen Jungtieren. Der Felltyp wird polygen bestimmt, das bedeutet, dass in einem einzigen Wurf unterschiedliche Felltypen von Glatt- bis Rauhaar auftreten können. Viele Züchter haben die Erfahrung gemacht, dass, wenn sie einen Welpen mit *broken coat* verkauften, sich dieser sechs Monate später in einen rauhaarigen oder mit noch üppigerem Fellkleid ausgestatteten Hund verwandelt hatte. Auch das Gegenteil kann eintreten. Bei der Platzierung glaubte man, es handele sich um einen Glatthaarwelpen, nachdem er herangewachsen war, entwickelte er ein leicht *broken* Fell. Wenig wahrscheinlich wäre es, dass ein glatthaariger Welpe sich ausgereift als rauhaarig erweist. Wenn Sie deshalb besonders an einem Glatthaarfell interessiert sind, sollten Sie am besten bei einem Züchter kaufen, der sich auf diese besondere Fellart spezialisiert hat.

Der einzige gemeinsame Faktor, den man bei allen drei Felltypen findet, ist das sich harsche Anfühlen und die Fellstruktur. Dieses Harschsein darf man nicht mit einem Aussehen von Stahlwolleart verwechseln - *brillo type* - oder mit Wellen oder Locken. Gerade die Fellstruktur ist entscheidend, um einen Hund pflegeleicht zu machen. Kommen die Hunde aus Feld oder Garten schmutzig zurück, kann man sie zum Trocknen in den Käfig setzen und innerhalb einer Stunde findet man keinerlei Anzeichen mehr von Arbeit oder Spiel des Tages. Schmutz und Dreck fallen buchstäblich vom Hund ab, aufgrund der drahtigen Struktur und der natürlichen Öle im Fell. Welche Haarart man auch bevorzugt, alle drei fordern vom Liebhaberbesitzer wenig Pflege, es genügt das normale Bürsten, vermehrt, wenn die Hunde im Frühjahr das Winterfell wechseln.

MARKIERUNGEN

Vom historischen Standpunkt aus wissen wir, dass der Idealhund des Parson *Trump* war - niedergelegt in seinen Memoiren von E. W. L. Davies. Und die Beschreibung von Trump lautet: »Seine Farbe ist weiß mit gerade einem Fleck Dunkellohfarbe über jedem Auge und Ohr. Dabei markiert ein ähnlicher Fleck, nicht

Traditionell sind Markierungen auf Kopf und Rutenwurzel beschränkt.

Foto mit freundlicher Erlaubnis von Mary Strom, Snow Wind.

größer als ein Pennystück, die Rutenwurzel.«

Der Parson war ein Gentleman, der die Jagd liebte, deshalb bevorzugte er eher einen Hund mit weniger Farbe als mit mehr - einen Terrier mit weißem Körper kann man im Feld leichter beobachten. Aus historischen Berichten der Zeit wissen wir, dass andere ebenfalls Terrier mit reinweißem Körper bevorzugten. Es gibt einen Bericht von Reverend Pearce (Idstone), er beschrieb seinen Terrier als: »Weiß mit blauschwarzen Ohren, einem schwarzen Auge und einer schwarzen Nase. Eine Art verwaschenes Schwarz dehnte sich von der Nase bis halb zu den Augen aus, auch seine Nase hatte einen schwarzen Anflug.« Der erste von Arthur Heinemann geschriebene Rassestandard bestätigt, dass der Jack Russell Terrier weiß sein sollte, akzeptiert werden Tan (Lohfarben), Grau oder Schwarz an Kopf und Rutenwurzel. Gestromte und leberfarbene Markierungen sind fehlerhaft. Sowohl der englische wie der amerikanische Standard, beide später geschrieben, sagen zur Farbe, sie sollte möglichst auf Kopf und Rutenwurzel beschränkt sein. Gerade diese klare Sprache und die Betonung, wo und wie viel Farbe ein Parson Jack Russell Terrier haben sollte, gehörten zu den Hauptpunkten, welche diese Rasse von den heutigen Glatthaar und Drahthaar Fox Terriern unterscheidet.

Da die Vorfahren dieser Rasse vorwiegend von Züchtern stammen, die an der jagdlichen Arbeit ihrer Hunde interessiert waren, ist es nicht schwer zu verstehen, dass sie viel mehr auf Arbeitsqualitäten züchteten als um die Farbe zu festigen. Durch Einkreuzen anderer einfarbiger Terrier wie Lakeland, Fell und Border Terrier sehen sich die heutigen Züchter gelegentlich Welpen gegenüber, die starke Markierungen tragen. Im Allgemeinen werden diese Jungtiere als Familienhunde verkauft, da sie nicht mit dem Rassestandard übereinstimmen, der *vorwiegend Weiß verlangt*. Nach meiner eigenen Erfahrung über viele Jahre weiß ich, dass tatsächlich Liebhaberbesitzer im Allgemeinen gerade von Welpen mit mehr Farbe angezogen werden als von solchen mit weniger. Züchter sollten über diese Frage sorgfältig nachdenken. Sind alle anderen Eigenschaften gleichwertig, Wesen, vorzüglicher Körperbau und Arbeitsfähigkeit, könnte durchaus ein Welpe mit etwas mehr Farbe in ein beschränktes Zuchtprogramm einbezogen werden.

FARBEN

Anerkannte Farben dieser Rasse sind Weiß, kombiniert mit Tan, Schwarz, Braun oder zitronenfarbenen Abzeichen. Die einzige Disqualifikation von Farben beschränkt sich auf Gestromt, ein Farbmuster, das eine Kombination mit dunkleren Haaren bildet und zu Streifen führt.

Die *Tancolour* hat eine große Bandbreite, es gibt hellere und dunklere Schattierungen der Lohfarbe. *Tan* kann auch rötlich braun wirken, wird von einigen Liebhaberbesitzern versehentlich als Rotweiß bezeichnet, das aber nicht unter den zugelassenen Farben aufgeführt wird. Auch Zitronenfarbe (Lemon) kann mit *Tan* verwechselt werden. *Lemon* hat aber immer einen gelblichen Einschlag, ist eine fahle Version von Tan mit weniger Leuchtkraft. Auch bei *Dreifarbigen - Tricolours -* gibt es Abweichungen. Die verbreitetste *Tricolour* besteht aus vorwiegend Schwarz mit braunen Punkten; ist aber genauso für eine *Tricolour* zulässig, wenn die Farbe vorwiegend braun ist, schwarze Punkte aufweist.

Bei bestimmten Zuchtlinien dreifarbiger Jack Russell Terrier gibt es eine Besonderheit, dabei verblasst das Tiefschwarz, mit dem die Welpen geboren werden, nach und nach auf Braun oder Tan mit verstreuten schwarzen Haaren, oder zu einer Zitronenfarbe mit wiederum verstreuten schwarzen Haaren. Ursache sind die Gesetze der Farbvererbung. Wenn man in der Regel den kleinen Welpen sehr sorgfältig untersucht, entdeckt man bereits die Anfänge dieser Entwicklung, es gibt verstreut hellere Haare unter den dunkleren. Die beste Art jedoch festzustellen, wie sich die Farben des Welpen wohl entwickeln werden, ist die genaue Betrachtung seiner Eltern.

Viele Überraschungen gibt es mit veränderlichen Merkmalen wie Farbe und Farbmarkierungen in einem einzigen Hundewurf. Zu solchen Überraschungen für die Züchter gehört ein Welpe mit brauner oder leberfarbener Nase. Da nach dem Rassestandard dies ein Disqualifikationsmerkmal ist, werden im Normalfall Welpen mit brauner oder leberfarbener Nase als Familienhunde verkauft, mit

*Die Farbe Tan and White - Weiß mit Lohfarben.
Foto: Will Hahn, Eastlake.*

*Tri-colour (Tan, Schwarz und Weiß), eine besonders ansprechende Kombination.
Foto: Will Hahn, Eastlake.*

Verträgen über Kastration und begrenzte Eintragung im Zuchtbuch. Unabhängig davon müssen die Züchter aber wissen, dass die Vererbung brauner Nase durch rezessive Gene bestimmt ist. Dies bedeutet, dass beide Elterntiere Träger eines solchen Gens sein müssen, ehe es dominant und damit in einem Wurf sichtbar wird. Aus diesem Grunde sollte man Paarungen, aus denen braunnasige Welpen kommen, nie wiederholen. Ein Einsatz von Wurfgeschwistern solcher braunnasigen Welpen in einem Zuchtprogramm bedarf gleichfalls guter Überlegung, denn diese Welpen könnten durchaus Träger der unerwünschten Farbe sein.

TICKING UND PIGMENTIERUNG

Ticking und Pigmentierung sind andere Farbbestandteile und Farbmuster, die unter Züchtern und Liebhaberbesitzern viele Fragen wecken. Die Definition von *ticking* spricht von einem Büschel farbiger Haare auf weißem Untergrund, wodurch kleine farbige Flecken oder *ticks* gebildet werden. Solches *ticking* ist vielfach bei der Geburt nicht zu erkennen, es kann sich von der Welpenzeit bis zu einem Alter von mehr als einem Jahr entwickeln. Ein Welpe kann tatsächlich in den ersten Monaten wirken, als habe er einen völlig weißen Körper, über einen Zeitraum von einem Jahr entwickeln sich kleine Farbflächen und verteilen das Muster über das gesamte Fell.

Pigmentbildung ähnelt insoweit dem *ticking*, dass sie sich bei einem Terrier bis zum Alter von einem Jahr weiter entwickeln und ausdehnen kann. Bei Terriern wünscht man volle Pigmentierung der Nase. Dies bedeutet, dass wenn ein Hund auf seiner Nase einen rosa Fleck hat oder seine Nase nicht voll schwarz durchpigmentiert ist, dies als ein Fehler gilt. Nach einigen Rassestandards führt dies zur Disqualifikation. Das Augenpigment, besser die Farbe auf dem Lid des Hundeauges, ist beim kleinen Welpen nicht immer voll vorhanden, kann sich wiederum über die Jugendzeit nach und nach ausfüllen. Obgleich es mit Sicherheit erwünscht ist, dass das Auge ringsum voll durchpigmentiert ist, wird es im Rassestandard als nicht so wesentlich aufgeführt. Meine persönliche Meinung ist, dass volle Pigmentbildung rund um das Auge den Aus-

Manchmal tritt im Körperhaar »ticking« auf. Foto mit freundlicher Erlaubnis von Earl und Nelsine Ellsworth.

druck des Hundes beträchtlich verstärkt; deshalb verdient es in jedem Zuchtprogramm angemessene Berücksichtigung.

VORBEREITUNGEN AUF DEN WELPEN

Sie sollten dank vorzüglicher Planung und aufgrund richtiger Beratung durch den Züchter vor Ankunft des Welpen schon alles gekauft haben, was der Welpe tatsächlich braucht. Im Allgemeinen stellen die Züchter eine derartige Bedarfsliste auf, beispielsweise über Futter, Art des Käfigs, Spielzeug und Vitamine - sie sollten bei der Ankunft des Welpen vorhanden sein. Neue Babys und neue Welpen haben sehr viel gemeinsam - beide brauchen sehr viel Aufmerksamkeit wie auch vorausplanbare Routine und richtigen Zeitablauf, damit sie sich wirklich wohlfühlen. Wenn Sie nicht im Haus arbeiten, sollten Sie sich ergänzend an einem Wochenende einen zusätzlichen Tag oder Urlaub nehmen, so dass Sie mehr Zeit haben, um die richtige Alltagsroutine aufzubauen. Letztendlich ist der neue Welpe ein langfristiges Familienmitglied, ein richtiger Anfang ist sehr entscheidend.

ABHOLUNG DES WELPEN

Empfohlen wird, zum vereinbarten Tag den Welpen schon früh am Morgen abzuholen. Dadurch hat man den gesamten Tag, um den Welpen etwas besser kennen zu lernen. Eine solche Regelung gibt dem Welpen auch genügend Zeit, das neue Haus und das Umfeld zu erforschen, um sich vor dem Schlafengehen schon zu Hause zu fühlen.

Wichtige Gegenstände beim Abholen des Hundes wären ein großes Badetuch, Plastikbeutel und einige Papierrollen. Wurde Ihr Welpe bereits mit einem Reisekäfig vertraut gemacht und ist den Aufenthalt im Käfig gewohnt, kann man das Tuch nehmen und in den Käfig legen. Ist der Welpe an einen Käfig noch nicht gewöhnt, wäre der beste Platz für die Reise auf einem Tuch auf Ihrem Schoß; in diesem Fall brauchen Sie einen Fahrer. Bringen Sie für den Welpen ein Halsband mit - es gibt immer Welpen, die etwas schwieriger festzuhalten sind als andere. Die meisten Welpen werden

Der große Tag ist gekommen, der Welpe zieht ins neue Zuhause ein.
Foto: Sheila Atter.

zufrieden und ohne besondere Vorkommnisse mit nach Hause fahren - es gibt aber immer einige, die reisekrank werden; deshalb sollte man die erwähnten Gegenstände zur Hand haben.

DER ERSTE TAG

Immer muss man es am ersten Tag sehr ruhig angehen lassen. Der erste Tag im neuen Zuhause ist sicherlich nicht gut, um Nachbarn und Familienmitglieder einzuladen, damit sie den Welpen kennen lernen, ebenso wenig sollte man ihn jetzt mit ins Zoogeschäft nehmen, um Spielzeug auszuwählen. Wenn Welpen wie Babys überstimuliert werden und ermüden, dauert es immer lange, bis sie sich beruhigen. Für Welpen ist es absolut normal und notwendig, dass sie den Tag über mehrere Ruhepausen einhalten. Nie darf man einen schlafenden Welpen aufwecken - sie wachsen schnell und brauchen deshalb ihre notwendige Ruhe. Ganz wichtig ist, diese Tatsache vor der Ankunft des Welpen mit den Kindern ausführlich zu besprechen. Dabei muss man ihnen einschärfen, welche Bedürfnisse der Welpe hat, Dinge wie Wasserschüssel, Futterschüssel, Käfig und eine Ausgangstür ins Freie müssen verfügbar sein.

Jedes Bekanntmachen mit anderen Tieren im Haushalt sollte langsam und Schritt um Schritt erfolgen. Gibt es mehrere Tiere, beispielsweise Katzen, Vögel, Pferde u. a., ist es immer das Beste, sich eines nach dem anderen vorzunehmen. Nach meiner Erfahrung vertragen sich die meisten Jack Russell-Junghunde sehr gut mit anderen Tieren, solange sie von früher Jugend an mit ihnen heranwachsen.

FÜTTERUNG

Seien Sie sich darüber im Klaren, dass plötzliche Veränderungen für einen Welpen Stress bringen können, zu den Hauptmerkmalen von Stress bei einem Welpen gehört Appetitverlust. Bei einem Welpen ist es gar nicht ungewöhnlich, dass er innerhalb der ersten 24 Stunden wenig Interesse an Futter - manchmal auch an Wasser - zeigt. Dauert der Appetitverlust länger an, sollte man den Züchter und/ oder Tierarzt um Rat bitten. Neben dem Futter muss auch die Wasseraufnahme beobachtet werden. Welpen haben sehr empfindliche Nasen, möglicherweise riecht Ihr Wasser anders oder schmeckt unterschiedlich gegenüber dem, was er gewohnt ist, insbesondere, wenn Sie fernab von seinem Geburtsort wohnen. Zu den besten Methoden, einen Welpen an neues Wasser zu gewöhnen, gehört die Beifügung einiger Tropfen von Zitronensaft. Hat sich der Welpe erst an das neue Wasser gewöhnt, kann man nach und nach auf den Zitronensaft verzichten. Es gibt aber viele Hundefreunde, die mit ihren Hunden regelmäßig auf Reisen sind, sei es auf Ausstellungen oder in Gesellschaften, sie alle halten vorsorglich eine kleine Flasche Zitronensaft bereit.

Es gibt wahrscheinlich ebenso viele Marken und Methoden, Hunde zu füttern wie Hunderassen insgesamt; das alles ist für den Anfänger sehr verwirrend. Der beste Ratgeber ist der Züchter. In Situationen, wo das beim Züchter gewohnte Futter nicht verfügbar ist, sollte man immer auf Quali-

Welpen reagieren zuweilen auf Futterumstellungen recht empfindlich, am besten bleibt man bei der Futtermethode des Züchters - zumindest im Anfangsstadium.

Foto: Sheila Atter.

tätsfutter achten. Stehen Sie dann vor dem Hundefutterregal eines großen Supermarktes oder Zoofachhandels, erweist sich die Auswahl wiederum als überwältigend. Nachstehend einige Richtlinien, aufgestellt vom *American Pet Institute (API),* worauf man bei Qualitätsfutter zu achten hat.

- Verzichten Sie auf Futter, bei dem auf dem Etikett Nachfolgendes steht: Fleisch und Knochenmehl oder Fleischnebenprodukte.
- Achten Sie vor allen Dingen auf den Fleischinhalt - nach Möglichkeit Truthahn oder Lamm.
- Beachten Sie, welche Getreidearten im Futter genutzt werden. Reis ist von allen Getreidearten in Hundefutter am leichtesten verdaulich.
- Wird Getreide mehr als einmal unter den ersten fünf Zutaten aufgeführt, sollten Sie es mit einem anderen Produkt versuchen.
- API empfiehlt Futter, das natürliche Haltbarkeitsstoffe nutzt, beispielsweise gemischte Tokopherole oder Vitamine C und E, keine chemischen Zusätze wie Ethoxyquin, BHT oder BHA.
- Achten Sie auf den Ablauf der Frischhaltegarantie.
- Öffnen Sie den Beutel und riechen Sie an dem Futter, riecht es ranzig, sollte man es zurücklegen.
- Bei Futterwechsel mischt man ein Drittel neues Futter mit zwei Drittel altem, vermehrt täglich das neue Futter, hierdurch vermeidet man Magenstörungen.
- Beobachten Sie den Stuhlgang Ihres Hundes, er sollte fest sein und nur minimal riechen.
- Beachten Sie Haarkleid und Gewicht Ihres Hundes, um sicher zu sein, dass das neue Futter den individuellen Ansprüchen entspricht, keine stärkeren Gewichtsverluste oder -zunahmen auslöst.
- Bevorraten Sie Ihr Hundefutter an einer kühlen und trockenen Stelle, möglichst in einem geschlossenen Container.
- Halten Sie sich von *trendyfoods* fern, die nicht bewiesene Behauptungen hinsichtlich der Gesundheit der Tiere aufstellen.
- Achten Sie immer darauf, dass zusätzlich zur richtigen Ernährung Ihr Hund stets Zugang zu frischem Wasser hat und angemessenen Auslauf findet.

Es dauert immer einige Tage bis sich Ihr Welpe an die Haushaltsroutine gewöhnt hat.
Foto: Sheila Atter.

Welches Futter Sie auch wählen, achten Sie darauf, wenn Futter besonders preiswert erscheint, könnte es möglicherweise nicht die notwendige Qualität des Inhalts bringen. Manchmal müssen Sie das Geld, das Sie durch billiges Futter sparen, später dem Tierarzt geben, wenn dieser Gesundheitsstörungen zu heilen versucht, die durch schlechte Ernährung ausgelöst wurden. Achten Sie auf Kapitel 4 *Die Ernährung des Jack Russell Terriers.* Hier finden Sie weitere Hinweise.

EINGEWÖHNEN

Der Welpe wird immer einige Tage brauchen, um sich an die Haushaltsroutine zu gewöhnen. Die ersten Tage sollte man sich auf die Erziehung zur Stubenreinheit konzentrieren, ihn an den Käfig gewöhnen und insgesamt für den Welpen ein Umfeld aufbauen, so dass er sich so schnell wie möglich im neuen Zuhause wohlfühlt.

Jack Russell-Welpen sind sehr aufmerksame, lebhafte und intelligente Tiere. Aus diesem Grund muss man die Hausordnung von Anfang an richtig festlegen, gibt es keine solchen Regeln, könnte sich herausstellen, dass sich der Junghund seine eigenen schafft. Aus diesem Grund empfehle ich immer die Gewöhnung an einen Käfig direkt zu Beginn der Übernahme, dies hilft wesentlich beim Stubenreinmachen.

Unabhängig davon, wie sehr wir unseren Hund lieben, ihm alle Arten menschlicher Motive und Bewegungen zuschreiben, er sieht seine Welt in schwarz und weiß - Führer und Untergeordneter. Das Allerbeste, was Sie für Ihren Welpen tun können, ist, von Anfang an mit Ausdauer und Gleichmäßigkeit diese Beziehung durch Erziehung aufzubauen.

STUBENREINHEIT

Welpen sollte man nach einem klaren Futterplan füttern. Einfach gesagt, wenn man weiß, wann das Futter hineinkommt, weiß man auch ungefähr, wann es wieder ausgeschieden wird. Die meisten Welpen in der Altersgruppe acht bis zwölf Wochen werden zweimal täglich gefüttert, eine Mahlzeit als Erstes am Morgen, dann eine zweite am späten Nachmittag - das wäre ideal. Man lässt das Futter maximal für 20 Minuten am Boden stehen, die meisten Welpen fressen, was sie in diesem Zeitraum mögen. Wenn ein Welpe nicht gerade krank ist, wird er nicht absichtlich selbst fasten.

Ihr Welpe muss als Erstes morgens hinaus, im Freien muss man ihn tüchtig loben, wenn er an der vorgesehenen Stelle uriniert und Kot absetzt. Denken Sie sich für Ihren Welpen eine bestimmte Wortfolge aus, beispielsweise *Bächlein machen.* Sie werden überrascht sein, wie nach kurzer Zeit, wann immer Sie diese Wortfolge wählen, sich Ihr Welpe auf Kommando löst. Hat man vor, in Zukunft viel zu reisen, kann sich dies als sehr nützlich erweisen. In der Erziehungsperiode sollte man den Welpen immer zum gleichen Ort führen, um sich zu lösen. Aufgrund bestimmter Geruchssignale neigen Hunde dazu, sich wiederholt an gleicher Stelle zu lösen. Aus hygienischen Gründen muss man die-

Der Jack Russell Welpe

Erziehung zur Stubenreinheit sollte sofort bei Ankunft eines Welpen beginnen. Foto: Sheila Atter.

sen Bereich sorgfältig säubern; hinzu kommt, ist ein Gebiet besonders verschmutzt, suchen sich die Hunde selbst ein neues Plätzchen. Hat sich der Welpe gelöst und kommt wieder ins Haus, sollte man darauf achten, dass es vernünftig wäre, wenn er spielt und im Haus herumtobt, ihn nochmals ins Freie zu bringen.

Beobachten Sie, dass Ihrem Hund im Haus ein Missgeschick unterläuft und befinden Sie sich einige Meter auf Abstand, klopfen Sie am besten auf den Tisch oder schütteln Sie eine mit einigen Pfennigen gefüllte Coladose, um ihn aufmerksam zu machen. Freundlich nimmt man den Hund auf, lobt ihn für das Anhalten und bringt ihn nach draußen in seinen Lieblingsbereich, wo er sich lösen soll. Wenn er draußen das Erwünschte tut, wird er tüchtig gelobt und gestreichelt und man bringt ihn wieder ins Haus.

Da Hunde auf Geruch so empfindlich reagieren, ist es außerordentlich wichtig darauf zu achten, welche Produkte man zum Aufwischen von *kleinen Fehlern des Hundes* wählt. Kein Ammoniak. Ammoniak befindet sich auch im Urin, und anstatt den Fleck zu reinigen, kann man dadurch den Hund geradezu auffordern, die Stelle erneut zu benutzen. Stattdessen sollte man irgendein neutralisierendes Desodorant wählen, das den Geruch tilgt. Ebenso wichtig ist eine Prüfung aller Reinigungsprodukte auf Toxizität. Einige Mittel enthalten große Mengen an Kiefernöl, sie können dem Welpen schaden. Aus gleichen Gründen sollte man auch Welpen nie auf Sägespänen betten, obwohl diese für erwachsene Hunde oft recht gut sind.

Um mit der Erziehung zur Stubenreinheit Erfolg zu haben, bedarf es einer sorgfältigen Beobachtung der Welpen und sofortiger Reaktion. Außer Sichtweite bei einem Welpen ist immer schlecht, und damit der Welpe richtig lernt, dass das Lösen im Haus nicht akzeptiert wird, bedarf es hierzu des Ertappens auf frischer Tat. Stellen Sie fest, dass sich Ihr Welpe im Haus gelöst hat, auch wenn nur ganz kurz nach der Tat, ist es immer am besten, die Verunreinigung aufzuwischen, den Welpen sorgfältiger zu beobachten. Ein Disziplinieren, nachdem das Unheil schon geschehen ist, ist nutzlos, könnte für die künftige Erziehung sogar schaden. Wenn Sie Ihren Welpen nicht beobachten können, müssen Sie ihn in dieser Zeit kurz in einem Käfig unterbringen.

KÄFIGTRAINING

In der Wildnis leben Hunde in der Regel in Höhlen. Eine Höhle bietet dem Bewohner Schutz vor Kälte, Hitze und Raubtieren, dazu Sicherheitsgefühl und Wohlbefinden. Auch Haushunde haben eine starke natürliche Neigung dazu, sich eine Höhle zu suchen. Das ist in der Regel ein kleiner Platz, in dem der Hund sich zusammenrollen kann, mit dem Rücken gegen eine Wand, um sich sicher und geschützt zu fühlen. Ein Käfig ist für den Welpen eine natürliche Höhle. Stellt man keinen Käfig zur Verfügung, sucht sich ein Jack Russell Welpe in der Regel sein eigenes Plätzchen.

Auch wenn Ihr Welpe noch nicht an einen Käfig gewöhnt ist, sollten Sie einen solchen sofort kaufen. Am besten wählt man einen, der dem Welpen auch als erwachsener Hund dient, aus diesem Grund sollte man den Käfig auf Zuwachs kaufen. Die empfohlenen Dimensionen liegen bei etwa 43 bis 46 cm Höhe, 46 bis 51 cm Breite. Auch auf Reisen bewährt sich ein derartiger Drahtkäfig, manche Hundebesitzer kaufen einen solchen für Zuhause wie für die Autofahrt. Wichtig ist, immer sollte man

Bald lernt ein Welpe, seinen Käfig als sichere Höhle zu sehen.

Foto: Sheila Atter.

eine weiche Einlage wählen, dem Hund nach Möglichkeit auch Kauspielzeug mit in den Käfig geben.

Möglicherweise hat der Züchter schon damit begonnen, den Hund an den Käfig zu gewöhnen, wenn nicht, sollte man langsam damit beginnen. Am besten lässt man die Käfigtür offen, legt einiges Spielzeug ins Innere, damit der Welpe damit spielen kann. Anfangs kann er in und aus dem Käfig gehen, ohne eingesperrt zu werden. Wenn man erstmals den Welpen mit dem Käfig bekannt macht, wirft man einen Leckerbissen hinein, ermuntert den Welpen zu folgen, wobei man ihn nie zwingt. Locken Sie ihn mit Futter, belohnen Sie ihn durch Loben. Anfangs wird der Welpe den Leckerbissen schnappen und direkt wieder aus dem Käfig herauslaufen - das ist völlig normal. Bewahren Sie Geduld, machen Sie es langsam, ermuntern Sie ihn immer wieder, von selbst in den Käfig zu gehen.

Schaut Ihr Welpe tagsüber schläfrig aus, sollte man ihn freundlich in den Käfig locken, man lässt die Tür offen und beobachtet, ob er nicht zumindest ein kurzes Schläfchen genießt. Anfänglich sollte man den Hund nur über sehr kurze Perioden in den Käfig tun, nach und nach die Zeit verlängern, wenn er sich daran gewöhnt hat. Anfangs wird er höchstwahrscheinlich etwas jaulen und winseln - da muss man hart bleiben und durchhalten. Erklären Sie Ihren Kindern rechtzeitig, dass der Hund nicht gestört werden darf, wenn er zum Schlafen in den Käfig gesteckt wurde - für den Welpen ist dies *time out*. Achten Sie darauf, kein kleiner Welpe sollte für länger als einige Stunden im Käfig eingesperrt werden. Wächst der Welpe heran, kann die Zeit im Käfig etwas verlängert werden, aber selbst als Ausgewachsener darf ein Hund nie länger als vier Stunden im Käfig eingesperrt bleiben.

Wann immer Sie gerade nicht in der Lage sind, Ihren Welpen zu überwachen, sollten Sie ihn in seinen Käfig stecken. Dies ist sicherlich eine der besten Methoden, unerwünschtes Kauen zu unterbinden, dafür braucht Ihr Welpe aber immer eine Auswahl sicherer Kauspielzeuge im Käfig. Man sollte den Käfig immer so platzieren, dass man ihn nach Möglichkeit beobachten kann, vielleicht während der Mahlzeiten in der Küche, nachts im Schlafzimmer. Welpen müssen wissen, dass jemand bei ihnen ist, so dass immer, wenn sie winseln oder jaulen, ein Familienmitglied sie hört und sie ins Freie bringt. Schon aus diesem Grund ist im Haus ein Drahtkäfig vorteilhafter gegenüber den weniger offenen Reiseboxen, auch die Luftzirkulation wird dadurch wesentlich günstiger.

Strikte Planung bei der Käfigerziehung ist für den Erfolg wichtig, im Grundsatz begleitet der Käfig den Hund über sein ganzes Leben. Aber Vorsicht - nie übertreiben. Lässt man einen Junghund über längere Perioden im Käfig oder weicht man von einem klaren Zeitplan ab, könnte das Tier die Hoffnung verlieren, dass man es herausholt und sieht keinen Sinn mehr darin, Blase und Darm zu kontrollieren, bis es herausgenommen wird. Für einen jungen Hund ist es völlig normal, dass ihm

Der Jack Russell Welpe

anfänglich im Käfig das eine oder andere Missgeschick unterläuft - danach sollte man einfach säubern, ohne irgendwelche Versuche, den Hund zu disziplinieren. Solange man den Hund nicht auf frischer Tat ertappt, ist jede Disziplinierung vergeudete Zeit.

Beim Herausnehmen des Welpen aus dem Käfig bringt man ihn immer direkt nach draußen, damit er sich lösen kann. Loben Sie ihn dafür, nehmen Sie ihn dann wieder ins Haus zurück, es folgt eine kurze Spielzeit. Keinesfalls sollte man ihn direkt wieder in den Käfig zurückstecken. Ein Teil seiner Belohnung für Kontrolle von Blase und Darm im Käfig, für sich Lösen im Freien, sollte gerade die gemeinsame Zeit danach sein.

Zum Zeitpunkt, da Ihr Welpe drei bis fünf Monate alt ist, sollte er in der Lage sein, über maximal acht Stunden Blase und Darm zu kontrollieren. Dies ist aber für einen Junghund eine recht lange Zeit im Käfig. Wenn Sie tagsüber arbeiten müssen, sollten Sie unbedingt dafür sorgen, dass etwa zur Mittagszeit jemand ins Haus kommt, den Hund nach draußen führt, sich um ihn kümmert und auch dafür sorgt, dass er sich ordentlich löst. Eine Ganztagsarbeitsstellung und die Haltung eines Junghundes schließen sich grundsätzlich aus. Die Einschaltung eines freundlichen Nachbarn oder eines Freundes bietet immer nur eine Notlösung. Bei der Käfighaltung sollte man sich auch immer vor Augen halten, dass gerade Jack Russell Terrier sich allein gelassen recht vereinsamt fühlen, Ausschau halten, was sie tun können. Leider könnte sich die Auswahl ihrer Ablenkung als sehr destruktiv erweisen. Seien Sie achtsam: Falls Ihr Hund gut klettert, müssen Sie Sorge dafür tragen, dass über den Hundeauslauf ein festes Dach gespannt wird.

Die meisten Welpen kann man mit etwa sechs bis acht Monaten unbeaufsichtigt für kurze Zeiträume auch im Haus lassen. Man gewöhnt sie Schritt für Schritt daran; anfangs nur für fünf Minuten, bei jeder Rückkehr wird tüchtig gelobt. Die Zeit, über die der Welpe alleine bleiben muss, wird verlängert, immer nur aufgrund guten Verhaltens. Wenn der Welpe dabei irgendetwas ankaut oder ihm kleine Unglücke während Ihrer Abwesenheit zustoßen, kommt er zurück in den Käfig und Sie versuchen es einige Wochen später erneut. Weder Welpe noch Junghund dürfen für kleine Unglücke oder Ankauen bestraft werden, die während der Abwesenheit des Besitzers geschahen. Nie vermag ein Hund zu verstehen, warum er bestraft wird, vielmehr verstärkt Strafe die Angst, wenn er das nächste Mal alleine gelassen wird.

Die Käfigerziehung hat sich als einer der erfolgreichsten Wege zur Stubenreinheit erwiesen. Und an den Käfig gewöhnte Hunde haben im Allgemeinen weniger Verhaltensprobleme, sind selbstsicherer und leichter zur Unterordnung zu erziehen. Meist sind sie auch ruhiger und gesitteter, wenn man sie einmal in einer Tierpension unterbringen muss. Empfohlen wird auch, regelmäßig zum Transport vom und zum Tierarzt einen Käfig zu verwenden, das gilt insbesondere nach Operationen wie beispielsweise Kastration. Gerade nach einer Operation sind die Hunde recht wackelig auf den Beinen, dagegen bietet der Käfig guten Schutz.

Das zuverlässigste Hilfsmittel beim Transport Ihres Hundes ist ein Käfig.

Foto: Sheila Atter.

REISEN IM AUTO

Für den gesamten Sozialisationsprozess ist das Mitnehmen des Welpen im Auto recht wichtig. Lässt man Junghunde im Auto frei, könnte daraus nur zu leicht ein Unglück entstehen - jedes plötzliche Bremsen oder harte Wendungen lassen den Hund durch das Auto fliegen. Die sicherste Art des Transportes bietet ein Käfig. Drahtkäfige im Auto sind problematisch. Gerät man in einen Unfall, könnte ein Drahtkäfig zur tödlichen Falle werden. Kommt es zu einem starken Druck, hat der Draht, wenn er geschweißt ist, eine Tendenz auseinander zu brechen, und die scharfen Metallenden stehen nach innen in Richtung des erschrockenen Hundes. Der sicherste Transportbehälter im Auto besteht aus Plastik oder Fiberglas. Was diese Plastikbehälter dem Hund an Durchsicht verwehren, kompensieren sie durch zusätzliche Sicherheit.

Es gibt einige Jack Russell-Junghunde, die bei den ersten Autofahrten reisekrank werden. Ich rate, bei der ersten Autofahrt dafür zu sorgen, dass der Magen des Hundes leer ist, dadurch minimiert man die Gefahr einer Reisekrankheit. Im Normalfall verschwindet die Übelkeit mit der Häufigkeit der Fahrten und dem Älterwerden des Hundes. Wenn nicht, wird empfohlen, den Junghund vom Tierarzt untersuchen zu lassen. Näheres in Kapitel 5 *Die Erziehung des Jack Russell*.

SCHUTZIMPFUNGEN

Für Sicherheit und langfristige Gesundheit Ihres Welpen sind Impfungen von großer Bedeutung. Acht Wochen alte Welpen erhalten in der Regel zwei Impfungen, entweder schon beim Züchter oder beim Käufer. Die Impfungen erfolgen meist im Abstand von zwei bis drei Wochen. Der Zeitspielraum liegt zwischen 6 Wochen und 18 bis 20 Wochen, das genaue Impfschema und die hierfür eingesetzten Impfstoffe sollte der Tierarzt festlegen. Näheres in Kapitel 12 *Gesundheitsfürsorge*.

ENTWURMUNG

Parasiten beeinträchtigen Wachstum und Reifeprozess Ihres Welpen beträchtlich, denn jeder Parasit entzieht dem Welpen wichtige Nährstoffe. Die verbreitetsten Parasiten, die Welpen befallen, sind Würmer, Spulwürmer, Peitschenwürmer, Hakenwürmer oder Bandwürmer, hinzu kommen zwei

Das passende Impfprogramm wird vom Tierarzt festgelegt.
Foto mit freundlicher Erlaubnis von Mary Strom, Snow Wind.

Der Jack Russell Welpe

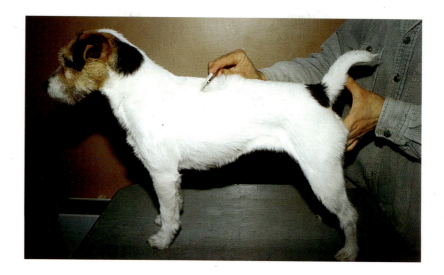

Wenn man den Welpen schon von Jugend an daran gewöhnt, sich pflegen zu lassen, wird er schnell lernen, ruhig zu stehen und die Behandlung zu akzeptieren.

Foto mit freundlicher Erlaubnis von Mary Strom, Snow Wind.

Arten von Protozoen, die Kokzidien und Giardien. Bei schwerem Wurmbefall zeigen einige Welpen äußere Anzeichen wie aufgeblähten Leib, stumpfes, trockenes Fell oder starken Haarausfall. Welpen mit Bandwurmbefall rutschen zuweilen mit dem Hinterteil auf dem Boden, zeigen beachtlichen Gewichtsverlust oder man entdeckt kleine, reisähnliche Segmente im Stuhlgang des Welpen. Um Bandwurmbefall wirksam zu bekämpfen, muss man auch die Ursache in Betracht ziehen, nämlich den Floh. Ohne Flohbekämpfung wird man ständig Probleme mit Bandwürmern haben.

Welpen mit Kokzidien- oder Giardienbefall zeigen entweder ständigen oder plötzlich auftretende Anfälle von Durchfall, in beiden Fällen oft mit Blut durchzogen. Kokzidien wie Giardien sind einzellige Organismen, die Verdauungs- und Darmtrakt des Hundes befallen. Was Kokzidien angeht, können unhygienische Haltungsbedingungen, insbesondere Überfüllung des Zwingers, die Ursache sein. Ist bei einem Züchter erst einmal ein Kokzidienbefall eingetreten, tritt er im Allgemeinen auch in nachfolgenden Würfen auf; die meisten Tierärzte empfehlen, sowohl Wurfkiste wie Auslauf und Spielbereich bei künftigen Würfen auszuwechseln. Bei alten Hunden finden wir häufig einen bestimmten Grad von Immunität. Trotzdem wird Ihr Tierarzt meist die Behandlung aller Hunde empfehlen, die auf einem infizierten Gelände leben, unabhängig vom Alter. Giardiaorganismen findet man meist in Bächen und Wasserbehältern, sie sind viel schwieriger zu entdecken. Vorsicht - Giardien können auch auf Menschen übertragen werden.

Einen Welpen, der von Parasiten befallen ist, kann man nur sehr schwer zur Stubenreinheit erziehen. Zur Sicherheit sollte man deshalb zum Zeitpunkt des Impfens jeden Welpen auf Würmer überprüfen, danach in regelmäßigen Abständen bis zum Alter von sechs Monaten. Ab sechs Monaten werden die meisten Tierärzte empfehlen, zumindest zweimal jährlich den Hund zu entwurmen, einmal im Frühjahr und einmal im Herbst. Bei einem Aufenthalt in warmen Klimazonen muss man auf die Notwendigkeit weiterer Wurmbekämpfung achten.

Der Herzwurm ist ein anderer innerer Parasit und wird von Moskitos auf Hunde übertragen, kann aber nicht auf den Menschen übergehen. Herzwürmer lassen sich nur durch eine Blutprobe bestimmen, die Untersuchung erfolgt durch den Tierarzt. In Gebieten mit Herzwurmbefall muss der Hund während der warmen Monate des Jahres von Frühjahr bis zum späten Herbst behandelt werden. Hierüber sollte man sich jedoch mit seinem Tierarzt beraten, denn es gibt viele Gebiete, in denen aufgrund nicht vorhandener Moskitos Herzwürmer sehr selten sind. Wenn Sie mit Ihrem Hund aber häufig in verschiedene Gegenden reisen, könnte es das Beste sein, auch auf Herzwürmer zu behandeln; dadurch ist er unabhängig davon, wo er gerade ist, voll geschützt.

In den ersten Wochen findet Ihr Welpe durch Spielen im Garten genügend Bewegung.

Foto mit freundlicher Erlaubnis von Rani Morningstar.

FELLPFLEGE UND BADEN

Die Fellpflege sollte von Anfang an als Teil der Routineerziehung des Junghundes betrachtet werden. In aller Regel brauchen kleine Welpen sehr wenig Fellpflege, aber gerade in diesem jugendlichen Alter werden die Gewohnheiten für das ganze Leben aufgebaut. Ist Ihr Junghund daran gewöhnt, gebürstet zu werden, dass man seine Krallen kürzt, Ohren und Zähne reinigt, dann macht es Freude, ihn auch als erwachsenen Hund zu pflegen.

Als Erstes muss man darauf achten, dass man für den Junghund immer eine recht weiche Borstenbürste wählt. Sie dürfen ihm nicht erlauben, sich dagegen zu wehren und wegzulaufen, stattdessen sollten Sie ihn freundlich festhalten, bis er sich daran gewöhnt. Denken Sie daran, gerade das Bürsten sollte für ihn zu einem positiven Erlebnis werden, deshalb sind Leckerbissen und tüchtiges Loben während des Bürstens ein wesentlicher Teil der Erziehung.

Beginnen Sie vorsichtig am Oberkopf, arbeiten Sie von hier aus über den ganzen Körper, bürsten Sie weich und erzählen Sie Ihrem Junghund, was für ein wunderbarer Bursche er ist. Wenn Sie später Ihren Welpen auf Ausstellungen bringen möchten, sollten Sie mit der Fellpflege am besten bereits auf dem Pflegetisch beginnen. In diesem Fall wird man ihn zumindest zwei- oder dreimal wöchentlich auf den Tisch stellen, laufend loben und belohnen. Achten Sie darauf, dass jeder Tisch, jede Oberfläche, auf die Sie Ihren Welpen stellen, sicher und stabil ist. Ein wackeliger Tisch oder eine glatte Oberfläche könnten einen Junghund erschrecken. Viele solche Früherlebnisse bleiben für ein ganzes Hundeleben haften.

Kontrollieren und Säubern von Ohren und Zähnen, Kürzen der Nägel, das alles sind wichtige Teile der Welpenpflege. Wenn Sie Ihren Hund ausstellen möchten, sollten Sie ihn daran gewöhnen, dass er sich an den Ohren fassen lässt und man seine Zähne kontrollieren darf. Dies macht der Richter später auch im Ausstellungsring. Die Krallen kleiner Welpen wachsen sehr schnell und sind sehr scharf. Wichtig ist es, die Pfoten des Welpen anzufassen, vielleicht zuerst nur freundlich zu massieren, dann sich voranzuarbeiten bis zum Krallenschneiden. Fühlen Sie sich im Krallenschneiden unsicher, sollten Sie sich dies vom Tierarzt zeigen lassen. Keine Hexerei, man muss nur einfach wissen wie.

Baden macht manchen Hunden keine Freude, ist aber von Zeit zu Zeit eine Notwendigkeit. Nie sollte man einen Welpen ins Bad rufen, stattdessen geht man zu ihm und holt ihn. Ihr Welpe könnte das zum Bad gerufen werden als unverzeihlich ansehen, dadurch entstehen möglicherweise unbewusst Probleme beim künftigen Heranrufen. Die goldene Regel lautet deshalb, nie einen Welpen zu etwas zu rufen, was er als unangenehm empfindet. Das Baden beginnt man mit lauwarmem Wasser, nie zu heiß. Gerade Welpen sind gegenüber Temperaturen sehr empfindlich. Sie sollten auch darauf achten, während des Badens das Halsband angelegt zu lassen, besonders, um mit der Hand zugreifen zu können, falls der Hund aus der Wanne zu springen versucht. Sehr vorsichtig reibt man das Shampoo in das Fell. Die ersten Male sollte man für das Abwischen des Gesichtes nur ein weiches Tuch wählen, bis er mit dem ganzen Vorgang vertrauter ist. Achten Sie darauf, den Hund danach gründlich abzuspülen, zurückbleibendes Shampoo kann Juckreiz auslösen, der Hund fühlt sich dann unwohl. Es empfiehlt sich, nach dem Baden ein großes Tuch vor sich zu halten, denn die meisten Hunde schütteln überschüssiges Wasser ab. Und danach wird der Hund mit diesem Tuch trocken gerubbelt. Die meisten Jack Russell-Junghunde rennen nach dem Bad rund um das Haus und springen umher. Führt dies zu Schwierigkeiten, sollten Sie Ihren Hund nach dem Baden in einem kleineren, eingezäunten Bereich halten oder ihn in seinen Käfig stecken, bis er sich beruhigt hat.

In aller Regel haben Jack Russell Terrier ein sehr hartes Fell, das von Natur aus Schmutz und Dreck abstößt. So müssen sie im Idealfall nicht öfter als einmal monatlich gebadet werden. Viel Baden macht das Fell weicher, wollen Sie Ihren Hund ausstellen, fordert man von ihm das typische harte Terrierfell. Wenn man mehrfach wöchentlich seinen Hund gut durchbürstet, erlaubt dies viel größere Abstände zwischen den einzelnen Badeterminen.

AUSLAUF
Jack Russell-Welpen sind in aller Regel Energiebündel, brauchen sehr viel Bewegung. Ja, die häufigsten Probleme, die Hundebesitzer mit ihren Hunden erleben, werden durch Bewegungsmangel ausgelöst.

Gerade Jack Russell-Junghunde brauchen als Arbeitshunde sehr viel Auslauf und Bewegung, um ihre Energien auszutoben. Probleme wie Ankauen, Bellen oder Graben könnten einfach durch Mangel an Bewegung ausgelöst sein. Aufgestaute Energien führen zu viel Stress und nicht richtig bewegte Hunde können auch bei der Erziehung zur Stubenreinheit schwieriger sein.

Sie müssen wissen, den Hund einfach in den Hof zu bringen und ihn sich selbst zu überlassen, kann nicht als tatsächliche Bewegung angesehen werden. Gemeinsame Bewegung ist für Sie wie Ihren Welpen das einzig Richtige.

Für einen Junghund ist es sehr viel reizvoller, wenn er zu Spielzeiten von Familienmitgliedern betreut wird.   *Foto: Anne Milne.*

Beständigkeit bei der Erziehung ist Grundvoraussetzung für die Aufzucht eines Junghundes.
Foto: Kim James, Badgerwood.

Spiele wie einem Tennisball nachlaufen oder Apportieren von Frisbees machen Ihrem Welpen viel Spaß. Langlauf mit Ihrem Welpen ist wahrscheinlich keine gute Idee, bevor er fast erwachsen ist. Sicherlich wollen Sie dem heranwachsenden Welpen nicht zu starken Stress zumuten. Bewegung ist eindeutig etwas, das nach und nach aufgebaut werden muss. Nie sollte man seinen Junghund bei Tageshitze anstrengend bewegen, Junghunde wie Erwachsene könnten dabei schnell überhitzen. Achten Sie darauf, nur sehr selten verlangen Jack Russell-Jungtiere von sich aus Anhalten und Ruhe, *also müssen Sie es sein,* der bestimmt, wann es genug ist. Wählen Sie immer den Morgen oder späten Abend, damit es verhältnismäßig kühl ist. Um nach der Hitze abzukühlen, kann tüchtiges Schwimmen hervorragend sein. Welpen muss man aber im Wasser sorgfältig überwachen, nicht jeder Welpe mag Wasser oder ist ein tüchtiger Schwimmer.

Übergewichtige Hunde haben vermehrt Gesundheitsprobleme und sterben auch früher. Möchten Sie für sich und Ihren Welpen ein erfülltes Leben, ist hierfür viel Auslauf der Schlüssel. Ein tüchtig bewegter Junghund fühlt sich in Ihrem Haushalt fröhlicher und gesunder. Und wie bei jeder Erziehung muss auch Auslauf regelmäßig erfolgen und dem Hund Freude bereiten.

HAUSORDNUNG
Zu den verbreitetsten Beschwerden von Hundebesitzern gehören unerwünschtes Anspringen, Kauen, Bellen, Weigerung heranzukommen und schlechte Gewohnheiten im Haus. Die einfache Antwort auf alle diese Probleme lautet, derartige schlechte Gewohnheiten sich gar nicht erst entwickeln zu lassen. Viele dieser sechs am häufigsten vorgetragenen Beschwerden beginnen, wenn der Hund noch sehr

jung ist. Sicherlich, manchmal wirkt es ganz süß, wenn ein kleiner Welpe auf Ihren Schoß springt oder mit seinem zarten Bellen Ihre Aufmerksamkeit sucht. Aber all dieses wird sehr viel weniger angenehm, wenn Ihr Hund älter wird, größer und insbesondere lauter.

Der wichtigste Gesichtspunkt bei der Hundeerziehung ist Beständigkeit. Deshalb müssen Sie festlegen, welche Hausordnung gilt und dies schon, ehe Sie den Welpen vom Züchter nach Hause holen. Fehlende Konsequenz verzögert die Bekämpfung unerwünschten Verhaltens, kann zu psychischen Problemen Ihres Hundes führen. Dies ist etwas, woran sich alle Familienmitglieder beteiligen müssen. Wenn Sie beispielsweise nicht möchten, dass Ihr Hund Sie anspringt, dann darf der Hund niemals gelobt oder gestreichelt werden, wenn er anspringt oder sofort, nachdem er es versucht hat. Stattdessen begrüßt man den Welpen in gebückter Haltung, streichelt ihn, während man ihn in sitzender oder stehender Position festhält. Die gleiche Methode gilt auch für Gäste. Legen Sie Ihrem Welpen Halsband und Leine an, halten Sie die Leine in der Hand, wenn der Welpe versucht, die Gäste anzuspringen. Bitten Sie Ihre Gäste, den Hund nur zu loben, wenn er mit allen vier Pfoten auf dem Boden steht. Wenn Ihre Gäste den Welpen nicht tüchtig loben, müssen Sie selbst eingreifen und dies tun.

Wenn Sie möchten, dass Ihr Hund immer freudig zu Ihnen kommt, sollten Sie ihn nie heranrufen, wenn ihm etwas Unangenehmes bevorsteht. Dazu gehören Heranrufen, um ihn zum Baden in die Wanne zu stecken oder um ihn zu strafen, nachdem Sie ihm vorher eine halbe Stunde im Garten nachgejagt sind, um ihn einzufangen. Viel besser beginnt man damit, indem jemand im anderen Zimmer den Welpen festhält, während Sie sein Futter vorbereiten. Ist das Futter fertig, rufen Sie ihn mit einem einzigen Wort *Hier* - gleichzeitig lässt der Helfer den Hund los. *Hier* sollte für den Hund immer Belohnung - Futter oder Streicheln - bedeuten. Dieses Kommando darf nicht übermäßig oft eingesetzt werden, denn jedes Ausbildungskommando, das zu viel eingesetzt wird, wird mit der Zeit ignoriert.

Nie darf man den Welpen zum Bellen ermuntern oder dass er um eine Futterbelohnung bettelt. Denken Sie daran, hieraus könnte der Hund Sie zu manipulieren lernen, um Ihre Aufmerksamkeit zu gewinnen. Die meisten Jack Russell gebrauchen gerne ihren Fang, um zu lecken, zu nippeln oder möglicherweise die Hände anzukauen. Dabei ist es Ihr Job, den Hund zu lehren, dass dies überhaupt nicht gestattet ist oder nur sehr sanft. Sie sorgen durch ein festes und lautes *Au*, dass der Junghund weiß, dass etwas weh tut. Wenn Kauen und Beißen ein Problem ist, können gegen das Ankauen auf dem Markt erhältliche *bitter apple Produkte* auf das Mobiliar aufgetragen werden, auch auf Kleidung und eigene Hände, um dieses Verhalten abzustellen.

Das Verstehen, wie ein Hund lernt, ist der Schlüssel, um eine gute Hausordnung aufzubauen. Denken Sie immer daran, dass Welpen wie erwachsene Hunde eine sofortige Reaktion brauchen, um zu wissen, ob ihr Verhalten erwünscht oder unerwünscht ist. Die Korrektur eines Verstoßes gegen die Hausordnung sollte konsequent sein, aber nie so hart, dass sie körperlichen Schaden oder Furcht auslöst. Lob und Bestätigung folgen sofort jedem Gehorsam.

Kapitel 4
DIE ERNÄHRUNG DES JACK RUSSELL

Die Ernährung war nie alleinige Domäne des medizinischen Praktikers oder Tierarztes. Es ist noch gar nicht lange her, dass die Medizin klinisch überprüfte Ernährungssysteme so weit entwickelte, dass für dieses Thema eigene Lehrstühle eingerichtet wurden, dass viele Tierärzte in Kleintierpraxen erkannt haben, dass sie im Bereich Tiergesundheit Expertenrat anzubieten haben. Dies ist recht kurios, denn bereits die frühesten medizinischen und tierärztlichen Texte beziehen sich auf die Wichtigkeit korrekter Ernährung. Seit vielen Jahren wurden Tierärzte, die mit Nutztieren wie Rindern, Schweinen und Schafen arbeiten, mit einer Fülle an Informationen ausgestattet, wie man jede einzelne Spezies am besten ernährt.

Traditionell sind natürlich Züchter, Nachbarn, Freunde, Verwandte, Fachgeschäfte und manchmal sogar die örtlichen Supermärkte Hauptquelle guter Ratschläge, wie man am besten Hunde füttert. In den letzten fünfzehn Jahren stieg das allgemeine Wissen über die Beziehung zwischen Ernährung und Krankheiten. Das verdanken wir in erster Linie dem Medieninteresse an dieser Frage - das zeitweise bis zur Hysterie führte, außerdem aber auch den Marktstrategien wichtiger Herstellerfirmen. Nur wenige Menschen haben noch nichts über die gesundheitlichen Vorteile von »reich an Ballaststoffen«, »niedrigem Fettgehalt«, »niedrigem Cholesteringehalt«, »reich an ungesättigten Fettsäuren«, »wenig Fettsäuren« und »Haferdiätnahrung« gehört.

In aller Regel werden einige Fakten aufgezeigt, die dafür sprechen, in bestimmten Situationen bestimmte Nahrungstypen zu wählen. Häufig werden die Vorteile übertrieben - wenn es überhaupt welche gibt.

Natürlich haben die Züchter immer aktiv die Frage diskutiert, wie man Hunde am besten füttert. Die meisten Jack Russell-Besitzer sind sich der Bedeutung guter Knochenentwicklung und der Rolle der Ernährung für optimale Skelettbildung bewusst.

Als praktischer Tierarzt jedoch war ich immer wieder erstaunt und befremdet über die Ernährungsvorschläge, die Züchter den Hundekäufern mitgaben. Diese bestehen viel zu häufig aus komplexen selbst gefertigten Rezepturen, in aller Regel auf Grundlage großer Fleischmengen, Ziegenmilch und einem breiten Angebot von Mineralergänzungsstoffen. Diese Futter-

Für die Fitness des Jack Russells muss man eine richtig ausbalancierte Ernährung bereitstellen.

Foto mit freundlicher Erlaubnis von Mary Strom, Snow Wind.

Die Ernährung des Jack Russell

pläne sind meist sehr wenig ausgewogen, können leicht zu Skelett- und anderen Wachstumsanomalien führen.

Unsere Haushunde haben kaum Gelegenheit, sich ihr eigenes Futter auszusuchen. Es ist deshalb wichtig, sich darüber klar zu werden, dass diese voll auf ihre Besitzer angewiesen sind, um alle Nährstoffe zu erhalten, die sie brauchen. In diesem Kapitel bemühe ich mich zu erklären, welche Anforderungen die Hunde haben, einige Mythen zu widerlegen, Hinweise zu geben, wie man für den eigenen Hund die angemessene Ernährung findet.

GRUNDLAGEN DER ERNÄHRUNG

Hunde haben mit den *Carnivoren* gemeinsame Vorfahren, werden auch heute noch häufig diesen zugeordnet, obgleich vom Gesichtspunkt der Ernährung Hunde tatsächlich *Omnivoren - Allesfresser* - sind. Dies bedeutet, Hunde können alle notwendigen Nährstoffe, die sie brauchen, aus Nahrungsquellen schöpfen, die aus rein pflanzlichem oder tierischem Material bestehen. So weit wir heute wissen, können Hunde auch mit Futter leben, das einzig und allein von Pflanzen stammt - das heißt, man kann sie ausschließlich vegetarisch ernähren. Das Gleiche gilt *keinesfalls* für unsere Hauskatzen. Sie sind immer noch zwingend *Carnivoren - Fleischfresser* - können ihren Nährstoffbedarf nicht ausschließlich aus vegetarischer Nahrung decken.

ENERGIEBEDARF

Alle lebenden Zellen brauchen Energie, je aktiver sie sind, umso mehr Energien verbrennen sie. Jeder einzelne Hund hat seinen eigenen Energiebedarf, der recht unterschiedlich sein kann, selbst zwischen Hunden der gleichen Rasse, gleichen Alters, gleichen Geschlechts und gleichen Aktivitätsspiegels. Die Züchter kennen genau die verschiedenen Umwelteinflüsse, in denen sich Wurfgeschwister nach der Abgabe völlig verschieden entwickeln, der eine Hund Richtung Dickleibigkeit, der andere zur schlanken Seite, selbst wenn die Hunde genau die gleiche Futtermenge bekommen.

Zur Erhaltung des Erwachsenengewichts braucht ein Jack Russell Terrier eine Energiezufuhr von etwa 65 kcal/kg Körpergewicht. Kennt man die Energiedichte des Futters, das man füttert, kann man ausrechnen, wie viel der Hund genau braucht. Dabei sollte man aber daran denken, dass es sich bei den Angaben immer um einen Näherungswert handelt, das heißt, man muss immer die Futtermenge genau anpassen, so dass sie auf den Einzelhund ausgerichtet ist. Am besten erreicht man dies, indem man den Hund regelmäßig wiegt und durch entsprechende Fütterung sein *optimales Körpergewicht* aufrechterhält.

Erlernen Sie die Körperkonditionsüberprüfung Ihres Hundes. Es handelt sich hierbei um eine sehr genaue Methode, die Unter- oder Überfütterung verhindert. Viele Tierarztpraxen bieten heute einen *Welpenwachstumsservice* an, bei dem Körpergewicht und Körperkonditionsziffern aufgezeichnet werden.

Verfüttert man ein industriell zubereitetes Futter, sollte man sich darüber im Klaren sein, dass die Fütterungsempfehlungen des Herstellers immer auf den durchschnittlichen Energiebedarf abgestellt sind. Deshalb muss man die Mengen je nach den Anforderungen des einzelnen, eigenen Hundes etwas steigern oder mindern.

In einigen Ländern - beispielsweise im Rahmen der europäischen Union - ist es gesetzlich verboten, auf dem Etikett den Energiegehalt zu deklarieren. Jedoch können die Hersteller auf Anforderung die notwendigen Informationen bereitstellen.

Wenn man verschiedene Futtermittel vergleicht, ist es wichtig, die *metabolische Energie* zu vergleichen, die dem Hund als Gesamtenergiemenge des jeweiligen Futters zur Verfügung steht. Einige Hersteller stellen die Zahlen als *Bruttoenergien* bereit. Das ist wenig hilfreich, denn ein Teil dieser Energien - manchmal ein beträchtlicher Teil - wird weder verdaut, absorbiert noch genutzt.

Es gibt viele Umstände, durch die der Energiebedarf Ihres Hundes vom Grundenergiebedarf (MER = Maintenance Energy Requirement) eines erwachsenen Hundes abweichen kann:

ARBEITSBELASTUNG		TRAGEZEIT	UMWELTEINFLUSS	
Leicht	1.1 - 1.5 x MER	Erste 6 Wochen 1 x MER	Kälte	1.25 - 1.75 x MER
Schwer	2 - 4 x MER	Letzte 3 Wochen 1.1 - 1.3 MER	Hitze bis zu	2.5 x MER
Inaktivität	0.8 x MER	Laktationsspitze 2 - 4 x MER		
		Wachstum 1.2 - 2 x MER		

Leichte oder mäßige Aktivität (Arbeit) vermehrt den Energiebedarf nur wenig. Leistet der Hund aber schwere Arbeit - beispielsweise Schlitten ziehen - erhöht sich dadurch der Energiebedarf beträchtlich. Achten Sie unbedingt darauf, dass während der Tragezeit - mit Ausnahme der letzten drei Wochen - der Energiebedarf nicht erhöht ist. Der Zeitraum der höchst benötigten Energiezufuhr liegt in der Laktationsperiode. Erhält die Hündin genügend Energien, sollte sie während der Trage- und Säugezeit weder Gewicht noch Kondition verlieren. Da der Energiebedarf zur Zeit der Laktation sehr hoch liegt (bis zu 4 x MER), ist es manchmal unmöglich, diesen Bedarf durch die Verfütterung konventioneller Erwachsenennahrung abzudecken - die Hündin kann einfach körperlich nicht genügend Futter aufnehmen. Daraus folgt ein Gewichts- und Konditionsverlust. Eine Umstellung auf Hochenergienahrung ist in aller Regel angezeigt, um eine solche Entwicklung zu vermeiden.

Werden Hunde älter, nehmen in aller Regel auch ihre Energieanforderungen ab. Dies ist in erster Linie auf verringerte Aktivität zurückzuführen, etwa weil sie weniger Auslauf haben - beispielsweise auch der Besitzer älter wird - oder durch auftretende Bewegungsprobleme - beispielsweise Arthritis. Bei älteren Tieren erfolgen auch Änderungen im Stoffwechsel, die den notwendigen Energiebedarf senken. Ziel ist immer die Erhaltung des Körpergewichts auch im Alter, dabei kann regelmäßige Bewegung eine wichtige Rolle spielen. Erkennt man irgendeinen Trend, Gewicht zuzulegen oder abzunehmen, sollte man dem durch Verstärkung, beziehungsweise Verminderung der Energieaufnahme begegnen. Verändert sich das Körpergewicht um mehr als zehn Prozent gegenüber normal, ist tierärztlicher Rat einzuholen - möglicherweise liegt der Gewichtsveränderung eine medizinische Störung zugrunde.

Die Futtermenge muss in engem Zusammenhang zum Energiebedarf stehen.

Foto: Sheila Atter.

Die Ernährung des Jack Russell

Arbeitshunde führen ein anstrengendes Leben, darauf muss ihre Fütterung abgestimmt sein.
Foto: Kim James, Badgerwood.

Veränderungen in den Umweltbedingungen und alle Formen von Stress (einschließlich Ausstellungen) wirken in erster Linie auf Hunde mit nervösem Wesen, können den Energiebedarf beträchtlich steigern. Einige Hunde, die über längere Zeit im Zwinger gehalten wurden, haben stressbedingt an Gewicht verloren. Ihr Energiebedarf ist gestiegen, lässt sich durch Erhaltungsfutter alleine nicht ausgleichen. Möglicherweise brauchen sie energiereiches Futter mit mindestens 4,2 kcal/Gramm *metabolischer Energie,* um unter diesen Verhältnissen ihr Körpergewicht zu erhalten.

Jack Russell Terrier sind manchmal recht temperamentvolle, nervöse Einzeltiere, könnten deshalb auch Hochenergienahrung brauchen. Solche Produkte werden oft für *aktive und arbeitende Hunde* angeboten. Bei der Auswahl des richtigen Produkts für Ihren Hund sollten Sie darauf achten, dass es fettreich ist, nicht proteinreich. Nervöse und gestresste erwachsene Hunde haben keinen höheren Proteinbedarf als andere ausgewachsene Hunde - sie brauchen ganz einfach mehr Kalorien. Am besten erreicht man dies durch mehr Fett. Übermäßige Energieaufnahme führt andererseits zu Dickleibigkeit, was wiederum sehr ernsthafte Auswirkungen auf die Gesundheit haben könnte.

Orthopädische Probleme wie beispielsweise Kreuzbandriss treten bei übergewichtigen Hunden häufiger auf. Eine solche Erkrankung bedarf meist chirurgischer Behandlung, macht sich in der Regel durch plötzlich auftretende völlige Lahmheit oder laufende Verschlimmerung bereits vorhandener Hinterhandlahmheit bemerkbar. Viele Jack Russell Terrier zeigen von Zeit zu Zeit eine Lahmheit der Hinterhand, schonen dabei zuweilen völlig den Einsatz eines Hinterlaufs. Andere Hunde alternieren den betroffenen Lauf. Diese periodisch auftretende Lahmheit steht manchmal im Zusammenhang mit einer Krankheit namens *Legg Perthes Disease,* einer Nekrose des Femurkopfes. Befallene Hunde trifft man vorwiegend im Alter zwischen drei und neun Monaten, zuweilen bedarf es eines chirurgischen Eingriffs, bei dem das betroffene Hüftgelenk völlig entfernt wird. Es besteht der Verdacht, dass übertriebene Kalziumaufnahme über die Ernährung während der Wachstumsperiode zu den Faktoren gehört, wodurch bei vielen prädisponierten Junghunden diese schmerzhafte Erkrankung intensiviert wird.

In höherem Alter entwickeln Hunde häufig eine Herzerkrankung, Dickleibigkeit stellt beachtliche zusätzliche Anforderungen an das Herzkreislaufsystem, möglicherweise mit ernsthaften Konsequenzen. Dickleibigkeit ist auch häufig Ursache der nicht insulinabhängigen Diabetes mellitus, und hat noch viele andere gesundheitliche Auswirkungen, beispielsweise geringere Widerstandskraft gegen Infektion, erhöhte Risiken bei Narkose und Operationen. Liegt Dickleibigkeit erst einmal vor, bedarf es gezielter Maßnahmen, um diese wieder abzubauen, die Energieaufnahme einzuschränken. Je mehr Körpergewicht vorhanden ist, umso schlechter für die Gesamtsituation.

Energien sind nur über Fett, Kohlenhydrate und Proteine in der Hundenahrung verfügbar. Ein Gramm Fett enthält zweieinviertel mal mehr Energien wie ein Gramm Kohlenhydrate oder Proteine. Bei hohem Energiebedarf füttert man am besten eine relativ fettreiche Nahrung. Selten entwickeln Hunde kardiovaskuläre Erkrankungen wie Arteriosklerose oder Erkrankung der Koronargefäße, wie man diese bei hohem Fettverzehr bei Menschen beobachtet.

Viele Hundebesitzer glauben, Proteine seien als Energiequelle für Bewegung und gute Leistungsfähigkeit des Hundes erforderlich. Das ist aber nicht wahr. Protein ist eine verhältnismäßig schwache Energiequelle, ein großer Teil der theoretisch verfügbaren Energien geht bei Proteinen durch die bei der Mahlzeit entstehende Wärme verloren. Unter dieser durch die Mahlzeit verursachten Hitze versteht man die Stoffwechselwärme, die bei Verdauung, Absorption und Nutzung des Proteins vergeudet wird. Deshalb sind bei Belastung Fett und Kohlenhydrate bessere Energiequellen.

Bis zum Alter von vier Monaten erreicht ein Junghund etwa die Hälfte seines ausgewachsenen Gewichts. Foto mit freundlicher Erlaubnis von Mary Strom, Snow Wind.

Für dickleibige oder zur Dickleibigkeit neigende Hunde ist eine niedrigere Energieaufnahme angezeigt. Hierfür gibt es speziell entwickelte Futtermittel, die eine sehr niedrige Energiedichte aufweisen, die effektivsten haben einen hohen Rohfaseranteil. Besitzt man einen solchen Problemhund, sollte der Tierarzt über die richtige Ernährung beraten. Bei übergewichtigen Hunden empfiehlt sich grundsätzlich eine tierärztliche Untersuchung, Dickleibigkeit kann auch eine medizinische Ursache haben.

AUSWAHL DES RICHTIGEN FUTTERS
Die erste und wichtigste Überlegung bei der Auswahl einer geeigneten Erhaltungsdiät ist, dass sie weitgehend auf den Energiebedarf des eigenen Hundes abgestimmt sein sollte. In bestimmten Situationen braucht man hierfür speziell zusammengesetzte energiereiche oder energiearme Futtermischungen. Andere wichtige in der Ernährung vorhandene Futterstoffe sind Aminosäuren (aus Proteinen), essenzielle Fettsäuren (aus Fetten), Mineralien und Vitamine. Kohlenhydrate sind für Hunde kein notwendiger Bestandteil der Ernährung, denn Hunde können genügend Glukose auch aus anderen Quellen synthetisieren.

Verfallen Sie nicht dem Irrglauben, eine Ernährung, die für Menschen gut ist, müsste auch für Ihren Hund sinnvoll sein. Es gibt große Unterschiede im Nährstoffbedarf zwischen Menschen und Tieren. Beispielsweise brauchen Menschen in ihrer Ernährung täglich Vitamin C, aber unter normalen Umständen kann der Hund sein eigenes Vitamin C synthetisieren, muss es nicht aus der Futterschüssel erhalten. Die Menge der vom Hund gebrauchten einzelnen Nährstoffe variiert je nach Lebenssituation, Umfeld und Aktivität.

WACHSTUMSFÖRDERNDE FUTTERMITTEL
Heranwachsende Tiere haben Gewebe, das sich aktiv entwickelt, an Größe zunimmt. Deshalb ist es nicht überraschend, dass heranwachsende Tiere relativ höhere Anforderungen an Energien, Proteinen, Vitaminen und Mineralien haben, als ihre erwachsenen Artgenossen - basierend auf der täglichen Nährstoffaufnahme je Kilo Körpergewicht.

Gute Skelettentwicklung entsteht durch ein Zusammenwirken von Einflüssen der Genetik, Umwelt und Ernährung.

Foto mit freundlicher Erlaubnis von Marcia Walsh.

In der Regel verdoppelt sich das Geburtsgewicht in sieben bis zehn Tagen. Welpen sollten zwei bis vier Gramm/Tag/Kilo des angestrebten Erwachsenengewichts zunehmen. Wichtiger Schlüssel zu einer erfolgreichen Ernährung Frühgeborener ist, Energieverluste des Welpen zu mindern, indem man eine höhere Umwelttemperatur aufrechterhält, gleichzeitig für genügend Energieaufnahme sorgt. Die Milch der Hündin ist in den ersten Lebensstunden für den Welpen besonders wichtig. Die erste Milch - Kolostrum genannt - überträgt durch mütterliche Antikörper, die sie enthält, passive Immunität auf den Welpen. Dies hilft, den Welpen so lange zu schützen, bis er eigene Immunstoffe entwickelt, um infektiösen Erregern Widerstand zu leisten. Die Fähigkeit eines Welpen, aus dem Kolostrum mütterliche Antikörper zu absorbieren, liegt in den ersten Lebenstagen am höchsten. Erhält der Welpe in seinen ersten zwei oder drei Lebenstagen nicht in angemessenem Umfang Kolostrum, könnte er dem *fading puppy syndrome* und anderen Infektionserkrankungen wenig entgegenzusetzen haben.

Mutterlose Welpen füttert man am besten mit industriell hergestelltem Milchersatz - immer exakt nach den Empfehlungen des Herstellers, es sei denn, man kann rechtzeitig eine Amme auftreiben. Am besten bittet man in solchen Fällen den Tierarzt um Hilfe.

In der Welpenzeit muss Dickleibigkeit unbedingt vermieden werden, die so genannte *juvenile Dickleibigkeit* führt zu einer Vermehrung der Fettzellen im Körper, bedeutet bereits eine Vorprägung des Tieres für den Rest seines Lebens. Am leichtesten überfressen sich Welpen, wenn sie nach freier Wahl - ad libitum - Futter aufnehmen können, insbesondere wenn unter den Wurfgeschwistern Konkurrenz herrscht. Viel besser bewährt sich eine klar vorberechnete Tagesration je nach Körpergewicht, aufgeteilt auf zwei bis vier Mahlzeiten pro Tag. Die Anzahl der Mahlzeiten wird mit dem Älterwerden reduziert. Jedes Futter, das nach zehn Minuten nicht gefressen ist, sollte entfernt werden. Eingeschränkte Futteraufnahme bei heranwachsenden Junghunden ist zuweilen mit weniger häufigem Auftreten von Hüftgelenksdysplasie verbunden. Dies ist bei kleineren Rassen, wie dem Jack Russell, aber ein recht seltenes Problem.

Richtiges Wachstum und normale Entwicklung sind von ausreichender Aufnahme wichtiger Nährstoffe abhängig. Denken Sie daran, wie schnell ein Welpe heranwächst, der in der Regel mit vier Monaten bereits die Hälfte seines erwachsenen Gewichtes erreicht, dann sollte es Sie nicht überraschen, dass Ernährungsmängel - Überschuss oder Ungleichgewicht - katastrophale Folgen haben. Heute trifft man in der tierärztlichen Praxis nur noch selten auf Mangelerscheinungen, weil das industriell hergestellte Futter mehr als genügend der wichtigen Nährstoffe bereitstellt. Kommt es dennoch zu einer Mangelerkrankung, ist sie in aller Regel durch eine nicht ausgewogene, selbst zusammengestellte Ernährung bedingt. Ein klassisches Beispiel hierfür ist eine rein auf Fleischfütterung abgestellte Ernährung. Fleisch hat sehr wenig Kalzium, ist aber reich an Phosphor, bei dieser Ernährung kommt es deshalb zu einer Demineralisation der Knochen. Die Folgen sind dann sehr dünne Knochen, die leicht brechen, häufig in Form von Wulstfrakturen, direkt ausgelöst durch das auf ihnen lastende Gewicht. Ein gutes Skelett entsteht durch das Zusammenwirken von Genetik, Umfeld und Ernährungseinflüssen. Dabei kann der genetische Teil durch den Züchter beeinflusst werden, dem es um die Verbesserung der Rasse geht. Umwelteinflüsse - einschließlich Unterbringung und Aktivitätsspiegel - können vom Hundebesitzer kontrolliert werden, vorausgesetzt er wird vom Züchter richtig beraten. Die Ernährung ist danach einer der wichtigsten Faktoren, sie beeinflusst die korrekte Entwicklung von Knochen und Muskeln des Junghundes.

Bei heranwachsenden Jungtieren ist es besonders wichtig, die notwendigen Mineralien bereitzustellen, aber immer in richtigem Verhältnis zueinander. Im Idealfall liegt das Kalzium/Phosphor-Verhältnis bei 1,2 - 1,4:1, immer sollte es aber in breiterem Rahmen von 1 - 2:1 bleiben. Enthält das Futter mehr Phosphor als Kalzium - liegt also ein umgekehrtes Kalzium/Phosphor-Verhältnis vor - kann dadurch die normale Knochenentwicklung ernsthaft beeinträchtigt werden. Die Fütterung von zu viel Mineralstoffen muss gleichfalls vermieden werden. Ein für die Aufzucht von Welpen zusammengestelltes Futter sollte nicht mehr als zwei Prozent Kalzium enthalten. Übertriebene Kalziumaufnahme führt zu einer Wachstumshemmung. Eine Kalziumaufnahme von 3,3 Prozent wurde als Ursache für ernsthafte Skelettverformungen nachgewiesen, darunter Verformungen des Handwurzelgelenks, Osteochondritis dissecans (OCD), Wobblersyndrom und Hüftgelenksdysplasie. Dies alles sind verbreitete Erkrankungen. Vielfältige Faktoren, darunter auch Vererbung, spielen eine Rolle, exzessive Mineralstofffütterung sollte aber als wichtigster Risikofaktor angesehen werden.

Wenn die Nahrung bereits genügend Kalzium enthält, passiert es gefährlich leicht, dass der Hundebesitzer den Kalziumanteil auf gut über drei Prozent steigert, indem er irgendwelche Mineralstoffe ergänzt. Dabei muss man wissen, einige kommerziell angebotene Leckerbissen und Snacks sind sehr reich an Salz, Proteinen und Kalorien. Schon sie können eine sorgfältig ausbalancierte Ernährung wesentlich stören. Am besten fragt man seinen Tierarzt, ob die verschiedenen Leckerbissen gefährlich sind, benutzt sie nur bei besonderen Gelegenheiten.

Am besten füttert man einen heranwachsenden Junghund mit einem eigens auf seine Bedürfnisse ausgerichteten Futter. Man erhält es sowohl als Dosen- wie als Trockennahrung, diese sind auch bereits für kleine Welpen verwendbar. Selbst zusammengestellte Ernährungen können theoretisch richtig zusammengesetzt sein, dabei ist es immer schwierig sicherzustellen, dass alle Nährstoffe in verfügbarer Form vorhanden sind. Der einzige Weg, die Angemessenheit dieser Futterzusammenstellung abzusichern wäre, sie auf ihren Nährstoffinhalt analysieren zu lassen und sie gezielten, kontrollierten Fütterungsversuchen zu unterziehen.

Ergänzungsstoffe sollte man immer nur dann einsetzen, wenn bekannt ist, dass die Grundnahrung Mängel aufweist, man ersetzt mit ihnen, was im Futter fehlt. Verwendet man bei einem bereits ausgewogenen Futter zusätzliche Stoffe, führt dies zu einer Unausgewogenheit und/oder man stellt zusätzliche Mengen an Nährstoffen bereit, insbesondere Mineralien.

Sorgfältige Ernährung allein reicht nicht aus, um Knochenerkrankungen zu verhindern. Man kann aber einigen Skeletterkrankungen vorbeugen, indem man angemessene Mengen eines qualitätsvollen, gut ausbalancierten Futters verwendet. Mangelerscheinungen sind bei dem stetig steigenden Angebot kommerziell hergestellter Futtermittel, eigens für junge, heranwachsende Hunde zubereitet, zu einem minimalen Problem geworden. Die größten Schäden liegen bei einer Überernährung durch zu viel Futter und Ergänzungsstoffe.

TRAGENDE UND SÄUGENDE HÜNDINNEN
Es gibt keine Notwendigkeit, die Futtermenge einer Hündin zu Anfang oder in der Mitte der Trächtigkeit zu vergrößern, erst in den letzten drei Wochen besteht ein vermehrter Energiebedarf (für Kohlenhydrate und Fette gemeinsam), an Proteinen, Mineralien und Vitaminen. Der Futterbedarf einer Hündin erreicht während der Säugezeit das Maximum, insbesondere bei der Aufzucht eines großen

Die Ernährung des Jack Russell

Wurfes. Kalziumergänzungen während der Tragezeit sind zu vermeiden, hohe Kalziumaufnahme könnte die Verfügbarkeit von Kalzium während der Milchproduktion hemmen und die Wahrscheinlichkeit einer Eklampsie vergrößern - Eklampsie nennt man auch Milchfieber. Gerade kleine Rassen - einschließlich Jack Russell Terrier - sind durch Eklampsie besonders gefährdet. Am häufigsten tritt sie bei einem großen Wurf auf, wenn die Welpen etwa vier bis sechs Wochen alt sind. Zu den klinischen Anzeichen gehören Kollaps, übertriebenes Speicheln, Paddeln der Läufe und Heulen und Bellen. Es handelt sich dabei um einen tierärztlichen Notfall. Haben Sie den Verdacht, Ihre Hündin könnte an Eklampsie leiden, sollten Sie schnellstens tierärztlichen Beistand suchen.

Während der Tragezeit sollte die Hündin Körpergewicht und Kondition halten. Wenn sie Gewicht verliert, muss die Energieaufnahme gesteigert werden. Hierfür wird eine eigens zusammengestellte Wachstumsdiät empfohlen, sie ist nur auf den Ernährungsbedarf dieser Zeit abgestimmt. Wenn eine Hündin eine für dieses Stadium ihres Lebens zusammengestellte Futtermischung erhält und es dennoch zu Eklampsie kommt, auch wenn sie schon bei früheren Würfen an dieser Krankheit litt, sollte Ihr Tierarzt eine Kalziumergänzung verschreiben. Während der Tragezeit empfiehlt sich dies nur für die allerletzten Tage - wenn die Milch absteigt - nach Möglichkeit sollte diese Kalziumergänzung nur während der Laktation, also nach der Geburt gegeben werden.

ERHALTUNGSFUTTER UND FÜTTERUNG IM ALTER

Ziel einer guten Ernährung ist immer, die notwendigen Energien und wichtigen Nährstoffe bereitzustellen, die ein Hund in ausreichenden Mengen braucht, um Mängel zu vermeiden - gleichzeitig aber auch die Aufnahme so zu begrenzen, dass keine Überernährung oder gar Toxizität entsteht. Von einigen Nährstoffen ist bekannt, dass sie bei bestimmten Krankheitsprozessen eine Rolle spielen, deshalb

Der Nährstoffbedarf erreicht während der Säugeperiode das Maximum.

Foto: Sheila Atter.

Tina, die Mutter von Imis Of Willowall, 17 Jahre alt. Immer muss die Futteraufnahme dem Alter angepasst werden.

Foto mit freundlicher Erlaubnis von Sue Porter.

ist es vernünftig, wann immer möglich unnötige Einnahme dieser Stoffe zu vermeiden. Die Tierärzte des *Hill's Science and Technology Centre* in Topeka, Kansas, sind Spezialisten auf dem Gebiet wissenschaftlich fundierter Hundeernährung. Ihr besonderes Interesse gilt möglichen Gesundheitsrisiken im Zusammenhang mit zu hoher Aufnahme bestimmter Nährstoffe, nämlich Proteinen, Natrium (Salz) und Phosphor durch erwachsene Hunde.

Von diesen Nährstoffen glaubt man, sie hätten auf bereits bestehende Krankheiten einen wichtigen und ernst zu nehmenden Einfluss, insbesondere auf Herz- und Nierenerkrankungen. Nierenversagen und Herzerkrankungen sind bei älteren Hunden sehr verbreitet, deshalb glaubt man, es sei wichtig, Futtermischungen zu meiden, in denen die erwähnten Nährstoffe stark vorhanden sind - in dieser Hinsicht bilden alte Hunde eine Risikogruppe. Hinzu kommt noch, dass diese Nährstoffe für Hunde bereits schädlich sein können, wenn es noch gar keine äußeren Anzeichen einer Erkrankung gibt. Bekannt ist, dass Salz beispielsweise bereits bei vorklinischen Herzerkrankungen im Hund gespeichert wird, also ehe irgendwelche äußeren Symptome der Erkrankung auftreten. Salzretention ist ein wichtiger Faktor bei der Entstehung von Flüssigkeitsspeicherungen (Stauung), Anschwellen der Glieder (Ödeme) und Wassersucht (Aszites).

Ein führender amerikanischer Veterinär-Kardiologe hat festgestellt, dass 40 Prozent aller Hunde über fünf Jahre, 80 Prozent aller Hunde über zehn Jahre gewisse Veränderungen am Herz zeigen - entweder eine Endokarditis oder myokardiale Fibrose (oder beides). Beide Erkrankungen können die Herzfunktion beeinträchtigen. Phosphorretention ist eine wichtige Folge fortgeschrittener Nierenerkrankung, sie führt zu Mineralablagerungen in den Weichgeweben des Körpers - einschließlich der Niere, eine Erkrankung, die als Nephrokalzinose bekannt ist. Solche Ablagerungen schädigen die Nieren noch mehr, beschleunigen das Eintreten von Nierenversagen.

Wenn ein Hund altert, gibt es zwei wichtige Faktoren, die seinen Ernährungsbedarf bestimmen:

1. Die sich verändernden Ernährungsanforderungen aufgrund der Auswirkungen des Alters auf Organfunktion und Stoffwechsel.

2. Die erhöhte Wahrscheinlichkeit des Vorhandenseins noch nicht erkannter Erkrankungen, von denen aber viele im Ansatz bereits vorhanden sind. Die Nährstoffaufnahme beeinflusst das Fortschreiten der Krankheiten.

Viele Jack Russell-Besitzer sind sich einer Krankheit bewusst, die als *Magendehnung,* im fortgeschrittenen Zustand als *Magendrehung* bekannt ist. Es handelt sich um eine lebensbedrohende Erkrankung. Ursprünglich vermutete man, Auslöser sei die Aufnahme einer fetten oder kohlenhydratreichen Ernährung. Die herrschende Meinung heute sieht als Ursache der Magendrehung eine *Aerophagie* - das heißt die Aufnahme großer Luftmengen während der Mahlzeit. Sie ist bei futtergierigen Einzeltieren häufig. Für diese Erkrankung gibt es nachstehende Prädispositionen:
- Vererbung
- Fressen im Wettbewerb mit anderen Hunden
- Anstrengender Auslauf rund um die Mahlzeiten
- Aufregung während der Fütterung.

Insbesondere die letzten drei Faktoren führen zu überhastetem Fressen. *Magendrehungen* treten bei großen Rassen mit tiefer Brust häufiger auf, aber alle Hundebesitzer müssen wachsam sein, denn diese Erkrankung verläuft häufig tödlich. Zur Fütterung von risikobelasteten Tieren erhält man beim Fachhandel oder Tierarzt leichtverdauliche Spezialfuttermischungen.

Mit zunehmendem Alter sinkt gewöhnlich auch der Energiebedarf, entsprechend sollte die Futteraufnahme angepasst werden. Besonders die Aufnahme bestimmter Nährstoffe muss minimalisiert werden - also Proteine, Phosphor und Natrium - gleichzeitig die gesamte Energieaufnahme. Auf der anderen Seite sollte die Aufnahme gewisser Nährstoffe gesteigert werden, um den Anforderungen einiger alter Hunde Rechnung zu tragen. Dies gilt insbesondere für wichtige Fettsäuren, einige Vitamine, spezifische Aminosäuren und Zink. Anders als beim Menschen müssen bei alternden Hunden Kalzium und Phosphor nicht ergänzt werden, dies könnte sich sogar als schädlich erweisen.

RICHTIGES ETIKETTEN LESEN
Über die Futterdeklaration gibt es von Land zu Land unterschiedliche Gesetze. Beispielsweise muss Hundefutter in den USA mit einer *garantierten Analyse* ausgestattet werden, die Maximum- oder Minimummengen der verschiedenen Nährstoffe des Futters ausweist. In Europa verkauftes Hundefutter muss durch eine *typische Analyse* gekennzeichnet werden, darin sind die Durchschnittsmengen an Nährstoffen deklariert, wie sie sich bei einer Analyse des Produktes ergeben.

KOMPLETTFUTTER ODER ERGÄNZUNGSFUTTER
In England muss ein Futter entweder als Komplettfutter oder als Ergänzungsfutter deklariert sein. Jedes *Komplettfutter* muss alle Nährstoffe enthalten, welche den Anforderungen der jeweiligen Haustiergruppe entsprechen, für die sie empfohlen sind. Zum Zeitpunkt, da diese Zeilen geschrieben werden, gibt es keine Verpflichtung für die Hersteller, ihre Futtermittel Fütterungsversuchen zu unterwerfen, um sicherzustellen, dass sie wirklich angemessen sind.

In den USA führen Tierfutterhersteller Fütterungsversuche durch, wie sie durch die *Association of American Feed Control Officials (AAFCO)* festgelegt sind, um sicherzustellen, dass sie damit den Nährstoffanforderungen des *National Research Council* entsprechen.

Ein Komplementärfutter - *complementary* - erfordert immer ein Ergänzungsfutter, um den Anforderungen des Tieres zu entsprechen. Wer immer ein solches *Ergänzungsfutter* als wesentlichen Bestandteil der täglichen Futtermenge einsetzt, muss unbedingt herausfinden, was zusätzlich gefüttert werden muss, um die Nahrung auszubalancieren. Wird dies versäumt, könnte es zu ernsthaften Schäden - zu einer unausgeglichenen Ernährung - führen.

TROCKENSUBSTANZ
Der Wasseranteil im Hundefutter variiert beträchtlich, insbesondere bei Dosenfutter. In den USA gibt

es bei Dosenfutter eine gesetzliche Einschränkung - 78 Prozent Wasser dürfen nicht überschritten werden. In Europa gibt es keine solche Begrenzung, einige Dosenfutter enthalten bis zu 86 Prozent Wasser. Die Gesetzgebung schreibt aber heute zwingend vor, auf dem Etikett den Wassergehalt zu deklarieren, dies ist wichtig, um ein Futter mit dem anderen zu vergleichen. Man muss immer den Prozentsatz an Nährstoffen in der Trockensubstanz des Futters ersehen können.

So können beispielsweise zwei Hundefutter in der *typischen Analyse* auf dem Etikett den Proteingehalt mit zehn Prozent deklarieren. Wenn dabei ein Produkt 75 Prozent Wasser enthält, verbleiben 25 Prozent Trockensubstanz. Damit beträgt der Proteingehalt tatsächlich 10/25 x 100 = 40 Prozent. Enthält ein anderes Produkt 85 Prozent Wasser, errechnet sich der Proteingehalt aus 10/15 x 100 = 66,6 Prozent. Diese Berechnungsart - *Dry Matter Analysis* genannt - ist für den Vergleich von Dosenfutter mit Trockenfutter noch wichtiger, denn der Wassergehalt von Trockenfutter liegt im Allgemeinen nur bei 7,5 bis 12 Prozent. Man kann Hundefutter nur richtig vergleichen, wenn man die *Energiedichte des Futters* und die *Trockengewichtsanalyse individueller Nährstoffe* kennt.

KOSTEN
Der einzige Erfolg versprechende Weg, die Kosten eines Futters mit denen eines anderen zu vergleichen, ist eine Gegenüberstellung der täglichen Futterkosten, wobei alle Anforderungen des Hundes erfüllt sein müssen. Eine energiereiche, nährstoffkonzentrierte Futtermischung könnte je Kilogramm Futter mehr kosten, sich aber auf täglicher Kostenbasis in der Fütterung als billiger erweisen. Auf der anderen Seite kann man Futter von schlechter Qualität, schwer verdaulich, je Kilogramm sicherlich billiger kaufen. Pro Tag Fütterung kostet dies aber tatsächlich mehr, weil man deutlich mehr Futter braucht, um die Anforderungen des Hundes zu befriedigen. Der einzige vernünftige Grund, ein bestimmtes Futter einzusetzen, ist die Deckung des Nährstoffbedarfs des Hundes. Für die richtige Auswahl muss man zwischen den Zeilen der Werbung der Hersteller lesen und das Futter herausfinden, das dem Hund tatsächlich alle Nährstoffe bietet, die er braucht.

EIGENE FUTTERMISCHUNGEN
Wie steht es mit eigenen Futterzusammenstellungen? Natürlich ist es theoretisch möglich, eine eigene Mischung zusammenzustellen, die den Nährstoffbedarf des Hundes voll abdeckt. Alle Futtermittel haben einen bestimmten Nährwert, aber nicht alle heute empfohlenen Futterpläne erreichen tatsächlich das, was sie behaupten. Die Ursache ist, es gibt keine strikte Qualitätskontrolle der einzelnen Bei-

Erweiterte Kenntnisse über Hundeernährung erweisen sich für die Gesundheit der Hunde als sehr vorteilhaft.

Foto mit freundlicher Erlaubnis von Sue Porter.

mischungen, und die biologische Verfügbarkeit der Nährstoffe kann sich von einer Zutat zur anderen deutlich unterscheiden. Um eine korrekte, selbstgemachte Futtermischung zu erreichen, bedarf es sehr zeitraubender Vorbereitungen, im Allgemeinen der Ergänzung durch ein Vitamin/Mineralstoffprodukt. Und dies alles kann, richtig zusammengestellt, recht teuer sein. Individuelle Abweichungen bei den eingekauften Rohstoffen können zu deutlichen Veränderungen des Nährwerts führen.

Die einzige Methode, absolut sicher zu sein, dass eine selbst zusammengestellte Fütterung das gewünschte Ernährungsprofil besitzt, besteht darin, alle Futterbestandteile plus Ergänzungsstoffe, Leckerbissen, Tischabfälle u. a. in einem großen Topf zu mischen, alles durchzurühren, dann im Labor eine Probe analysieren zu lassen. Die Kosten dafür betragen in England rund DM 300,--, in den USA nicht viel weniger, selbst bei nur einer Teilanalyse. Anschließend muss man die Analyse mit dem Nährstoffbedarf des eigenen Hundes vergleichen. Viele Züchter und Besitzer glauben, dass ihr lang bewährtes Hausrezept bereits über eine Reihe von Jahren erprobt und völlig angemessen sei. Aber wie kann man das genau wissen? Wie hoch ist der Phosphorgehalt der Mischung, die man verfüttert? Unerwünscht hoher Phosphorgehalt wird vom Hund über längere Zeit aufgenommen, ohne dass sich hieraus sofort erkennbare Probleme ergeben.

Manchmal zeigt die Kondition des Hundes, dass mit der Ernährung, die man ihm bietet, etwas nicht in Ordnung ist. Zu den verbreitetsten Fragen, die mir von Züchtern auf Hundeausstellungen gestellt werden, gehören: »Können Sie mir eine Fütterung empfehlen, die bei meinen Hunden immer das gleiche Gewicht hält?«

Von Krankheiten abgesehen - in solchen Fällen sollte man immer tierärztlichen Rat suchen - ist in aller Regel der einzige Grund, aus dem Hunde Schwierigkeiten haben, ihr Gewicht zu halten, einfach der, dass sie keine angemessene Energieaufnahme haben. Es bedeutet natürlich nicht, dass sie nicht gut fressen - in Wirklichkeit können sie durchaus starken Appetit haben, aber ihr Futter ist relativ schlecht verdaulich. Dann kann der Hund gar nicht genug fressen, um seine Energieanforderungen zu decken. Großvolumiger Kotabsatz ist ein klarer Hinweis auf schlechte Verdaulichkeit. Ein armselig aussehendes, stumpfes, trockenes oder schorfiges Fell, schlechter Hautzustand und andere äußere Merkmale können gleichfalls auf schlechte Ernährung hinweisen. Wie viele schlecht gedeihende Hunde - wie viele Hunde mit immer neuen Infektionserkrankungen - erhalten ein Futter, das keinesfalls den Durchschnittsanforderungen entspricht?

ZUSAMMENFASSUNG

Die Wichtigkeit der Ernährung ist seit vielen Jahren bekannt und trotzdem herrschen hier traurigerweise noch immer Altweibergeschwätz, Mythen und nicht nachweisbare Behauptungen. Wissenschaftliche Forschungen und immer größere Erfolge klinischer Ernährungswissenschaften haben heute ihr eigenes Gewicht, werden für die Zukunft noch viel wichtiger. Es bleibt zu hoffen, dass wir in naher Zukunft klare Auskünfte von den Wissenschaftlern über Vorzüge und Gefahren verschiedener Futterpraktiken erhalten, deren Feststellungen auf Tatsachen, nicht alleine auf Meinungen aufgebaut sind.

Schon heute wissen wir, dass ein kranker Hund andere Ernährungsanforderungen hat als ein gesunder. In einigen Fällen kann Diätfütterung eine Alternativmethode sein, um klinische Erkrankungen zu heilen. Beispielsweise haben wir heute die Möglichkeit, Phosphatsteine in der Blase aufzulösen, indem wir einfach die Fütterung manipulieren anstatt zum Messer zu greifen.

Aber Vorsicht - Fütterungsplanung ist *keine Alternativmedizin!* Richtige Ernährung besitzt aber für alles, was ein lebendes Tier tun muss, eine Schlüsselfunktion, sei es Arbeit oder Ausheilung von Gewebe nach einer Verletzung. Es gibt überhaupt keine Alternative, vielmehr gehört die richtige Ernährung zu einer normalen artgerechten Tierhaltung. Wenn Sie einen Hund besitzen, sollten Sie unbedingt sicherstellen, dass er das Futter erhält, welches allen seinen Anforderungen entspricht. Gleichzeitig müssen Sie die Aufnahme von zu viel Energien und Nährstoffen vermeiden, da sie bei Krankheiten, die bei Ihrem Hund auftreten könnten, eine wichtige Rolle spielen.

Kapitel 5
DIE ERZIEHUNG DES JACK RUSSELL

Immer empfehle ich Hundefreunden, ehe sie einen Welpen oder Junghund gleich welcher Rasse kaufen, zunächst ihre eigenen Hausaufgaben zu machen, den Hintergrund der Rasse zu erforschen, die wichtigsten Merkmale zu erfahren, das Verhalten und wie groß ein solcher Hund einmal wird. Richtig betrachtet, ähnelt der Kauf eines Welpen niemals dem Besuch eines Supermarktes, wo man sich eine kleine Flasche Soße aus einem Regal holt! Sie müssen wissen, diese kleinen Terrier können 15 oder 16 Jahre leben, und ihr Temperament ist äußerst lebhaft, gleich ob als Familienhund oder für alle anderen Aufgaben.

Man muss wissen, Jack Russells sind Terrier, im Allgemeinen bei weitem nicht so unterordnungsfreudig wie bestimmte Rassen aus den Gebrauchs- oder Jagdhundegruppen. Der Wunsch zu laufen und zu jagen wurde über Generationen züchterisch stark gefestigt, so sollten sie sein, andernfalls wären sie keine Jack Russells. Aber bei fester und konsequenter Haltung können sie vorzügliche Familienhunde werden, große Erfolge in Disziplinen wie *Unterordnung, Arbeitsprüfungen* und *Agility* erzielen.

AUSBILDUNGSZIELE
Wann immer ich gefragt werde, welche die wichtigste den Hund zu lehrende Aufgabe sei, lautet meine Antwort *sofortiges Platz* auf Kommando und *auf Anruf herankommen*. Dabei möchte ich betonen, dass unter bestimmten Umständen das sofortige *Platz* das Allerwichtigste ist, denn es kann das Leben Ihres Hundes retten. Zu den weiteren Zielen gehört, dass der Hund an der Leine freundlich neben seinem Besitzer läuft, dass er auf Anordnung wartet, wenn der Besitzer durch eine Tür geht, ohne sich als Erster vorzudrängen. Ziel ist ein Hund, der sich nicht im gleichen Augenblick, da man ihn ableint, auf den Weg in die andere Hälfte des Parks macht, um sich dort mit den Hunden anderer Besitzer herumzubalgen. Jack Russells scheinen einen recht ausgeprägten Schutzinstinkt zu besitzen, deshalb muss man ihnen von Anfang an klar machen, dass Futterschüssel und Spielzeug nicht bewacht werden dürfen - ebenso wenig der gemütliche Sessel oder das Bett! Manche sind auch recht stimmgewaltig, deshalb muss man ihnen beibringen, dass beliebiges Kläffen nicht auf der Tagesordnung steht, weder zu Hause noch im Garten noch im Auto!

Was das Autofahren angeht, wäre es vernünftig, dem Terrier beizubringen, entweder in einem Transportbehälter hinten im Auto mitzufahren oder man muss ihn mit einem geeigneten Geschirr auf dem Rücksitz anschnallen. Wie oft haben wir Hunde beobachtet, die entweder rings um das Auto eine Art *Todesmauer* aufbauten oder während der Fahrt mit dem Kopf aus dem Fenster hingen! Muss Ihr Jack Russell im Zwinger eingesperrt werden, sollten Sie unbedingt dafür sorgen, dass dies für ihn nicht als Strafe wirkt. Einen Hund im Zwinger zu halten, ohne vernünftige Stimulanzen, ist schlimmste Tierquälerei. Bei richtiger Ausbildung werden Sie am Schluss einen gut sozialisierten, gehorsamen Familienhund haben, auf den Sie stolz sein können!

FRÜHERZIEHUNG
Während alle meine Welpen mit meinen übrigen Hunden gut in die Meute integriert sind, achte ich stets darauf, dass der Einzelwelpe viel Zeit mit mir alleine verbringt, wenn er nicht schläft. Deshalb sind alle Übungen und Frühlektionen immer sehr kurz, erfolgen mehrfach täglich. Dies erfordert, dass wenn Sie andere Hunde haben, sie alle zusammenleben und nicht in Zwingern gehalten werden, dennoch der Welpe in erster Linie auf den Besitzer, nicht auf die anderen Hunde ausgerichtet wird.

Hoelio Just Jenny (links) und Snow Wind Bolt. Durch festes und konsequentes Erziehen wird der Jack Russell zu einem gut angepassten und sich benehmenden Lebensgefährten.

Foto mit freundlicher Erlaubnis von Mary Strom.

ERLERNEN DES NAMENS
Die allerwichtigste Grundlektion ist das Erlernen des eigenen Namens. Meist verwende ich einsilbige Namen, sie klingen kürzer, können nicht verstümmelt werden. Achten Sie darauf, dass alle Familienmitglieder den gleichen Namen verwenden. Falsch wäre, wenn beispielsweise Sie den Namen *Ben* gebrauchen, andere *Benny* riefen. Sie sollten immer den Namen des Welpen aussprechen, wenn Sie seine Aufmerksamkeit auslösen wollen, insbesondere natürlich, wenn Sie ihn zu sich heranrufen.

STUBENREINHEIT
Die ersten Lektionen beginnen in der Minute, wenn der Welpe sein neues Zuhause betritt. Frühzeitig muss ein Platz bestimmt werden, an dem der Welpe sich lösen soll. Man muss den Welpen anfänglich immer auf dem Arm in den Toilettenbereich bringen. Ist er erst einmal größer, mehr an den Besitzer gewöhnt, folgt er in der Regel selbst zu dem Bereich, wenn Sie ihn rufen. Es reicht in keiner Weise aus, einfach den Hund nach draußen zu bringen, ihn dort allein zu lassen und zu hoffen, er werde sich schon lösen. Immer benutze ich im Toilettenbereich das Kommando *be quick*, lobe den Hund mit tiefer Stimme, ohne ihn beim Sich-Lösen abzulenken. Näheres in Kapitel 3 *Der Jack Russell Welpe*.

DAS WARTEN
Nachdem der Welpe im neuen Zuhause angekommen ist, von allen tüchtig gestreichelt wurde und Gelegenheit zum Schlaf gefunden hat, wird er wahrscheinlich Appetit haben. Ich bin davon überzeugt, schon zu Anfang muss man mit der Erziehung beginnen, und Hunde brauchen Konsequenz. Stellen Sie das Futter in dem Bereich, wo der Kleine gefüttert werden soll, auf den Boden, knien Sie nieder und halten Sie den Welpen mit zwei Händen freundlich an den Schultern fest, benutzen das Kommando

Warten - dann zählen Sie bis fünf, sagen Sie *braver Junge* und lassen ihn dann seine Mahlzeit verzehren. Wenn er älter wird, kann die jeweilige Wartezeit verlängert werden. Diese Übung hält den Hund davon ab, sich im Augenblick, wenn sie auf den Boden gestellt wird, auf die Schüssel zu stürzen, hineinzutauchen. In einem späteren Stadium kann man dem Hund beibringen, zu sitzen und zu warten.

TRAINING MIT HALSBAND UND LEINE
Eine weitere Erstlektion für den Welpen ist, ihn an ein leichtgewichtiges Halsband und an die Leine zu gewöhnen. Da er bis zur vollen Schutzimpfung noch nicht mit spazieren gehen darf, sollten Sie ihn daran gewöhnen, mit Halsband und Leine durch den Garten zu gehen, das zahlt sich später aus.

Für den Anfang empfehle ich leichte Stoffhalsbänder und Leinen, nicht breiter als etwa 1,5 cm. Legen Sie dem Welpen das Halsband an, wenn er sich nicht dagegen wehrt oder kratzt, wird er tüchtig gelobt. *Keinesfalls* dürfen Sie den Welpen mit angelegtem Halsband unbeaufsichtigt lassen - das könnte sich schlimm auswirken. Zu Beginn lässt man ihn das Halsband nur etwa fünf Minuten tragen; beginnt er zu kratzen, sollte man seine Aufmerksamkeit auf etwas anderes lenken, beispielsweise auf eine Mahlzeit oder mit ihm spielen. Bald wird er sich fröhlich an das Halsband gewöhnt haben. Trägt er die Halsung unter Aufsicht fröhlich über eine halbe Stunde, kann man eine leichte Stoffleine befestigen. Der Welpe zieht sie hinter sich her, aber wieder - ich betone es - *unter strikter Überwachung*. Duldet der Welpe seine Leine, wird sie aufgenommen und der Hund beim Namen gerufen, tüchtig gelobt. Jetzt versucht man, einige Schritte zu gehen, seine Aufmerksamkeit auf sich zu ziehen, hält einen Leckerbissen in der Hand, ruft den Hund beim Namen. Ist er etwas eigenwillig, bewegt man sich nur einen Schritt seitlich und beugt sich zu ihm herunter, ermuntert ihn laufend, mitzukommen. Mit viel Loben und Zureden wird er bald angeleint mit durch den Garten gehen. Alle Lektionen müssen immer sehr kurz sein, mehrmals täglich erfolgen. Welpen haben eine kurze Konzentrationsspanne, werden schnell überdrüssig.

SPIELEN
Zu den anderen sehr wichtigen Frühlektionen gehört, sie das Spielen mit Spielzeug und Menschen zu lehren. Nie lasse ich Spielzeug auf dem Boden herumliegen und meine Hunde damit beliebig spielen. Wenn Sie Ihren Welpen lehren, *mit Ihnen zu spielen, weniger mit sich selbst,* konzentriert er sich immer mehr auf Sie; dadurch haben Sie auf subtile Art über die ganze Zeit eine gute Kontrolle.

Zu den wichtigen ersten Lektionen gehört, den Welpen an leichtes Halsband und Leine zu gewöhnen.

Foto mit freundlicher Erlaubnis von Mary Strom.

Die Erziehung des Jack Russell

Terrier lieben Seilziehspiele ganz besonders. Dies ist völlig in Ordnung, solange Sie die Kontrolle darüber behalten, danach das Spielzeug wegnehmen, bis Sie selbst wieder mit dem Welpen spielen möchten. Ich glaube, es ist eine gute Idee, gelegentlich den Hund gewinnen zu lassen, andernfalls wird er des Spieles überdrüssig. In der Regel lasse ich meinen Hund bei drei Spielen einmal gewinnen, aber ich gewinne immer das Finale und lege das Spielzeug weg. Wenn kein Spielzeug herumliegt, stoppt man dadurch auch die Neigung des Junghundes, dieses zu bewachen - bei einem Mehrhundehaushalt unterbindet dies auch Streit unter den Hunden.

Die Methode, wie ich Junghunden das Spielen beibringe, besteht darin, sie das Spielzeug finden zu lassen, auf das sie so scharf sind - die meisten meiner Hunde finden einen Tennisball unwiderstehlich. Ich bohre ein Loch in den Ball und ziehe eine kräftige Schnur durch, in der Regel etwa drei bis vier Meter lang. Dann brauche ich eine kleine, eingezäunte Fläche - in unserem alten Haus besaßen wir einen kleinen, geschlossenen Hof mit einer Sitzbank. Ich fand es ideal, mich hierher zu setzen, den Ball an der Schnur wegzuwerfen und sobald der Hund den Ball aufgenommen hatte, zog ich ihn vorsichtig zu mir.

Über die ganze Zeit benutze ich die Kommandos, die ich auch später bei den formalen Unterordnungsübungen gebrauche. Der Welpe muss richtiges Interesse an dem Ball finden, dann wird er ihm begeistert nachlaufen. Wenn er den Ball aufnimmt, erfolgt begeistert, aber mit tiefer Stimmlage *braver Junge! Halt fest!* Wird der Hund dann herangezogen, folgt das Kommando *Komm* oder *Hier*. Meistens ist der Junghund zögerlich, sein Spielzeug abzugeben. Nehmen Sie es sehr freundlich, geben Sie gleichzeitig das Kommando *Aus*. Dies ist schon die Grundlage der späteren Apportierübung. Ich kann die Wichtigkeit nicht überbetonen, beim Spiel mit dem Junghund nie zu rau vorzugehen, insbesondere wenn es um das Abgeben des Spielzeugs geht. Schlechte Erfahrungen machen ihm das Apportieren auf lange Zeit unangenehm. Auch wenn der Zahnwechsel einsetzt, ist der Gaumen ziemlich wund und ich empfehle, über einige Wochen mit dieser Übung auszusetzen. Wie bei jeder Erziehung sehr junger Hunde sollte das *Spiel Apportieren* immer sehr kurz sein, dafür mehrfach täglich erfolgen.

PLATZ AUF LÄNGERE ZEIT

Das *long down* ist für Welpen eine weitere Frühübung, die ich als außerordentlich nützlich empfinde. Es ist die Grundlage der *long stay-Übung* zu einem späteren Zeitpunkt, auch lehrt es den Welpen ruhig zu sein. Für den Anfang wähle ich immer eine Tageszeit, in der keine Unterbrechungen zu erwarten sind. Setzen Sie sich mit dem Junghund auf den Boden, drücken ihn sanft in die Stellung *Platz*, achten Sie darauf, dass er bequem liegt. Sagen Sie ihm dann mit tiefer Stimme *Platz, braver Junge*. Wenn er sich dagegen wehrt, halten Sie ihn freundlich, aber bestimmt, in der Stellung Platz. Zu Anfang sind einige Minuten völlig genug, gelegentlich werden Sie dabei entdecken, dass möglicherweise der Welpe in Schlaf verfällt. Nach und nach kommen Sie Ihrem Ziel näher, wonach der Hund über eine halbe Stunde dieses *long down* hinnimmt. Dabei muss ich unterstreichen, diese Übung ist kein *Platz-Bleib - down-stay* - mehr eine Verstärkung einer subtilen Dominanz über den Welpen. Wenn Sie den Eindruck haben, der Hund läge lang genug in dieser Position, oder sollten Sie selbst abgelenkt werden

Eine nützliche Übung ist, den Welpen auf sich zu konzentrieren.

Foto: John Valentine.

- beispielsweise durch einen Telefonanruf - sollten Sie den Welpen aus der Stellung entlassen - beispielsweise mit *OK* oder *genug*. Auf keinen Fall darf man es dem Hund selbst überlassen, wieder aufzustehen, das würde die ganze Übung unwirksam machen.

AUFMERKSAMKEIT KONZENTRIEREN
Den Welpen lehren, sich auf ein einfaches Kommando voll zu konzentrieren, ist eine nützliche Übung. Sie sollten immer einige Leckerbissen in der Tasche haben. Nach meiner Erfahrung eignet sich eine kleine Menge Welpentrockenfutter besonders gut. Man kann es von der täglichen Futtermenge abziehen, dadurch setzt der Hund nicht mehr Gewicht an, und es verschmutzt die Hosentasche nicht wie etwa Schoko-Drops. Wenn der Welpe wach ist, sollten Sie ihn beim Namen rufen und das Kommando *look - schau -* geben, ihm sofort danach einen Leckerbissen geben. Reagiert er erst einmal sofort auf das Kommando, sollte man nicht jedes Mal den Leckerbissen geben, sondern beispielsweise nur einmal unter drei Fällen. Sie werden bald feststellen, er wird sich mehr konzentrieren, wenn er nur ab und zu den Leckerbissen erhält. Die gleiche Theorie gilt bei der Erziehung des Hundes auf Anruf zu kommen. Anfänglich erhält er jedes Mal, wenn ich ihn beim Namen rufe und er reagiert, einen Leckerbissen, später ist es besser, den Junghund nur zu belohnen, wenn der Gehorsam sofort erfolgt.

GUTE MANIEREN BEIM AUTOFAHREN
Man muss einem Junghund in frühem Alter gute Manieren beim Autofahren beibringen. Führen Sie den Hund mit Halsband und Leine zum Auto, erteilen Sie ihm das Kommando *warten*, halten Sie dabei die Leine niedrig dicht am Halsband - oder halten Sie das Halsband selbst fest. Jetzt öffnen Sie die Tür oder die Heckklappe und sagen mit tiefer, beruhigender Stimme dem Welpen laufend *warten*. Noch immer in der Stellung *warten* - unabhängig ob der Hund steht oder sitzt - schließe ich dann wieder die Heckklappe. Wird dies zwei- oder dreimal wiederholt, wird er bald begreifen, dass es ihm nicht erlaubt ist, in das Auto zu springen, ehe er eigens eingeladen wird. Etwa jedes dritte Mal kann bei der Öffnung der Klappe das Kommando *hopp* folgen - ist er noch sehr klein, wird er hineingehoben. Keinesfalls sollte man kleinen Welpen erlauben, hinein- oder herauszuspringen, solange ihre Knochen nicht kräftig genug sind, um diese Übung mit Leichtigkeit zu erfüllen. Die Kommandos, die ich für das Hinein und Heraus aus dem Auto wähle, sind einfach *in* und *out*. Auch diese Übungen werden wieder drei- oder viermal täglich wiederholt, wartet der Junghund ruhig, ohne in den Wagen zu springen zu versuchen, wird er tüchtig gelobt.

Das gleiche System gilt für das Aussteigen des Junghundes aus dem Auto. Bei kleinen Welpen habe ich normalerweise im Heck des Autos einen Käfig, öffne ich die Heckklappe, kann er so oder so nicht herausspringen. Trotzdem sollte man ihn das Kommando lehren, im Auto zu bleiben, und nach meiner Erfahrung ist das mit einem Käfig am einfachsten. Wenn Sie die Heckklappe öffnen, erhält er mit fester Stimme das Kommando *warten* - betonen möchte ich, eine feste Stimme ist in keiner Weise eine laute - Welpen sollte man nie anschreien, denn das schüchtert sie nur ein. Sagen Sie ihm weiter mit dunkler fester Stimme zu warten und dann öffnen Sie die Käfigtür. Bewegt sich der Junghund vorwärts, wird die Käfigtür wieder geschlossen. Nach zwei oder drei Übungen wird der Welpe begriffen haben, dass er nicht auf eigenen Antrieb hinausspringen darf. Danach können Sie ihn herausheben - ist er schon groß genug, darf er auch nach dem Kommando *out* herausspringen. Hinzufügen muss ich, Sie sollten immer Halsband und Leine angelegt haben, er darf niemals umherlaufen oder gar in das Auto zurückspringen. Ist er aus dem Auto heraus, erfolgt das Kommando *warten*. Haben Sie das Auto verschlossen und wartet der Junghund unverändert ruhig an Ihrer Seite, wird er durch das Kommando *OK* befreit. Das ist ähnlich wie bei einer Soldatenparade in Habachtstellung, der dann das Kommando *rühren* folgt. Alle diese Autoübungen können durchgeführt werden, ohne das Auto überhaupt auf die Straße zu fahren.

GUTE MANIEREN AN TÜREN
Die gleiche Erziehungsmethode gilt bei der Erziehung des Junghundes, sich nicht vor dem Führer

durch eine Tür zu quetschen. Wieder wird der Hund angeleint, erhält an der Tür das Kommando *warten*. Sie werden feststellen, sobald Sie die Tür öffnen, versucht der Junghund, sich vorwärts zu bewegen. Deshalb wird die Tür geschickt wieder geschlossen und es folgt *Nein, warten!* Nach zwei oder drei Übungen wird er verstanden haben, dass er sich nicht nach vorne bewegen darf. Nach und nach können Sie die Tür auf volle Breite öffnen, ohne dass er sich bewegt. Dann geht man mit loser Leine nach und nach *rückwärts* durch die Tür, hält den Hund die ganze Zeit in der Stellung *wait*, sagt ihm mit tiefer Stimme *warten*. Für diese Übung verwende ich den Eigennamen des Welpen nicht, nach meiner Erfahrung ist dies bei allen Übungen *warten* oder *bleiben* für den Junghund zu ablenkend. Nach meiner Erfahrung sollte man den Namen nur für Übungen wie *Sitz, Platz, Fuß* und *Hier* mit einbeziehen, bei anderen Übungen wirkt dies verwirrend.

Haben Sie es geschafft, sich langsam rückwärts durch die Tür zu bewegen, wartet der Welpe geduldig, sollten Sie ihn nicht zu sich rufen, sondern an seine Seite zurückkehren, ihn ruhig loben, dass er sich nicht bewegt hat. Dann wird die ganze Übung zwei- oder dreimal wiederholt. Dann - sagen wir beim vierten Mal - wird er durch die Tür gerufen und tüchtig gelobt. Die meisten Welpen sind ziemlich sensibel und erkennen, nachdem ihnen mehrfach die Tür vor der Nase geschlossen wurde, dass sie sich nicht durchschlängeln dürfen. Dies ist nicht nur eine Unterordnungsübung, sondern Grundlage für richtiges Verhalten. Auch hier wieder sollte die Übung drei- oder viermal täglich wiederholt werden. Ist der Hund dann alt genug, dass man formale Unterordnungsübungen mit ihm durchführt, besitzt er bereits eigene Erfahrungen im erwünschten sozialen Umgang.

SOFORTIGES PLATZ
Eine weitere Frühlektion für Welpen ist das *sofortige Platz auf Kommando*. Wie bereits erwähnt, dieses Kommando kann unter extremen Umständen dem Hund das Leben retten. Es handelt sich um eine verhältnismäßig einfache Übung. Sie müssen den Welpen dicht bei sich haben, möglichst angeleint, rufen Sie seinen Namen und geben Sie das Kommando *Platz* mit sehr energischer Stimme, gleichzeitig lassen Sie einige Finger ins Halsband hinter seinem Hals gleiten und *falten* Sie ihn in die Stellung *Platz*. Halten Sie ihn in dieser Stellung zumindest bis fünf zählend, loben Sie ihn die ganze Zeit über mit dunklem, aber freundlichem Tonfall. Dann erhält er das Kommando *OK*. Besonders wichtig ist, daran zu denken, dass er sehr viel tüchtiger gelobt werden muss, wenn man ihn in die Position *Platz* bringt als beim späteren Befreiungskommando. Andernfalls glaubt er, er werde für das Freikommen gelobt, nicht für das am Boden liegen. Ich persönlich lobe den Welpen für das *Platz,* beim Freilassen erfolgt dies ohne Loben.

Diese Übung kann man mehrfach unerwartet den Tag über wiederholen - so oft wie möglich - aber bei jeder Übung nur ein- oder zweimal, so dass der Welpe nicht eingeschüchtert oder der Übung überdrüssig wird. Wichtig - der Welpe muss jede Ausbildungszeit als aufregend und angenehm empfinden - nur so kann man eine enge Bindung zwischen Hundeführer und Welpen aufbauen. Darum ist für mich derartiges beliebiges, formloses Training so wichtig, insbesondere in den prägenden Monaten. Der Welpe bemerkt dabei gar nicht, dass er ausgebildet wird, und dadurch wird er auch nicht so stark belastet, dass er unlustig wird. Bald werden Sie feststellen, dass sich der Hund sofort auf Kommando *Platz* legt, solange Sie dicht bei ihm sind. Jetzt kommt der Zeitpunkt, die Entfernung zwischen Besitzer und Hund auszudehnen, auch die Stellen, an denen die Übung stattfindet, abwechslungsreicher zu machen. Bringen Sie den Welpen in einen anderen Gartenbereich oder - wenn die Schutzimpfung abgeschlossen ist - nehmen Sie ihn mit dem Auto in den Park. Gehen Sie mit ihm angeleint spazieren, sprechen und spielen Sie mit ihm. Wenn Ihre Hundeleine zwei Meter lang ist, umso besser. Lassen Sie ihn die volle Leinenlänge nutzen, dann folgt, wenn er es überhaupt nicht erwartet, das Kommando *Platz*. Wenn er nicht sofort gehorcht, gehen Sie einfach ruhig zu ihm und legen ihn in die Position *Platz*. Unter keinen Umständen dürfen Sie das Kommando *Platz, Platz* wiederholen, in der Hoffnung, der Hund werde es doch tun. Gerade dadurch lehren Sie ihn ungehorsam zu sein. Anderseits dürfen Sie ihn auch keinesfalls ausschelten - am besten halten Sie Ihre

Stimme so neutral wie möglich, provozieren keine Konfrontation, die hier völlig sinnlos wäre. Wenn er darauf besteht, nicht sofort *Platz* zu machen, kehren Sie einfach zum Anfang zurück, führen den Hund enger, ehe Sie das Kommando erteilen. Hat der Hund gelernt, sich am Ende der Zwei-Meter-Leine auf *Platz* zu legen, ist es Zeit, dem Kommando auch ein Handzeichen hinzuzufügen. Ich nutze dabei den hoch erhobenen Arm, Handfläche nach vorn. Am besten gebrauchen Sie das Sichtzeichen gleichzeitig mit dem stimmlichen Kommando. Auch während die Übung unverändert an der Leine erfolgt, sollten Sie hin und wieder anstelle des stimmlichen Kommandos nur das Handsignal einsetzen. Denken Sie aber daran, der Welpe darf nicht aus der Stellung *Platz* aufstehen, ehe Sie ihm das befreiende Kommando geben. Auch sollten Sie ihn zumindest solange in der Stellung *Platz* halten, bis Sie bis fünf gezählt haben, später sollte man das verlängern, bis auf zehn zählen. Richtig betrachtet, welchen Nutzen hätte die Übung, wenn der Hund sich sofort in die Position *Platz* legt, dadurch möglicherweise sein Leben rettet, und dann sofort wieder aufstehen könnte, erneut in die Gefahr laufen würde?

Der nächste Schritt besteht im Einsatz auf einer immer größeren Distanz. Trauen Sie sich nicht zu, diese Übung mit dem nicht angeleinten Junghund durchzuführen, können Sie eine Ausziehleine verwenden. Nach einigen Übungstagen sollte er so gehorsam sein, dass Sie es ohne Leine versuchen können. Legt er sich jetzt auf größeren Abstand auf Kommando sofort in die Position *Platz*, müssen Sie immer darauf achten, zu ihm zu gehen, um ihn wieder zu befreien. Unter gar keinen Umständen dürfen Sie ihn nach diesem *Platz* heranrufen, andernfalls erwartet er dies. Es dauert dann nur kurze Zeit, bis der Junghund wieder alte schlechte Gewohnheiten aufnimmt, oft auf Dauer und aus dem *Platz* ausbricht. Mehrfach täglich können diese Übungen über drei oder vier Minuten praktiziert werden. Man kann dies auch völlig beliebig im Verlauf eines Spaziergangs üben.

SITZ

Die Übung *Sitz* kann dem Welpen in einer Frühlektion leicht beigebracht werden. Haben Sie einen Leckerbissen zur Hand, rufen Sie ihn beim Namen, konzentrieren seine Aufmerksamkeit auf sich, zeigen ihm einen Leckerbissen, halten Sie ihn über seinen Kopf und - schon geschehen! Sein Hinterteil bewegt sich nach unten, und sofort wenn dies erfolgt, wird er tüchtig gelobt. Sie können diese Übung dann mit dem Heranrufen verbinden - rufen Sie den Welpen zu sich, halten einen Leckerbissen über seinen Kopf und lassen ihn sich vor Sie setzen. Dadurch haben Sie eine feste Basis, auf der Sie später die formale Übung *Herankommen* aufbauen können.

VORAUSSENDEN

Jeder acht Wochen alte Welpe kann auch das *Voraussenden* lernen. Ist der Welpe an Sie gewöhnt, an Futter interessiert, brauchen Sie einen Helfer, der ihm die Futterschüssel zeigt, während Sie ihn bei sich festhalten. Lassen Sie den Helfer die Futterschüssel etwa drei bis vier Meter von dem Welpen entfernt auf den Boden stellen, dann weggehen. Dann wird der Welpe mit dem Kommando *voraus*

Sozialisation ist ein wichtiges Grundelement der Hundeausbildung.

Foto: Kim James.

Die Erziehung des Jack Russell

losgelassen, ich selbst gebrauche nur das Wort *voraus - away!* Diese Frühübung ist die Grundlage für das spätere formale Vorausschicken. Vielleicht wollen Sie aber Ihren Hund überhaupt nicht das Vorauslaufen lehren. Es könnte jedoch nützlich sein, und ich finde, je mehr man einen Hund lehrt, umso besser ist das für das Tier in der Zukunft.

SOZIALISATION

Die Sozialisation von Junghunden ist äußerst wichtig. Jede negative oder Furcht auslösende Erfahrung, die ein Welpe in seinem Entwicklungsstadium macht, kann für das ganze Leben Folgen haben, noch den erwachsenen Hund beeinträchtigen. Das Gleiche gilt für positive Erlebnisse wie die Grundübungen, die ich gerade beschrieben habe. Heutzutage gibt es eine Lehrmeinung, die empfiehlt, beim Kauf eines Junghundes das Optimalalter von sieben bis acht Wochen zu nutzen. Man glaubt, dass wenn der Junghund erst einmal mehr als zwölf Wochen beim Züchter verblieben ist, eine Übernahme nicht so günstig wäre. Meine persönliche Meinung ist, dass wenn ein Welpe im häuslichen Umfeld aufgewachsen ist, dabei vielseitige Erfahrungen macht, beispielsweise Begegnung mit Waschmaschine und Staubsauger, wenn im Haushalt vernünftige Kinder leben, dann spielt es keine große Rolle, ob er bei der Übernahme acht Wochen oder achtzehn Wochen alt ist. Ja, die meisten verantwortungsbewussten Züchter gewährleisten, dass der ältere Welpe richtig geimpft, ans Auto gewöhnt, stubenrein und leinenführig ist. Richtig ist: Für Hundeliebhaber, die einen künftigen Ausstellungshund haben möchten oder für andere, die das Trauma schlafloser Nächte oder unliebsamer Flecken auf dem Teppich meiden möchten, könnte ein älterer Welpe ein vorzüglicher Kauf sein. Wenn Sie einen Ausstellungshund kaufen, haben Sie bei der Wahl eines älteren Welpen eine sehr viel bessere Vorstellung, wie er sich voraussichtlich weiterentwickeln wird. Bei einem Rüden wissen Sie sicher, dass er beide Hoden hat - für einen Ausstellungshund erforderlich. In vielen Fällen können Sie auch sehen, ob seine Gebissstellung korrekt ist. Auch das ist wiederum für einen Ausstellungshund sehr wichtig.

Entscheiden Sie sich für einen jüngeren Welpen - und die meisten Hundeliebhaber tun dies - betone ich erneut, gehen Sie zu einem Züchter, der seine Welpen im häuslichen Umfeld gezüchtet und großgezogen hat. Nehmen wir an, Sie bringen Ihren Welpen im Alter von acht Wochen nach Hause. Zwischen diesem Zeitpunkt und dem Tag, an dem der Welpe formellere Übungen zu leisten vermag, können Sie all die Frühübungen mit dem Welpen trainieren, die ich bereits beschrieben habe.

In der Zeit zwischen der Ankunft des Welpen und seiner vollen Durchimpfung gewöhnt man ihn an

Ein Hund, der eine Vielfalt von Erlebnissen hat, kommt mit neuen Begegnungen leicht zurecht.

Als echtem Hund vom Land sind Reitställe für Jack Russells ein vertrauter Anblick.

CQH Daisy Mae Of Starlight CD ist ein vorzügliches Beispiel eines gut ausgebildeten und richtig sozialisierten Hundes.
Foto: Chris Cox.

alle Haushaltsgeräusche, beispielsweise Waschmaschine, Trommeltrockner, Staubsauger u. a. Achten Sie darauf, dies alles müssen für ihn positive Erlebnisse sein. Wichtig ist beispielsweise, keinesfalls den Staubsauger direkt unter der Nase des Welpen in Betrieb zu setzen. Ist der Hund besonders futterfreudig, wäre es möglicherweise die richtige Zeit, während des Fressens auf kurzem Abstand Staub zu saugen. Der Hund kann auch zu kurzen Autofahrten mitkommen - nur rings um den Block, zwei- oder dreimal täglich. Eine andere gute Idee wäre es, ihn auf dem Arm zu tragen und mit ihm in die Stadt zu gehen, so dass er verschiedene Menschen trifft, Verkehr sieht und hört, sich dabei aber völlig sicher fühlt. Es war für uns sehr gut, dass wir in einer Straße wohnten, die am Straßenende in eine Hauptstraße führte. Auf diese Art konnten alle meine Welpen nach und nach an den Verkehrslärm gewöhnt werden.

Es ist richtig, Freunde und Nachbarn zu bitten, sich mit dem Welpen zu befreunden. Noch besser wäre es, Sie hätten gut erzogene Kinder, die mit dem Welpen sanft spielen. Jedes Kind im Haushalt muss lernen, den Privatbereich des Welpen zu respektieren, insbesondere wenn er schläft oder frisst. Sie müssen wissen, dass jedes Geschöpf seine eigenen Anforderungen hat, bestimmt kein kleines, mit Pelz überzogenes Spielzeug ist! Wenn der Welpe voll durchgeimpft ist, genehmigt der Tierarzt, dass er mitgenommen werden und mit anderen Hunden spielen darf. Es erfolgen erste, sehr kurze Spaziergänge mit Halsband und Leine entlang der Straße, um ihn an Lärm und Bewegungsablauf des Verkehrs zu gewöhnen. Solche kurzen Spaziergänge können zwei- oder dreimal täglich erfolgen. Unter kurz verstehe ich etwa 100 Meter. Natürlich weiß ich, es ist eine große Versuchung, beim ersten Spaziergang den Welpen umherzuführen, ihn jedermann zu zeigen. Aber *auf keinen Fall* dürfen Welpen unter sechs bis acht Monaten stark bewegt werden - bei großen Rassen gilt diese Einschränkung noch länger - sonst werden Sie feststellen, dass Ihr Welpe ziemlich spindeldürr heranwächst, möglicherweise Knochenschäden davonträgt. Wichtig, kleine Welpen, alle jungen Geschöpfe, brauchen ziemlich viel Schlaf.

Jetzt muss Ihr Welpe mit ausgewachsenen Hunden Bekanntschaft machen, diese müssen sehr verlässlich in ihrem Wesen sein, die Begegnungen bedürfen genauer Überwachung. Er muss auch Welpen seines eigenen Alters kennen lernen, natürlich auch ältere Junghunde. Als besten Weg hierzu dient nach meiner Erfahrung ein guter Hundeausbildungsverein. Besuchen Sie aber mehrere Clubs, achten Sie darauf, dass nur freundliche, positive Ausbildungsmethoden angewandt werden, dass die

Die Erziehung des Jack Russell

Trainer ihr Handwerk verstehen. Schieben Sie dies nicht bis zum letzten Augenblick hinaus - die meisten guten Clubs haben eine lange Warteliste.

Einige Hundevereine bieten heutzutage Welpenkindergärten oder Hundeausbildung für Junghunde an. In den Kindergärten trifft man in erster Linie sehr junge Welpen, die untereinander sozialisiert werden, das ist für ihre weitere Zukunft äußerst wichtig. Auf der anderen Seite glaube ich, dass zu viel Spiel mit anderen Welpen möglicherweise dazu führt, dass der eigene Welpe in seinem späteren Leben zu stark *hundeorientiert* sein wird. Ich selbst bevorzugte immer Welpen, die vorwiegend auf mich, nicht auf andere Hunde ausgerichtet werden. Dies ist aber eine rein persönliche Frage!

Noch einmal - ich kann gar nicht genügend unterstreichen, wie wichtig diese Sozialisationsperiode für junge Hunde ist - einige nennen sie das *Fenster zur Zukunft*. Wenn Sie darüber nachdenken, ein künftiger Familienhund muss lernen, mit Kindern, Nachbarn, weniger interessierten Familienmitgliedern, Besuchern und Tieren, die im Haushalt gehalten werden, zurechtzukommen. Wurde der Welpe richtig sozialisiert, wird er diese Prüfung mit Auszeichnung bestehen! Wenn aber nicht, könnte er einmal in der Bestandsliste der Tierheime aufgeführt werden.

GRUNDGEHORSAM

Für die Ausbildung eines Familienhundes gibt es nur sechs wirklich wichtige Unterordnungsübungen, die ein Hund lernen muss, ehe man ihn als gut erzogen ansehen kann. Dies sind *Sitz, Platz, Fuß, Bleib, Hier* und - bei Bedarf - *Apport*. Haben Sie Ihrem Welpen die frühen Übungen beigebracht, die ich schon beschrieben habe, werden Sie es einfach finden, ihn im Alter von etwa sechs Monaten auf etwas formellere Art den Grundgehorsam zu lehren. Es liegt weitgehend im persönlichen Ermessen, wann Sie mit dieser formellen Junghunderziehung beginnen. Sie sollten dabei natürlich berücksichtigen, ob das Einzeltier ausgereift ist. Ich finde es richtig, den Hund lieber etwas länger Welpe sein zu lassen als zu viel formelles Training in zu frühem Alter, das ihn unlustig macht. Muss man gar Druck auf ihn ausüben, weil er sich nicht zu konzentrieren vermag, könnte dies ein deutlicher Hinweis dafür sein, dass er noch nicht ausgereift genug ist.

FORMELLES SITZ UND PLATZ

Für die Übung *Sitz* trägt der Hund Halsband und Leine - ich persönlich bevorzuge ein festes Halsband gegenüber Würgehalsbändern, dieses ist für den Hund schonender. Haben Sie den Hund dicht an Ihrer Seite, nennen Sie seinen Namen und sagen mit ziemlich neutraler Stimme *Sitz*. Ich halte überhaupt nichts vom Anschreien eines Hundes oder Kommandos in einer töricht übertriebenen Stimmlage. In jedem Fall haben Hunde ein ausgezeichnetes Hörvermögen, je ruhiger Sie mit Ihrem Hund sprechen, umso aufmerksamer wird er Ihnen zuhören.

Achten Sie darauf, dass er hübsch gerade auf Ihrer linken Seite sitzt. Setzt er sich nicht sofort, geben Sie ihm keine Gelegenheit zum zweiten Ungehorsam, fassen Sie die Leine tief nahe dem Halsband mit der rechten, während die linke Hand freundlich das Hinterteil nach unten drückt. Keinesfalls darf man gegen den Rücken oder auf das Becken drücken. Das *Falten* erfolgt durch sanftes Nach-Unten-Drücken des Hunderückens, so dass der Körper dabei *zusammengefaltet* wird. Halten Sie ihn in der Stellung *Sitz*, zählen bis fünf und lassen Sie ihn wieder frei. Auch hier, wenn er richtig gesessen hat, loben Sie ihn für das Sitzen mit dunkler Stimme, keinesfalls beim Freigelassenwerden.

Wenige Voraussetzungen sind für das formelle *Platz* erforderlich. Der Hund sitzt ordentlich und gerade zu Ihrer Rechten, wird beim Namen gerufen und erhält das Kommando *Platz*. Wiederum - gehorcht er nicht beim ersten Mal - hält man sein Halsband unter der Kehle, *faltet* ihn in das *Platz*. Sie können auch sein Halsband mit der linken Hand festhalten, nehmen einen Leckerbissen in die rechte unter seine Nase und führen den Leckerbissen in einer schwingenden Bewegung nach vorn und unten auf den Boden. Folgt er jetzt mit seiner Nase, wird er sich automatisch niederlegen. Loben Sie ihn mit ruhiger Stimme, zählen bis fünf und lassen ihn dann frei. Haben Sie schon als Frühübungen Sitz und Platz gelehrt, sollte dies alles recht einfach sein. Die Übungen werden formalisiert, der Hund lernt sich

UNTERORDNUNGSÜBUNGEN
Fotos: Sheila Atter.

Für das Sitz streichelt man den Rücken abwärts, ohne dass man echten Druck auf die Hinterhand ausübt.

Durch einen Leckerbissen kann man den Hund veranlassen, sich in die Position Platz zu begeben.

Bei durchhängender Leine wird das Bleib gelehrt.

Die Übung Platz-Bleib wird in einfachen Stufen aufgebaut.

Die Erziehung des Jack Russell

Am allerwichtigsten ist tüchtiges Lob während jedes Ausbildungsschrittes.

ordentlich zu setzen, sofortiger Gehorsam wird verstärkt, besonders bei *Platz*. Über diese Monate sollten Sie aber unverändert die Frühübungen fortsetzen, beispielsweise das *long down*, das *durch die Tür gehen* und anderes. Hunde, ganz besonders Terrier, haben ein kurzes Gedächtnis, vergessen Frühlektionen bald, wenn sie nicht regelmäßig geübt werden.

BEI FUSS GEHEN

Bei Fuß gehen ist eine ganz wichtige Voraussetzung, wenn es Ihnen Freude machen soll, mit Ihrem Hund spazieren zu gehen. Was wir am Ende erwarten, ist ein gut sozialisierter, sich richtig benehmender Familienhund. Erneut haben Sie Ihren Hund zur Linken. Es entspricht einer alten Tradition der Hundeerziehung, dass der Hund immer links geht. Wenn Sie aber bevorzugen, dass er Ihnen rechts folgt, ist das durchaus in Ordnung. Für *Agility-* und *Ausstellungstraining* muss der Hund lernen, auf beiden Seiten zu arbeiten. Rufen Sie Ihren Hund beim Namen. Sie können auch das Kommando *look - schau -* nutzen, erinnern sich der ersten Lektion. Sobald Ihr Hund Sie anschaut, folgt das Kommando *Fuß* oder *close*, der Führer bewegt sich mit dem linken Fuß geschickt vorwärts. Das Geheimnis besteht darin, nur wenige Schritte zu gehen, dann anzuhalten, mit dem Hund zu spielen oder ihm einen Leckerbissen zu geben. Dann wird alles von Anfang an wiederholt.

Wenn die Konzentration Ihres Hundes nachlässt, er nach der Seite schaut, erhält er das Kommando *schau*, es folgen noch einige Schritte, ehe man abbricht und mit ihm spielt. Bald werden Sie feststellen, dass Sie durchaus eine längere Strecke gehen können, ohne dass er seine Konzentration verliert. Vorsicht, wiederholen Sie diese Übung nicht bis zum Erbrechen - Terrier haben auch in guten Zeiten eine kurze Konzentrationsfähigkeit, und das Schlimmste, was Sie anrichten können, wäre es, den Hund unlustig zu machen. Dies ist eine Übung, die mehrfach täglich über kurze Zeit geübt wird. Nach und nach können Sie auf Kreise linker und rechter Hand, auch auf Achterfiguren vorangehen - dies alles dient dazu, die Konzentration des Hundes auf den Führer zu stärken. Keinesfalls sollten Sie zu diesem Zeitpunkt bereits das bei Fuß gehen und Sitzen miteinander verbinden - das kann später geschehen.

Erst wenn das bei Fuß gehen Freude macht, können Sie während der Fußarbeit das Sitzen einbeziehen. Dabei geht der Hund auf zwei oder drei Schritte bei Fuß, es folgt das Kommando *Sitz*, dabei gleitet die rechte Hand am Leinenende nach unten, während die linke das Hinterteil unter dem Hund zusammenfaltet. Achten Sie darauf, das meiste Lob für das bei Fuß gehen zu erteilen, nicht für das Sitz. Was Sie hier lehren, ist bei Fuß gehen, nicht die Übung Sitz. Wenn Sie mit Ihrem Hund bei Fuß vorangehen, vergessen Sie nicht, die Leine muss durchhängen, Sie sollten mit Ihrem Hund sprechen. Erzählen Sie ihm mit ruhiger Stimme, was für ein guter Kerl er ist und wie gut er seinen Job macht.

BLEIB

Eine weitere nützliche Übung ist das *Warten* oder *Bleib*. Ich persönlich gebrauche das Kommando

Warten, wenn ich möchte, dass mein Hund wartet, wenn ich ihn später zu mir heranrufe. Das Kommando *Bleib* wähle ich, wenn ich darunter verstehe: »Bleibe wo du bist und bewege dich nicht, ehe ich zu dir zurückkomme.« Um das *Warten* oder *Bleib* zu lehren, wird der Hund entweder in die Position *Sitz* oder *Platz* gebracht, mit deutlicher Stimme befiehlt man *Warten* oder *Bleib*. Dies gehört zu den Übungen, wo es nicht richtig ist, vor das Kommando den Namen des Hundes zu setzen, denn wir wollen ja nicht, dass er sich für irgendeine Aktion fertigmacht, vielmehr darf er sich aus seiner Stellung nicht bewegen! Nach dem Kommando *Bleib* sollte der Hund neben Ihnen ruhig etwa auf zehn bis fünfzehn Sekunden bleiben, dann machen Sie sehr langsam einen Schritt seitlich, sagen ihm laufend mit leiser Stimme *Warten* oder *Bleib*. Nachdem Sie einen Schritt seitlich gemacht haben - an lose durchhängender Leine - und ich muss sofort noch ergänzen - dabei darf es überhaupt keine Leinenbewegung geben - zählen Sie bis zehn, bewegen sich dann zurück neben Ihren Hund, zählen bis fünf, sagen Sie ihm dann mit tiefer, ruhiger Stimme, was für ein cleverer, guter Hund er ist. Dann machen Sie einen Schritt nach hinten und entlassen ihn mit dem Kommando *OK - Okay*. Auf keinen Fall sollten Sie dabei beim Freigeben irgendein Lob erteilen. Immer muss die ganze Übung außerordentlich ruhig und entspannt verlaufen. Auch sollte man beim Freigeben anschließend mit dem Hund nicht spielen.

Gerne benutze ich für das *Bleib* eine etwa drei Meter lange Übungsleine. Das bedeutet, Sie besitzen damit immer über einen Abstand von drei Metern eine Kontrolle. Dabei können Sie den Hund zur Linken oder zur Rechten liegen lassen, sich vor ihn oder hinter ihn stellen, ihn auch umkreisen. Aber achten Sie darauf, immer muss die Leine durchhängen. Ich kann gar nicht genügend hervorheben, wie viel Geduld die Erziehung für die Übung *Bleib* erfordert. Jeder einzelne Schritt muss sehr langsam angelernt werden, wenn man zum Schluss einen ruhigen Hund haben möchte. Unter gar keinen Umständen sollte der Hund jemals beim Ausbrechen vom *Bleib* bestraft oder auch nur ausgeschimpft werden. Wenn notwendig, kehren Sie immer zum Anfang zurück, verstärken Sie positiv die Lektion, die Sie ihm bereits beigebracht haben.

Erst wenn der Hund ruhig an der drei Meter langen Ausbildungsleine zurückbleibt, können Sie ein Ableinen versuchen, um die Übung zu festigen. Bei diesen Übungen sollte man auf etwa 25 bis 30 Meter Entfernung arbeiten, das ist ein recht beträchtlicher Abstand. Es ist wirklich nicht erforderlich, in der Position *Bleib* auf größere Entfernungen zu arbeiten, ebenso wenig, dass man sich selbst außer Sichtweite des Hundes entfernt. Anders ist es natürlich, wenn Sie an Wettbewerben in Unterordnung teilnehmen wollen. Dann sollten Sie sich einem guten Ausbildungsverein anschließen, ein spezielles Buch über die Ausbildung von Hunden für Unterordnungswettbewerbe kaufen.

FORMELLES HERANRUFEN

Zum Zeitpunkt, da der Hund für formale Erziehung ausgereift ist, erwarte ich, dass er auf Anruf bereits zuverlässig herankommt. Aus diesem Grund ist die formale Heranrufübung eigentlich eine Absicherung. Ist Ihr Hund erst einmal in der Übung *Warten* verlässlich, können Sie mit formellem Heranrufen beginnen. Dabei sollte man diese Übung niemals direkt nach der Übung *Bleib* lehren oder praktizieren, genauso wenig, wie man je nach dem *Bleib* das Apportieren üben sollte. Andernfalls wäre es todsicher, dass man seinen Hund verwirrt und am Ende bricht er beim *Bleib* aus.

Um das formale Herankommen zu lehren, führt man seinen Hund wieder an der drei Meter langen Ausbildungsleine. Gebrauchen Sie nicht seinen Namen, sagen Sie ihm in ruhiger Stimme *Warten*, ein kurzer Augenblick Pause, dann gehen Sie mit dem rechten Fuß voran und verlassen ihn. Auf eine Entfernung von etwa 1,50 Meter drehen Sie sich um, blicken ihm entgegen, so dass Sie direkt vor ihm stehen. Zählen Sie wieder bis fünf, kehren dann zu ihm zurück und stellen sich neben ihn. Mit ruhiger Stimme loben Sie *braver Junge*, sofort darauf wiederholen Sie das Kommando *Warten*. Erneute Pause und dann gehen Sie wieder los, stehen wieder etwa 1,50 Meter entfernt vor ihm. Wieder Pause, dann folgt mit ruhiger, aber fröhlicher Stimme und lächelndem Gesicht das Heranrufen, wobei sich der Hund direkt vor den Führer setzen muss. Immer wieder sollten Sie hier die Übung *schau mich an* wiederholen, so dass sich Ihr Hund auf Sie konzentriert. Noch eine kleine Pause, dann wird der Hund mit ruhiger, aber

Achten Sie darauf, dass Sie für Ihren Jack Russell einen Apportierbock korrekter Größe wählen.
Foto: Pat Baker.

lobender Stimme angesprochen. Der Hund muss vor Ihnen sitzen bleiben, dann drehen Sie sich selbst auf dem Absatz des rechten Fußes und gehen zurück, so dass Sie mit dem Hund zur Linken stehen. Nach nochmaliger Pause erhält er das Kommando *frei*.

Eine Variation dieser Übung besteht darin, dem Hund *Warten* zu befehlen. Kurze Pause, dann stellt sich der Führer direkt vor ihn, wieder kurze Pause, dann eine Rückwärtsbewegung auf drei oder vier Schritte. Jetzt wird der Hund erneut vom Führer gerufen. Dabei befiehlt man dem Hund, direkt vor dem Führer zu sitzen, wieder kurze Pause und ruhiges Loben. Immer noch vor dem Hund stehend, wird die gesamte Übung wiederholt, dann dreht man sich auf dem Fuß um, so dass der Führer neben dem Hund steht. Bis fünf zählen, dann folgt das befreiende Kommando *frei*.

FORMALES APPORTIEREN

Es ist weitgehend eine persönliche Entscheidung, ob Sie Ihrem Hund das formale Apportieren beibringen wollen. Haben Sie die Frühlektionen mit dem Junghund durchgeführt, wird es Ihnen leicht fallen, in etwas späterem Alter Ihrem Hund das formale Apportieren beizubringen. Aber vor dem formalen Apportieren sollten Sie sich vergewissern, dass der Zahnwechsel abgeschlossen ist, andernfalls könnte das Zahnfleisch empfindlich sein, was die Apportierfreude des Hundes mindert. Zu Beginn wählt man einen Gegenstand, der ausschließlich für das formale Apportieren eingesetzt wird, der aber auch nur für diese Übung bestimmt ist. Auf keinen Fall sollte man ein Spielzeug nehmen, mit dem der Hund gerne spielt oder daran herumknabbert. Ich persönlich bevorzuge einen Apportierbock. Er ist für den Hund leicht aufzunehmen, da das Mittelstück vom Boden abgehoben ist. Achten Sie darauf, dass der Apportierbock zur Fanggröße passt, das Mittelstück darf nicht so lang sein, dass der Bock im Fang außer Balance liegt, natürlich darf es auch nicht so schmal sein, dass die Seiten gegen die Lefzen drücken.

Die Seitenteile des Apportierbocks sollten so groß sein, dass das Mittelstück etwa 3 cm vom Boden entfernt ist, das erleichtert das Aufnehmen. Viele Hundefreunde scheuen den Einsatz eines Apportierbocks, in Wirklichkeit ist das aber nur ein einfacher Stock, mit beidseits einem Endstück!

Ihr Hund muss angeleint zu Ihrer linken Seite sitzen. Zwei Finger Ihrer linken Hand halten das Halsband fest, mit der rechten fassen Sie eine Seite des Apportierbocks nahe vor dem Hundefang. Es folgt mit ruhiger Stimme das Kommando *hol's*. Hat der Hund in seinen Jugendlektionen das Apportieren spielerisch erlernt, sollte er jetzt nach vorne greifen und den Apportierbock aufnehmen. Die ganze Zeit, da er ihn hält, wird er mit ruhiger Stimme gelobt, *braver Junge, hol's*. Überlassen Sie ihm den Apportierbock etwa auf vier bis fünf Sekunden, sagen Sie ihm dann *aus* und nehmen ihm vorsichtig den Apportierbock ab. Wichtig ist, alles Loben auf das *hol's* zu konzentrieren, nur wenig Lob

Cassacre Berwick Of Gripton lässt alle Übungen einfach aussehen! Foto: Pat Baker.

für *aus*. Andernfalls führt es dazu, dass der Hund den Apportierbock fallen lässt, um sein Lob für das *aus* entgegenzunehmen.

Hält der Hund einmal den Apportierbock richtig auf etwa zehn Sekunden, beginnt man damit, diesen etwa im Abstand von 15 cm vom Boden anzubieten. Auf das Kommando *hol's* sollte er den Kopf nach vorn bewegen, den Apportierbock abnehmen. Denken Sie daran, immer mit ruhiger Stimme viel loben. Nach und nach hält man den Apportierbock immer niedriger, bis ihn der Hund letztendlich auch vom Boden aufnimmt. Hat man dies erreicht, platziert man den Apportierbock im Abstand von etwa einem Meter auf dem Boden, gibt das Kommando *hol's,* und jetzt sollte der Hund losmarschieren und den Apportierbock aufnehmen. Unverändert befindet sich der Hund an der Ausbildungsleine. Jetzt wird er ermuntert, sich vor den Führer zu setzen, dabei muss er noch unverändert den Apportierbock festhalten. Wenden Sie jetzt auf Ihrem rechten Fuß - denken Sie an die Lektion über das Herankommen - stehen Sie neben Ihrem Hund, kurze Pause, dann nehmen Sie ihm den Apportierbock ab.

Wenn Ihr Hund erst einmal auf einen Abstand von drei Metern fröhlich apportiert, unverändert an der Übungsleine, ist der Zeitpunkt gekommen, Ihrem Hund beizubringen, dass er vor dem Apportieren des Gegenstandes kurze Zeit warten muss. Platzieren Sie (nicht werfen) den Apportierbock etwa auf Aufstand von zwei Metern, halten Sie mit der linken Hand den Hund am Halsband zurück, sagen Sie ihm mit fester, aber nicht lauter Stimme *Warten*. Zählen Sie bis fünf, dann gehen Sie nach vorn und heben selbst den Apportierbock auf! Diese Übung wiederholen Sie zumindest dreimal, recht bald erreichen Sie, dass er wartet, anstelle nach dem Apportierbock hinauszulaufen.

Denken Sie aber daran, immer mit leiser Stimme tüchtig loben! Beim vierten Versuch kann man ihn voranschicken und den Apportierbock holen lassen. Wartet der Hund verlässlich und apportiert auf Kommando angeleint, können Sie die ganze Übung ohne Leine versuchen. Das Halsband bleibt angelegt, hierdurch haben Sie eine Kontrollmöglichkeit, und wenn er die Aufgabe verweigert, zurück zum Anfang unter Einsatz der Trainingsleine. Wenn Ihr Hund jetzt im Apportieren recht geschickt ist, sollten Sie andere Gegenstände wie einen Tennisball oder einen Ring an einem Seil anstelle des Apportierbocks ausprobieren. An dieser Stelle eine dringende Warnung - niemals sollten Sie sich dazu verleiten lassen, für Ihren Hund Stöcke zu werfen - verbieten Sie dies auch allen anderen! Ihr Hund könnte sich schwer verletzen oder sogar sterben, wenn er sich selbst mit einem Stock aufspießt!

AUSSTELLUNGSTRAINING

Haben Sie sich Ihren Hund als Wettbewerber für Ausstellungen gekauft, wäre es immer vernünftig, sich bei einem örtlichen Hundeverein an Ausstellungsvorbereitungsübungen zu beteiligen. Die Trai-

Der Ausstellungshund muss lernen, sich zur Musterung auf Ausstellungen ruhig aufzustellen. Das Bild zeigt Belmorr Dash of Lenacourt. Foto mit freundlicher Erlaubnis von Vera Harcourt-Morris.

ner können Ihnen sagen, ob sich Ihr Hund in richtigem Tempo bewegt, hier werden die Verhältnisse simuliert, wie sie im Ausstellungsring auftreten. Dabei gewöhnt sich Ihr Hund daran, von Fremden angefasst zu werden, was wichtig ist, damit er im Ausstellungsgeschehen ruhig bleibt. Außerdem lernt er, andere Hunde zu ignorieren, sich auf Sie zu konzentrieren. Weiterhin ist es besonders wichtig, dass Ihr Hund eine gewisse Ausstrahlung besitzt und sich zu seinem Vorteil zeigt. Hinzu kommt in aller Regel, dass Sie in derartigen Ausbildungsklassen neue Freunde erwerben. Was Sie sonst noch tun sollten, ist der Kauf von Hundemagazinen, sie bringen nicht nur interessante Artikel und Hinweise über verschiedene Hunderassen, hier finden Sie auch Anzeigen über die verschiedenen Hundeausstellungen, auf denen Sie möglicherweise Ihren Hund präsentieren können.

Richtig wäre auch, eine hübsche Ausstellungsleine mit Halsband zu kaufen, diese nur bei der Ausbildung für den Ausstellungsring und im Ring selbst zu benutzen. Dabei bevorzuge ich ein weiches Lederhalsband und eine dazu passende Ausstellungsleine, etwa 6 mm breit, Farben Schwarz oder Dunkelbraun, diese Farben lenken das Auge des Richters nicht vom Hund ab. Besitzen Sie einen anderen Hund, für den Sie sich Ausstellungshalsband und Leine gekauft haben, sollten Sie dies - wenn es passt - auch dem Junghund bei der Ausbildung anlegen. Bei sehr jungen Hunden empfiehlt sich aber immer ein weiches Welpenhalsband mit zugehöriger Leine.

Haben Sie sich bereits einen älteren Junghund gekauft, sollten - wie bereits früher erwähnt - gewissenhafte Züchter ihn schon an die Leine gewöhnt haben. Gleich wie alt der Junghund auch ist, hat er sich erst einmal eingewöhnt, können Sie mit der Erziehung für den Ausstellungsring beginnen. Dabei ist die Ausstellungserziehung nicht sehr unterschiedlich von den Grundübungen *bei Fuß*, Ausnahme ist, man muss dem Hund beibringen, sich auf Kommando richtig aufzustellen. Auch hier muss sich der Hund auf den Führer konzentrieren - genauso wie bei der Arbeit für Unterordnungsübungen. Es gibt Meinungen, wonach man Ausstellungshunde gar nicht für Unterordnungsübungen ausbilden sollte, hierdurch könnte man veranlassen, dass sich der Hund im Ausstellungsring setzt anstatt zu stehen. Dies ist natürlich reiner Unsinn - Hunde mit der Intelligenz eines Jack Russells sind durchaus in der Lage, den Unterschied zwischen *Sitz* und *Steh* zu verstehen.

STEH
Besorgen Sie sich einen alten Tisch, etwa 120 cm lang, 60 cm breit, decken ihn mit einem Stück Teppich oder einigen großen Teppichfliesen ab, so dass die Oberfläche rutschfest ist. Praktizieren Sie alle Stehübungen auf diesem Tisch, nehmen Sie einfach an, es sei der Tisch im Ausstellungsring. Der Hund erhält mit neutraler Stimme das Kommando *Steh,* gleichzeitig wird er mit leiser Stimme gelobt. Sie können auch einen Leckerbissen in der Hand halten, um seine Aufmerksamkeit zu wecken. Praktizieren Sie derartige kurze Übungen mehrfach täglich. Anfänglich brauchen Sie sehr viel Geduld, denn alle jungen Hunde sind meist wenig begeistert, still stehen zu müssen. Bleiben Sie konsequent, bald werden Sie feststellen, dass der Groschen gefallen ist, der Hund anfängt ruhig zu stehen. Keinesfalls dürfen Sie den Hund jemals auf dem Tisch strafen oder ausschimpfen. Wenn Sie merken, dass Sie Ihre Geduld verlieren, sollten Sie das Training abbrechen und später neu beginnen.

Sie müssen Ihrem Hund auch beibringen, an loser Leine zu stehen, sich dabei voll auf Sie zu konzentrieren. Für diese Aufgabe erfolgt das Kommando *Steh* und *Bleib*. Wenn Sie Ihrem Hund das Stehen auf dem Tisch beigebracht haben, sollte er jetzt wissen, was *Steh* bedeutet. Stellen Sie sich vor den Hund, nicht genauso davor wie bei der Übung *Hier,* vielmehr etwa einen Schritt oder zwei rückwärts. Sagen Sie Ihrem Hund *schau zu mir.* Dabei sollten Sie auch einen kleinen Leckerbissen in der Hand verstecken, und im gleichen Augenblick, wenn er zu Ihnen aufschaut und mit der Rute wedelt, zeigen Sie ihm den Leckerbissen, geben ihn dem Hund, wobei Sie ihn natürlich die ganze Zeit mit ruhiger Stimme loben.

RICHTERINSPEKTION
Haben Sie Ihren Junghund so weit erzogen, dass er sich auf dem Tisch ruhig aufstellt, sollten Sie sich selbst genau in der gleichen Art verhalten wie der Richter später auf der Ausstellung. Wenn Sie vorsichtig seine Lefzen anheben, um seine Zähne zu kontrollieren, erteilen Sie ihm ruhig das Kommando *Zähne*. Lassen Sie beide Hände über den Körper des Hundes gleiten, heben Sie abwechselnd eine Pfote nach der anderen, kontrollieren Sie seine Ballen. Die ganze Zeit loben Sie dabei den Hund mit ruhiger Stimme. Es wäre auch gut, wenn Sie sich aus dünnem Holz eine Art Körmaß anfertigten, Sie könnten es dann über den Rücken des Hundes anlegen, dabei gleiche Vorgänge simulieren, wie sie später im echten Ausstellungsring angewandt werden. Wenn Sie das Maß auf dem Welpenrücken anlegen, schieben Sie es langsam von der Hinterhand nach vorn bis zum Widerrist, loben den Hund ruhig und nehmen dann das Maß wieder weg. Sehr gut wäre es, einen Freund zu bitten, den auf dem Tisch stehenden Hund in der Art des Richters zu überprüfen. Dadurch lernt er, dass das Angefasstwerden von Fremden gar nicht so ungewöhnlich ist. Eine gute Vorbereitung für das künftige Ausstellungsgeschehen.

FUSS
Für das Ringtraining sollten Sie Ihrem Hund beibringen, fröhlich bei Fuß zu gehen, sowohl auf der rechten wie der linken Seite. Im Grundsatz ist das Prinzip genau das Gleiche wie in der Fußarbeit bei der Unterordnung. Anders ist nur die Arbeit mit dem Hund an der rechten Seite, wenn Sie zuvor das Kommando *Fuß* nur für die Begleitung links gewählt haben. Sie können jetzt ein anderes Kommando wählen, beispielsweise *rechts* - ausschließlich für die Begleitung auf der rechten Seite. Dabei arbeiten Sie mit dem Hund immer mit durchhängender Leine, ein *Aufhängen* an angezogener Leine ist völlig überflüssig, dreht die Front nach außen.

Sie sollten wenig und dafür häufig loben, die Lektion für den Hund immer angenehm machen. Das allerletzte, was wir im Ausstellungsring erleben möchten, wäre ein Hund, der schläfrig oder des Ganzen überdrüssig wird. Hinzu kommt, dass ein Hund schwerlich das Auge des Richters auf sich ziehen wird, wenn er nicht attraktiv und temperamentvoll auftritt.

Die Erziehung des Jack Russell

PROBLEMVERHALTEN

Haben sich bei Ihrem Hund ernsthafte Verhaltensstörungen entwickelt, wäre mein Rat, gar nicht den Versuch zu unternehmen, diese dank der Ratschläge in diesem Buch zu lösen. Besser wäre es, einen Tierarzt zu konsultieren, er sollte den Hund gründlich untersuchen und müsste Ihnen Auskunft geben, ob die Verhaltensstörungen medizinisch begründet sind oder Ihr Hund ein psychisches Problem hat; im letzteren Fall sollte der Tierarzt Sie zu einem qualifizierten Verhaltenstherapeuten überweisen. Einige kleinere Probleme, die sich ergeben könnten, sind möglicherweise Angst vor Lärm, dass der Hund Spielzeug oder seine Futterschüssel verteidigt, auf Rufen nicht zurückkommt oder versucht, Sie bei der Pflege in die Hände zu beißen oder herumzuknabbern.

LÄRMEMPFINDLICHKEIT

Ist Ihr Junghund geräuschempfindlich, sollten Sie ihn sehr sorgfältig desensibilisieren, wenn nicht, könnte sich daraus ohne Absicht noch mehr Furcht entwickeln. Wird er plötzlich starkem Lärm ausgesetzt und zeigt dabei Furchtreaktionen, sollten Sie ihn keinesfalls streicheln und sagen *alles ist in Ordnung*. Hierdurch würden Sie sein Erschrecken noch stärken. Am besten ist es, eine solche Reaktion völlig zu ignorieren und danach mit einem Desensibilisierungsprogramm zu beginnen. Fürchtet sich beispielsweise der Junghund vor einem Staubsauger, sollten Sie jemanden beauftragen, im Nachbarzimmer mit dem Staubsauger zu arbeiten, gleichzeitig füttern Sie Ihren Junghund oder unternehmen Sie mit ihm ein fröhliches Spiel. Sie müssen jedes Erlebnis, das mit Lärm verbunden ist, für den Hund zu einem positiven Geschehen machen. Bald werden Sie feststellen, dass er nach einiger Zeit seine Furcht bewältigt hat.

BEWACHEN VON GEGENSTÄNDEN

Es ist gar nicht ungewöhnlich, dass ein junger oder auch erwachsener Hund sein Spielzeug verteidigt, wenn man dies auf dem Boden herumliegen lässt. Hat er sich dieses unangenehme Verhalten erst angewöhnt, wird alles Spielzeug aufgehoben und in eine Kiste gelegt - außerhalb der Reichweite des Hundes. Sie sollten es ihm nur geben, wenn Sie mit ihm spielen wollen - nach dem Spiel wird das Spielzeug wieder weggepackt. Indem Sie das Spiel kontrollieren, kontrollieren Sie auch den Hund! Terrier haben besonders viel Freude am Seilziehspielen. Haben Sie den Eindruck, Ihr Hund gebe am Ende des Spiels nur zögerlich das Spielzeug ab, sollten Sie keinesfalls am Spielzeug ziehen, um es ihm wegzunehmen - Sie werden dabei wenig Erfolg haben. Die beste Methode ist der Austausch des Spielzeugs gegen einen Leckerbissen, danach sollte man weniger häufig Seilziehen spielen. Dabei verlieren Sie kein Gesicht, geben dem Hund nicht nach. Diese Lösung provoziert ganz einfach keine Konfrontation, die man höchst wahrscheinlich sowieso nicht gewinnen kann!

Ähnliche Methoden gelten, wenn sich der Junghund angewöhnt hat, seine Futterschüssel zu verteidigen. Sie sollten keinesfalls Hundefutter in der Schüssel stehen lassen, damit der Hund nach Belieben frisst. Wichtig sind klare Tischzeiten - meine ausgewachsenen Hunde füttere ich zweimal täglich. Stellen Sie das Futter mit der halben Tagesration auf den Boden, lassen Sie ihn warten, bis Sie ihm zu fressen gestatten, er darf sich nicht auf seine Futterschüssel stürzen. Zum Auffressen hat er zehn Minuten. Ist etwas übrig geblieben oder die Schüssel leer und er beginnt, sie zu verteidigen, werfen Sie einfach einige Futterbrocken auf den Boden abseits von der Futterschüssel, ermuntern Sie ihn, diese aufzufressen, während Sie die Schüssel hoch nehmen. Nie sollte man leere Futterschüsseln herumstehen lassen. Wenn Ihr Hund trotzdem knurrt, wenn Sie sich seiner Futterschüssel nähern, sollten Sie ihm nur einige Futterbrocken seiner Gesamtration in die Schüssel tun. Hat er diese aufgefressen, legen Sie ihm Stück für Stück einzelne Brocken nach. Haben Sie dies über mehrere Mahlzeiten wiederholt, sieht er in Ihnen nicht länger eine Bedrohung, wenn Sie sich seiner Futterschüssel nähern.

Nie dürfen Sie Ihrem Junghund gestatten, auf Mobiliar oder im Bett zu liegen. In der Regel sollte man ihm überhaupt nicht gestatten, das Schlafzimmer zu betreten. Lesen Sie nochmals die Grundlektion für Junghunde, wiederholen Sie täglich mit Ihrem Junghund das *lange Platz*. Dasselbe kann man auch mit dem erwachsenen Hund tun, wenn er dominantes Verhalten zu entwickeln beginnt. Sie sollten Ihrem Hund auch nicht gestatten, sich in den Eingang zu legen. Wenn er es trotzdem tut, dürfen Sie nicht über ihn hinwegtreten, sondern ihn veranlassen, dass er aufsteht und es sich an anderer Stelle bequem macht.

SCHNAPPEN
Wenn Ihr Junghund eine Phase durchmacht, in der er versucht, nach Ihren Händen zu schnappen oder zu beißen - insbesondere während der Fellpflege - sollten Sie, sobald er damit beginnt, einen schrillen Schrei *Au!* ausstoßen, genau wie dies in ähnlichem Fall ein anderer Junghund täte. Im gleichen Augenblick, wenn er aufhört, erhält er direkt einen Leckerbissen und wird gelobt. Keinesfalls sollten Sie ihm eine über die Nase geben, dies veranlasst ihn nur, erneut zu schnappen und das Verhalten verschlimmert sich.

UNGEHORSAM
Wenn Ihr Hund sich weigert, auf Ruf zurückzukommen oder - noch schlimmer - im gleichen Augenblick, wenn er einen anderen Hund sieht, lospresch, dürfen Sie ihn keinesfalls bestrafen, wenn er später von selbst zurückkehrt. Liegt der einfachere Fall vor, dass er auf Anruf nicht zurückkommt - oder zurückkehrt, aber außer Reichweite bleibt - stellt sich häufig heraus, dass dies einfach nur eine Phase ist, die vorüber geht. In einem solchen Fall führe ich den Hund an langer Leine oder Ausziehleine. Überlassen Sie ihm die ganze Leinenlänge, und während des Spaziergangs sollten Sie ihn immer wieder zu sich rufen, dabei aber keine formelle Unterordnungsübung daraus machen. Anfänglich erhält er einen Leckerbissen, der von der täglichen Futterration entnommen ist, oder es lockt ein Spiel mit seinem Spielzeug. Dann - nach einiger Zeit - wird er nur belohnt, wenn er sofort und mit erhöhter Geschwindigkeit herankommt.

Wenn er aber einen anderen Hund sieht und hinter ihm herläuft, muss man ihm beibringen, dass dies unerwünscht ist. Rufen Sie ihren Hund sofort, wenn er einen anderen Hund erblickt, kommt er zu Ihnen, wird er tüchtig gelobt und belohnt. Wenn er aber das Rufen ignoriert und zu dem anderen Hund läuft, sollten Sie keinesfalls weiter rufen - dabei würden Sie ihn nur lehren, ungehorsam zu sein. Verlieren Sie nicht die Geduld! Gehen Sie entschlossen zu der Stelle, wo sich Ihr Hund aufhält - manchmal ist es eine recht stattliche Entfernung - ich weiß, wie dies ist, es ist mir öfter passiert. Kommen Sie an die Stelle, wo Ihr Hund ist, sollten Sie den anderen Hund und seinen Besitzer völlig ignorieren, Ihren eigenen Hund am Halsband packen und tüchtig durchschimpfen. Leinen Sie den Hund an, marschieren Sie zu der Stelle zurück, wo er Sie ursprünglich verlassen hat und machen Sie angeleint einige Übungen für richtiges Herankommen - und der Gehorsam wird belohnt.

Führen Sie den Hund an langer Leine, und er zeigt Interesse, anderen Hunden nachzujagen, erhält er außerordentlich nachdrücklich das Kommando *Nein!*. Tüchtig loben, wenn er an dem anderen Hund kein Interesse mehr zeigt. Dies ist einer der Gründe, warum ich es nicht besonders gerne habe, wenn einer meiner Hunde zu viel mit anderen Junghunden spielt. Damit möchte ich natürlich keinesfalls sagen, es sei falsch, dass Ihr Hund mit anderen Hunden gleichen Alters zusammenkommt - und älteren - das geht völlig in Ordnung. Hunde müssen lernen, mit anderen Hunden freundlich umzugehen. Trotzdem glaube ich, dass zu viel Spielen mit anderen Hunden den eigenen Hund veranlassen kann, sich lieber mit Hunden als mit seinem Führer zu befassen. Und ich ziele eben darauf hin, dass mein Hund lieber bei mir als bei anderen Hunden sein möchte.

Ich glaube, dass wenn Sie meine Frühlektionen für Junghunde und die Grundübungen für Unterordnung durchgeführt haben, Ihr Hund von Ihnen oder dem Züchter gut sozialisiert wurde - dann sollten Sie keine Probleme haben, vielmehr einen sich gut benehmenden Hund, auf den Sie sehr stolz sein können.

Kapitel 6
DER VIELSEITIGE JACK RUSSELL

Man kann den Jack Russell bestimmt als *Hans Dampf in allen Gassen* bezeichnen, er meistert eine Vielzahl von Aufgaben. Diese Hunde haben sich buchstäblich ihren Weg von ganz unten nach oben gearbeitet - vom Stall-Terrier zum Fernseh- und Filmstar. Gleichzeitig fanden Jack Russell auch ihren angemessenen Anteil an wichtigen Arbeitsaufgaben wie Therapiehund, Jagdhund, Unterordnung, Erdhund, Herdenarbeit- und selbst Drogensuchhund. Dank Temperament und Ausbildungsfähigkeit der Rasse ist Vielseitigkeit ihr Markenkennzeichen geworden.

Wenn wir über Vielseitigkeit sprechen, müssen Sie sich erinnern, dass für jede Hunderasse, die wirklich vielseitig sein soll, vorzügliches Wesen die Grundvoraussetzung ist. Ein Hund, der zu selbstständig ist, ist im Allgemeinen nicht besonders gut ausbildungsfähig, aber ein Hund, dem es an Selbstvertrauen fehlt, ist ebenfalls sehr schwer zu erziehen. Das Wesen ist ein Merkmal, das jeder Züchter unbedingt an der Spitze seiner Prioritätenliste haben sollte. Ganz gleich, wie gut ein Hund aufgebaut ist, wie schön er aussieht, kann man ihn nicht erziehen und seine Energien in richtige Bahnen lenken, wird er zu einem sehr armseligen Lebensgefährten - jede Vielseitigkeit geht schnell verloren.

Für die überwältigende Mehrheit von uns besteht heute kaum noch irgendeine Gelegenheit, Jack Russell Terrier für die Aufgaben einzusetzen, für die sie einmal gezüchtet wurden. Es war aber immer meine Überzeugung, dass jede Art von Arbeit besser ist als Nichtstun. Auch wenn Sie Ihrem Hund die Grundlagen der Unterordnung *nur* beibringen, um einen gut erzogenen Haushund zu haben, wird es sich langfristig für ihn wie Sie auszahlen, denn jeder Hund, der nur eine Grundausbildung erhalten hat, ist viel besser als Hunde ohne Erziehung.

In England gibt es drei Hauptdisziplinen, in denen man Hunde für den Wettbewerb ausbilden kann. Dies sind Arbeitsprüfungen, Unterordnung und Mini-Agility. In allen drei Disziplinen herrscht harter Wettbewerb, sie haben eine breite Anhängerschaft, die meisten Wettbewerbe finden an Wochenenden statt.

ARBEITSPRÜFUNGEN IN ENGLAND

Es gibt schon über viele Jahre Arbeitsprüfungen, anfänglich stammten die meisten Teilnehmer entweder aus dem Bereich Militär oder Polizei. Die erste in England gegründete Gesellschaft war - und ist noch heute - die *Associated Sheep, Police and Army Dog Society (ASPADS),* sie feierte 1994 ihren 70sten Geburtstag. In den 1920er Jahren gab es wenige, wenn überhaupt Hunde, die von Zivilisten gearbeitet wurden. Heute dagegen werden die meisten Hunde von Zivilisten ausgebildet. In jüngerer Zeit ist der Kalender der *Working Trials* völlig überlastet, insbesondere im Frühjahr und Herbst, und an einigen Wochenenden trifft man in den verschiedenen Teilen Englands auf zwei oder drei verschiedene *Trials*.

Als die ASPADS gegründet wurde, waren die Teilnehmer an diesen Prüfungen nahezu ausschließlich Deutsche Schäferhunde. Heute aber kann jeder Hund, der sich für die Ausbildung eignet, teilnehmen, und das sind durchaus nicht nur Rassehunde. Einziges Kriterium ist, dass hinsichtlich des *Agilitybereichs* die Hunde für den Wettbewerb 18 Monate alt sein müssen.

Auch kleine Hunde können sich an Working Trials beteiligen, tun dies auch, aber aufgrund ihrer Größe können sie nur in Wettbewerb um die Leistungsstufen CD und UD in Wettbewerb treten. Was besagen eigentlich die Buchstaben hinter dem Hundenamen, was ist ihre Bedeutung?

Der intelligente Jack Russell Terrier kann eine Vielfalt an Aufgaben bewältigen.

Foto mit freundlicher Erlaubnis von Sue Porter.

CDEX	Companion Dog excellent	**TDEX**	Tracking Dog excellent
UDEX	Utility Dog excellent	**PDEX**	Patrol Dog excellent
WDEX	Working Dog excellent		

Diese Qualifikationen zu erreichen, ist gar nicht einfach. Die Ausbildung ist lang und anstrengend, erfordert insbesondere sehr viel Selbstmotivation; Hunde und Führer müssen dafür auch sehr fit sein. Man braucht insbesondere Gelände für die Fährtenhundarbeit - und wir alle wissen, wie schwierig es ist, heute auf landwirtschaftlichem Gelände eine Arbeitserlaubnis zu erhalten. Man braucht auch eigene Hürden oder Zugang zu derartigen Ausrüstungsgegenständen, damit der Hund sich daran gewöhnt. Das andere, was ich fast vergessen hätte - sehr viel Geduld und einen gesunden Sinn für Humor!

QUALIFIKATION

Für jede Stufe mit Ausnahme CD müssen sich Hund und Führer auf einer *Open Trial* mit über 80 Prozent der Punkte qualifizieren, ehe sie zu einem *Champion Trial* zugelassen werden. Dies ist bei weitem keine leichte Aufgabe. Aufgrund der Anforderungen, die für jeden Weg vorgegeben sind, ist es häufig schwieriger, die Qualifikation für CD als für UD zu erfüllen. Jeder Hund muss in den einzelnen Übungsgruppen die Minimumpunktzahl erreichen, die für die Qualifizierung erforderlich ist - Versagen nur in einer Disziplin führt zum Misserfolg der ganzen Prüfung. Hinzu kommt, immer muss man 70 Prozent der Gesamtpunkte erreichen, um sich in der Prüfung, in der man arbeitet, zu qualifizieren - zum Erreichen der Qualifikation *excellent - vorzüglich -* sind 80 Prozent der Punkte erforderlich.

Das Großartige an diesen *Working Trials* ist, dass es zwar immer die ersten vier Plätze zu gewinnen gibt, man aber im Grunde gegen die Prüfungsordnungen im Wettbewerb steht - man braucht also durchaus nicht unter den ersten vier zu sein, um sich zu qualifizieren. Dennoch ist der Wettbewerb sehr hart. Im Allgemeinen schreiben sich für ein *Championship Trial* etwa zwischen 50 und 60 Hunde für die CD-Prüfung ein, und aus dieser Prüflingszahl qualifiziert sich in der Regel nur etwa ein hal-

Der vielseitige Jack Russell

bes Dutzend.

Nach meinen Feststellungen besitzt der Jack Russell für die Fährte eine außergewöhnlich gute Nase, weiterhin fällt es Jack Russells leicht, im Bereich *Agility* anzutreten. Der Unterordnungsteil fällt Jack Russells aber etwas schwerer - sie brauchen viel Motivation und die Übung *Bleib* in diesen Prüfungen lässt sich etwas schwierig anerziehen, da ihnen im Allgemeinen die Konzentrationsfähigkeit fehlt, die Border Collies oder Deutsche Schäferhunde mitbringen. Wenn Sie aber bereit sind, ziemlich viel Zeit aufzuwenden, um ihren Terrier zu motivieren und erziehen - dabei habe ich herausgefunden, dass *wenig und oft* die beste Methode darstellt - gibt es keinen Grund, warum ein Jack Russell nicht den Leistungsstandard erreichen sollte, der für den Wettbewerb in CD und UD auf Arbeitsprüfungen gefordert wird.

Im Bereich Nasenarbeit erfolgt eine Suche von vier Gegenständen auf einer Fläche von etwa 25 Quadratmetern, Höchstzeit fünf Minuten. Jeder Gegenstand - in Material und Größe meist den anderen CD-Gegenständen ähnlich oder kleiner - zählt sieben Punkte. Wie bei CD werden auch sieben Punkte für den Suchstil vergeben. Wenn Führer und Hund als Team arbeiten, der Hund gut auf Kommandos reagiert, das Suchgebiet gut abreviert, lassen sich diese sieben Punkte erringen, selbst wenn der Hund das Pech hat, nicht alle Gegenstände aufzufinden.

Die Fährte ist in der Regel etwa 1,3 km lang, wird immer außerhalb des Beobachtungsbereichs des Hundes und Führers gelegt, nur Fährtenleger und Richter kennen den Verlauf. Punkte gibt es dafür, wie der Hund die Fährte ausarbeitet, insbesondere die Winkel. Je zehn Punkte erhält der Hund für das Auffinden der zwei Gegenstände - zur Qualifikation muss er zumindest einen finden - weiterhin wird die Art, wie Hund und Führer als Team arbeiten, bewertet. Der Hund arbeitet im Suchgeschirr an langer Leine.

Je nach Jahreszeit und Standort variiert der Boden für die Fährte auf den verschiedenen *Working Trials*. Grundsätzlich spielen Wetterbedingungen keine Rolle, erstes Kriterium ist immer verfügbares Gelände. Haben Sie das Glück und treffen für die Nasenarbeit gutes Wetter an - fantastisch! Sind die Wetterverhältnisse aber ungünstig, müssen Sie lernen, alles philosophisch zu nehmen.

US-ARBEITSPRÜFUNGEN

In den USA werden unter der Überschrift *Obedience Trials* ähnliche Titel errungen. Der *American Kennel Club* bietet *Obedience Trials*, um die Veranlagung des Hundes zu testen, die vorgeschriebe-

U-CDX CQH Daisy Mae Of Starlight CD. Der erste Jack Russell, der den AKC-Companion Dog Titel errungen hat.

Ashbey Fotografie. Foto mit freundlicher Erlaubnis von Chris Cox.

nen Aufgaben durchzuführen, für die an den Hund Punkte vergeben werden. Erster Schwierigkeitsgrad ist *Novice*, dieser hat vorwiegend mit den Anforderungen zu tun, die man von einem angenehmen Begleiter erwartet. Der ausgeschriebene Titel lautet *Companion Dog* und die Buchstaben CD werden hinter den eingetragenen Namen des Hundes gestellt.

Die zwei folgenden Prüfungsebenen zielen auf *Companion Dog Excellent (CDX)* und auf *Utility-Ebene* der Titel *Utility Dog (UD)*, gefolgt vom *Utility Dog Excellent (UDX)*. Der schwierigste und prestigeträchtigste Titel, den es zu erringen gilt, ist der *Obedience Trial Champion (OTCH)*.

Chris Cox aus Minnesota mit ihrem Hund CQH Daisy Mae of Starlight CD war der erste Jack Russell Terrier, der im Januar 1998 den Titel *AKC Companion Dog* errang. Ihr Titel war besonders bedeutungsvoll, weil sie ihre Welpen zu Hause gelassen hatte und außerordentlich besorgt war, zu ihren mütterlichen Pflichten nach Hause zurückzukehren. Vor ihrem Debüt beim AKC hatte Daisy auch den Titel *Canine Good Citizen* errungen. Daisy bemüht sich mit ihrer Besitzerin zurzeit um den CDX-Titel.

Kim James aus Oregon arbeitet mit allen ihren Hunden routinegemäß in Unterordnung - die meisten haben *Novice titles* erreicht. Sie ist davon überzeugt, dass Unterordnungstraining für ihr Zuchtprogramm sehr wichtig ist. Der Grad der Kontrolle, den sie erreicht hat, zeigt sich deutlich an den vielen fantastischen Fotos, die sie von ihrer Terriergruppe selbst gemacht hat. Kim ist auch aktiv in *Agility*, bei der *Arbeit unter der Erde (Earth Dog)* und Ausstellungen, einige ihrer Hunde sind auch als *Therapiehunde* zugelassen.

UNTERORDNUNG - OBEDIENCE

In England hat sich die *Obedience* als separate Disziplin aus den *Working Trials* entwickelt. Wenn Sie sich wirklich engagieren wollen, dann ist *Obedience* eine weitere Disziplin, in der Ihr Jack Russell sehr gut mithalten kann. Mein persönliches Gefühl ist dabei, dass diese Disziplin einer Dressur ziemlich nahe kommt, da in der Praxis nicht nur der Hund für extreme Genauigkeit, sondern auch der Führer auf Präzision und genaue Fußarbeit trainiert wird. Es bedarf mehrerer Vorstufen, die man überwinden muss, um auf höchster Ebene in Konkurrenz zu treten - der *Test C Championship*. Wenn man auf der Championship C drei *Challenge Certificates* unter drei verschiedenen Richtern erzielt, wird der Hund dadurch zum *Obedience Champion*.

Die niedrigste Klasse sind *Beginners*, dann arbeitet man sich die *Obedience-Leiter* hoch zu *Novice, Test A, Test B, Test C Open* bis zur *Test C Championship*. Dabei ist der Wettbewerb - selbst unter Anfängern - recht stark. Man verliert schon Punkte auch für geringfügig seitliches Sitzen, etwas größeren Abstand bei der Fußarbeit und bei Unaufmerksamkeit. Es können bis zu 30 oder 40 Hunde in einer Klasse antreten, wieder einmal dominiert in dieser Sportart der Border Collie. Bei den Teststufen A, B und C wird auch eine Aufgabe des Aufspürens eines bestimmten Gegenstandes - *scent discrimination* - eingeführt, auch Apportieren.

Hunde können zu *Obedience tests* ab einem Alter von sechs Monaten antreten, wie bei den *Working Trials* sind auch Mischlinge für diese Wettbewerbe zugelassen.

AGILITY

Häufig zieht Agility eine recht große und begeisterte Zuschauerschaft an. Man kann Agility des Spaßes wegen betreiben, als Freizeitbeschäftigung wie als Wettbewerb. Für den Jack Russell bedeutet dies eine vorzügliche Gelegenheit, überschüssige Energien zu kanalisieren und ihm die mentale Stimulation zu geben, die er braucht. Es ist auch eine vorzügliche Methode, den Hund in Topkondition zu halten! Agility ähnelt sehr dem Turniersport mit Pferden. Auch hier wird der Hund dazu erzogen, mit dem Führer, aber unangeleint, einen Parcours zu überwinden. Dieser Parcours besteht aus Sprüngen, Tunnels und anderen Hindernissen, der schnellste Hund mit den wenigsten Fehlern gewinnt. Für Fehler werden Punkte abgezogen, hierzu gehören umgeworfene Hindernisse oder das Verfehlen der Kontaktpunkte auf den Hindernissen (Wippe, Überweg und A-Rahmen). Diese

SPITZENLEISTUNGEN IN AGILITY

Fotos: Kim James, Badgerwood.

Der vielseitige Jack Russell

Kontaktpunkte sind in bestimmtem Abstand vom Boden auf diesen Hindernissen angebracht und eine Pfote des Hundes muss sie berühren - vorher darf der Hund nicht vom Hindernis abspringen. Wenn Hund und Führer eine falsche Bahn einschlagen, scheiden sie wie beim Schauspringen aus.

Der Führer muss in der Lage sein, Kontrolle über seinen Hund auszuüben, aber gleichzeitig ihn auch so stark motivieren, dass er so schnell wie möglich den Parcours überwindet. Die Hunde selbst finden den Agilitysport sehr aufregend, und es bedarf seitens der Führer eine ganze Menge an Wissen und Erfahrung, um ihre Hunde kontrollieren zu können. Dabei muss der Hund ebenso gut auf der rechten wie auf der traditionellen linken Seite arbeiten, ebenfalls muss er vor dem Führer laufen und genügend Unterordnung für ein sofortiges Platz auf Kommando zeigen! Wahrscheinlich der schwierigste Teil des Parcours für die Hunde ist der so gefürchtete *Pausentisch*. Anhalten, selbst nur auf fünf Sekunden, ist nicht immer etwas, was ein Jack Russell gerne tun möchte, insbesondere wenn ihm das Laufen so viel Freude macht.

Um Agility zu erlernen, schließt man sich am besten einem Club an, der sich auf *Agilitytraining* spezialisiert hat, so lernt der Hund die Aufgaben sicher und korrekt. Ein Club von gutem Ruf wird keinen Hund zur Ausbildung zulassen, wenn er nicht zumindest zwölf Monate alt ist; in England dürfen Hunde nicht vor 18 Monaten zum Wettbewerb antreten, in den USA ab 12 Monaten. Der nationale Dachverein wird den Hundebesitzern gern eine Liste übersenden, in der die anerkannten Agility-Clubs aufgeführt sind.

VERKEHRSSICHERER BEGLEITHUND - GOOD CITIZEN

Working Trials, *Obedience* und *Agility* sind beliebte gesellschaftliche Veranstaltungen. Es ist gut für Hund wie Mensch mit anderen Menschen und anderen Hunderassen zusammenzukommen und zusammenzuarbeiten. Wenn Sie jedoch kein auf Wettbewerb ausgerichteter Hundebesitzer sind, könnten Sie sich trotzdem einem Hundeausbildungsverein anschließen, ihre Ausbildung darauf ausrichten, eine Prüfung als *verkehrssicherer Begleithund* (in England: *Good Citizen scheme*) durchzuführen. Im Allgemeinen steht am Ende einer Ausbildungszeit von etwa zehn Wochen die Abschlussprüfung. Hierbei findet kein Wettbewerb um die ersten Plätze statt, vielmehr wird nur der Ausbildungsstand bestätigt.

Auch in den USA wurde ein derartiges *Good Citizen scheme* unter Kontrolle des AKC eingeleitet, es weist einige Abweichungen gegenüber England auf. Alle diese Prüfungen sind auf gute Grunderziehung ausgerichtet, sollten dem durchschnittlichen, richtig sozialisierten Jack Russell Terrier keine Schwierigkeiten bereiten.

RENNEN - RACING

Jack Russell Terrier sind nicht nur aufgeweckt und unternehmungslustig, sie sind auch sehr schnelle Hunde. Wenn Sie einmal Gelegenheit hätten, ein Jack Russell-Rennen zu beobachten, würde es Sie sicherlich ein wenig an die großen Greyhound-Rennen erinnern. Dabei werden die Hunde im Allgemeinen in Gruppen gestartet, in einem Rennen starten etwa vier oder fünf Wettbewerber gegeneinander. Am Schluss steht ein Abschlussrennen der Sieger der Einzelrennen, es geht immer um die schnellste Zeit. Am Ende der Rennbahn stehen stets einige Helfer, welche die Terrier einfangen, so dass sie nach Ende des Rennens nicht weiterlaufen, was die meisten sicherlich gerne tun würden. Die Begeisterung der Zuschauer und Hundebesitzer nach Öffnen der Starterklappen ist äußerst ansteckend. Dabei scheinen die Hunde die Begeisterung der sie liebenden Besitzer zu übernehmen. Das ist der Grund, weshalb die meisten Rennleitungen verlangen, dass alle Hunde mit Maulkorb starten. Bei all dem Schreien und Kreischen könnte es nur zu leicht passieren, dass ein Hund ein- oder zweimal nach einem anderen Terrier schnappt.

Auch *Flyball* ist eine Art Rennen, dabei galoppieren die Hunde auf gerader Linie über eine Bahn mit vier Sprüngen, Abstand jeweils drei Meter. Hierbei apportieren sie Bälle, die am Ende des Parcours aus einer *Flyball-Box* kommen. Die Hunde laufen auf zwei getrennten Rennbahnen, wobei in

Das große Jack Russell Terrier Buch

TERRIER-RENNEN

Sehr begeistert, schnell und entschlossen erweist sich der Jack Russell auf Rennen. Fotos mit freundlicher Erlaubnis von Mary Strom, Snow Wind.

der Regel eine begeisterte Menschenmenge von Zuschauern auf das Kommando wartet - *get your ball*, das den Beginn des Rennens anzeigt. Jack Russell sind sehr erfolgreiche Wettbewerber beim Flyball, da sich ihr Jagdtrieb leicht zu einem *Balltrieb* verwandelt - und diese Hunde haben grenzenlose Energien. Wenn Sie mehr über das Flyball erfahren wollen, gibt es ein sehr gutes Buch über diese Sportart - Autor Lonnie Olson - *Flyball Racing* - es ist veröffentlicht im *Howell Book House*. Am besten erkundigen Sie sich bei Ihrem nationalen Zuchtverband über nähere Einzelheiten.

FALKNEREI

Falknerei ist eine Sportart, die bestimmt keine große Anhängerschaft, aber besondere Liebhaber findet. Der Sport beruht auf einer langen Vorgeschichte, die bis ins Mittelalter zurückreicht. Im Grundsatz dreht sich alles um die Ausbildung von Falken, die mit dem Menschen gemeinsam jagen.

Es ist eigentlich gar nichts Ungewöhnliches, dass ein Falke ein Kaninchen fängt - dies gehört zum Überleben in der freien Natur. Bei der Falknerei jedoch lehrt man den Falken, dem Menschen zu gestatten, an seiner Jagdbeute zu partizipieren. Hier kommen dann die Terrier zum Einsatz - besonders Jack Russell Terrier.

Da Jack Russell so intelligente, ausbildungsfähige, bewegliche und hart arbeitende Hunde sind, werden sie im Falknersport zum vorzüglichen Partner. Im Grundsatz verlangt diese Sportart, dass die Hunde Kaninchen und Vögel - beispielsweise Fasan und Rebhuhn - aus dichtem Unterholz aufscheuchen. Die Falken sind in der Lage, an einem einzigen Tag ein großes Territorium abzufliegen, entsprechend muss der Hund bereit und in der Lage sein, erfolgreich und unermüdlich die Bodenflächen abzusuchen. Und gerade für solche Arbeiten wurde der Jack Russell Terrier einmal gezüchtet.

Jack Russell Terrier sind stöbernde Terrier, dies ist einer der Gründe, weshalb sie für Falkner so vorzüglich sind. Man arbeitet mit Hund und Falke in offenem Gelände, da bewaldete Flächen aufgrund von Bäumen und Büschen schlechte Sicht geben, deshalb ist es hier schwieriger zu jagen. Wenn Sie je einem Jack Russell zugehört haben, der Wild verbellt, ist dies unverwechsel-

Der vielseitige Jack Russell

bar. Wichtig ist, dass der Falkner den genauen Laut seines Hundes kennt, so dass der Falke erst freigegeben wird, wenn der Hund tatsächlich Beute aufgescheucht hat. Niemals setzt man Russell-Junghunde bei der Falkenjagd ein, der Vogel könnte die Junghunde mit der Beute verwechseln. Bereits in frühem Alter lernen die Welpen Stöberarbeit, sie müssen auch einem grundsätzlichen Gehorsamstraining unterworfen werden. Alle eingesetzten Hunde müssen anatomisch gut aufgebaut sein, große Bodenflächen abarbeiten können. Schon aus diesem Grund braucht man für einen Falkenhund eine gute Lauflänge.

Dieser Sport verlangt eine sehr komplexe Beziehung zwischen Falke, Mensch und Hund. Der Mensch muss seinen Falken unter Kontrolle halten, auch die Beziehung zwischen Hund und Falken beobachten. Dave Gardiner lebt in einer kleinen Stadt im Osten von Washington, hier genoss er über viele Jahre mit seinen Jack Russell Terriern Falknersport, er züchtet auch gelegentlich Hunde. Er betont, manchmal glaube man, die Aufgabe des Hundes sei nur eine Hilfsfunktion. Wenn man aber einen guten Terrier auf der Jagd nach Kaninchen beobachtet, der diesem hart auf den Fersen bleibt, erkennt man, dass erst dies dem Falken die richtige Chance gibt und dem Jagderlebnis eine völlig neue Dimension schenkt.

Nachstehend die Geschichte von einem der Jagdausflüge von Dave Gardiner mit Hund und Falke. Dadurch gewinnt der Leser eine bessere Vorstellung, wie alles abläuft.

FALKNEREI

Dave Gardiner hat bewiesen, dass der vielseitige Jack Russell Terrier auch für diesen außerordentlich eindrucksvollen Sport eingesetzt werden kann.
Fotos mit freundlicher Erlaubnis von Rani Morningstar.

»In einem meiner Jagdgebiete gibt es einen dicht mit hohem Beifuß bewachsenen Flecken, der sich zwischen einer Bucht und einer riesigen Basaltklippe erstreckt. Diese Klippe erhebt sich etwa 45 m, ein hier ganz oben fliegender Falke beherrscht das weite Land.

Ich erinnere mich eines klaren Wintertags, der Boden war dünn mit Schnee bedeckt. Der blaue Himmel mit seiner kalten Wintersonne, der weiße Schnee, der schwarze Felsen des Kliffs und der wogende Beifuß erweckten in mir ein freudiges Gefühl, erinnerten mich daran, dass ich mitten im Leben stand.

Ich ging in Richtung des dichten Unterholzes, und mein Jack Russell Terrier Pete lief mir voran, prüfte witternd Luft und Schnee. Jenny, mein alter Falke mit roten Schwanzfedern, wurde freigegeben und nahm ihren Platz oben auf dem Kliff ein. Sie beobachtete alles genau und wusste, dass Pete und ich uns durch das Gehölz arbeiteten. Aber wir kamen am anderen Ende heraus, ohne irgendetwas aufgescheucht zu haben. Ich fühlte mich etwas enttäuscht und Jenny war gerade im Begriff, sich nach einem neuen Standort umzusehen, als Pete's Kopf auftauchte und er die kalte Luft einziehend sich zurück ins Gebüsch stürzte. Der Falke, durch Pete's plötzliches Interesse aufmerksam gemacht, sammelte sich und seine Haltung zeigte große Aufmerksamkeit. Pete trug seinen Kopf so hoch, dass seine Vorderläufe kaum den Boden berührten, verschwand dann im Unterholz. Dann hörte ich sein typisches Bellen, das anzeigte, ›es gibt hier ein Kaninchen‹. Im nächsten Augenblick war Pete in voller Fahrt - ja - seine Stimme tönte hell und überschlug sich fast, das Ganze klang wie ein verrückt gewordenes Quietschspielzeug. Dann kreiste der Hund und drehte plötzlich direkt auf mich zu. Mit ein paar kräftigen Schwingenschlägen schwebte Jenny herbei, flog in steilem, schnellem Gleitflug nach unten auf einen Fleck zwischen dem Terrier und mir. Trotz des Unterholzes konnte ich sehen, wie ein Kaninchen in hoher Geschwindigkeit auf mich zukam, Pete etwa zehn Meter hinter ihm. Der Falke flog mit, zog dem Kaninchen nach, faltete die Schwingen, krachte durch den Beifuß und stürzte sich auf das Kaninchen - nahezu direkt vor meinen Füßen.

Als Falke und Kaninchen zum Halten kamen, musste auch Pete in die Bremsen gehen, damit er nicht gegen den Falken prallte. Der kleine Hund schaute zu mir herüber, setzte sich nieder und keuchte und grinste zu mir herüber,

BAUJAGD

Bei Baujagdwettbewerben arbeitet der Hund sich durch ein aus Holz gebautes Röhrensystem. Fotos mit freundlicher Erlaubnis von Mary Strom, Snow Wind.

während ich beobachtete, wie Jenny mit ihrer Mahlzeit begann.

Ich hatte mit Pete nicht viel formale Erziehung durchgeführt. Ich brachte ihn einfach an Stellen, wo er viele Kaninchen jagen konnte. Es dauerte einige Zeit, bis Pete und Jenny sich besser kennen lernten, aber der gemeinsame Wille, Wild zu fangen, half dabei. Ich kürzte Jenny's Krallen, damit sie ihren Teil der Partnerschaft richtig einnahm.

Während der Jagd beobachteten sich Falke und Hund wechselseitig sehr viel interessierter als mich. Jedes Tier reagiert schnell, wenn das andere Wild lokalisiert, und manchmal bejagen die zwei einen ganzen Bereich gemeinsam, während ich einfach auf einem Hügel sitze und nur zuschaue. Manchmal erwecken diese Erlebnisse in mir seltsame Gefühle. Ich frage mich einfach, wer diese zwei magischen Geschöpfe sind und wie es wäre, wenn man durch ihre Augen blicken könnte.«

BAUJAGDPRÜFUNGEN

Viele Hundefreunde sind beim Kauf von Jack Russell Terriern sehr an ihren Fähigkeiten als Arbeitshunde interessiert. Wenn man aber im Stadtinneren oder einer gepflegten Vorstadt lebt, kann es recht schwierig werden, für die Arbeit mit dem Hund genügend Gelände zu finden

Justice Electra Blue. Ein Sieger in Obedience, Ausstellungen, Erdhundwettbewerb und Agility. Foto mit freundlicher Erlaubnis von Kim James, Badgerwood.

HÜTEARBEITEN

*Dies ist keine Arbeit, für die Jack Russells gezüchtet wurden, trotzdem erweisen sie sich zuweilen für solche Aufgaben als durchaus brauchbar.
Fotos mit freundlicher Erlaubnis von Mary Strom, Snow Wind.*

oder jemand, der für die Ausbildung den richtigen Weg weist.

Baujagdveranstaltungen sind so beschaffen, um einem Terrier positive Erfahrungen in der Baujagd zu vermitteln. Sie bieten sowohl Spannung wie auch Entspannung, können für den Hund zu einem reizvollen Erlebnis werden. Es gibt dabei keinen echten Wettbewerb der Bauhunde, grundsätzlich konkurriert jeder Hund nur mit sich selbst.

Der Bauhundwettbewerb des AKC ist so aufgebaut, dass der Hund in der Regel ein aus Holz gefertigtes Röhrensystem durcharbeitet, das Röhrensystem hat einen Durchmesser von etwa 24 cm, am Ende der Röhre trifft der Hund auf durch einen Käfig geschützte Ratten. Diese Röhren sind unter die Erde gelegt, um so natürlich wie möglich zu wirken, und die meisten Clubs nutzen Erde und Gebüsch, damit sie zünftig aussehen. Bei allen Prüfungen gibt es eine Geruchsspur und für die Hunde eine Ausgangsstelle. Beim *Junior Test* liegt dieser Ausgang nur drei Meter vom Röhreneingang. Bei *Senior* und *Master Tests* ist der Abstand wesentlich größer. Die Richter werden am Ende der Röhre aufgestellt, um zu beobachten, ob der Hund tatsächlich an dem Käfig, in dem die Ratten eingesperrt sind, arbeitet. Unter Arbeiten versteht man Bellen, Stellen, Knurren, Graben und Bearbeiten des Käfigs mit den Pfoten. Intensives Anstarren oder Schnüffeln gelten nicht als Arbeit. Für den *Junior Earth Dog Test* muss der Hund am Käfig 60 Sekunden ununterbrochen arbeiten. Hat der Hund den Test bestanden, hat er einen Teil des *Junior Earth Dog Title* verdient. Um den ganzen Titel zu erringen, muss er den Test zweimal bestehen.

Es gibt bei den *Earth Dog Titles* zwei Ebenen - *Senior* und *Master*. Beide Titel erfordern einen bestimmten Grad von Erziehung und Unterordnung. Der *Master Earth Dog Test* ist so ausgelegt, dass er einer natürlichen Jagdsituation so nah wie möglich kommt, gefordert wird, dass der Hund gemeinsam mit einem zweiten arbeitet. Es gibt, sowohl in den Tests *Senior* wie *Master*, falsche Höhlen wie auch eine weitere, in der ein Beutetier den Hund erwartet.

Beim *Senior Test* wird das *Beutetier* aus der Röhre entfernt und der Hund muss aus der Röhre zurückgerufen werden. Dies kann zu den schwierigeren Aufgaben für einen Jack Russell Terrier führen, der sich intensiv auf die gestellte Aufgabe konzentriert. Wer sich für derartige Bauhundeveranstaltungen interessiert, findet einen Kalender des American Kennel Clubs, in dem jeden Monat die sportlichen Ereignisse angekündigt werden. Es gibt auch im Internet einen Nachweis über die *AKC web site: http://www.akc.org*. Denken Sie daran, wenn Sie zu einer derartigen Veranstaltung gehen, sollten Sie Ihre Stadtkleidung zu Hause lassen, Jeans und Sweatshirts sind die passende Ausrüstung.

POLIZEIARBEIT

Der Jack Russell Terrier, in allererster Linie ein Arbeitshund, hat auch das Interesse der Polizei geweckt. Man beginnt ihn heute auf einem großen Flughafen als Drogensuchhund einzusetzen.

Bob Eden von der *K9 Academy for Law Enforcement* in den USA berichtet: »Der Jack Russell Terrier kann als Drogenspürhund für alle Aufgaben eingesetzt werden. Die Hunde sind klein, dadurch können sie sich leicht auch durch Engstellen arbeiten, und ihr Führer kann sie hoch heben, wenn es

In jüngerer Zeit hat auch die Polizei die Talente des Jack Russells als Drogenspürhund erkannt. Foto: Kim James, Badgerwood.

Der vielseitige Jack Russell

um höher gelegene Engstellen geht. Um einen guten Spürhund auszubilden, sind die Voraussetzungen: großes Selbstvertrauen bei der Arbeit in unterschiedlichem Umfeld und dazu stark entwickelter Apportierinstinkt.«

Wie bei vielen hundlichen Aufgaben gibt es Spezialtests, die durchgeführt werden müssen, um sicherzustellen, welcher Hund genügend Potenzial für polizeiliche Arbeiten besitzt. Voraussetzungen sind gutes Wesen, Mut und eine gewisse Härte, gemeinsam mit Schärfe und gut entwickelten Instinkten. Viele Hunde haben diese Merkmale, sind aber nicht immer in der Lage, zur richtigen Zeit das erwünschte Verhalten zu zeigen.

Einer der wichtigsten und anhaltendsten Trends, die ich aus Gesprächen mit Jack Russell Besitzern über ihre Hunde erfahren habe, ist die Forderung nach vorzüglichem Wesen. Dies ist die Eigenschaft, auf die die Züchter besonders achten müssen, denn jede Rasse, die den Ruf erstklassigen Wesens verliert, verliert gleichzeitig an Vielseitigkeit und bald danach an Popularität.

THERAPIEHUNDE

Jack Russell Terrier haben den Ruf, sehr aktiv zu sein - und die meisten sind dies auch. Aber aufgrund ihrer vorzüglichen Ausbildungsfähigkeit können sich Jack Russell auch vom Galoppieren über die Felder, Jagen hinter Kaninchen und Eichhörnchen so umstellen, dass sie ruhig auf dem Schoß eines kranken oder älteren Menschen sitzen.

Nicht jeder Hund ist für Therapiearbeit geeignet, aber es gibt Jack Russell Terrier, die hierfür anerkannt sind. In den USA nennt man diese Hunde *Therapy Dogs,* sie werden bei *Therapy Dogs International* registriert. In England erfolgt die Eintragung bei *Pro-Dogs as Pets* als Therapiehunde (Pat-dogs). Es bedarf einiger Erziehungsarbeit und Hingabe, um den eigenen Hund für Therapiearbeit auszubilden. Er muss einen Wesenstest bestehen, ehe man ihn akzeptiert, aber diese Arbeit schenkt dem Hundebesitzer sehr viel innere Befriedigung.

Der Job eines Therapiehundes besteht im Besuch verschiedener Einrichtungen wie Krankenhäuser, Kinderheime, Altenheime, Spezialschulen und Hospize, wo die Bewohner aufgrund beson-

Keswick Whip Of Starlight. In den USA registriert als Therapiehund.

Foto mit freundlicher Erlaubnis von Chris Cox.

derer Umstände keinen eigenen Hund mehr halten können. Der Hund lenkt die Gedanken des Patienten von ihren Sorgen ab, erinnert ihn an Gemeinsamkeiten mit dem eigenen Hund. Es wurde schon vor langer Zeit festgestellt, dass ältere Menschen länger und fröhlicher leben, wenn sie einen Hund als Lebensgefährten haben, den sie betreuen können. Es gibt auch zahlreiche Studien, die bestätigen, dass sich der Blutdruck des Menschen senkt, wenn er einen Hund streichelt.

Haben Sie Interesse daran, Ihren Hund als Therapiehund auszubilden, sollten Sie einige Dinge näher bedenken. Wichtig ist, dass Ihr Hund ein vorzügliches Wesen hat, daran gewöhnt wird, mit kleinen Kindern, alten Menschen, Rollstühlen, Krücken, Elektrobetten und den allgemeinen medizinischen Apparaturen zurechtzukommen, auf die er bei Besuchen obiger Einrichtungen immer wieder stoßen wird. Es ist recht überraschend, wie viele Hunde sich beim Anblick eines Rollstuhls oder durch das Geräusch, wenn eine Krücke auf den Boden fällt, erschrecken.

Therapy Dogs International verlangen, dass der Hund zumindest ein Jahr alt ist, in einer fortgeschrittenen Klasse eines Trainingsclubs gearbeitet wird oder den Titel *AKC Obedience* errungen hat. Die Hunde müssen gut gepflegt sein, Schutzimpfung und Entwurmung regelmäßig erfolgen. Hündinnen dürfen bei ihrer Therapiearbeit nicht gerade heiß sein.

Es ist immer unterhaltsam, wenn ein Therapiehund einen bestimmten Trick oder lustige Kunststücke beherrscht, um die Patienten zu unterhalten. Therapiehunde müssen auch gut mit anderen Hunden zurechtkommen, denn oft gibt es mehrere Hunde verschiedener Rassen in der Einrichtung, die alle die gleichen Aufgaben erfüllen.

FILM- UND FERNSEHARBEITEN

Wenn Sie natürlich einen Jack Russell Terrier mit besonders aufgeschlossenem Wesen haben, der sich gerne selbst präsentiert, könnten Sie ihn einmal bei einer Tieragentur vorstellen und hoffen, dass er eines Tages eine Rolle im Fernsehen oder in Filmen erhält. Hunde, die zur Filmarbeit eingesetzt werden, müssen ein felsenfestes Wesen haben. Sie müssen auch fähig sein, mit völliger Konzentration jede anfallende Aufgabe zu lernen, denn in einem Filmstudio gibt es vielfältige Ablenkungen - und noch mehr bei Außenaufnahmen. Ein Anwärter für Filmarbeiten sollte gegenüber jedermann freundlich und offen sein, denn er muss in der Praxis nach den direkten Weisungen des Schauspielers handeln. Er muss Veranlagung und Temperament haben, um Gehorsam gegenüber jedem, mit dem er arbeitet, aufzubauen, muss sich möglicherweise sogar daran gewöhnen, mit verschiedenen Namen angesprochen zu werden. Es gibt nichts Schlimmeres im Fernsehen als einen Hund, der nach seinem Führer schaut und nicht dem Schauspieler gehorcht, mit dem er arbeiten muss.

Wenn Sie also Ihren Hund bei einer Fernsehagentur vorstellen, müssen Sie damit einverstanden sein, dass Ihr Hund mit dem Trainer der Fernsehstation zusammenarbeitet. Wenn Sie aber selbst Ihren Hund vorführen möchten, könnten die Arbeitsstunden manchmal sehr lang und mühselig ausfallen, manchmal erwartet man von Ihnen, dass Sie auf kurze Ankündigung bereit sind, auf mehrere Wochen für Außenaufnahmen auf Reisen zu gehen.

Wenn Sie Ihren Hund für Filmarbeiten ausbilden möchten, müssen Sie ihm zunächst unbedingten Grundgehorsam beibringen, also *Steh, Sitz, Platz, Bleib* und *Hol's*. Für jedes Kommando muss er auch Handzeichen beherrschen, denn wenn der Regisseur erst einmal *Action* befohlen hat, dürfen dem Hund keine verbalen Kommandos mehr gegeben werden. Erst wenn er die Grundkommandos beherrscht, können Sie ihm schwierigere Tricks beibringen, die dann für die Filmarbeit vorteilhaft sind. Dazu gehören im Allgemeinen *Bellen auf Kommando, Betteln, Graben, der eigenen Rute nachlaufen, Vorausschicken und Zurückkommen, auf dem Bauch kriechen* und *sich tot stellen*.

BERÜHMTE JACK RUSSELLS

Fragen Sie einmal irgendein amerikanisches Kind über Jack Russell Terrier, die sofortige Antwort wird der Name *Wishbone* sein. *Wishbone* - AKC-Name Willowall Soccer - wurde von Donna Maloney gezüchtet, Besitzer und Trainer Jackie Kaptan. Ein dreifarbiger Glatthaariger, mit Sicherheit

Cassacre Berwick Of Gripton (Ace), Trainerin Pat Baker - jeder Zoll ein Filmstar.

Foto mit freundlicher Erlaubnis von Pat Baker.

Unten: Ace bei den Filmarbeiten für die Titelfolge Pet Power, *eine BBC-Fernsehserie.*

WISHBONE HAT VIER EMMY AWARDS GEWONNEN

Oben: Wishbone als Aeneas in Roamin' Nose.
© 1998 Big Feats Entertainment, L. P. All rights reserved. Used with permission.

Rechts: Wishbone als Faust in Flea-bitten Bargain.
© 1995 Big Feats Entertainment, L. P. All rights reserved. Used with permission.

DIE MACHT DER WERBUNG

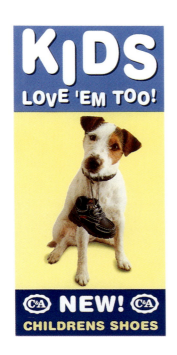

The Jack Russell Brewing Co.

Vogue Italia Titelseite.

Foto: Steve Meizel.

Hoelio Just Jenny mit Starqualitäten bei Aufnahmen für eine Anzeigenserie. Foto: Bruce Andre.

einer der berühmtesten Söhne von Blencathra Badger und Weardale Sherry.

Willowall Soccer musste gegen hundert andere Hunde zum Wettbewerb um die Rolle *Wishbone* antreten, möglicherweise half ihm seine Filmerfahrung, diese Rolle zu gewinnen. Soccer wurde zuvor schon in Werbespots für zwei Futtermittelgesellschaften eingesetzt, auch für mehrere Anzeigen in Magazinen, darunter auch eine Fotofolge für *Nike*. Heute sehen wir Wishbone auf vielen Gegenständen, von Betttüchern, Kissen, Shirts bis natürlich zu der Wishbone Buchserie. Dieser kleine Terrier hat sich wirklich in unser Leben geschlichen, wurde Teil des amerikanischen Wirtschaftslebens. Und Wishbone hat auch dank seiner halbstündigen Live-Übertragungen im Fernsehen die Herzen und Fantasie vieler Kinder und deren Eltern erobert. Die Grundidee hinter dieser Show ist, Kinder in die Klassiker der Literatur einzuführen - beispielsweise *Romeo und Julia, Faust* und *Aenaeis*. Jede Episode bildet eine Mischung zwischen Fantasie und Realität einer klassischen Geschichte, zu der Parallelen zu Ereignissen in Oakdale, USA gezogen werden. Das ist das Zuhause der Fernsehfamilie von Wishbone. Die Genauigkeit in den Details und die eindeutige Bereitschaft des Hundes, mannigfaltige Kostüme zu tragen, geben der Show viel Reiz. Es gibt nichts amüsanteres und anziehenderes als ein hübscher Jack Russell in einem Kostüm! Es wundert überhaupt nicht, dass die *Wishbone Serie* so viele Preise gewonnen hat - darunter insgesamt vier *Emmy Awards*.

Ein Jack Russell Terrier namens Moose, in der NBC-Fernsehkomödie *Frasier* als »Eddie« bekannt, ist ein weiterer berühmter Hund, der in der amerikanischen Öffentlichkeit viel Aufmerksamkeit erregte. Wie Willowall Soccer erscheint Moose in Fernsehspots und auf den Titelseiten so prestigeträchtiger Magazine wie *Life, TV Guide, Entertainment Weekly,* er hat sogar seinen eigenen Kalender. Moose wird bald von seinen Fernsehsendungen zu Prämienzeit noch einen großen Sprung machen zu seiner ersten Starrolle im Film mit dem Titel *Moose on the Loose*.

Der Charme der Jack Russell Terrier ging sicherlich in den Medien nicht verloren. Die Tatsache, dass diese Hunde sehr fotogen sind, mit viel Ausdruck, macht sie zum idealen Kandidaten für diese Jobs. Bedenken sollte man, Wishbone wie Eddie sind ältere, etwas ruhiger gewordene Jack Russell Terrier mit sehr viel Unterordnungstraining im Hintergrund. Es macht sicherlich viel Spaß sie zu beobachten, ihr Modellverhalten ist aber mit Sicherheit nicht immer typisch für die Rasse.

WERBETRÄGER

Heute trifft man auf den Jack Russell in vielen Formen, von Postkarten bis zum Kalender.

Justice Hill Electra Blue zierte 1999 die Titelseite des Jack Russell Kalenders. Sie steht im Besitz von Nell Rux aus Maine, wird hier ausgebildet und sehr geliebt. Electra ist ein »American Rare Breed Champion«, erfolgreich in *Obedience, Earth Dog* und *Agility* - ein Musterexemplar der Rasse.

Jack Russells wurden in einigen Topmagazinen in den USA vorgestellt, haben sogar die Titelseite von Italiens *Vogue Magazine* erobert. Das Foto hier mit mehreren Jack Russell-Welpen und ihren fröhlichen menschlichen Gefährten sticht sehr ins Auge. Sue Porter mit ihren *Honey Hill Jack Russell Terrier* züchtete alle diese Welpen mit Ausnahme des einen mit dem schwarzen Band.

Die Liste von Industriefirmen, die Hunde nutzen, um ihre Produkte zu verkaufen oder Aufmerksamkeit auf sie zu lenken, ist sehr lang. Hier genügt es sicherlich zu sagen, dass wir höchstwahrscheinlich auch in Zukunft auf viele Jahre Jack Russells im Fernsehen, Druckmedien und in gewerblichen Anzeigen begegnen werden.

Kapitel 7
DER JACK RUSSELL ALS ARBEITSHUND

Die Fuchsjagd ist genauso Bestandteil der englischen Tradition wie Big Ben oder die roten Londoner Busse. Menschen, die in Städten leben, nie in ihrem Leben einen Fuchs gesehen haben, schicken Weihnachtspostkarten mit Pferden und Reitern, die sich in einer attraktiven Landschaft versammelt haben, Schnee auf dem Boden und die Hounds bereit für die Jagd. Häufig sieht man dabei noch ein oder zwei Terrier als Begleiter.

Idealisiert wie solche Bilder sein mögen - grundsätzlich ist es richtig und passt zu den Terriern, wenn sie gemeinsam mit Foxhounds abgebildet werden. Denn das genau ist es, wofür Jack Russell ursprünglich gezüchtet und als Arbeitsterrier bis zum heutigen Tage verfeinert wurden. Anfang des 19. Jahrhunderts wurde jeder Terrier, der mit einer Foxhoundmeute arbeitete, als *Foxterrier* bekannt - unabhängig von Farbe und körperlichen Formen. Dann begann die hohe Zeit der Fuchsjagd. Große Teilnehmerzahlen von Reitern, meist begleitet von einem Reitknecht, der ein zweites Pferd ritt, entsprachen allen Erwartungen an einen guten Jagdtag, der einige scharfe Ritte beim Verfolgen des Fuchses bot. Daraus folgte zwangsläufig - *keine* Füchse, *keine* Jagd. Ein gemütlicher Ritt von einer Dickung zur anderen war nicht das, wovon die Reiter träumten. Aber kein Fuchs, der etwas von sich hielt, steckte die Nase aus dem Bau, wenn Hounds in der Gegend waren, und wenn er dennoch gesehen wurde, schlüpfte er schnellstens in die nächste Röhre, um hier abzuwarten, bis es die Jagdgesellschaft leid war zu warten und sich anderweitig umsah. Und hier kam dann der Terrier! Indem man die Naturinstinkte des Terriers, zu graben und die Beute zu stellen, pflegte, konnte man den Fuchs dazu bewegen, seinen Bau zu verlassen und es irgendwo anders zu versuchen. Der *Huntsman* hielt dabei die Foxhounds auf etwas Abstand vom Bau, dadurch konnte der Fuchs einigermaßen sicher die Höhle verlassen. Die Hounds folgten der Fährte, wenn er einen gewissen Vorsprung hatte, dadurch entstand eine gute Jagd quer über das Land, welche die Reiter zufrieden stellte. Ein *Huntsman,* der regelmäßig seinen Gästen wenig Sport bot, blieb nicht über längere Zeit in seinem Amt.

Dies war nicht nur die hohe Zeit der Jagd, es war gleichzeitig die goldene Ära der Foxhoundzucht. Über die Meuten wurden sorgfältig über viele Generationen Aufzeichnungen angelegt - ein Vorsprung um nahezu ein Jahrhundert gegenüber den Aufzeichnungen des Kennel Club über rasseseine Hunde - und größter Wert wurde darauf gelegt, eine Meute von möglichst einheitlichen Hounds zu züchten. Dabei bildet das Spektakel der Jagd einen wichtigen Bestandteil des Gesamtbildes. Eine bunt gemischte Meute von Hounds verschiedener Größen und Formen, begleitet von einigen Reitern in Jeans und Sweatshirts, unter ihnen ungepflegte Pferde, könnte für eine erfolgreiche Fuchsjagd durchaus ausreichen, würde aber kein Auge in gleicher Art befriedigen, wie eine Meute disziplinierter, gut zusammengestellter Hounds, begleitet von Reitern in Jagdkleidung auf Pferden, die perfekt vorbereitet wurden. In einer Zeit, in der Hounds ebenso rigoros nach ihrem Aussehen wie ihren jagdlichen Fähigkeiten ausgewählt wurden, ist es völlig natürlich, dass auch den Terriern große Aufmerksamkeit geschenkt wird. Ihr Beitrag zum sicheren Jagderfolg kann gar nicht überschätzt werden. In den goldenen Jahren der Jagd lebten Terrier häufig gemeinsam mit den Hounds in Zwingern, und die besonders traditionsreichen Meuten waren sorgfältig darauf bedacht, dass das Gesamtbild in keiner Weise durch das Aussehen dieser Terrier beeinträchtigt wurde. Es waren gerade die besonders beliebten Jagdzwinger, ganz besonders *Belvoir* und *Grove,* bei denen die Kunst der Foxterrierzucht nahezu zur Perfektion gedieh. Namen wie *Belvoir Joe* und *Grove Nettle* standen hinter vielen der besten Glatthaarterrier, die man dann in dem neu aufkommenden Sport der Hundeausstellungen im Ring

Das Sammeln! Der Jack Russell Terrier ist athletisch gebaut, so dass er mit den Pferden Schritt halten kann.

Foto: Sheila Atter.

antraf, die sich immer weiter über das Land ausdehnten. Trotz der Tatsache, dass viele *Hunt Terrier* ihr ursprüngliches Zuhause verließen und sich für das glanzvollere Leben eines Ausstellungshundes entschieden - dabei unausweichlich Form und Gestalt bis zum heutigen eleganten Fox Terrier veränderten - die Terrierarbeit war unverändert von Wichtigkeit, und viele Terrier blieben in den Großzwingern. Auch diese mehr auf Arbeit ausgerichteten Exemplare wurden unverändert sehr sorgfältig gezüchtet, dabei gab es unterschiedliche Prioritäten, nicht allein ausgerichtet auf gutes Aussehen.

Die Kombination von Intelligenz, Instinkt und korrektem Körperbau machte den *Working Terrier* zu einem erfolgreichen *Fuchssucher - fox-seeker*. Es kann gar nicht stark genug betont werden, dass die Aufgabe des *Hunt Terriers* zu keinem Zeitpunkt war, einen Fuchs zu töten - und der rauhaarige Fox Terrier des Typs, wie ihn Parson Russell züchtete, war ein *Hunt Terrier par excellence*. Die Reiter auf der Jagd wollten einen Querfeldeinritt durch das ganze Land genießen. Wenig Freude machte es ihnen, über Stunden an einem kalten Wintertag zu warten, während ein Terrier unten in einer hübschen warmen Höhle mit einem mausetoten Fuchs eingeschlossen war. Die Aufgabe des Terriers war es immer, den Fuchs herauszusprengen, so dass die Jagd weitergehen konnte.

Und Jack Russell - an den man sich heute nur noch seiner Terrier wegen erinnert, war ein Mann, dessen leidenschaftliches Interesse der Jagd galt. Er liebte den Kitzel dieser Jagd und seine Anhänger kannten den Charakter dieses Mannes, erwarteten gerade von ihm einen sehr scharfen Ritt quer durch das Exmoorland - und sie fanden nahezu immer dabei auch ihre Freude. Von ihm erwartete man, dass er schon ganz zu Anfang seiner Jagdkarriere den Wert eines guten Terriers einzuschätzen vermochte - und in der Tat - er wusste Bescheid, kaufte seinen ersten Terrier Trump noch als junger Mann auf der Universität. Er plante seine Terrierzucht sehr sorgfältig, erwies sich in dieser Aufgabe als so erfolgreich, dass es kaum überraschen kann, dass der Name von Jack Russell sehr schnell zum Synonym für alle *Hunt Terrier* von weißer Farbe wurde.

ARBEITSTERRIER HEUTE

Die Aufgabe des *Terrierman* und seiner Terrier ist heute genauso wichtig wie sie es immer war. Heutzutage leben aber die meisten Arbeitsterrier in Zwingern bei *Terriermen*, werden erst am Jagdmorgen

Instinkt, Intelligenz und korrekter Körperbau sind die wichtigsten Voraussetzungen für einen Arbeitsterrier.

Foto: John Valentine.

zur Zusammenarbeit mit der Meute mitgebracht. Oft verlangt man vom *Terrierman,* dass er seine Stellung noch mit anderen Aufgaben verbindet - beispielsweise Blockieren der Fuchsröhren im Jagdgebiet in der Nacht vor der Jagd, so dass der Fuchs nicht so leicht einschliefen kann, außerdem Reparatur der Zäune, die bei der Jagd beschädigt werden. Alle guten *Terriermen* besitzen unglaubliches Wissen über die Jagdgebiete und die sich darin aufhaltenden Tiere.

Fox Hunting - Fuchsjagd - ist die wahre Aufgabe des Jack Russells, aber die Anzahl an Terriern, die wirklich auf die Art zu arbeiten verstehen, wofür die Rasse einmal geschaffen wurde, ist eindeutig durch die Anzahl von Foxhoundmeuten beschränkt, die es noch gibt. Einige dieser Meuten haben aufgrund der Landschaft, in der sie jagen, wenig Gelegenheit, Terrier auf die alte Art einzusetzen. Aber Jack Russells - und ihre Besitzer - sind praktische und erfindungsreiche Geschöpfe, sie haben neue Aufgaben entwickelt, um auf konstruktive Art die freien Energien in richtige Kanäle zu lenken.

Fox Hunting ist ein Sport für die Winterzeit. In früheren Zeiten fanden einige Terrier auch den Sommer über an den Flussufern bei der Jagd auf den Otter Beschäftigung. An die Stelle des Otters trat der Nerz - auf ihn jagen *Minkhoundmeuten;* und wieder auf gleiche Art werden Terrier eingesetzt, sie jagen den Nerz aus seinen Verstecken, so dass die Hounds ihn verfolgen können.

Neben dem spektakulären Bild, das sie bietet, sorgt die Jagd auf praktische Art für eine Kontrolle der Fuchsbevölkerung auf ein optimales Maß, führt aber sicherlich nicht zur Ausrottung der Füchse. Da in England der Fuchs keine natürlichen Feinde hat - außer dem Menschen - würde ohne irgendeine Art der Kontrolle die Anzahl von Füchsen auf ein völlig unakzeptables Maß ansteigen - dies hat man in englischen Städten erlebt, wo der städtische Fuchs in vielen Bereichen ein vollkommen normaler Anblick ist. In Landesteilen, wo die Jagd mit Hounds in keinem größeren Ausmaß erfolgt, wird es, wenn Füchse besondere Schäden anrichten, manchmal unausweichlich, aktiv Füchse zu verfolgen und zu töten. Die bei weitem wirksamste und humanste Art einer Fuchsjagd ist die mit Terriern. Dabei wird der Terrier in den Bau geschickt, sprengt den Fuchs heraus. Genau wie bei der Arbeit mit der Meute sollte der Hund nicht versuchen, den Fuchs zu töten - Jack Russell selbst hat gesagt, dass seine Terrier *nie Blut geleckt haben.* Die Aufgabe des Hundes ist zu bellen, den Fuchs zu bedrohen, ganz allgemein das Leben unter der Erde für den Fuchs so unangenehm zu machen, dass er sich davonmacht. Wenn der Fuchs dann aus der Röhre springt, wird er schnell und human mit einer Flinte abgeschossen. Dies ist eine verlässlichere und weniger grausame Methode als andere Bekämpfungsarten - beispielsweise unter Einsatz von Gas oder Gebrauch von Fallen.

Niemals sollte sich der Besitzer eines Jack Russells mit seinem Terrier hinaus ins freie Land begeben und hoffen, dadurch seinen Hund zur Arbeit zu ermuntern. In England gehört jedes Stück Land, so klein und abseits es gelegen sein mag, irgendeinem Eigentümer und stets bedarf es einer Geneh-

Der Terrierman. Auch im heutigen landwirtschaftlichen Leben gibt es unverändert Raum für den Arbeitsterrier. Foto: Sheila Atter.

migung, ehe man mit einem Terrier arbeitet. In den meisten europäischen Ländern ist die Jagd ausschließlich den Jagdberechtigten vorbehalten.

Zurzeit ist die Arbeit mit Terriern auf den Fuchs noch immer legal, niemals aber auf den Dachs - aber die Gesetzgebung unterliegt Änderungen. Im Jahre 1997/98 focht *The Countryside Alliance* einen wirksamen Feldzug gegen die von Michael Foster vorgeschlagene *Hunting with Dogs Act*. Durch dieses Gesetz wäre ein Hundebesitzer, dessen Terrier auf einem Spaziergang durch die Felder nur einem Kaninchen nachjagte, zum Kriminellen geworden. Terrier haben nun einmal einen starken Jagdtrieb, und es ist Sache des Hundebesitzers, die Verantwortung für seinen Hund zu übernehmen, sicherzustellen, dass sie nur dann jagen, wann und wo solche Aktivitäten erlaubt sind.

Wer immer sich für Terrierarbeit interessiert, seine Terrier - wenn auch nur gelegentlich - in Bereiche führt, wo sie - selbst unbeabsichtigt - möglicherweise in die Lage kommen, dass der Terrier in einen Fuchsbau einschlieft, sollte sich nachhaltig darum bemühen, so viel wie möglich über Terrierarbeit zu erfahren. Dies ist aber etwas, das man nicht aus Büchern erlernen kann. Der zukünftige *Terrierman* sollte jede Gelegenheit nutzen, mit Experten hinauszuziehen. Wenn diese ihre Terrier arbeiten, werden sie in der Regel auch Anfängern Hilfe geben, die gerne mehr herausfinden möchten. Natürlicherweise sind sie aber denen gegenüber zurückhaltend, die ihre Arbeit und die Terrier, die sie so sehr lieben, gering schätzen oder ablehnen. Hat man erst das Vertrauen eines guten Terrierman gewonnen, wird er sein Wissen über den Jack Russell teilen, die Art wie er arbeitet, auch über das Land und die Tiere, die dort leben. Aber dieses Vertrauen muss man verdienen, es wird nicht leichtfertig verschenkt.

Ehe man in England Terrier für jagdliche Aufgaben einsetzt, sollten die Besitzer Mitglieder beider Organisationen sein - der *National Working Terrier Federation (NWTF)* und des *Fell and Moorland Working Terrier Clubs*. Viele Zuchtvereine einschließlich *Jack Russell Terrier Club of Great Britain* und *Parson Jack Russell Terrier Club* - sind Mitglieder des NWTF, aber auch Einzelpersonen können diesem Club beitreten. Er wurde 1984 gegründet, »um den erfolgreichen und humanen Einsatz von Working Terriern zur Raubzeugkontrolle zu fördern«. Der NWTF hat einen *Code of Conduct for Terrier Work* aufgestellt, der sich in der Praxis allgemein bewährt hat. Für eine Mitgliedschaft in dieser Organisation ist Voraussetzung, dass dieser Code zu jeder Zeit beachtet wird. *The Federation* hat eine *National Identification Card* eingeführt, die *Terriermen* von gutem Ruf ausgehändigt wird.

Der *Fell and Moorland Working Terrier Club* arbeitet einerseits als Dachorganisation für seine Mitglieder, zu den wichtigsten Aufgaben aber gehört die Bildung eines Netzwerkes von *Terriermen*,

DER JACK RUSSELL TERRIER BEI DER ARBEIT
Fotos: Sheila Atter.

Kräftig und entschlossen, mit einer Nase so gut entwickelt wie sein Jagdtrieb, verfügt der Jack Russell über außerordentlich gut entwickelte Arbeitsinstinkte.

die bereit sind, alles stehen und liegen zu lassen, wenn ein Anruf hereinkommt, dass ein Terrier unter der Erde irgendwo verschüttet ist. Clubgelder werden eingesetzt, um Grabungsausrüstungen zu mieten, soweit es notwendig ist. Alle Anstrengungen werden unternommen, um sicherzustellen, dass kein Terrier unter der Erde stirbt.

DER ARBEITSINSTINKT
Im Laufe der Entwicklung stand der Mensch immer vor der Notwendigkeit, gewisse Tiere zu kontrollieren, die aufgrund ihrer Beeinträchtigung landwirtschaftlicher Interessen als *Schädlinge* betrachtet werden. Der Terrier, von kleiner Statur, aber kraftvoll, intelligent und mit ebenso scharfer Nase wie mutigem Wesen, wurde über Generationen gezielt für diese Arbeit gezüchtet. Dieser natürliche Instinkt ist so kraftvoll, dass es sehr schwierig ist, ihn zu unterdrücken. Er spiegelt sich auch in der wachsenden Anzahl von Terriern in Liebhaberhand, die von den *Working Terrier Clubs* gerettet werden müssen. Dies sind oft Terrier, die, obwohl sie aus *Nichtarbeitslinien* stammen, auf eigene Faust zur Jagd auszogen und in Fuchsbauten eingeschlossen wurden. Der Jack Russell Terrier wird heute nicht mehr in erster Linie als typischer Hund des Dorfbewohners gesehen, wahrscheinlich lebt er häufiger in städtischem Umfeld als draußen auf dem Land. Parallel zur Veränderung des Besitzertyps kam es auch zu Veränderungen in der Haltung der Menschen auf dem Land gegenüber der Terrierarbeit. Viele der heutigen Jack Russell Terrier Besitzer sind möglicherweise Anhänger der *Anti-Field Sports*. Eine solche Haltung einzunehmen ist ein Widerspruch. Die Arbeitsinstinkte des Terriers sind so tief verwurzelt, dass einige Generationen städtischen Lebens den Trieb, bei erster Gelegenheit in Fuchsbauten einzuschliefen, nicht herausgezüchtet haben. Ein kluger Jack Russell Besitzer sollte sich die Mühe machen, so viel wie möglich über das Erbe dieser Rasse herauszufinden, selbst wenn er keine Absicht hat, seinen eigenen Jack Russell Terrier zur Arbeit zu ermutigen. Es ist aber insgesamt gesehen der Charakter der Rasse, der Menschen in erster Linie anzieht. Und der Charakter des Jack Russells, seine Intelligenz und seine Zielstrebigkeit haben ihn nun einmal für die Rolle des Terriers als guter Jagdhund geformt.

USA
Wie die meisten Arbeitsterrierrassen war auch der Jack Russell Terrier ursprünglich in den USA einfach ein Arbeitshund, nur selten ein Familienhund. Heute ist gerade das Gegenteil die Norm, dies gilt grundsätzlich für alle amerikanischen Terrier. Die meisten werden in erster Linie als Familienhunde, nur selten gleichzeitig für die Arbeit gehalten. In den USA begleitet der Jack Russell Terrier im Allgemeinen Reiterfans, er wurde als *Stallterrier* bekannt. Aufgrund ihrer Intelligenz und ihres Temperaments erfreut sich die Rasse enormer Popularität. Dieser vielseitig talentierte kleine Bursche ist sehr unterhaltsam, wird als Familiengefährte geliebt - ebenso aber auch als tüchtiger Raubzeugjäger, der die Gehöfte von Mäusen und Ratten befreit. Es ist leicht zu verstehen, wie diese kleinen Terrier sich ihren Weg durch amerikanische Landschaften und Lebensstile erarbeitet haben, denn die Amerikaner haben lange die britische Tradition bewundert und übernommen, sind eingeschworen auf britische Güter und Dienstleistungen. Verhältnismäßig preiswerte Reisekosten zwischen den beiden Ländern, gekoppelt mit wenig Schwierigkeiten beim Import, stellten problemlos Jack Russell Terrier für die anglophilen Neigungen der Amerikaner bereit. Der Meister im Manipulieren von Menschen - Jack Russell - hat es überhaupt nicht schwierig gefunden, sich im Herz der Amerikaner einen besonderen Platz zu sichern.

Trotz seines Schneids und seiner Tapferkeit lebt der amerikanische Jack Russell Terrier - nach Prozenten gerechnet - vorwiegend im Dienst der Familie, weniger der des Jägers. Aber in jüngerer Zeit gab es in Amerika eine geradezu dramatische Entwicklung des Interesses an Arbeitsterriern, das Gleiche gilt in vielen anderen Ländern, wo wir Jack Russell antreffen. Die gesamte Zukunft des Arbeits-Jack Russell liegt schwer auf den Schultern der Männer und Frauen, die sich die Aufgabe gestellt haben, den traditionellen Arbeitsterrier zu erhalten.

TERRIERARBEIT IN DEN USA
Fotos: Pam Simmons.

Trotz Unterschieden in Terrain und Jagdbeute hat sich der Jack Russell überall in den USA als wertvoller Arbeitshund erwiesen.

Es gibt zahlreiche Faktoren, die den kleinen Anteil von arbeitenden Jack Russell in Amerika begünstigen. Als Erstes das historische englische *Country Life,* das über Jahrhunderte in der reichen Tradition von Pferden, Hounds und Jagd gefestigt ist, aber in der amerikanischen Gesellschaft nie bestanden hat. Demzufolge gibt es zwischen den Jagden in England und denen der *American Hunt Clubs* deutliche Unterschiede - sehr viel Tradition ging verloren, die für die praktische Ausübung in Amerika keine Bedeutung hat.

Als Zweites kommt hinzu, die in den früheren Jahren zahlreichen *Hunt Clubs* in Amerika haben in jüngerer Zeit an Bedeutung verloren. Die finanzielle Last, Hundemeuten, Pferde und Bedienstete bereitzustellen, steigt noch immer, während das Interesse an *Fox Hunting* und damit die Mitgliederzahl schwindet. Selbst wenn *Hunt Terrier* in Amerika wie in England jemals im gleichen Maß beliebt gewesen wären - die Anstellung eines *Terrierman* und seiner Hunde erwies sich bald für die meisten Clubs als zu teuer. Der englische Rotfuchs hat keine natürlichen Feinde, entsprechend explodierte die Fuchspopulation auf dem englischen Land, die Farmer sehen in Füchsen *Raubzeug,* und wenn sich die Jagd für die Farmer nicht lohnt, die Füchse gar nicht tötet, dulden sie keine quer durch ihre Felder galoppierenden Pferde.

In England gibt es selbst auf kleinen Flächen einen Überfluss an Beutetieren, und die Jagdangestellten machen sich häufig die Nacht über auf den Weg, um die Eingänge der Fuchsbauten in dem Gebiet zu blockieren, in dem am nächsten Tag die Jagd stattfindet. In Amerika dagegen hat die große Fülle an Landmasse und die Entfernungen, die zu durchqueren sind, dazu geführt, auch die Fuchspopulation zu zerstreuen. Dementsprechend ist die englische Praxis, die Bauten in der Nacht vor der Jagd zu verschließen, in Nordamerika nicht durchführbar. Hinzu kommt, der amerikanische Rotfuchs ist beim Flüchten in seine Bauten nicht so schnell wie sein britischer Vetter; deshalb erwies sich der Einsatz von *Hunt Terriern* für einen guten Jagdtag in Amerika als nicht notwendig.

Unglücklicherweise dehnen sich Städte und Vorstädte in Amerika rapide aus, schmälern damit jagdlich nutzbares Gelände. Die *Hunt Clubs* müssen sich immer weiter hinaus bewegen, um das notwendige nutzbare Land sicherzustellen, und aus diesem Grund ändert sich auch die Jagd selbst. Hinzu kommt, die so berühmte amerikanische Haltung *größer, besser, schneller* wirkt sich auch auf die Auswahl des Wildes aus, auf das bevorzugt Jagd gemacht wird. Heute fällt die populäre Wahl auf den amerikanischen Kojoten, ein größeres und schnelleres Tier als der amerikanische Rotfuchs. Den Kojoten - ein Tier von äußerster Anpassungsfähigkeit - trifft man über ganz Nordamerika, er hat sich auch in städtische Bereiche eingegliedert. Der Kojote konkurriert nicht nur erfolgreich um die gleiche Nahrung wie der Fuchs, vielmehr ist der Fuchs zuweilen auch Beute des Kojoten. Wenn heutzutage auf amerikanischen Jagden der *Terrierman* noch Funktionen ausüben könnte, würde er sicherlich keinen Jack Russell als Gegner für den viel größeren Kojoten einsetzen. Vielmehr wären Jack Russell eine mundgerechte Mahlzeit für einen Kojoten. Man braucht es kaum zu betonen, die meisten würden Begegnungen mit dem Kojoten bestimmt nicht überleben.

Die amerikanischen Zuchtvereine wie die Arbeitsclubs haben die Arbeitsmerkmale des Jack Russell hervorgehoben, fordern sein ausgeprägtes Interesse an Terriererdarbeit. Dennoch - die Hunde, die tatsächlich unter der Erde arbeiten, machen einen kleinen Prozentsatz aller Jack Russell-Enthusiasten aus. Familien- und Ausstellungshunde bilden die große Mehrheit der amerikanischen Population. Die reiche Erziehungstradition, in England so lebhaft und gut entwickelt, ist aufgrund des Fehlens erfahrener, professioneller *Terriermen* in Amerika ernsthaft eingeschränkt. In erster Linie dank der Bemühungen von Organisationen wie der *American Working Association,* auch vieler Arbeitsterrierenthusiasten, ist die Zukunft vieler Arbeitsterrierrassen dennoch weitgehend gesichert.

Die Kenner sind sehr darum bemüht, den arbeitenden Jack Russell zu erhalten. Dabei gibt es buchstäblich wenige, zielgerecht abgefasste Publikationen für die einzelnen Hundefreunde, um diese Arbeit zu studieren. Deshalb opfern in der Arbeit unter der Erde erfahrene Männer und Frauen zahllose Stunden, und ihr Geschick für die schwierige Aufgabe. Anfänger die Jagd mit Terriern zu lehren, ist eine echte Liebhaberei. Trotz der Tatsache, dass viele Amerikaner die Arbeit mit dem Hund

Der Jack Russell als Arbeitshund

unter der Erde schätzen, kann sich diese Liebhabergruppe nicht einmal gegen den Trend der *Antijagdbewegung* stemmen, der in Amerika überwiegt. Ebenso hinderlich ist das Überwinden gesellschaftlicher Trends, welche den Einsatz von Terriern bei der Jagd eliminieren wollen. Auf der positiven Seite für die Erhaltung des arbeitenden Jack Russells stehen die sorgfältigen Bemühungen ernsthafter Enthusiasten für Erdarbeiten, der Züchter und der Zuchtvereine. Sie alle sind daran interessiert, Anfänger mit dieser reichen Tradition bekannt zu machen, sie darin zu erziehen und auszubilden.

Das Wesentliche der Terrierarbeit unter der Erde ist ein verbales Vermächtnis, das von Mund zu Mund übertragen wird. Wann immer möglich sollten die Anhänger die Vorzüge einer alten Tradition, wie sie in England, dem Ursprungsland der Rasse herrscht, nutzen. Nichts kann instruktiver und anregender sein als ein Spaziergang mit einem *Terrierman* durch die englische Landschaft, eine Schaufel in der Hand und der Terrier an der Seite. Interessenten, die zum Kennenlernen der Terrierarbeit aus erster Hand eine Reise nach England unternehmen, kommen mit völlig neuen Perspektiven nach Hause, mit Erkenntnissen über den Jack Russell Terrier und wofür er gezüchtet wurde - als Arbeitshund - und sie wiederum finden Anhänger, die ihr Wissen nutzen.

WERKZEUG FÜR ERDARBEITEN

Im Großen und Ganzen sind die Arbeitsmethoden der Terrierarbeit in Amerika die gleichen wie in England, sie haben sich über die Jahre nur wenig verändert. Eine wichtige Ausnahme ist der Einsatz von Lokalisierungshalsbändern und Sendern, eine sehr neue Erfindung. Diese Halsbänder sichern für alle Betroffenen, insbesondere die Hunde, eine sicherere Jagd. Mit einem Lokalisierungshalsband kann man den Hund in einem Bau leicht finden und herausholen - das spart zahllose Stunden des Grabens und Suchens, um den Terrier - in einem Bau eingeschlossen - zu lokalisieren.

Über die Jahre haben sich die Werkzeuge für die Erdarbeit sehr wenig verändert, die Standardschaufel und die Stangen werden weltweit eingesetzt. Spezialwerkzeuge können von einem zum anderen Hundebesitzer variieren, manchmal verlangt das örtliche Terrain Abwandlungen und zusätzliche Werkzeuge gegenüber dem Standardwerkzeug. In Amerika hat der Einsatz des Erdbohrers für Zaunpfosten Eingang gefunden, sehr zum Staunen und zur Belustigung des *British Terrierman*. Dabei sind die Engländer sich der Abneigung der amerikanischen Landbesitzer gegenüber dem Graben von großen Löchern zu den Bauten nicht gegenwärtig, denn ihre Farmtiere könnten sich hier verirren. Dank des Erdbohrers ist es möglich, sehr viel kleinere Löcher zu graben.

BEUTETIERE

Im Großen und Ganzen hat sich die Arbeit unter der Erde wenig verändert. Die Beutetiere in Nordamerika unterscheiden sich jedoch radikal von dem traditionellen englischen Fuchs und dem englischen Dachs. Aufgrund der unendlichen Weiten in Nordamerika, seiner geografischen Vielfalt, gibt es verschiedene Fuchsvarietäten. Die meisten mit dem Jack Russell arbeitenden Jäger bevorzugen die roten und grauen Varietäten.

RED FOX: Der Red Fox ist sehr viel kleiner als sein englischer Cousin, er gedeiht durch ganz Kanada und in den meisten Teilen der Vereinigten Staaten. Während der 1800er Jahre wurde durch Fuchsjäger der europäische Rotfuchs importiert, er ist ursächlich für eine starke Fuchskonzentration in dem jeweiligen Bereich. Der Red Fox ist ein Allesfresser, das bedeutet, dass er ganz einfach alles konsumiert und unter nahezu allen Umständen gedeiht. Red Foxes sind intelligent, sehr scheu und können sich jedem Umfeld anpassen. Nur sehr selten nutzt der amerikanische Rotfuchs einen Bau, selbst im Winter bevorzugt er, sich in dichtem Unterholz zusammenzurollen. Die Paarungen erfolgen zwischen Januar und März. In dieser Zeit besiedeln die Fuchspaare alte Murmeltierhöhlen oder Dachsbauten, verlassen diese wieder im August, wenn die Jungtiere anfangen, ein eigenes Leben zu führen. Red Fox-Bauten lassen sich leicht identifizieren, zeigen die charakteristischen Erdhügel oder Auswürfe rund um die

Röhren, ebenso wie Futterspeicher für Vorräte, begleitet von großen Mengen an Unrat ringsum. Der Red Fox siedelt sich am liebsten auf einer kleinen Anhebung mit guter Sicht an, flieht bei dem geringsten Anzeichen von Gefahren. In trockenen Regionen braucht aufgrund der wenigen Futterquellen dieser Fuchs ein sehr viel größeres Jagdgebiet, lebt demzufolge nomadischer als sein europäischer Vetter. Ernsthaft interessierte Jäger, die ihren Jack Russell auf traditionelle Art auf Füchse arbeiten wollen, müssen möglicherweise quer durch den Kontinent in Gebiete mit starker Fuchspopulation reisen. Hinzu kommt - die Fuchsjagd ist durch das Gesetz stark eingeschränkt, nur in bestimmten Jahreszeiten gestattet. Der Fuchs ist ein Pelztier, wird deshalb durch Gesetze geschützt.

GRAUFUCHS: Der Graufuchs ist sehr viel kleiner als der Red Fox, auch viel scheuer. Nur wenige Jäger werden auf einer Jagdexkursion über Tag einen Graufuchs antreffen. Die Chancen, einen zu Gesicht zu bekommen, sind klein, es sei denn, man weiß genau, wo er zu finden ist. Graufüchse bewohnen den Osten der Vereinigten Staaten, große Teile des Südwestens bis hin zur und entlang der kalifornischen Küste. Man findet sie auch in Dakota und Nebraska. Graufüchse bevorzugen dichtes Unterholz und felsige Gebiete, oft beobachtet man, dass sie auf Bäume klettern. Den Winter über lebt der Graufuchs in seiner Höhle, anders als der Red Fox. Aufgrund des rauen und felsigen Terrains - das bevorzugte Wohngebiet des Graufuchses - verbleibt die meiste Erdjagd auf diese Fuchsvarietät sehr robusten Experten überlassen - notwendigerweise müssen sie halb Gebirgsziege, halb erfahrener Bergbewohner sein.

AMERIKANISCHER DACHS: Der amerikanische Dachs ist, für alle, die auf ihn mit ihrem Terrier jagen wollen, ein noch scheueres Wild. Sein Verbreitungsgebiet bedeckt den Großteil des Westens der Vereinigten Staaten, von der Grenze Texas bis zu den südlichsten Teilen von Westkanada. Der Mississippi begrenzt den größten Teil in östlicher Ausdehnung, Dachsbevölkerungen trifft man in den oberen Staaten des mittleren Westens durch bis zu den Staaten des *Great Lake,* wo der Dachs von der Ausrottung bedroht und durch strenge Gesetze geschützt ist. Der Dachs lebt nomadisch und ist recht scheu, durchstreift viele Meilen, um nach Futter zu suchen, legt eigene Bauten an. In diesen Gebieten macht die Anwesenheit der Klapperschlange - einer Lieblingsnahrung des Dachses - die Arbeit mit dem Terrier recht gefährlich. Nur wenige Jäger mit Jack Russell versuchen, ihren Terrier auf den Dachs zu arbeiten. Wird der Dachs gestellt, ist er ein gefährlicher Gegner, im Allgemeinen bevorzugt er es aber, bei Bedrohung unter die Erde zu flüchten. Seine Grabfähigkeiten sind mehr als eine Herausforderung für einen Jäger mit Schaufel und Hund - seine Geschicklichkeit auf diesem Gebiet wird beschrieben, er *schwimme durch die Erde*. In den meisten Fällen verschwindet der Dachs ganz einfach, ehe es zu einem wirklichen Kampf kommt.

MURMELTIER: Nordamerika besitzt noch andere wild lebende Tiere, die den Jägern mit ihren Terriern unter der Erde Beschäftigung geben. Dazu zählen Murmeltier, Waschbär und Opossum. Am verbreitetsten trifft man im Westen das Murmeltier, im Osten überwiegt das *Waldmurmeltier*. Die im Westen lebenden Murmeltiere, die *Gelbbäuchigen* und die *Hoary* bevorzugen als Wohngebiete felsige Flächen. Man trifft sie so weit nördlich wie in den Provinzen British Columbia und Alberta, ihre Verbreitung geht nach Süden bis Kalifornien, nach Westen bis Colorado. Die gebirgige Landschaft macht das Ausgraben des Murmeltiers zu einer sehr mühseligen Aufgabe.

Das östliche Murmeltier bezeichnet man als *Woodchuck* oder *Groundhog;* man nennt es auch *Whistle Pig,* aufgrund seines melodiösen Pfeifens unter Bedrohung. Die Population dieser *Groundhogs* ist in den Weidegebieten des Ostens sehr reich, bietet den Jägern viele Jagdgelegenheit unter der Erde. *Groundhogs* bevorzugen sonnige Plätze in oder nahe den reichen Luzernenheufeldern und den Sojabohnenfeldern, die man buchstäblich überall im Osten und mittleren Westen und hinauf bis nach Kanada antrifft. Über 90 Prozent des gesamten Nordamerikas beherbergen in der freien Natur die Höhlen der *Groundhogs* in großer Fülle, man trifft diese Löcher praktisch überall. Eine *Ground-*

Der Jack Russell als Arbeitshund

hoghöhle ist ziemlich klein, ihr Eingang hat einen Durchmesser von 20 bis 24 cm, verengt sich stark nach etwa 30 bis 60 cm vom Eingang mit einer Standardbiegung von etwa 90 Grad. Erst einmal vorhanden, kommt es bald zu einer explosionsartigen Populationserweiterung. Diese Tiere konsumieren nicht nur jährlich die Ernten von tausenden von Äckern, sondern hinterlassen auf den Weiden Löcher, wodurch die Achsen von Traktoren, Lastwagen und Erntefahrzeugen brechen. Diese nervtötenden Geschöpfe lieben auch Scheunen und Schuttflächen, graben rund um die Fundamente, unterminieren sie und können deren Einsturz auslösen.

Es gibt keine Einschränkungen der Jagd, der *Groundhog* wird als Schädling betrachtet, kann auf den meisten Farmgebieten mit Erlaubnis des Landbesitzers ganzjährig bejagt werden. Jack Russell, die auf diese Tiere zur Jagd angesetzt werden, müssen klein, sehr beweglich und biegsam sein, um Erfolg zu haben.

WASCHBÄR: Ein weiteres Tier, das Jagdchancen bietet, ist der Waschbär. Waschbären findet man nur in den Vereinigten Staaten und in einigen Gebieten von Kanada. Sie werden von den Amerikanern sehr geliebt, haben Vorderpfoten, die menschlichen Händen mit nahezu menschlichen Fähigkeiten ähneln, ihre lebhaften Bewegungen amüsieren und belustigen viele. »Coons« bevorzugen unter den Bäumen liegende Höhlen in Gebieten nahe von Strömen oder Seen und entlang der Küsten. Ebenso gerne besiedeln sie aber auch den Winter über Höhlen, Scheunen, den Sommer über steigen sie, um sich abzukühlen, auch auf die Zweige der Bäume. Waschbären sind sehr clever, opportunistisch, gewöhnen sich gut an die Nachbarschaft von Menschen, leben von deren Abfällen. Routinemäßig trifft man sie nahe den Städten an, wo sie Abfalltonnen leeren und Mülldeponien durchsuchen. In ländlichen Bereichen durchziehen sie Gärten und Erntefelder, siedeln sich unerschrocken in Scheunen an, verunreinigen das für die anderen Tiere vorgesehene Heu und übertragen tödliche Krankheiten sowohl auf Haustiere wie Menschen. Während der Wintermonate wird über viele Stunden in warmen Heuscheunen Jagd auf den Waschbär gemacht, er ist ein gefährlicher Gegner.

OPOSSUM: Das letzte Tier, das dem Terrier wichtige Arbeit bietet, ist das *Virginia Opossum*, das einzige Beuteltier Nordamerikas. Mit Ausnahme von Maine, Minnesota und Michigan besiedelt es alle östlichen Staaten, verbreitet sich nach Colorado, Texas und die Küstenregionen von Kalifornien bis zum Staat Washington. Das Opossum ist ein nächtlicher Einzelgänger. Dieses sich langsam bewegende Geschöpf arbeitet als Abfallbeseitigung der Natur - ist ein Aasfresser, der bei seinen Mahlzeiten auf den Verkehrsstraßen häufig von Autos überfahren wird. Opossums bringen jährlich zwei bis drei Würfe mit bis zu 14 Jungtieren, die im Beutel der Mutter getragen werden. In Wäldern, Unterholz und auf Müllhalden findet man Opossums in großer Anzahl. Das Tier bewohnt auch gerne Stallungen, ernährt sich hier von einer Vielfalt von Futtermitteln und Ausscheidungen. Die eigenen Ausscheidungen des Opossums übertragen tödliche Krankheiten auf Pferde, es ist ein lästiges Geschöpf, von Pferdehaltern wird es stark verfolgt. Opossums sind vorzügliche Kletterer und fressen - wie der Waschbär - nahezu alles. Kleine Tiere und Vögel, die in kleinen bäuerlichen Gehöften ungeschützt groß gezogen werden, bieten für das Opossum jederzeit - Tag und Nacht - eine willkommene Mahlzeit.

AUFBAU EINER TRADITION
Die Landbesitzer suchen laufend nach neuen, wirksameren Methoden, die vorerwähnten für sie schädlichen Tiere zu vernichten, setzen Gift und Gas ein, nehmen sogar Zuflucht zu den gefährlichen Praktiken, Höhlen mit Benzin zu fluten und anzuzünden. Andere kreative Farmer verwenden transportable Wassertanks, überfluten die Bauten der Tiere und töten ihre Bewohner, wenn sie auf die Bäume fliehen. In gewissem Umfang sind alle diese Methoden wirksam, aber sehr zeitraubend und teuer, müssen im Frühjahr des nächsten Jahres wiederholt werden. Hier sind die Dienste der Jack Russell Besitzer - nach Arbeit für ihre Terrier ausschauend - ein willkommener Zusatz zu dem Arsenal aller dieser Abwehrmaßnahmen der Farmer.

Als sie erstmals von der Erdarbeit von Terriern hörten, glaubten die meisten Landbesitzer nicht, dass diese kleinen Terrier wirklich ihnen auf irgendeine Art bei ihrem Ausrottungsprogramm der ›Schädlinge‹ nützlich sein könnten - viele mussten es erst sehen, um daran zu glauben. Nachdem sie nur ein einziges Mal das erfolgreiche Ausgraben der Beute beobachtet haben, werden sie häufig nicht nur den Jäger erneut einladen, sondern auch ihre Erfahrungen, damit ihre Empfehlung, allen anderen Landbesitzern und Farmmanagern im gleichen Bereich weitergeben. Es dauert gar nicht lange, und das Telefon des Terrierbesitzers läutet ständig, überbringt Einladungen, die Farmen von allen Tieren dieses lästigen Wildlebens zu befreien. Viele verantwortungsbewusste Jack Russell Besitzer arbeiten gemeinsam mit wirklich großartigen Hunden, ihnen wurde die Bekämpfungsarbeit über tausende von Acres wertvollen Landes übertragen. Vor allem in den Händen dieser wenigen amerikanischen Liebhaber, die den Jack Russell in allererster Linie als einen echten Arbeitsterrier betrachten, liegt die Zukunft der Rasse. Der *Terrierman* (oder *Terrierwoman*) muss kreativ und erfindungsreich sein, darf nie eine Gelegenheit übersehen, seinen Terrier einzusetzen, für sich selbst und seinen Hund eine interessante Aufgabe zu finden. Obgleich *Terrierman* und *Terrierwoman* nicht bezahlt werden, haben sie eine eigene amerikanische Traditon aufgebaut, eine Tradition, die noch in vielen Jahren bestehen wird. Der *American Terrierman* repräsentiert eine ungewöhnliche Kombination von Eigenschaften - halb Städter, halb Traditionalist, hundertprozentiger Wochenendkrieger, jeder Zoll ein Wahrer der großartigen englischen Tradition der Arbeit mit Terriern unter der Erde.

TRAINING DES JACK RUSSELL FÜR DIE ARBEIT UNTER DER ERDE

Das Temperament eines richtig gezüchteten Jack Russell Terrier eignet sich geradezu ideal für die Jagd auf die amerikanischen Beutetiere. Der Jack Russell Terrier ist gezüchtet, um seine Beute herauszujagen oder festzuhalten. Sein Aufgabenfeld in Amerika ist groß und verschiedenartig. Da auf dem gleichen Farmgelände viele verschiedene Beutetiere anzutreffen sind, kann es Tage, ja sogar Wochen oder Monate dauern, um einen Rückgang der Raubzeugpopulation in nur einem Gebiet oder gar nur auf einer Farm zu erreichen. Der Terrier muss fit sein, um den ganzen Tag über unter unterschiedlichen Klimata und Situationen zu arbeiten, mitten in einer Vielfalt von Haustieren und Scheunenbewohnern. Vielfach muss der Jack Russell zwischen den Hufen von Rindern und Pferden arbeiten, deshalb muss er ruhig und leicht lenkbar sein. Die Unterordnung ist immer ein kritischer Punkt, denn man weiß nie, ob ein Terrier, der in eine Höhle einschleift, dabei auf eine Scheunenkatze oder gelegentlich auf einen lebensgefährlichen Skunk trifft. Der Terrier muss zurückzurufen sein, denn der Landbesitzer schätzt es wirklich nicht, wenn durch einen übereifrigen Terrier seine Lieblingskatze getötet wird.

Ein Zusammentreffen mit dem Skunk endet in den meisten Fällen ganz einfach nur mit einem betäubenden Gestank, der sich nur schwer beseitigen lässt. Gelegentlich kommt es aber zu ernsthafteren Schädigungen, ja, es gehen dabei sogar Hunde verloren. Die meisten sind sich überhaupt nicht bewusst, dass das Zusammentreffen mit einem Skunk für den Terrier tödlich ausgehen kann. Die Sprühflüssigkeit des Skunks ist - wenn sie eingeatmet wird - toxisch. Es handelt sich um eine auf Öl basierende Säureflüssigkeit, inhaliert, verbrennt sie Schleimhäute und überzieht sie, verhindert dadurch den richtigen Sauerstoffaustausch in den Lungen. Unter der Erde eingeschlossen wird der Hund geblendet und erstickt bald. Selbst wenn er schnell herausgeholt wird, kann der Hund immer noch langsam ersticken, je nach Intensität des *Skunking* und der Menge inhalierten Sprays. Die meisten Jack Russells sind sehr intelligent, bereits nach einem kurzen Zusammentreffen mit einem Skunk lernen sie, diese Geschöpfe in Ruhe zu lassen.

Das Grundtraining für einen Arbeitsterrier beginnt als Junghund mit dem selben Training wie für jeden Junghund - mit Grundunterordnung. *Hier, Nein, Bleib, Ruhig, Platz, Sitz* und *Aus* sind ein absolutes Muss, genauso wie bei Fuß gehen an- und abgeleint und Transport in einem Käfig. Die amerikanischen Junghunde werden ebenso intensiv für die Jagd ausgebildet wie die englischen. Lange Spaziergänge durch die Wälder machen die Junghunde mit dem Geruch wilder Tiere vertraut. Junghunde sind schnell mit allem, was ihnen in Wald und Feld begegnet, vertraut. Langsam entwickeln

Der Jack Russell als Arbeitshund

sich ihre Fähigkeiten, die sie für die Arbeit brauchen - es beginnt mit dem Verfolgen von Grashüpfern und führt schnell zum Nachspüren und Ausgraben von Feldmäusen. Nichts ist lohnender als die Beobachtung eines Jungtieres, das umherstöbert, Mäuse jagt und mit aus dem geschlossenen Fang hängendem Mäuseschwanz stolz die Beute seiner Geschicklichkeit präsentiert. Solche Erlebnisspaziergänge bringen es mit sich, dass der Junghund bald das notwendige Selbstvertrauen entwickelt, um Wild aufzuspüren, sich in seine Höhlen traut.

Viele erfahrene englische *Terriermen* betonen, dass es in Amerika viel leichter sei, Junghunde vorzubereiten. Das ist wirklich wahr - denn im Allgemeinen beginnen die Amerikaner mit ihren Hunden sehr viel früher als die Engländer, und das Beutetier ist dabei wesentlich ungefährlicher. Volle Reife ist aber die Grundvoraussetzung für echte Arbeit auf Beute, insbesondere, wenn es sich um den Fuchs handelt. Die Engländer betreiben die gleiche Grundausbildung mit den Junghunden, die meisten *Terriermen* aber arbeiten ihren Terrier nicht vor einem Alter von 16 bis 18 Monaten auf den Fuchs. Demgegenüber verfügt Amerika über ein spezifisches Beutetier - das Opossum - das für Anfänger sehr viel weniger gefährlich als ein Fuchs ist. Zusätzlich haben die Amerikaner Gelegenheit, über das ganze Jahr Junghunde auf Beutetiere zu trainieren. Jeder einzelne Jack Russell-Jäger hat seine eigenen Ausbildungsmethoden. Die meisten sind gerne bereit, diese Techniken mit anderen zu teilen, bei bestimmten Problemen gute Ratschläge zu erteilen. Eine der Grundausbildungsmethoden in den USA ist das Einführen der Junghunde auf Beute über der Erde. Es wird ein Beutetier gefangen, man setzt es in einen Käfig, die Junghunde dürfen sich ihm angeleint nähern. Auf diese Art lernen die Junghunde ihre Beute nach Ansehen und Geruch zu identifizieren. In der Regel beginnt bei dieser Übung der Junghund Standlaut zu geben, lernt, wie man sich einem unbekannten Tier nähert und wie man es behandelt. Eine weitere Ausbildungsmethode für Junghunde, damit sie in Bauten einschliefen, besteht darin, innerhalb des Welpenspielplatzes flexible Drainageröhren auf den Boden zu legen. Die natürliche Neugier der Junghunde führt schnell dazu, dass sie voller Selbstvertrauen in diesen Röhren spielen, sie erforschen, dadurch fühlen sie sich sicherer, wenn sie mit Naturbauten konfrontiert werden, werden sie in der Regel zu erkunden suchen. Hindernisse und Röhren im Welpenauslauf geben den Junghunden auch Gelegenheit, ihre Muskulatur zu entwickeln, fördern Koordination und Beweglichkeit.

Wenn Junghunde erste Anzeichen von Reife, Interesse und Gehorsam zeigen, dürfen sie gemeinsam mit älteren Hunden mit auf die Felder. Dem Beispiel der erfahrenen Arbeitshunde folgend, werden sie schnell zu arbeiten anfangen, es beginnt der *Versuch und Irrtumprozess* des Nachfolgens von Fährten und der Überprüfung von Löchern. Bei konkreten Ausgrabungen wird der Junghund in Sichtweite angeleint, damit er alles beobachten kann. Im Allgemeinen dauert es nicht lange, bis die Erregung der Jagd auf den Hund überspringt, seine Instinkte zum Vorschein kommen.

Nachdem ein erfahrener Terrier die Beute aufgespürt hat, Terrier und Wild lokalisiert und ausgegraben wurden, wird das Beutetier blockiert. Man treibt hierfür eine Kartoffel- oder Koksgabel - ähnlich der Heugabel, aber mit mehr und breiteren Zinken - am Anfang des Tunnels in den Boden, wodurch das Beutetier nicht nach außen entkommen kann. Dies ist übrigens das geeignetste Werkzeug, um Tunnels zu blockieren. Es erlaubt dem Junghund, von Angesicht zu Angesicht der Beute gegenüberzutreten, schützt ihn dabei gegen Verletzungen. Die Ausgrabung wird jetzt erweitert und so planiert, dass sich eine Ebene bildet, damit der Junghund sich besser nähern kann. Jetzt wird der Hund mit der blockierten Beute bekannt gemacht, man ermuntert ihn, Standlaut zu geben. Von diesen Vorkehrungen profitieren Junghunde sehr, es stärkt ihr Selbstvertrauen, sie lernen Standlaut zu geben und dem Beutetier gegenüberzutreten. Es bedarf in der Regel mehrerer derartiger Übungen, ehe ein junger Jack Russell fertig ist, selbst das Wild zu stellen und erstmals allein in den Bau einzuschliefen.

Das Opossum ist zur Einführung von jungen Hunden das geeignetste Wildtier. In der Regel ist es nicht gefährlich, aber es knurrt, zischt und stellt sich bei Störungen. Wird das Opossum wirklich bedroht, rollt es über, spielt tot - *plays possum* - um weitere Angriffe zu vermeiden. Lässt man es ungestört, ist es in kurzer Zeit wieder quicklebendig. Das Opossum kann zwar schmerzhaft beißen, in der

Regel sind dies aber keine gefährlichen Bisse, und ein Junghund wird nur kurz zurückgeschreckt. Aber durch diese Begegnung lernt er, der Beute gegenüber eine gewisse Vorsicht walten zu lassen.

Heranwachsende und einjährige Murmeltiere sind für junge Terrier ein vorzügliches Wild, sie können keinen ernsthaften Schaden anrichten, und der Terrier entwickelt Selbstvertrauen und Geschicklichkeit, die ihm zugute kommen, wenn er es mit größeren und gefährlicheren Gegnern zu tun hat.

Waldmurmeltiere - *Groundhogs* - und Waschbären sollte man für ältere Junghunde reservieren, beide sind recht wehrhaft. Ausgewachsene Murmeltiere sind bekannt dafür, dass sie selbst erfahrene Terrier verletzen, ihnen Zähne und große Fleischstücke herausreißen. Das ist zwar nicht die Regel, kann aber dennoch passieren. Waschbären benutzen dabei ihre Pfoten wie menschliche Hände. Sollte sich ein Junghund dabei zu viele Freiheiten nehmen und nach der Beute schnappen, wird der Waschbär den Hundekopf festhalten und Augen- und Nasenpartien mit Zähnen und Krallen ernsthafte Schäden zufügen. Mehrere Ausbildungsschritte, bei denen der Gegner mit der erwähnten Kartoffelforke abgeschirmt ist, sind erforderlich, um sicherzustellen, dass der Junghund richtig arbeitet, sich auch in der Höhle zu verteidigen weiß.

Zusammengefasst - der arbeitende American Jack Russell unterscheidet sich nicht von seinen englischen Vettern. Alle brauchen ihre Zeit, um gute Arbeitshunde zu werden, man muss sie dabei sicher einführen und sollte sie nie durch gefährliche Beutetiere überfordern. Bei sorgfältiger Betreuung, Training und Liebe ihres Besitzers arbeiten Jack Russell Terrier über viele Jahre unter vollem Einsatz.

AUSTRALIEN
In Australien ist der allgemeine Rotfuchs (*Vulpes Vulpes*) kein eingeborenes Wild, wurde vielmehr 1850 eingeführt; zwei Füchse wurden importiert und nahe Sydney freigelassen. Der Import erfolgte auf Wunsch des neu gebildeten Jagdclubs, der in Dingos ein sehr zweitklassiges Beutetier sah.

Obgleich Füchse im Allgemeinen sehr anpassungsfähig sind, gediehen diese Füchse wenig, und es dauerte bis etwa 1870, bis zwei getrennte Importe nach Ballarat und Point Cook erfolgten. Hier begann der Fuchs zu gedeihen und sich zu verbreiten. Seine Ausdehnung erfolgte rapide, und bis 1900 fand man Füchse in Queensland, 1910 im westlichen Australien. Es gibt aber weder in Tasmanien noch auf King Island Füchse, man trifft sie auch in den wärmeren trockneren Bereichen Australiens nicht an. Im Allgemeinen versuchen sie Gebiete zu meiden, die von Dingos besiedelt sind. Füchse scheinen auch Gebiete mit starkem Zeckenbefall zu meiden.

Nachdem sich die Anzahl der Füchse immer mehr steigerte, begannen Menschen und Terrier mit der Jagd. Dabei sah man im Fox Terrier, der bereits Mitte des 19. Jahrhunderts importiert wurde, den eindeutigen Favoriten, den idealen Hund, sowohl für die Jagd über wie unter der Erde. Diese Fox Terrier maßen etwa 30 bis 33 cm, waren vorwiegend weiß. Die Zuchtlinien wurden bemerkenswert rein erhalten, obwohl manchmal auch ein Australian Terrier oder ein Manchester Terrier eingekreuzt wurde. In jener alten Zeit gab es in Australien noch nicht die Vielfalt von Terrierrassen, wie sie in England vorhanden war.

Das Jagen mit Terriern war in erster Linie eine Freizeitbeschäftigung der Farmer. Dabei pflegten sich einige Freunde mit ihren Terriern zu einer Tagesjagd oder einer Nachmittagsjagd zu versammeln. Entweder waren sie selbst Landbesitzer oder hatten deren Genehmigung hier zu jagen - bis zum heutigen Tag beschränken sich die Jäger auf bestimmte Territorien. Sie respektieren den gegenseitigen Besitz, Neulinge müssen eingeladen werden, um sich an der Jagd zu beteiligen. Dabei erwartet man, dass sie auf diesem Land nicht erneut jagen, ohne dass sie vom Jagdbesitzer eingeladen sind.

Obgleich alle Jäger wussten, dass in den verschiedenen Teilen von Australien auch andere Jäger tätig waren, kamen sie doch selten zusammen. Als aber der *Jack Russell Terrier Club of Australia Inc.* gegründet wurde, begann sich dies zu ändern. Heute reisen Jäger aus Victoria bis in die Mitte von New South Wales und noch weiter, um im Winter eine Woche mit Freunden zu jagen.

Australien ist ein riesiges Land der Schafzucht, zur Lammzeit wird dabei der Fuchs zu einer Bedrohung, entsprechend populär sind die Jäger bei den Farmern. In den ersten Jahren erzielten Fuchs-

Der Jack Russell als Arbeitshund

In Australien ist der Fuchs kein eingeborenes Tier, verbreitete sich aber seit seinem Import stark. Dieser Fuchs war morgendlicher Zuschauer auf dem Royal Canberra Golfparcours.
Foto: Dean McNicoll, Canberra Times. Foto mit freundlicher Erlaubnis von der Federal Capital Press of Australia.

pelze einen guten Preis, und mancher Jäger versorgte nicht nur seinen Tisch mit Kaninchenfleisch, vermochte vielmehr vom Pelzverkauf zu leben.

DER IDEALE TERRIER
Wie in England, pflegten die Jäger sich auch in Australien aufgrund der Isolation mit ihren Terriern nur selten außerhalb ihres Heimatbereiches zur Jagd oder für Paarungen zu bewegen. Dies führte zu starker Inzucht auf erprobte jagdliche Linien. Dann kam der Jack Russell Terrier ins Land. Eine Anzahl von Farmern und Jägern setzten ihn jagdlich ein, fanden, dass sein raues Fell, Größe und Raubzeugschärfe ideal dafür waren.

Die Füchse besiedelten Kaninchenbauten, die sie erweiterten, oder leere Wombathöhlen (Beuteltier), insbesondere in nassen und kalten Wintern oder wenn die Füchsinnen werfen. An sonnigen Tagen liegen sie dann in oder auf felsigen Höhlen auf kleinen Inseln, neben riedbedeckten Flussläufen oder kleinen Stromgebieten, zwischen den Brombeeren oder selbst auf Bäumen. Erfahrene Jäger erzählen, dass wenn man Füchse auf Bäumen antrifft, dies ein deutliches Zeichen für ein nasses Jahr sei. Sie lieben Pinienbäume und große alte Gummibäume, dabei sitzen sie in den Astgabeln und können ziemlich hoch klettern. Da ihre Höhlen sehr klein sind, brauchen die australischen Jäger keine großen Terrier. Wichtig sind Beweglichkeit und Kraft, denn diese Terrier müssen über weite Strecken laufen und danach in kleine Höhlen einschliefen, brauchen dafür eine kräftig entwickelte Brustpartie und eine Widerristhöhe von höchstens 30 cm. Die Körperlänge ist wichtig, denn im Lendenbereich muss der Terrier eher etwas länger als zu kurz sein. Bei diesem Körperbau gibt es bei Hündinnen wenig Geburtsprobleme. Krummbeinige *Queen Anne*-Läufe und überschwere Brustkörbe wurden herausgezüchtet.

HEUTIGE JAGD
Der Großteil des Landes rund um Orange und Cudal in New South Wales ist ein offenes, uneingegrenztes Gebiet mit Brombeeren und Adlerfarn, mit riedbewachsenen Bachläufen und Buchten. Der

Alles fertig für einen Jagdtag. Der Jack Russell wird in Australien als Arbeitsterrier hoch geschätzt.
Foto mit freundlicher Erlaubnis von Jo Ballard.

Boden besteht aus Kalkstein oder Basalt. Von den Terriern erwartet man, dass sie über wie unter der Erde jagen, obgleich naturgemäß einige besser unter der Erde, andere über der Erde sind, wenn es um das Absuchen einer mit Ried bewachsenen Bucht oder großer Brombeerflächen handelt. Die Terrier werden ausgebildet, um in die Bauten einzuschliefen und das Wild zu stellen. Sind sie nicht in der Lage, den Fuchs herauszusprengen oder herauszuziehen, werden sie zurückgerufen und angebunden. Manchmal schickt man einen zweiten Hund los, aber häufiger ziehen sich Terrier und Jäger etwas vom Bau zurück und häufig kommt nach kurzer Zeit der Fuchs von alleine heraus und wird abgeschossen, ehe er flieht. Weigert sich ein Terrier, einen Fuchs zu verlassen, wird er ausgegraben. Entsprechend der Bodenstruktur in einigen Gebieten kann sich dies als sehr schwierig und zeitraubend erweisen.

Ländereien mit Kalkstein bieten gleiche Chancen und Schwierigkeiten, wofür der *Lake District* in England berühmt wurde. Einige der Bauten, obgleich sie an der Oberfläche klein scheinen, öffnen sich im Erdinnern zu riesigen Höhlen mit Kanten und Spalten, die für einen Terrier tödlich werden können. Trotz eindeutiger Anzeichen von Fuchsbestand werden solche Bauten gemieden. Es gibt aber viele andere Gebiete, die als relativ sicher gelten, trotzdem setzt man hier nur erfahrene Terrier ein. In diesem Land beginnt die Jagd nicht vor mehrfachem Frost, das wäre schon der Schlangen wegen zu gefährlich. Die Jagd dauert in der Regel von etwa Ende Mai und hält bis zur zweiten Augustwoche an - etwa zu der Zeit, wenn die Füchsinnen dicht vor der Geburt stehen.

Reg Bohringer (Koolawon Kennels) und Ray Pulbrook sind zwei der vielen Männer, die rund um Orange jagen. Sie kennen, wie zuvor ihre Väter, das Land sehr genau, werden häufig zur Lammzeit gerufen. Meist zieht Reg mit jungen Terriern hinaus - meist zwei gleichzeitig - da er in seinen Zwingern in der Regel einen Rüden und eine Hündin gleichen Alters hält - begleitet von seinen älteren Arbeitstieren. Er bringt sie zu bekannten Bauten, erlaubt ihnen, umherzuschnüffeln und zu beobachten, manchmal auch gemeinsam mit erfahrenen Terriern für die Arbeit frei zu laufen. Werden sie

Wypanda Maxine: Ein typischer Jagdterrier, Züchter und Besitzer Ian Grigg.

Foto mit freundlicher Erlaubnis von Jo Ballard.

dabei zu neugierig, werden sie zurückgerufen, angebunden und dürfen dann zuschauen, wenn ein älterer Hund in den Bau einschlieft. Wurde ein Fuchs getötet, dürfen die Junghunde kurze Zeit den toten Fuchs bearbeiten, anfangs im Rutenbereich, langsam in Richtung auf Kopf und Kiefer. Die Jungtiere werden nach ihrer Veranlagung gearbeitet, in der ersten Saison noch nicht in Bauten eingesetzt. Sie sind aber ausgebildet, wenn die nächste Saison beginnt. Ich hatte das Glück, mehrfach innerhalb der Saison mit dabei zu sein, durfte dabei meine eigenen Terrier mit ihren einsetzen. Meine Hunde sind Parson Jack Russells und alle drei Australian Champions. Aber alle drei schliefen problemlos in Fuchsbauten ein und verbellen, wenn sie den Fuchs lokalisiert haben.

Shirley Foster (Haven Park Kennels) jagt in Victoria, wie es schon ihr Vater vor ihr getan hat. Auch hier besteht das Land aus einem wellenförmigen Hügelgelände mit Buchten, die den Füchsen Deckung bieten. Die meisten leben in Höhlen, die vorwiegend aus vergrößerten Kaninchenbauten entstanden sind. Die *Haven Park Kennels* ziehen heute nicht mehr so häufig auf die Jagd wie früher. Zeit ist ein wichtiger Faktor, deshalb legen Farmer vergiftete Köder aus, die Krähen und andere Vögel zuweilen weit über die bekannten Gebiete hinaus verschleppen. Die Haven Park Terrier werden erfolgreich auf den Ausstellungen des *Jack Russell Terrier Club of Australia Inc.* vorgestellt; sie sind doppelt eingetragen, werden auch auf Ausstellungen des Australian National Kennel Club gezeigt. Dabei ist Shirley nicht das einzige Mitglied des *JRT Club of Australia Inc.* mit jagdlichen Erfahrungen. Eine ganze Anzahl langjähriger und auch jüngerer Mitglieder arbeiten mit ihren Terriern. Im April 1998 führten sie Eddie Chapman aus England, der gerade als Richter Australien besuchte, mit großem Vergnügen auf die Jagd.

Es gibt in Victoria noch weitere begeisterte Jäger, einige sind in der neu gegründeten *Jack Russell Terrier Breeders' and Workers' Association of Australia Inc.* Mitglied. Sie arbeiten schon über eine Reihe von Jahren mit ihren Jack Russells, haben vor einigen Jahren einen Parson Jack Russell Terrier eingekreuzt, der über der Erde hervorragend arbeitet, aber aufgrund seiner Größe nur selten unter der Erde. Er findet Zuchtpartner bei kleineren Hündinnen, hat eine ganze Reihe guter Arbeitsterrier mit gutem Körperbau hervorgebracht.

In *Western Australia* im Umkreis von Perth gibt es drei Jagdclubs. Sie haben Hounds, aber keine Terrier. Der Hauptgrund liegt darin, dass der Boden für große Bauten zu locker ist, trotzdem gibt es natürlich einige Fuchsbauten. Im Allgemeinen nutzen die Füchse umgestürzte Bäume, bauen hier ihr Lager, denn sie haben keine natürlichen Feinde, die sie beunruhigen. In diesem Gebiet gibt es sehr viele Füchse, aber auch eine Fülle an Schlangen.

Es gibt in anderen Staaten eine kleine Anzahl von Jagdclubs, aber es sieht so aus, dass auch sie keine Terrier führen. Treten dennoch Terrier auf, gehören sie in der Regel einem Einzelmitglied, finden aber keinen regelmäßigen Einsatz.

Kapitel 8
DAS HOHELIED AUF DEN JACK RUSSELL

Die allgemeinen Vorstellungen über Reinheit der Abstammung und ästhetische Qualitäten der Hunde sind im Verhältnis zur Geschichte des Hundes als Spezies ein vergleichsweise neues Phänomen. Wie die Hunde ihre Aufgaben erfüllten war sehr viel wichtiger als ihr Aussehen. Beispielsweise war ein »Springer Spaniel« praktisch jeder Arbeitsspaniel, der Wild aufstöberte und von dem man wusste, dass er seinen Job gut ausführte, unwichtiger waren sein Körperbau und sein Typ.

Der Jack Russell - oder *Parson Jack Russell Terrier* - wie er heute in England bekannt ist, bietet ein gutes Beispiel für einen Hund, der von seinen Arbeitsqualitäten bestimmt ist. Man sollte hinzufügen, dass die in großer Zahl vorhandenen kurzbeinigen, oft mit einer *Queen Anne-Front* ausgestatteten *Hunt Terriers* auf dem Land allgemein als *Jack Russell Terrier* angesehen wurden.

Viele Hundefreunde haben den *Parson Jack Russell Terrier* nie als separate Rasse gesehen, vielmehr als eine Variante des Fox Terriers. Mehr als einmal wurde die Frage gestellt, welche der Typen die wirkliche Abweichung darstellt. Zweifelsohne entstand der Fox Terrier aus den Arbeitsterriern des 18. Jahrhunderts. Und der moderne *Hunt Terrier* entstand fraglos aus dem *Working Fox Terrier*. So muss jede Betrachtung des Jack Russell Terriers sich in erster Linie auf die Entwicklung der letzten 200 Jahre konzentrieren.

Unser Wissen, wie Hunderassen entstanden - insbesondere die schon lang vorhandenen - ist völlig abhängig davon, was die ersten Schriftsteller und Künstler uns überlieferten. Wir wissen, dass einige der großen Jagdpatrone Künstler dafür bezahlten, was sie, die Patrone zu sehen wünschten -

Parson Russell's erster Terrier Trump.

Das Hohelied auf den Jack Russell

Alfred Duke (1905). Arbeitsterrier dieses Typs blieben über Generationen konstant, sie waren bei den Jagdmalern außerordentlich populär.

weniger für das, wie die Wirklichkeit aussah. Man betrachte nur einmal die *English School* der Malerei von Schweinen, Schafen und Rindern. Jede gründliche Studie von Gemälden muss diese Tatsachen berücksichtigen.

Das Gleiche gilt für die frühen Autoren. Man muss auch das geschriebene Wort in Frage stellen, beispielsweise wenn einige präzise Schlangen und Drachen und andere mythische Tiere aus Ländern beschreiben, die sie nie gesehen haben. Wahrscheinlich bin ich etwas voreingenommen, aber wenn es um historische Forschung geht, glaube ich, dass der Pinsel des Künstlers verlässlicher ist als die Feder des Schriftstellers.

JAGENDE LANDBESITZER
Die große Vielfalt an Hunderassen und das große Erbe der englischen Jagdmaler gehen auf die jagdlich interessierten Großgrundbesitzer des 17. bis 19. Jahrhunderts zurück. Sie waren die großen Erneuerer, begeisterte Jäger, sie hatten das große Ziel, bessere, schnellere, leistungsfähigere Tiere als ihre Nachbarn und Freunde zu züchten. Sie waren auch eitel, wünschten sich nichts mehr, als dass sie selbst, ihre Güter, ihre jagdlichen Erfolge und ihre Tiere für die Nachwelt überliefert werden sollten. Diese Haltung war es, welche den Jagdmaler schufen, der uns das großartige Erbe übermittelt, das wir uns heute ansehen, uns seiner erfreuen und daraus lernen.

Wahrscheinlich der bedeutendste dieser frühen Landbesitzer - was die Jagd mit Hunden, Hounds und Falken sowie Zucht angeht - war Colonel Thornton. Der Colonel lebte auf Thornville Royal in Yorkshire, zog aber 1808 in den Süden nach Spy Park in Wiltshire. Im Jahre 1815 kaufte er die *Principality of Chambord* und die *Marguesite of Pont,* das mit diesen Besitztümern verbundene Fürstentum brachte ihm den Titel *Prince of Chambord.* Und in seinem Leben als *his principality* erfreute er sich der Jagd, insbesondere auf Sauen. Im Alter von 74 Jahren starb er 1823 in Paris,

Vixen, Besitzer James St. Aubyn, nach einem Gemälde von James Ward RA (1769-1859). Kupferstich von John Scott. Vixen zeigt die Markierungen, die zu Beginn des 19. Jahrhunderts so populär waren.

hinterließ eine sechsjährige Tochter als Nachfolgerin. Der Colonel war einer der ersten großen Sammler von Jagdgemälden und ein herausragender Hundezüchter, insbesondere von Foxhounds, Pointern und Greyhounds. Gleichzeitig züchtete er auch eine nützliche Terrierlinie, vorwiegend Weiß, mit unkupierten Ruten, aber kupierten Ohren. Einer der bekanntesten dieser Terrier war ein Rüde namens Pitch, ein nahezu reinweißer Rüde mit einem Fleck über der Rutenwurzel und Kopfabzeichen - diese sollten später zum Markenzeichen des Fox Terriers werden. Der Colonel stand immer in vorderster Linie für das Ziel, vorwiegend weiße Terrier unter den Jägern beliebt zu machen.

Von John Scott gibt es einen Stich von *Pitch,* er stammt aus dem Anfang des 19. Jahrhunderts und zeigt einen Hund, den man sich leicht als Vorfahren des Fox Terriers des späten 19. Jahrhunderts vorstellen kann, sowohl des heutigen Fox Terriers wie auch des Parson Jack Russell Terriers und auch der populären *Hunt Terriers.* Sawrey Gilpin RA (1733-1807) war Maler des Gemäldes, von dem dieser Stich 1790 übernommen wurde. Und Colonel Thornton war der wichtigste Patron von Gilpin. Die Stiche von Scott (1774-1827) erschienen im *The Sporting Magazine, Daniel's Rural*

Die Rattenfalle. Ein Stich nach John Scott aus »The Sportsman's Magazine«. Kleine Arbeitsterrier waren häufig für Kinder die erste Begegnung mit Jagdhunden und der Jagd.

The Badger Bait - *der Dachs als Beutetier, Gemälde von Lambert Marshall (1810-1870). Kupferstich von R. Woodman. Der Hund im Hintergrund ähnelt dem Terrierstich von Thomas Bewick aus dem Jahre 1790.*

Sports und *The Sportsman's Repository*. Dadurch waren seine Arbeiten allen engagierten Jägern seiner Tage recht vertraut.

Ein weiterer vorwiegend reinweißer Rüde mit modischem Rutenfleck und Kopfabzeichen war Vixen im Besitz von James St. Aubyn, wieder ein Stich von Scott. Dieser Stich erfolgte nach einem Gemälde von James Ward RA (1769-1859). Ward war ein ganz wichtiger Jagd- und Tiermaler, zu seinen Patronen gehörten der Prince of Wales, Sir John Fleming Leicester, Lord Somerville und die *Agricultural Society,* für die er nicht weniger als zweihundert Portraits malte, Bilder von Rindern, Schafen und Schweinerassen in Großbritannien.

In der ersten Hälfte des 19. Jahrhunderts wurde der vorwiegend weiße Terrier so modisch, dass man ihn als wichtigen Bestandteil jagdlicher Bilder sah. Ein Beispiel hierfür ist eine Studie von William Barraud (1810-1850). Sie zeigt ein Jagdpferd mit Besitzer und Stallknecht außerhalb seines Stalls. Im Vordergrund steht ein weißer Terrier mit klar sich abzeichnenden Kopfmarkierungen. Barraud galt als ein erstklassiger Jagdmaler und stellte seine Arbeiten auf der Royal Academy zwischen 1830 und 1849 aus.

Diese vorwiegend weißen Terrier wurden in der Kunst bereits eine Generation vor Barraud und auch vor Scott dargestellt. Ein Gemälde eines solchen Hundes - Viper - wurde von John Francis Sartorius (1775-1830) gemalt, es ist typisch für das Werk des Künstlers. Sartorius war Mitglied einer großen Künstlerfamilie, die als *vier Generationen ziemlich langweiliger und sehr produktiver Jagdmaler* beschrieben wurde. Bestimmt fehlt dieser Studie von Viper alles Fließende, jede Bewegung, selbst wenn man die Periode, in der sie entstanden ist, berücksichtigt. Aber der Hund ist interessant, er trägt viel Körperfarbe und hat - anders als Thornton's Pitch - eine kupierte Rute. Wenn man sich viele frühe Bilder der Rasse ansieht, von der man allgemein annimmt, dass sie traditionell kupiert wurde, sieht man sie manchmal auf den Gemälden kupiert, manchmal aber auch mit langer Rute. Dies beweist wahrscheinlich, dass Ruten kupieren alleine von der Mode abhing und von der Laune des Besitzers.

In der sozialen Hierarchie der großen Jagdgüter standen die Fuchsbautenverriegeler, die Kaninchenbauspezialisten und Dachsjäger ziemlich am unteren Ende. Ein Holzschnitt von Thomas

Bewick (1753-1828) aus dem Jahre 1790 mit der Unterschrift *Terriers* zeigt einen sehr viel schwerer gebauten Hund als die zuvor erwähnten Viper, Pitch und Vixen, der Hund hatte auch ein sehr viel dickeres Fell. Im Hintergrund von Bewick's *Terriers* gibt es eine Szene mit zwei Männern und drei Hunden, die einen Dachs aus der Röhre ziehen, zwei der Hunde sind vorwiegend weiß.

Einen weitgehend identischen Hund zu Bewick's *Terrier* - langer Körper, flatternde Ohren und unkupierte Ruten - portraitierte Lambert Marshall (1810-1870). Im Vordergrund des Bildes - *The Badger Bait* genannt - stehen zwei reinweiße Terrier, rauhaarig mit kupierten Ohren.

In diesen frühen Tagen wurden die Kaninchenjäger, Bautenverriegler und Dachsgräber alle grundsätzlich mit dem gleichen Terriertyp portraitiert. Der *Earth Stopper* von Nathan Drake (1727-1778) wurde 1769 für William Tufnell aus Yorkshire gemalt, auf der Wanderausstellung *The British Sporting Painting 1650-1850* im Jahr 1974/75 ausgestellt. Wiederum sehen wir den gleichen Terriertyp, dieses Mal aber von einem schwarzlohfarbenen Terrier begleitet - dem Vorgänger des *Welsh* und *Manchester Terrier?* Tufnell war der wichtigste Patron des Malers Drake, und das Gemälde *The Earth Stopper* steht noch heute im Besitz seiner Familie.

19. JAHRHUNDERT

Zu Beginn des 19. Jahrhunderts treffen wir auf eines der seltensten Hundebücher, die je in englischer Sprache gedruckt wurden, eines der wichtigsten Bücher über Hunde auf den britischen Inseln, auch das erste Buch, das mit Farbstichen illustriert wurde.

Dieses Werk ist die *Cynographia Britannica* von Sydenham Edwards, geboren 1768 in South Wales, gestorben 1819 in London. Edwards war ein Jagdmaler, schuf aber auch Blumengemälde für *The Botanical Magazine*. Die Stiche sind der wichtigste Teil der *Cynographia Britannica*, dieses Werk wurde 1800 veröffentlicht, obwohl einige der Stiche spätere Daten tragen. Über 20 einzelne Hunderassen wurden auf zwölf Platten dargestellt, eine Platte zeigt fünf verschiedene Terrier.

Der rauhaarige Hund, vorwiegend weiß mit Farbflecken an Kopf und Rutenwurzel, ähnelt dem Bewick Terriertyp, er trägt ein Jagdhalsband mit Verschluss, dargestellt in einem Stil, der über zwei Jahrhunderte sehr populär war. Dieser Hund war offensichtlich zum Einsatz gegen Dachse gedacht. Der schlafende Terrier auf der linken Seite des Stichs mit farbigen Abzeichen am Kopf und kupierten Ohren ähnelt mehr dem, was Ende des 19. Jahrhunderts der Fox Terrier war, entsprach dem Typ, den Reverend John Russell bevorzugte.

Gemälde von Robert Hugh Buxton (1871). Vorwiegend weiße Terrier bei der Arbeit waren für viele Maler ein sehr populäres Motiv.

Das Hohelied auf den Jack Russell

PHILIP REINAGLE

Philip Reinagle RA (1749-1833) ist einer aus einer Familie von zwölf Künstlern, deren Vater 1745 in Schottland als Helfer eines jungen Prätendenten ankam. Philip Reinagle wurde einer der bekanntesten Jagdmaler auf diesem Gebiet, und seine Hundeportraits gehören zu den allerwichtigsten. Es wird allgemein anerkannt, dass seine Arbeiten verhältnismäßig akkurat - wirklichkeitsgetreu - sind, nicht Gemälde darstellen, wie sie der jeweilige Auftraggeber wünschte. Seine Bilder haben auch fließende Formen, die früheren Arbeiten meist fehlen. Es war Colonel Thornton, der Reinagle als großen Sportmaler unterstützte, und sein Gemälde von Major, dem berühmten Greyhound des Colonel, wurde 1805 in der Royal Academy ausgestellt.

In der Hundewelt ist Reinagle besonders bekannt geworden durch eine Serie von Gemälden, die John Scott gestochen hat und in *The Sportsman's Cabinet* von William Taplin 1803/04, dem dritten Buch über Hunde in englischer Sprache, veröffentlicht wurden. Der Stich von drei Terriern zeigt in der Mitte einen Hund, im Körperbau dem legendären Trump sehr ähnlich, dem ersten Terrier von Reverend Russell und mit den selben Kopfmerkmalen und Rutenmarkierungen und Fell. Das Bild von Trump wurde vom Prince of Wales - dem späteren König Edward VII - gekauft, und hing im Rüstungszimmer auf Sandringham. Reinagle konnte durchaus bei seinem Gemälde auf Terrier zurückgreifen, die er im Haus von Colonel Thornton antraf, und Russell hatte höchstwahrscheinlich den Wunsch, einem so großen Jäger wie Thornton nachzueifern.

SIR EDWIN LANDSEER

Der vorwiegend weiße Hund mit kräftigem, Wasser abweisendem Fell und Kopfabzeichen, häufig mit Abzeichen am Rutenansatz, wurde zur Verkörperung des Fox Terriers des 19. Jahrhunderts, insbesondere in Verbindung mit Reverend Russell. Man trifft solche Hunde über die Jahre immer wieder von Künstlern gemalt. Ein sicheres Zeichen, dass diese Hunde in der Öffentlichkeit *angekommen waren,* war das Portrait eines Terriers durch Sir Edwin Landseer RA (1802-1873). Landseer wird für immer mit Queen Victoria verbunden sein, brachte den *Hund in der Kunst* zu öffentlichem Ansehen, was vorangegangene Künstler nie erreichten. Seine Gemälde waren häufig erzählend und er gab seinen Hunden öfter menschliche Züge.

Im Jahre 1928 beauftragte Owen Williams aus Temple House, Buckinghamshire, Landbesitzer und Mitglied des Parlaments, Edwin Landseer, seinen Terrier Jacko zu malen. Dieser Hund mit kupierten Ohren und schwarzen Kopfabzeichen wurde mit dem typischen Terrierstahlhalsband die-

Philip Reinagle RA (1749-1833). Dies ist das Terrierbild von Reinagle, wie es von John Scott für »The Sportsman's Cabinet« gestochen wurde. Col. Thornton war der wichtigste Patron von Reinagle, und der mittlere Hund zeigt Ähnlichkeiten zu Pitch *von Thornton wie auch zum ersten Terrier von Russell* Trump.

Richard Andsell (1815-1886). Jäger bei der Kaninchenjagd an der Mündung des Ribble auf Starr Hills.

ser Zeit wiedergegeben, während er einen Igel belästigt. Auf dem Gemälde steht der Hund gegen eine typisch dramatische Landseerlandschaft, wahrscheinlich liegt im Hintergrund Loch Laggan. Stiche nach diesem Bild wurden von T. L. Atkinson gemacht und 1889 veröffentlicht. Das Original hängt heute im Milwaukee Art Museum.

DIE JAHRHUNDERTWENDE

George Armfield (1810-1893), Edward Armfield (tätig ca. 1864-1875) - keine Beziehung zu George - und Paul Jones (tätig 1855-1888) waren alle recht schöpferische Künstler. Sie arbeiteten im zweiten und dritten Quartal des vorletzten Jahrhunderts, hatten sich auf Hunde spezialisiert, besonders auf *Working Terrier* und *Working Spaniels*. Obgleich diese drei Künstler mit handwerklichem Geschick malten, wirken ihre Arbeiten sehr stilisiert. Ihr Arbeitseifer war erstaunlich, und viele ihrer Gemälde wiederholen die Standardformeln vorangegangener Bilddokumente. Nach meiner Meinung werden aber ihre Arbeiten nur zu leicht von den Hundehistorikern abgewertet, da sie keine genauen Portraits der einzelnen Rasse darstellten. Das ist natürlich in bestimmtem Umfang auch wahr. Trotzdem berichten ihre Werke über *Working Terriers* und *Spaniels*, die in dieser Zeit entstanden. Sie zeigen besonders klar die verschiedenen Typen, aus denen Rassen entstanden, die von cleveren viktorianischen Tierzüchtern dann standardisiert wurden.

Betrachten wir beispielsweise Terrier, sehen wir Hunde, deren Abkömmlinge wir heute als Fox Terrier, Parson Jack Russell Terrier, Welsh Terrier, Irish Terrier und andere haben. Interessant ist, dass die Armfields und Paul Jones alle Terrier malten, die sowohl an der Rute kupiert wie unkupiert waren. Dies ist möglicherweise ein Hinweis, dass erst die Gründung des Kennel Club im April 1873 und das Aufstellen der Rassestandards für die einzelnen Rassen die Mode des Kupierens auslösten.

Während das 18. Jahrhundert und die erste Hälfte des 19. für die Anzahl guter Jagdmaler auf den britischen Inseln bekannt waren, brachten die späteren Jahre des 19. Jahrhunderts eine Profilierung von Künstlern, die sich auf Hundeportraits wie andere jagdliche Motive spezialisierten. Die Männer, die den Kennel Club 1873 gründeten, und die Hundezüchter des letzten Quartals des 19. Jahrhunderts, waren alle Herren von beträchtlichem Wohlstand. Sie züchteten Hunde ohne die Ein-

Das Hohelied auf den Jack Russell

Edward Armfield (tätig ca. 1864-1875). Terrier im Haus.
Das Gemälde zeigt Terrier, wie sie Mitte des 19. Jahrhunderts entstanden sind. Der weiße Hund ist ein Typ, der sich über 200 Jahre kaum verändert hat, auf ersten Blick erkennbar als Parson Jack Russell Terrier, wie sie beispielsweise Col. Thornton und Rev. Russell besaßen.

Mit freundlicher Erlaubnis: Christies, South Kensington.

S. E. Shirley gründete 1873 den Kennel Club und war ein Zeitgenosse von Rev. Russell. Auf der linken Seite sehen wir Bristles im Besitz von Shirley, im Typ den Hunden von Russell recht ähnlich.

schränkungen heutiger Gesetzgebung und Empfindsamkeiten, hielten eine große Anzahl von Hunden und leisteten sich sehr viele Dienstboten. Dabei führten sie Experimente auf eine Art durch, die kein heutiger Züchter durchführen könnte oder sich wünschte, und es war ihnen ein Anliegen, die Ergebnisse ihrer Bemühungen schriftlich niederzulegen.

Bronze nach Pierre-Jules Mene (1810-1871): Wir sehen zwei Glatthaar- und einen Drahthaar Terrier bei der Kaninchenjagd.

Interessanterweise war der Parson selbst ein Gründungsmitglied des Kennel Clubs. Obwohl er sein Leben lang mit *Working Fox Terriers* eng verbunden war, stellte er dennoch auf den ersten Hundeausstellungen eigene Hunde aus, war selbst Richter für die Rasse. S. E. Shirley, Gründer des Kennel Clubs, hielt eine große Anzahl verschiedener Rassen - wurde wahrscheinlich am bekanntesten durch seine Flat Coated Retriever - er besaß aber auch Fox Terrier. Ein Gemälde seines Hundes Bristles zeigt einen ähnlichen Hundetyp wie den von Jack Russell gezüchteten. Auch Reverend John Russell war ein Künstler. Da es keinerlei Hinweis gibt, wer das Bild seines ersten Hundes Trump gemalt hat, ist es durchaus möglich, dass dies Russell selbst war.

TYDDESLEY DAVIS

Tyddesley Davis (aktiv 1831-1857) malte eine Anzahl von Jagdbildern, eines davon von Samuel Beale, dem *Huntsman* der Carew Familie, mitten in einer Landschaft auf einem grauen Hunter sitzend, umgeben von Hounds. Auf diesem Gemälde wird erwähnt, dass der erste von Russell gezüchtete Terrier bei dieser Jagd eingesetzt wurde. Wie wahr dies ist, werden wir wahrscheinlich aber nie wissen. Die Familie Carew war eine bedeutende, jagdlich ausgerichtete Familie im West Country, und wir wissen, dass Russell sie gut kannte. Selbst wenn dieser Hund nicht der erste seiner Terrier war, der mit einer Meute arbeitete, ist es durchaus möglich, dass er von Russell gezüchtet wurde.

JOHN EMMS

Künstler wie John Emms, Maud Earl und Arthur Wardle verdanken viel ihres Rufes den reichen und einflussreichen Hundezüchtern. Von den Dreien wird John Emms (1843-1912) in erster Linie als Jagdmaler gesehen. Er war der Sohn eines Künstlers und studierte bei dem neoklassischen Maler Frederick Leighton. Einige Zeit führte Emms ein Bohèmeleben in London, häufig sah man ihn in einem langen schwarzen Umhang und einem breitkrempigen schwarzen Hut. Er war der Jagd geradezu leidenschaftlich verfallen, dadurch fand er auch viele Kunden für seine Arbeiten. Zwar malte er viele verschiedene Rassen, seine Werke sind aber meistens mit den Hounds auf der Jagd eng verbunden. Bei seinen Studien für derartige Bilder hat er in dieser Zeit sicherlich viele arbeitende Fox Terrier kennen gelernt.

Das Hohelied auf den Jack Russell

*John Emms (1843-1912). Emms war besonders an der Jagd und allen damit in Verbindung stehenden Hunden interessiert.
Foto mit freundlicher Erlaubnis von Sara Davenport Fine Paintings.*

ARTHUR WARDLE

Arthur Wardle (1864-1949) war möglicherweise der Künstler, der den Fox Terriern, die nur wenige Generationen nach der Zucht von Reverend Russell geboren wurden, am engsten verbunden war. Zweifelsohne hatten sie gemeinsame Ahnen mit den Hunden des Parson. Wardle wurde in London geboren, begann schon sehr früh mit dem Malen. Durch seine Arbeiten für Tabakfirmen wurde er Millionen von Menschen bekannt. Die Bilder wurden auf kleinen Kärtchen reproduziert, die den Zigarettenpackungen beilagen. Möglicherweise ist er der bekannteste aller Hundemaler, die im 20. Jahrhundert arbeiteten. Tatsächlich malte er praktisch jede Hunderasse, aber künstlerisch gesehen gelten seine Großkatzen zweifelsohne als seine besten Arbeiten. Sie waren vor allem künstlerisch, nicht nur einfach naturalistisch.

In der Hundewelt wird die Arbeit von Arthur Wardle immer in enger Verbindung zum Fox Terrier und seiner Arbeit an Bauten und Höhlen stehen. Sein Werk ist sehr umfassend, in vielen Fällen sind es Hundeportraits besonders hoch prämierter Hunde, wobei der Hintergrund in erster Linie dazu dient, den Hund hervorzuheben.

Seine Gemälde der Fox Terrier von Francis Redmond, wovon zwei Fassungen bestehen, wurden beide 1897 gemalt, es sind klassische Hundeportraits. Die Bilder sind unter *The Totteridge XI* bekannt geworden, dabei wurde jeder Hund einzeln aufgestellt, um Ausgewogenheit und Typ zu unterstreichen. Solche Gemälde sind in erster Linie repräsentative, weniger ganz akkurate Studien. Es ist bekannt, dass Redmond während des Malens ständig den Künstler überwachte, eigene Vorschläge machte, wie jeder Hund portraitiert werden sollte. Er ließ dem Künstler wenig Freiheit, die Hunde so zu malen, wie sie wirklich waren. Das Gleiche lässt sich für Wardle's *Land Spaniels* sagen. Einige

Arthur Wardle (1864-1949). Wardle's Portraits zeigten nicht immer den ganzen Hund. Hier sehen wir zwei reizvolle Kopfstudien.

Arthur Wardle (1864-1949). Wardle verließ manchmal die freie Natur und Fuchsbauten, um Terrier mit ihrem Erzfeind - der Katze - zu zeigen.

Mit freundlicher Erlaubnis von Christie's South Kensington.

Arthur Wardle (1864-1949). Ein klassisches Hundeportrait, es zeigt hoch prämierte Hunde gegen einen typischen Hintergrund. Die Arbeiten von Wardle werden von den Sammlern der Parson Jack Russell-Kunst außerordentlich bewundert.
Mit freundlicher Erlaubnis von Christie's, South Kensington.

Das Hohelied auf den Jack Russell

Adrienne Lester (frühes 20. Jahrhundert). Geduldiges Warten auf den richtigen Augenblick.

der Hunde in diesem Gemälde haben wenig Ähnlichkeit mit ihren Fotos, die unter dem Titel *Realisation* veröffentlicht wurden.

Es gibt ein Gemälde von Arthur Wardle, es zeigt im Mittelpunkt einen weißen Terrier mit Kopfabzeichen und einem Fell, das wesentlich weniger üppig ist als das eines heutigen Fox Terriers. Zweifelsohne hätte der Parson diese Darstellung gemocht. Dieses Gemälde typisiert das, was auch 1997 als idealer Parson Jack Russell Terrier im Ausstellungsring auf Crufts gezeigt wurde, wo die ersten Challenge Certificates in England verliehen wurden. Das Gemälde zeigt einen Hund, der über einem toten Kaninchen steht, es zeigt vielmehr Realismus als viele ähnliche Darstellungen von Wardle. Dieses Gemälde gehörte einige Zeit dem Lakeshore Kennel Club in Amerika und ist heute Bestandteil des Hundemuseums des American Kennel Clubs. Die Gemälde von Arthur Wardle verkörpern den Fox Terrier um die Jahrhundertwende, sie zeigen, wie nahe im Typ der heutige Parson Jack Russell Terrier zu diesen frühen Hunden steht.

Die Beziehungen zwischen Hunden und Katzen sind immer etwas schwierig, aber nie so kompliziert, wie wenn es um Terrier ging. Gelegentlich verließ Arthur Wardle Höhlen und Bauten, um in häuslichem Umfeld zu zeigen, dass es zwischen diesen zwei Arten wenig Liebe gibt. Dabei liegt die Trumpfkarte meist bei den Terriern, sind die Katzen in Gefahr, werden auf Bäumen, Stühlen oder anderen hohen Gegenständen dargestellt, wobei ihre Gesichter stets Hass und Verachtung gegenüber dem Terrier spiegeln. Gelegentlich zeigt ein Künstler solche Konflikte auch mit Humor, beispielsweise Adrienne Lester (Anfang 20. Jahrhunderts). Hier beobachtet eine Katze in einem Korb intensiv einen etwas passiv wirkenden Terrier, wartet offensichtlich auf einen günstigen Augenblick zur Flucht.

MAUD EARL

Maud Earl (1864-1943) ist heute die geschätzeste Künstlerin aus der Zeit Ende des 19., Anfang des 20. Jahrhunderts. Ihr Lehrer war ihr Vater, schnell entwickelte sie aber ihren eigenen, eindeutigen Stil. Zu ihren Gönnern - Patronen - gehörten die meisten führenden Hundezüchter Englands. Aufgrund ihrer Antipathie gegen den Krieg wanderte sie 1916 nach Amerika aus, wo sie bis zu ihrem Tod 1943 blieb. Ihr Lebenswerk lässt sich grob in vier Stilepochen aufteilen. Bis 1900 waren ihre Gemälde in naturalistischem Stil farbenprächtig gemalt. Für diese Periode typisch ist ihr Gemälde, das sie für die Duchess of Newcastle fertigte. Die hierbei portraitierten Hunde waren Ch. Cackler of Notts und Christopher of Notts, festgehalten, während sie aufmerksam über einen niedergestürzten Baum blicken. Cackler war der erste Drahthaar Fox Terrier-Champion im Besitz der Duchess und wird heute als Vorfahre jedes Ausstellungs-Drahthaar Fox Terriers gesehen. Nach dem Gemälde von Maud Earl beurteilt verkörpert er das, was man heute als Idealtyp im Parson Jack Russell Terrier Ausstellungsring sieht. Genau wie Wardle's *Realisation* befindet sich dieses Gemälde im *Museum of the Dog* des American Kennel Club.

Die zweite Schaffensperiode von Maud Earl bis 1915 ist durch lockeren, mehr skizzenartigen Stil charakterisiert. Ihr Gemälde *Old Sport* ist hierfür ein typisches Beispiel. Es zeigt Kopf und Vorbrust eines Foxhounds und eines Fox Terriers. Es bietet einen Hinweis darauf, dass zu dieser Zeit der Fox Terrier noch immer ein hochgeschätzter Arbeitsterrier war, obgleich er in dieser Zeit bereits im Ausstellungsring eine außerordentlich erfolgreiche Rasse war.

Der Hund von King Edward VII *Caesar* war gemeinsam mit dem Französischen Bulldog *Peter* ein Lieblingstier des Königs. Caesar repräsentiert den Arbeitstyp mit dickem, wetterfestem Haarkleid, wie ihn Parson Russell so schätzte, würde durchaus im heutigen Ausstellungsring unter den Parson Jack Russells nicht auffallen. Caesar wurde durch Künstler wie Maud Earl und Herbert Dicksee (1862-1942) unsterblich.

GEORGE EARL

George Earl (aktiv 1856-1883) war der Vater von Maud Earl, selbst aktiver *Sportsman;* als Künstler bestach er durch seine genaue Darstellung von Hunden. Seine Serie von Ölgemälden unter dem Titel *Champion Dogs of England* gehört zu den ersten berühmten Portraits von Ausstellungshunden. Er stellte sie in der Royal Academy aus, und seine Werke wurden in einer ganzen Reihe von wichtigen Büchern reproduziert, unter anderem in *Dogs by Well Known Authorities,* herausgegeben von Harding Cox und 1906/08 veröffentlicht - aber nie vollendet. Earl zeigt uns Ch. Oakleigh Topper, einen 1880 geborenen Hund im Besitz von Harding Cox. Dieser Hund wird als typischer Arbeitsterrier portraitiert, er steht in einem alten Gebäude über einer toten Ratte, der Rattenkäfig steht hinter ihm. Obgleich der Fox Terrier in erster Linie ein Jagdterrier war, portraitierten ihn viele Künstler gerne als den unübertrefflichen Rattenfänger. In dieser Betrachtungsweise steht George Earl bei wei-

George Earl (aktiv 1856-1883). Ch. Oakleigh Topper als archaischer Rattenfänger des 19. Jahrhunderts portraitiert.

tem nicht alleine. Der von ihm gezeigte Hund hat ein kurzes, drahtiges, wetterfestes Fell, ist rein weiß, mit Ausnahme von etwas Schwarz auf den Ohren und um die Augen. Topper ist ein ähnlicher Typ wie Vixen und andere Anfang des 19. Jahrhunderts, ähnelt auch sehr dem heutigen Parson Jack Russell Terrier.

CHOCOLATE-BOX ART - PRALINENSCHACHTELKUNST
Nur durch intensives Studium von Gemälden lernt man das Vorhandensein eines einheitlichen Terriertyps zu erkennen, das sich über nahezu zweihundert Jahre erstreckte. Mit Sicherheit kann keine andere Terrierrasse einen gleichen Anspruch erheben. Mit der Gründung des Kennel Clubs und der Ausbreitung von immer mehr wohlhabenden Züchtern wurden sich immer mehr Menschen der Vielfalt der Hunderassen bewusst. Hinzu trat der hohe Bekanntheitsgrad der Arbeiten von Sir Edwin Landseer und Queen Victoria's Hingabe zu *all dumb creatures* - allen stummen Geschöpfen - dies alles steigerte die Popularität des Hundes in Literatur wie Kunst.

Bilder, die Hunde darstellten, waren außerordentlich beliebt, und dies führte zu großem Wohlstand der Künstler, die nur zu gerne diese Popularität nutzten. In dieser Zeit entstand die *chocolate box art* - Pralinenschachtelkunst - dabei wurden Hunde von uneingeschränkter Duldsamkeit, Sympathie und Mut portraitiert, häufig sah man in ihnen nahezu menschliche Züge. Große Hunde waren die Gefährten von kleinen Kindern und für sie die ungewöhnlichsten Bettgefährten. Sie alle

Fannie Moody (1861-1947). Die Künstlerin war bekannt für ihre etwas sentimentalen Hundeportraits, die aber bis zum Zweiten Weltkrieg besonders populär waren.

Edgar Hunt (1876-1953). Neugierige Welpen auf dem Bauernhof waren für Hunt beliebte Motive.

William Stephen Coleman (1829-1904). Unternehmungslustige Terrier waren über lange Zeit beliebte Spielgefährten für die Kinder.

Das Hohelied auf den Jack Russell

lebten fröhlich Seite an Seite. Terrier dagegen wurden häufig als *Troublemaker* portraitiert, als neugierige kleine Charaktere - glatthaarige wie rauhaarige Arbeitsterrier gehörten zu den Favoriten.

EDGAR HUNT

Edgar Hunt (1876-1953) bevorzugte Modelle vom Bauernhof, die er sorgfältig im Detail peinlich genau malte. Seine Hundemotive waren häufig Terrier in alten Gebäuden oder in strohgefüllten Scheunen, die in Hundezwinger umgewandelt waren. Es gibt ein Gemälde mit vier Terrierwelpen, einer davon ist vorwiegend weiß, beobachtet sorgfältig eine Taube, die gerade neugierig einen Hundekuchen betrachtet - ein Motiv, das für die Malerei von Hunt besonders typisch ist. Um die Popularität der Terriergemälde von Hunt zu dokumentieren - ein Ölgemälde mit drei Welpen, die vor einem alten Zwinger spielten, während ihre Mutter sie vom Strohlager im Zwinger beobachtet, war das teuerste Gemälde, das von Bonhams bei ihrer *Dogs in Art* Auktion 1995 verkauft wurde.

WILLIAM STEPHEN COLEMAN

Lange waren Terrier und Kinder Favoriten der Künstler. *The Ferry,* von William Stephen Coleman (1829-1904) gemalt, zeigt zwei kleine Kinder, die von einem älteren durch den blumenüberladenen Garten zu einem alten hölzernen Fährboot geführt werden - dies ist der Typ viktorianischer Gemälde, der immer so beliebt war. Dieses Gemälde zeigt Mitglieder der bürgerlichen Klassen, ohne irgendwelche Hinweise auf deren manchmal mühseligen Lebensumstände. Im Hintergrund sieht man eine idyllische Hütte, aus dem Kamin erhebt sich Rauch und im Mittelpunkt des Bildes galoppiert ein als Fox Terrier anzusprechender Hund vor den Kindern.

WILLIAM HENRY HAMILTON TROOD

William Henry Hamilton Trood (1860-1899) war Meister im Portraitieren einer Vielzahl von Hunderassen, alle besonders ansprechend, wobei ein Hund dem anderen gegenüber stets Sympathie und Harmonie entgegenbringt. So schrieb ein Kritiker über seine Arbeiten: »Im Allgemeinen begleitet von einem riesigen Klecks viktorianischer Sentimentalität.« Sein Gemälde *A Domestic Scene - eine häusliche Szene -* ist eines der bekanntesten viktorianischen Bilder. Zu der in voller Harmonie vereinten Hundegruppe zählen fünf Terrierwelpen, alle vorwiegend weiß mit wenigen Kopfabzeichen. Drei der Terrier spielen mit einer Peitsche, ein vierter schläft auf der Pfote eines Mastiffs, während der fünfte über den Rücken des Mastiffs schaut. Zu den weiteren Mitspielern dieser idyllischen viktorianischen Szene gehören ein Bloodhound, ein Dachshund (interessanter-

William Henry Hamilton Trood (1860-1899). The Rhubarb Patch.
Typisch sentimentales viktorianisches Motiv einer Mutter voller liebevoller Zuneigung gegenüber ihrem Kind.
Mit freundlicher Erlaubnis von Christie's, South Kensington.

weise, ein mehrfarbig geschreckter), ein Pudel und ein Neufundländer. Wie viele andere wichtige Gemälde gehört auch dieses dem American Kennel Club Museum of the Dog.

Wenn wir gerade bei Trood sind, von ihm gibt es in kleinerem Rahmen - aber mit gleich üppiger Sentimentalität - eine Studie einer Hündin, die unter den großen Zweigen einer Rhabarberpflanze ihren Welpen betreut.

Philip Eustace Stretton (1884-1915) und Valentine Thomas Garland (aktiv 1868-1914) sind zwei weitere Künstler, deren Arbeiten wie die von Trood sowohl sentimental als auch erzählend sind. Beide malten auch Terrier, die heute von den Liebhabern des Jack Russell Terrier eifrig gesammelt werden.

JOHN ALFRED WHEELER

Neben den bereits erwähnten Künstlern der Jagdmalerei malten auch viele andere Fox Terrier und Working Terrier. John Alfred Wheeler (1821-1903) war Spezialist in Portraits von Foxhounds und Terrierköpfen, seine Gemälde gehören zu den populärsten dieser Gattung. Selten werden Hunde einzeln dargestellt, meist in Gruppen von zwei, drei und

John Alfred Wheeler (1821-1903). Wheeler's Terrierstudien sind unter den Sammlern von Jack Russell Kunst immer sehr populär.
Mit freundlicher Erlaubnis von Sara Davenport Fine Paintings.

manchmal auch mehr. Bei seinen Terriergemälden wählte er in der Regel mehr als eine Rasse. Er zeigt immer die energischen, arbeitenden Rattenfänger aus der letzten Hälfte des 19. Jahrhunderts, Manchester Terrier, den heute ausgestorbenen White English Terrier (ein Opfer des Kupierverbotes) und Fox Terrier, Drahthaar und Glatthaar - dabei niemals die berühmten Ausstellungshunde dieser Zeit. Auktionshäuser katalogisieren solche Bilder häufig als »Jack Russell Terrier«. Ganz ernsthaft gesagt, sie ähneln mehr, als viele denken, dem heutigen *Jack Russell* und unverkennbar finden sie immer bereitwillig Käufer.

Die Gemälde von Wheeler waren zur Zeit, als er sie malte, so populär, dass viele Künstler Kopien danach herstellten. Den großen Teil seines Lebens verbrachte Wheeler in Bath in *West Country*, er könnte durchaus ein überzeugter Liebhaber der Terrier des Parson gewesen sein. Zu seinen allgemein bekannten jagdlichen Gönnern gehörte der Duke of Beaufort, hierdurch sollte Wheeler auch mit echten Arbeitsterriern in engen Kontakt gekommen sein.

PARSON JACK RUSSELL IN DER KUNST

Der *Parson* selbst ist Motiv in einer ganzen Anzahl von Gemälden. Das Buch *Memoir of the Reverend John Russell and his Out-of-Door-Life* von E. W. L. Davies wurde in seiner Ausgabe 1902 von Nathaniel Hugh John Baird (1865-1936) illustriert und handcoloriert. Baird war Portrait- und Landschaftsmaler, geboren in Roxburghshire, Schottland. Er zeichnete nach einem Foto das Titelbild von Russell mit drei Terriern. Das Foto zeigte Parson Russell alleine, Baird setzte die Terrier hinzu, bedauerlicherweise ähneln sie wenig den Terriern, die Russell selbst hielt. Die erste Ausgabe dieses Buches wurde 1878 herausgebracht, zu dieser Zeit lebte Russell noch, ihre Illustrationen stammen von H. B. Young (1870er Jahre), einem Jäger, Zeichner und Kupferstecher.

Das Hohelied auf den Jack Russell

20. JAHRHUNDERT

Im Verlaufe des 20. Jahrhunderts traten tiefgreifende Veränderungen ein. Fox Terrier mit starkem Jagdtrieb, wie sie von Russell und anderen Jägern so hoch geschätzt waren, machten dem *Show Terrier* Platz. Kleinere Populationen von Fox Terriern, die auch der Parson bevorzugt hätte, blieben über, wurden von den Jägern weiter gezüchtet. Diese Terrier waren das Zuchtmaterial, auf das der Parson Jack Russell Terrier, wie wir ihn heute im Ausstellungsring antreffen, zurückgeht.

Die Jäger des 20. Jahrhunderts züchteten einen kurzläufigen Terrier, glatt- und rauhaarig, er ist liebevoll bekannt geworden als *Jack Russell Terrier*, in Farbe und Haarkleid hat er sehr wahrscheinlich die gleichen Vorfahren wie der Fox Terrier. Eine alte kurzläufige Terrierrasse war der *Cowley Terrier*, wie ihn die Familie Cowley in Buckinghamshire hielt. Man findet sie auf einem Gemälde von Arthur Wardle, danach waren es in der Regel weiße, drahthaarige Hunde, in den Abzeichen ähnlich denen von Reverend Russell. Man sagt ihnen nach, sie seien außerordentlich

Nathaniel Hugh John Baird (1865-1936). Titelbild von E. W. L. Davies Memoir of the Rev. John Russell and his Out-of-Door Life, *Ausgabe 1902. Dies ist die Ausgabe, die bei den Jack Russell-Sammlern das meiste Interesse gefunden hat.*

Vic Granger (1931). The Ratpack.   Mit freundlicher Erlaubnis von Vic Granger.

Vic Granger (1931). Jack Russell Terrier.   Mit freundlicher Erlaubnis von Vic Granger.

Das Hohelied auf den Jack Russell

schneidige Hunde. Der so genannte kurzläufige *Jack Russell* könnte ein Nachfahre dieser Hunde sein, sie alle wiederum stammen zweifelsohne von den Arbeitsterriern ab, die wir in der Kunst bereits vor über zweihundert Jahren finden.

Parson Jack Russell Terrier, Jack Russells und jene kurzläufigen Hunde, häufig bekannt als *Hunt Terrier,* sind bis zum heutigen Tage Lieblingsmotive zeitgenössischer Jagdmaler. Mike Cawston, der 1998 *The Fine Arts Trade Guild Published Artist of the Year Award* gewann, Michelle Pearson Cooper, die im Auftrag von Prinz Sadruddin Aga Khan arbeitete, Sir Tom Stoppard, Countess Bismarck und andere, dazu Vic Granger, der in Norfolk wohnende Jagdmaler, sind nur einige, die in diesen Arbeitsterriern unwiderstehliche Motive gefunden haben.

Michelle Pearson Cooper (1957).
A favourite Jack Russell.

Mit freundlicher Erlaubnis von
Michelle Pearson Cooper.

Kapitel 9
DIE RASSESTANDARDS

Vielleicht ist es nützlich, mit einem Zitat aus *A Memoir of the Reverend John Russell and his Out-of-Door Life* aus der Feder von Reverend E. W. L. Davies zu beginnen, es wurde 1878 in England publiziert. Beschrieben wird ein Ölgemälde von Trump im Besitz von Parson Russell:

Als Erstes fällt auf - seine Farbe ist weiß mit je einem kleinen dunkellohfarbenen Fleck auf jedem Auge und Ohr. Ein ähnlicher Fleck, nicht größer als ein Pennystück, markiert die Rutenwurzel. Das Fell ist dick, dicht und etwas drahtig, es ist richtig beschaffen, um den Körper gegen Nässe und Kälte zu schützen, hat aber keine Ähnlichkeit mit dem langen, rauen Haarkleid des Scotch Terriers. Die Läufe sind wie Pfeile gerade - die Pfoten perfekt. Lendenpartie und Aufbau des Skeletts zeigen Robustheit und Ausdauer; Größe und Widerristhöhe des Tieres sind vergleichbar den Maßen einer ausgewachsenen Füchsin.

»Selten oder eigentlich nie sehe ich heutzutage einen echten Fox Terrier,« erklärte Russell vor kurzem einem Freund, der eine Hundeausstellung besichtigte mit etwa 150 Meldungen unter diesem Rassenamen. »Sie haben so viel fremdes Blut, mit dem Original vermischt, dass - wären wir nicht informiert - selbst Professor Bell raten müsste, um herauszufinden, zu welcher Rasse der so genannte Fox Terrier wirklich gehört.«

»Und brauchen wir himmlische Erleuchtung, wie sie zustande gekommen sind?«, erkundigte sich der Freund und wollte gerne von Russell's langer Erfahrung profitieren. »Ich erinnere mich gut der Dartmoor Terrier von Rubie und Tom French, habe selbst einige besessen, die ihr Gewicht, in Gold aufgewogen, wert waren. Das waren echte Terrier, aber bestimmt sehr verschieden gegenüber den heutigen Ausstellungshunden, genauso sehr wie sich das wilde Buschwindröschen von der Gartenrose unterscheidet.«

Russell antwortete: »Der Prozess verläuft ganz einfach: sie beginnen mit einer glatthaarigen Terrierhündin. Um dann eine feinere Haut zu erhalten, wird ein Italienisches Windspiel als Partner gewählt. Da aber die dabei sich ergebenden Ohren die Augen des Kenners zum Weinen bringen, kreuzt man einen Beagle ein, dann wird man von diesem wenig ansehnlichen Schaden in der nächsten Generation nichts mehr sehen. Und schließlich - um die Mischung zu vollenden - wird jetzt noch der Bulldog hinzugebeten, um den notwendigen Schneid zu bringen. Und das so zusammengesetzte Tier wird nach entsprechender züchterischer Auswahl zu Vätern oder Müttern des modernen Fox Terriers. Diese Darstellung des Ursprungs erhielt ich von einem Mann, der wirklich wusste, wovon er sprach.«

Das Bulldogblut hat dem so genannten Terrier wirklich Mut gebracht, das ist schon wahr. Er ist unübertroffen, wenn es um das Töten einer großen Anzahl von Ratten in bestimmter Zeit geht. Hierin stellte er sich jedem Hund seiner Gewichtsklasse in der Westminster Pit. Er zieht einen Dachs, schwerer als er selbst, aus einer langen Röhre und nimmt es mit einer Wildkatze auf, die zehn Leben besitzt und tötet sie, ehe die arme Pussy nur zu miauen vermag. Aber gerade die Wildheit dieses Blutes ist in Wirklichkeit für Terrier schlecht - ja - es ist für Fuchsjagden geradezu tödlich. Denn ein Terrier, der in den Bau einschlieft und sich in den Fuchs verbeißt - so gezüchtet wird er das tun - wird wahrscheinlich den jagdlichen Sport mehr schädigen als fördern. Das Ziel seines Angriffs ist zu töten, nicht den Fuchs aus dem Bau zu sprengen.

Die Rassestandards

Hinzu kommt - solche Tiere, wenn man mehrere gleichzeitig in die Fuchshöhle schickt - könnten das Wild ganz vergessen, sich gegenseitig bekämpfen, wobei gelegentlich dann der Tod des einen das Ergebnis der Auseinandersetzung ist. Schon deshalb mochte Russell sehr stolz auf die reinen Linien sein, die er schon so lange züchtete und er hat sie sorgfältig überwacht. Tyrannen sind sie und sind es immer gewesen - ohne Zweifel. Sie gehen hinunter zu ihrem Fuchs im Bau, liegen ihm mit hartem Gebell oder noch härteren Bissen gegenüber, bis er schließlich seine Stellung aufgibt und darauf vertraut, dass er im offenen Feld sicherer wäre.

Ein so herausgesprengter Fuchs ist im Gefecht nur selten weniger gefährlich; er hatte seine faire Chance, und anstelle halb abgewürgt zu werden, ist er noch fit, kann um sein Leben fliehen. Auch die Hounds haben ihre Chance, und das Jagdfeld wird nicht länger vom ersehnten Querfeldeinritt zurückgehalten.

Dieser Ausflug in die Geschichte ist außerordentlich interessant, er beschreibt die Terrier des Parson, vermittelt seine Meinung über Einkreuzungen und gibt dazu ein detailliertes Bild, wie dieser Terrier war und wie er arbeiten sollte.

Der Parson Jack Russell Terrier ist der *Original Working Fox Terrier*, damit ist er eine sehr alte Rasse. Insider der Rasse nennen ihn den *unimproved - nicht verbesserten -* Fox Terrier.

Und wer immer sich die alten Stiche und Gemälde des Fox Terriers des letzten Jahrhunderts betrachtet, wird von der Ähnlichkeit zum heutigen Jack Russell beeindruckt sein.

DER ERSTE RASSESTANDARD

Die Aufgabe, für die ein Hund gezüchtet wird, ist nahezu immer Grundlage seines Standards. In den Zitaten aus den Memoiren von Davies finden wir über den ersten bekannten Standard eine ähnliche Beschreibung, wie sie der Parson 1871 selbst geschrieben hat.

Ein kleiner, energiegeladener Terrier, Gewicht 6,3 bis 7,3 kg, Widerristhöhe etwa 35 cm (14 inches). Läufe pfeilgerade, dicke Haut, gutes, grobes, wasserabweisendes Fell, dicht, eng anliegend; etwas drahtig, geeignet, um den Körper gegen Kälte und Nässe zu schützen, aber mit keiner Ähnlichkeit

Der Jack Russell Terrier: »Jeder Inch ein Sportsmann!«   Foto: Sheila Atter.

zum drahtigen Fell des Scotch Terriers. Es ist richtig, ein gutes Pferd und ein guter Hund können keine schlechte Farbe haben, aber ich bevorzuge einen weißen Hund. Die Hündin »Trump« war weiß mit nur einem dunklen Fleck über jedem Auge und Ohr, mit einem ähnlichen Fleck - nicht größer als ein Pennystück, auf der Rutenwurzel. Die Pfoten sollten perfekt sein, die Lendenpartie und der Aufbau des ganzen Körpers sind ein Zeichen von Robustheit und Ausdauer. Größe und Widerristhöhe des Tieres können mit einer voll ausgewachsenen Füchsin verglichen werden. Jeder Inch ein Sportsmann, dabei darf der Hund nicht rauflustig sein. Was die Widerristhöhe angeht, bevorzugen einige sie etwas höher auf den Läufen, wenn sie den ganzen Tag über mit den Hounds laufen müssen.

DER ZWEITE RASSESTANDARD

Der zweite Standard, der für die heutige Fassung von Bedeutung ist, ist der Standard 1904 von Arthur Heinemann. Dieser wurde offensichtlich als Modell für den Parson Jack Russell Standard gewählt, wie man ihn dem Kennel Club vorgelegt hat.

KOPF: Flach, mäßig breit, zu den Augen hin allmählich schmaler werdend. Flacher, aber erkennbarer Stop. Keine vollen Backen. Ohren V-förmig und klein, von mäßiger Dicke, nach vorne fallend, den Wangen, nicht der Seite eng anliegend. Ober- und Unterkiefer kraftvoll und muskulös, von guter Stärke. Unter den Augen nicht stark zurückweichend. Nase schwarz. Augen dunkel, klein, tief gesetzt, voller Feuer, Leben und Intelligenz und von runder Form. Scherengebiss, das heißt obere Schneidezähne vor den unteren.

HALS: Klar umrissen und muskulös, von guter Länge, sich zu den Schultern hin allmählich verbreiternd.

SCHULTERN: Schultern lang und schräg gestellt, gut zurückliegend, am Widerrist klar umrissen.

BRUSTKORB: Tief, aber nicht breit.

RÜCKEN: Gerade und kräftig, ohne irgendwo nachzugeben.

LENDEN: Kraftvoll, ganz leicht gewölbt, vordere Rippen mäßig gewölbt, hintere Rippen tief. Der Terrier sollte gut aufgerippt sein.

HINTERHAND: Kräftig und muskulös, nicht gekrümmt, Schenkel lang und kraftvoll, Sprunggelenk nahe am Boden. Der Hund steht ausgewogen darauf. Keine steile Kniewinkelung.

RUTE: Hoch angesetzt, fröhlich getragen, aber nie über den Rücken gezogen oder geringelt. Von guter Kraft und Länge. Eine *Pfeifenreiniger-Rute* oder eine zu kurze Rute ist äußerst unerwünscht.

LÄUFE: Völlig gerade, vorne keine Winkelung zeigend. Durchgehend kräftige Knochen, kurz und gerade bis zum Vordermittelfuß. Vor- und Hinterläufe in der Bewegung gerade nach vorne ausgreifend, Knie nicht ausgedreht. Die Ellenbogen am Körper anliegend, an den Seiten frei beweglich.

PFOTEN: Rund, kompakt, nicht groß, Ballen hart und fest, Zehen mäßig aufgeknöchelt, weder nach innen noch nach außen gestellt.

HAARKLEID: Dicht, üppig, etwas drahtig. Bauch und Unterseite nicht kahl.

FARBE: Weiß, Lohfarben, Grau oder Schwarz an Kopf und Rutenwurzel akzeptabel. Gestromte oder leberfarbene Abzeichen unerwünscht.

SYMMETRIE, GRÖSSE UND WESEN: Der Terrier muss fröhlich, lebhaft und aktiv wirken. Knochen und Kraft in kleinem Format sind wichtig, dürfen aber nicht plump oder grob wirken. Schnelligkeit und Ausdauer müssen deutlich erkennbar sein. Weder zu kurz, noch zu lang auf den Läufen. Vierzehn inches Widerristhöhe für Rüden ideal, dreizehn inches für die Hündin. Gewicht in

Die Rassestandards

Weltjugendsieger Ch. Heythrop Trailblazer Of Snow Wind. Für die Arbeit geschaffen und beweglich ist der Jack Russell für Schnelligkeit und Ausdauer aufgebaut.
Foto: T. M. Strom.

Arbeitskondition etwa vierzehn Pounds, aber ein Pound mehr oder weniger völlig akzeptabel. Im Körperbau ähnlich einer ausgewachsenen Füchsin.

DISQUALIFIKATIONEN: Zu kurz, zu hochläufig, nicht gerade Läufe. Nase weiß, fleischfarben oder in diesen Farben deutlich gefleckt. Stehohren oder Rosenohren. Vor- oder Rückbiss. Außergewöhnlich nervös oder aggressiv.

ANERKENNUNG

Im Jahre 1983 wurde der Parson Jack Russell Terrier Club gegründet, sein Ziel war, den alten Typ des *West Country Terrier* zu erhalten und zu fördern, wie er seit der Lebenszeit des Parson's gezüchtet und mit ihm gearbeitet wurde. Diese Organisation war es, die die Initiative übernahm und um Anerkennung durch den Kennel ersuchte. Nach mehreren Ablehnungen wurden diese Bemühungen durch Erfolg gekrönt.

Der Kennel Club (KC) of Great Britain erkannte am 22. Januar 1990 den Parson Jack Russell Terrier an. Die Fédération Cynologique Internationale (FCI) veröffentlichte einen vorläufigen Rassestandard am 2. Juli des gleichen Jahres. Während der Kennel Club den Parson Jack Russell Terrier als Variante des Fox Terrier akzeptierte, nicht umgekehrt - was historisch korrekter gewesen wäre - war die FCI gezwungen, den Rassestandard des Ursprungslandes zu übernehmen. Sie fügte eine Klausel bei, nach der für eine vorerst nicht begrenzte Übergangszeit die Widerristhöhe von Rüden nicht unter 26 cm liegen sollte. Dies war eine Anerkennung der Tatsache, dass es in den provisorischen Registern vieler FCI-Mitgliedsländer tausende von kurzläufigen Jack Russells gab.

Die Anerkennung des American Kennel Club (AKC) erfolgte am 1. Januar 1998. Dabei wurde *The Jack Russell Terrier Association of America (JRTAA)* der verantwortliche *Parent Breed Club*.

EIN VERGLEICH DER RASSESTANDARDS

Wenn man die Rassestandards von Kennel Club, FCI und American Kennel Club miteinander vergleicht, fällt sofort die extreme Detailregelung des AKC-Standards auf. Der revidierte FCI-Standard Nr. 339, datierend vom 1. Dezember 1997, entspricht mit Ausnahme einer historischen Einleitung weitgehend dem KC-Standard, in Wirklichkeit sind die einzelnen Punkte nur neu gegliedert. Der AKC hat eine andere Gliederung, verfügt nur über zwölf Überschriften gegenüber der Kennel Club-Gliederung mit achtzehn Überschriften.

ALLGEMEINES ERSCHEINUNGSBILD

KC und FCI: *Arbeitsfreudig, lebhaft, wendig; für Schnelligkeit und Ausdauer gebaut.*

Diese Terminologie stammt weitgehend aus dem Heinemann Standard, nach meiner Auffassung definiert sie genau den Typ Hund, dem der Parson Jack Russell Terrier entsprechen sollte. Ein schwerer, kurzläufiger Hund mit breiter Brust könnte nie so beschrieben werden.

AKC: *Der Jack Russell Terrier wurde im Süden von England im 19. Jahrhundert als weißer Terrier für die Jagd auf den europäischen Rotfuchs, sowohl unter als auch über der Erde, entwickelt. Der Terrier wurde nach dem Reverend John Russell benannt, dessen Terrier den Foxhounds folgten und Füchse aus ihren Bauten sprengten, so dass die Jagd weiterreiten konnte.*

Um als Arbeitsterrier fungieren zu können, muss dieser einige Eigenschaften besitzen: aufmerksames Verhalten, wachsam und kühn; Ausgewogenheit in Höhe und Länge; in Größe und Substanz mittel, Stärke und Ausdauer vermittelnd. Wichtig für den Rassetyp sind eine natürliche Erscheinung, harsches, wetterfestes Haarkleid bei einer kompakten Konstruktion und klarem Umriss. Das Haarkleid ist broken coated *oder glatt. Der Hund hat einen kleinen, flexiblen Brustkorb, welcher es ihm ermöglicht, seiner Beute unter die Erde zu folgen, dabei genügend lange Beine, um dem Foxhound*

Die Rassestandards

folgen zu können. Alte Narben und Verletzungen, das Ergebnis ehrlicher Arbeit oder von Unfällen, sollten seine Chancen im Ausstellungsring nicht beeinträchtigen, vorausgesetzt, dass sie nicht das Gangwerk, die Arbeitsfähigkeit oder die Zuchtverwendung stören.

Die Behauptung, dass es sich um einen weißen Terrier handelt, zur Arbeit auf den Rotfuchs gezüchtet, scheint mir ein Irrtum. An keiner Stelle wird berichtet, dass der Terrier reinweiß sein müsste. Auch scheint mir, dass das Wort *kompakte Konstruktion* weder im KC noch im FCI Standard auftaucht. Es könnte leicht zu Missverständnissen führen, möglicherweise einen untersetzteren, schwereren Hund mit kürzerer Lendenpartie beschreiben. Der Hinweis auf alte Narben und Verletzungen, den wir in keinem der anderen Standards finden, ist abgedeckt durch die Worte »im Wesentlichen ein Gebrauchsterrier« (siehe unten). Man muss wissen, dass ein Arbeitsterrier durchaus eine Verletzung oder zwei haben darf, seien sie bei der Arbeit oder anderweitig entstanden.

CHARAKTERISTIKA
KC und FCI: *Im Wesentlichen ein Gebrauchsterrier mit der Fähigkeit und dem zur Arbeit im Bau und in der Jagdmeute geeigneten Körperbau.*

Die zweite Überschrift des KC Standards ist eine Fortsetzung der Typbeschreibung, fordert eindeutig, dass dieser Hund ein Arbeitsterrier sein muss und schon immer gewesen ist. Die in der FCI gewählte dritte Kapitelüberschrift lautet: »Verhalten und Charakter (Wesen)«.

GRÖSSE, SUBSTANZ, PROPORTIONEN
GRÖSSE
KC: *Minimum Widerristhöhe 33 cm (13 ins), Ideal 35 cm (14 ins) bei Rüden. Minimum Widerristhöhe 30 cm (12 ins), Ideal 33 cm (13 ins) bei Hündinnen.*

FCI: *Rüden: Ideale Widerristhöhe 35 cm. Hündinnen: Ideale Widerristhöhe 33 cm.*
NB: Für eine vorerst nicht begrenzte Übergangszeit sollte die Widerristhöhe für Rüden und Hündin-

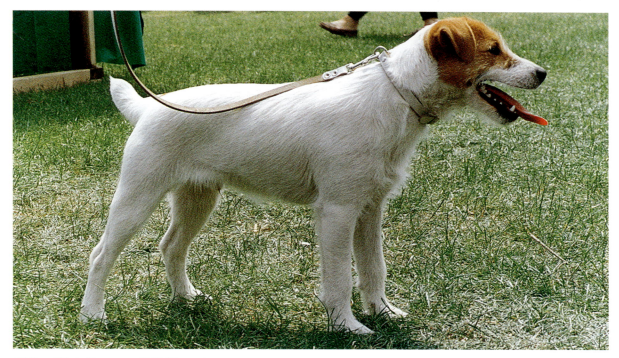

Ridley Pilot. Der erste FCI Champion.

nen 26 cm nicht unterschreiten. Die den Idealmaßen nicht entsprechenden Hunde werden aus diesem Grunde bei der Bewertung auf Ausstellungen nicht benachteiligt und können ohne Einschränkung in der Zucht Verwendung finden.

AKC: *Beide Geschlechter haben, richtig ausgewogen, zwischen 12" und 14" (30,5 cm und 35,5 cm) Widerristhöhe. Die Idealgröße für einen ausgewachsenen Rüden ist 14", für Hündinnen 13" am Widerrist. Terrier, die etwas kleiner oder größer sind als das Ideal, sollten im Ring dafür nicht bestraft werden, vorausgesetzt andere Punkte der Konformation, vor allem Ausgewogenheit und Brustumfang, stimmen mit dem Standard überein. Das Gewicht eines Terriers in Arbeitskondition liegt meistens zwischen 13 und 17 lbs (6 bis 7 3/4 Kilo).*

Die Diskrepanzen, die zwischen einerseits dem Kennel Club Standard, andererseits AKC und FCI Standards bestehen, führen nach meiner Meinung hinsichtlich vieler weiterer Punkte dieser zwei Standards zu einer Farce. Der FCI Standard führt diesen Hund in Gruppe III, Terrier unter der Abteilung 1 - große und mittelgroße Terrier. Aber ein 26 cm hohes Tier ist nicht mittelgroß, ganz bestimmt nicht groß. Zwar ist die Rede von »einer vorerst nicht begrenzten Übergangszeit«, aber es gibt keine Pläne, diese Passage zu streichen, obwohl über absehbare Zukunft die Rasse in einem ständigen Register geführt wird. In diesem Punkt ist der AKC Standard nahezu ebenso unlogisch, behauptet er doch, dass richtig ausbalancierte Hunde beider Geschlechter zwischen 12 und 14 inches Widerristhöhe haben sollten, fährt dann fort, dass Terrier, die entweder etwas kleiner oder größer sind, dennoch als ideal akzeptabel sein sollten. Das erlaubt in Wirklichkeit, dass ein Rüde in der Praxis zwei inches (5 cm) unter der Idealschulterhöhe, aber nur ein ein inch (2,5 cm) darüber sein darf. Folglich dürfen Hündinnen nur ein inch unter der Idealwiderristhöhe liegen, dafür aber zwei inches (5 cm) darüber.

Außerdem legt der AKC Standard ein Gewicht zwischen 13 und 17 lbs fest, was in keinem der zwei anderen Standards erwähnt wird. Die Gewichtsangabe sowohl von dem Parson (14 bis 16 lbs) wie von Heinemann (etwa 14 lbs) weichen ab. Vielleicht ist eine Gewichtsangabe grundsätzlich keine schlechte Idee, sie führt zu einer präziseren Beschreibung des Hundes. Die englische Betrachtungsweise gibt keine maximale Widerristhöhe, erwähnt das Gewicht überhaupt nicht, aber ein zu großer und zu schwerer Hund lässt sich im Brustbereich nicht umspannen. Zu dieser Frage lässt sich viel sagen, trotzdem glaube ich, dass einige Hunde auf englischen Ausstellungen etwas groß werden. Eine maximale Widerristhöhe im englischen Standard sollte keine schlechte Idee sein.

PROPORTIONEN
AKC: *Ausgewogenheit ist die Grundlage des Körperbaus des Terriers. Die wichtigsten Punkte sind die Proportionen von Schädel und Fang, Kopf und Gebäude, Widerristhöhe und Körperlänge. Die Widerristhöhe ist etwas größer als die Länge vom Widerrist zum Rutenansatz, beispielsweise bei einem 14 inches Rüden 1 bis 1,5 inches. Die Maße verändern sich je nach der Größe, das Verhältnis von Widerristhöhe zur Länge liegt bei etwa 6:5.*

Dies steht im völligen Widerspruch zum KC Standard, denn dieser verlangt, dass die Rückenlänge vom Widerrist zum Rutenansatz gleich der Widerristhöhe vom Boden ist. Die FCI misst diesen Maßen so viel Bedeutung bei, dass diese in der zweiten Standardüberschrift aufgenommen wurden unter »wichtige Maßverhältnisse« (siehe unten). Es ist schwierig zu verstehen, wie der AKC Standard in dieser Hinsicht so völlig in die falsche Richtung geht, denn diese Maße verändern nicht nur das gesamte Aussehen des Hundes, verlangt wird ja ein kurzrückiges Tier, es steht auch völlig im Gegensatz zur Arbeitsfähigkeit des Hundes, denn ein Tier mit kurzer Lendenpartie ist bei weitem nicht so flexibel wie eines mit längerem Rücken. Ein Terrier mit kurzem Lendenbereich (short-coupled) kann sich nicht in einem Fuchsbau selbst drehen, wird auch behindert, mit Leichtigkeit einen Bau zu verlassen.

Die Rassestandards

Korrekt proportionierter Kopf mit typischem Ausdruck.

Foto: Sheila Atter.

WICHTIGE MASSVERHÄLTNISSE (PROPORTIONEN)
FCI: *Harmonisch gebaut. Die Länge des Rückens vom Widerrist zum Ansatz der Rute ist gleich der Höhe vom Widerrist zum Boden (Hund länger als hoch). Die Entfernung vom Nasenspiegel zum Stop ist ein wenig kürzer als die vom Stop zum Hinterhauptbein.*

Im KC Standard werden diese Punkte unter den Überschriften *Head and Skull* und *Body* abgehandelt, was logischer erscheint. Wenn ein Richter einen Hund überprüft, beginnt er in der Regel mit dem Kopf, widmet sich erst später dem übrigen Körper. Es handelt sich dabei aber in erster Linie um einen neuen Aufbau des KC Standards, die Worte besagen exakt das Gleiche.

KOPF
KC und FCI: *Schädel flach, mäßig breit, zu den Augen hin allmählich schmaler werdend. Stop flach. Die Entfernung vom Nasenspiegel zum Stop ist ein wenig kürzer als die vom Stop zum Hinterhauptbein. Nase schwarz. Augen mandelförmig, ziemlich tiefliegend, dunkel, mit lebhaftem und durchdringendem Ausdruck.*

AKC: *Kopf stark und in guten Proportionen zum übrigen Körper, so dass die Ausgewogenheit erhalten bleibt. Ausdruck lebhaft, direkt, voller Leben und Intelligenz. Augen mandelförmig, von dunkler Farbe, mittelgroß, nicht hervorstehend. Dunkle Lider sind wünschenswert.*

Auch hier wieder variiert der amerikanische Standard gegenüber der FCI wie KC in zwei wichtigen Punkten. Während der KC ein mandelförmiges, ziemlich tiefliegendes dunkles Auge mit durchdringendem Ausdruck fordert - der FCI Standard ist identisch - zeigt sich der AKC Standard präziser und fordert, dass die Augen mittelgroß und nicht hervorstehend sein sollen. Im amerikanischen Standard bleibt unerwähnt, dass die Augen ziemlich tief eingesetzt sein müssen, obgleich dies bei einem Terrier, der unter der Erde arbeiten soll, wichtig ist. Vielleicht deckt der Begriff *nicht hervorstehend* diese Notwendigkeit ab. Weiterhin fordert der AKC Standard, dunkle Lider seien wünschenswert, man trifft sie aber bei weißen Hunden oder Hunden mit asymmetrischen Kopfabzeichen nur selten an. Was soll der Richter jetzt tun - einen im Übrigen gut aufgebauten Hund nur deshalb zu bestrafen, weil möglicherweise sein linkes Auge nicht pigmentiert ist?

OHREN

KC und FCI: *Klein, V-förmig, nach vorne fallend, dicht am Kopf getragen, die Falte nicht über dem höchsten Punkt des Schädels liegend.*

AKC: *Knopfohren. Kleine, V-förmige Ohren von mäßiger Dicke, die nach vorne fallen, dicht am Schädel anliegen, so dass die Spitze die Ohrmuschel verdeckt und Richtung Auge zeigt. Die Falte ist gleich hoch oder etwas höher als der Schädel. In der Erregung reicht die Ohrenspitze nicht tiefer als bis zum Augenwinkel.*

Hier variiert der AKC Standard erneut gegenüber den Standards von KC und FCI, ist viel beschreibender. Wichtig ist, der Original KC Standard fordert eigens, dass die Ohrfalte nicht über den Kopf hinaus ragt. Durch Tolerieren von Ohrfalten, die über die Kopfoberfläche reichen und die Forderung, dass die Ohrspitzen Richtung Auge zeigen, scheint der AKC Standard ein Ohr zu wollen, das dem des Fox Terrier und Lakeland Terrier ähnlich ist, für die Rasse aber fremd wirkt.

KOPF

KC und FCI: *Schädel flach, mäßig breit, zu den Augen hin allmählich schmaler werdend. Stop flach. Die Entfernung vom Nasenspiegel zum Stop ist ein wenig kürzer als die vom Stop zum Hinterhauptbein.*

*Die Zähne bilden ein komplettes Scherengebiss.
Foto: Sheila Atter.*

AKC: *Flach und mäßig breit zwischen den Ohren, allmählich schmäler werdend den Augen zu. Der Stop ist ausgeprägt, aber nicht auffallend.*

Auch hier wieder scheint mir, dass die Terminologie des AKC Standards zu Missinterpretationen führen könnte. »Narrowing slightly to the eyes« bedeutet nicht das Gleiche wie »gradually narrowing to the eyes«.

Damit kann man den AKC Standard so interpretieren, dass er einen sehr viel breiteren, weniger keilförmigen Kopf erlaubt als der Parson Jack Russell haben sollte. Dadurch wiederum würde der Kopf mehr dem des modernen Fox Terriers ähneln, verlöre die Rasse ihren kräftigen Kopf und mächtigen Kiefer, vor allem aber ihren vornehmen Typ.

FANG

KC und FCI: *Die Entfernung vom Nasenspiegel zum Stop ist ein wenig kürzer als die vom Stop zum Hinterhauptbein.*

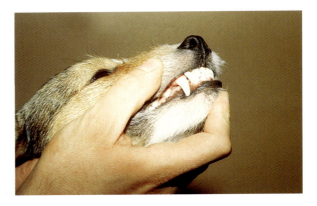

*Korrekte Stellung der Fangzähne.
Foto: Sheila Atter.*

Die Rassestandards

AKC: *Die Entfernung vom Nasenspiegel zum Stop ist ein wenig kürzer als die vom Stop zum Hinterhauptbein.*

KIEFER/ZÄHNE
KC und FCI: *Kräftige Kiefer, muskulös. Perfektes, regelmäßiges und vollständiges Scherengebiss, wobei die obere Schneidezahnreihe ohne Zwischenraum über die untere greift und die Zähne senkrecht im Kiefer stehen.*

AKC: *Ober- und Unterkiefer sind von angemessener und erheblicher Stärke. Die Zähne sind groß, vollständiges Gebiss mit perfektem Scherengebiss, das heißt, die obere Zahnreihe greift eng über die untere. Die Zähne stehen senkrecht im Kiefer.*

NASE
KC und FCI: *Nase schwarz.*

AKC: *Die Nase muss schwarz und voll pigmentiert sein.*

Der AKC, Kennel Club und FCI Standard verlangen mehr oder weniger das Gleiche. Die Proportionen Fang zu Oberkopf sollten etwa zwei Fünftel zu drei Fünftel betragen. Ein zu kurzer Fang erinnert an den Border Terrier, ein zu langer ähnelt dem des Fox Terriers. Eine Sonderregelung finden wir erneut im AKC Standard, verlangt werden große Zähne in komplettem Scherengebiss, das bedeutet, dass fehlende Zähne fehlerhaft sind, vier oder mehr fehlende Zähne bedeuten Disqualifikation. KC und FCI Standard verlangen gleichfalls komplettes Scherengebiss, belassen aber die Bestrafung fehlender Zähne dem Ermessen des Richters. Wichtig ist hierzu zu ergänzen, dass in Europa die meisten Richter mit Nachdruck verlangen, dass jeder Hund 42 Zähne besitzt. In einigen Ländern, beispielsweise Deutschland, werden Hunde von der Zucht ausgeschlossen, wenn sie kein komplettes Gebiss haben.

HALS UND OBERE LINIE
KC und FCI: *Hals klar umrissen, muskulös, von guter Länge, sich zu den Schultern hin allmählich verstärkend.*

AKC: *Hals klar umrissen und muskulös, mäßig gewölbt, von guter Länge, sich allmählich verstärkend, um sich gut in die Schultern einzugliedern. Obere Linie kräftig, gerade, in der Bewegung eben. Lende leicht gewölbt.*

Auch hier sind wiederum nur die Worte geringfügig anders - alle drei Rassestandards verlangen den selben Körperbau.

Wenn alle drei Standards eine leicht gewölbte Lendenpartie verlangen - AKC wie oben; KC und FCI unter »Körper«, wie unten - bedeutet dies, dass die obere Linie nicht völlig gerade sein darf wie beim Fox Terrier. Eine leichte Wölbung ist durch den Ansatz des Hüftknochens bedingt. Steht die Hüfte zu horizontal, könnte der Terrier zwar elegant sein, aber er hat einiges an Kniewinkelung verloren, opfert dadurch viel an Schrittweite, woraus der notwendige Schub für ein müheloses, den Boden deckendes Gangwerk resultiert.

KÖRPER
KC und FCI: *Brustkorb von mäßiger Tiefe, hinter den Schultern von zwei durchschnittlich großen Händen zu umfassen. Rücken kräftig und gerade. Lende leicht gewölbt. Harmonisch gebaut. Die Länge des Rückens vom Widerrist zum Ansatz der Rute ist gleich der Höhe vom Widerrist zum Boden.*

Der Jack Russell sollte quadratisch aufgebaut sein und ausgewogen wirken, bei mäßiger Brusttiefe.
Foto: Sheila Atter.

AKC: *Körper. Die Proportionen von Höhe zur Länge lassen den Hund quadratisch und ausgewogen erscheinen. Der Rücken ist weder kurz noch lang. Der Rücken erscheint niemals schlaff, ist aber seitlich flexibel, so dass sich der Hund im Bau drehen kann. Mäßige Taille. Brustkorb schmal und von mäßiger Tiefe, so dass der Hund in der Brust eher athletisch als schwer wirkt. Brustkorb muss flexibel und komprimierbar sein. Die Rippen sind angemessen gewölbt, eher oval als rund, dürfen nicht tiefer als bis zu den Ellenbogen reichen.*

Der KC Standard verlangt einen gut ausgewogenen Körperbau, dabei entspricht die Rückenlänge von Widerrist zur Rutenwurzel der Widerristhöhe. Eine entsprechende Regelung finden wir im FCI Standard unter »wichtige Maßverhältnisse«. Der AKC Standard dagegen fordert einen quadratischen Hund, öffnet damit die Tür erneut für unterschiedliche Interpretationen.

In der Regel wird die Rute kupiert, wobei die Länge zum Körper passen muss. *Foto: John Valentine.*

In einer ganzen Anzahl von FCI Ländern ist heute Kupieren verboten. *Foto: Sheila Atter.*

Hinsichtlich der Brustpartie sind die Standards von KC und FCI weniger detailliert, verlangt wird lediglich »Brustkorb von mäßiger Tiefe«, man überlässt die Kontrolle dem Umspannen, eine Regelung, die wir beim AKC Standard erst unter der »Fehlerregelung« finden. Etwas verwirrend ist die Wortwahl im AKC Standard, wonach die Rippen »not extending past the level of the elbow« sollen. Richtig formuliert wäre »not extending *below* the level of the elbow«.

RUTE
KC und FCI: *Kräftig, gerade, hoch angesetzt. Üblicherweise auf eine zum Körper passende Länge kupiert, die einen festen Zugriff mit der Hand ermöglicht.*

AKC: *Hoch angesetzt, kräftig, fröhlich getragen, aber nicht über den Rücken gezogen oder geringelt. So kupiert, dass die Rutenspitze ungefähr in der Höhe des Schädels liegt, um einen guten Zugriff zu ermöglichen.*

Korrekte Winkelung ermöglicht einen geschmeidigen, mühelosen Bewegungsablauf.
Foto: Sheila Atter.

Auch hier wieder ist der AKC Standard ausführlicher als die beiden anderen. Das Kupieren ist eine kosmetische Frage, heute in vielen FCI Ländern verboten. Deshalb sollte kein Hund bestraft werden, weil seine Rute zu kurz oder zu lang wäre. In keinem anderen Standard wird eine Rute gefordert, die bis zur Ebene des Oberkopfes reicht.

VORHAND
KC und FCI: *Schultern lang und schräg, gut zurückliegend, klar umrissen am Widerrist. Kräftige Läufe, die gerade sein müssen, mit Gelenken, die weder nach innen noch nach außen drehen. Ellenbogen am Körper anliegend, an den Seiten frei beweglich.*

AKC: *Schultern lang und schräg, gut zurückliegend, klar am Widerrist umrissen. Schulterblatt und Oberarm ungefähr von gleicher Länge. Die Vorderläufe stehen gut unter dem Hund. Die Ellenbogen stehen senkrecht zum Körper, bewegen sich frei an den Seiten. Die Läufe sind gerade und stark bei guter Knochensubstanz. Die Gelenke drehen sich weder nach innen noch nach außen. Vordermittelfuß fest und nahezu senkrecht.*

Auch hier wieder sind die Standards von FCI und KC identisch. Da Hunde keine Schlüsselbeine haben, ist die Frontpartie nur durch Muskeln mit dem Rippenkorb verbunden. Und da die Vorhand eines Hundes ungefähr 60 Prozent des Körpergewichts trägt, die auch Stoß und Schub aus der Hinterhand absorbieren muss, ist es außerordentlich wichtig, dass die Proportionen und Winkelungen korrekt sind; nur dadurch wird eine glatte, mühelose Bewegung gewährleistet.

Das Schulterblatt (Scapula) sollte von gleicher Länge - oder geringfügig etwas mehr - sein als der Oberarm (Humerus). Der Winkel des Schulterblatts, auf dem Scapulakamm gemessen, sollte etwa 30 Grad gegenüber Vertikal betragen. Diese Winkelung gestattet dem Hund, angemessen auszugreifen, was bei einer steilen Schulter (also kürzerem Humerus) nicht der Fall ist. Zu steile Schulter führt zu einem gestelzten Gang. Wenn bei einem unausgewogenen Hund eine steile Schulter mit gut gewinkelter Hinterhand zusammentrifft, ist der Schub von hinten länger als das Ausgreifen vorn; dies führt zu einer *Hackneybewegung*, denn der Hund muss die Vorderläufe vor den Hinterläufen wegnehmen. Diese fehlerhafte Konstruktion verhindert, dass sich der Hund mühelos bewegt, und ein Hund, der leicht ermüdet, wird nie ein guter Arbeitshund. Man denke an die Eigenschaften unter der Überschrift »Allgemeine Erscheinung«: »arbeitsfreudig, lebhaft, wendig; für Schnelligkeit und Ausdauer gebaut«. Dies alles geht durch eine nicht korrekte Front verloren.

PFOTEN:
KC und FCI: *Kompakt mit festen Ballen, weder nach innen noch nach außen gedreht.*

AKC: *Rund, katzenähnlich, sehr kompakt, Ballen dick und hart, Zehen mäßig gewölbt und nach vorne zeigend, weder nach innen noch nach außen gedreht.*

Wie gewöhnlich ist auch hier der AKC Standard wieder ausführlicher, fordert, dass die Zehen weder nach innen noch nach außen drehen dürfen. Ich persönlich habe noch nie einen Hund mit katzenartigen Pfoten gesehen. Trotzdem - Hunde laufen und rennen auf ihren Pfoten, deshalb sollten sie mit Sicherheit dick und hart sein. Und es ist logisch, dass ein Hund mit korrekter Vorderfront nach vorne zeigende Pfoten aufweist.

HINTERHAND
KC: *Kräftig, muskulös, mit guter Beugung des Kniegelenks. Hintermittelfuß kurz und parallel, viel Schub bewirkend.*

FCI: *Kräftig, muskulös mit guter Winkelung und Beugung des Kniegelenks. Hintermittelfuß kurz und parallel, viel Schub bewirkend.*

AKC: *Stark und muskulös, schön geformt, mit guter Winkelung und Beugung des Kniegelenks.*

Das Fell muss hart und dicht sein, eng anliegen, gleich ob rau oder glatt.

Die Rassestandards

Hintermittelfuß nahe der Erde, parallel, viel Schub bewirkend. Pfoten wie bei Vorhand.

Aufbau und Winkelung der Hinterhand sollte ein Spiegelbild der Vorhand sein, den Eindruck perfekter Harmonie und Ausgewogenheit vermitteln. Da es die Hinterhand ist, aus welcher der Schub kommt, sind Kniewinkelung, Muskelkraft und Form des Sprunggelenks von größter Bedeutung. Kuhhessigkeit und Fassbeinigkeit beeinträchtigen beide gerades Vorwärtsbewegen, belasten auch die Muskulatur und Bänder, ermüden den Hund - sollten deshalb bestraft werden. Alle drei Standards könnten unter dieser Überschrift etwas ausführlicher sein.

HAARKLEID UND HAUT
KC und FCI: *Von Natur aus harsch, anliegend und dicht, rau oder glatt. Bauch und Unterseiten behaart. Haut muss dick sein und locker anliegen.*

AKC: *__Glatthaar:__ Doppeltes Haarkleid. Harsch und wetterfest, kurz aber fest, dicht und reichlich, Bauch und Unterseiten der Schenkel sind nicht nackt. __Broken:__ Doppeltes Haarkleid. Harsch und wetterfest. Kurzes, dichtes Unterhaar, bedeckt von einem harschen, geraden, dichten Mantel, welcher an Körper und Läufen flach und eng anliegend ist. Es bildet sich ein klarer Umriss, bei dem Augenbrauen und Bart nur leicht angedeutet sind. Bauch und Unterseiten der Läufe nicht nackt. Das Haarkleid zeigt keine ausgeprägte Tendenz zu Wellen oder Locken. Immer wird der Terrier in seinem natürlichen Aussehen präsentiert, nicht übertrieben zurechtgemacht. Künstliches Skulptieren ist schwer zu bestrafen. __Fehler:__ Weiches, seidiges, wolliges oder lockiges Haarkleid, fehlendes Unterhaar.*

Der FCI Standard stellt *Haut* unter eine eigene Überschrift, unterstreicht dabei die Bedeutung. Aufgabe des Terriers ist es, einen Fuchs unter der Erde zu jagen, dafür braucht er ein Fell, das dick und locker genug ist, um Verletzungsanfälligkeit zu mindern - die darunter liegenden Organe zu schützen. Sicherlich ist die Erwähnung von lockigem oder gewelltem Haarkleid nützlich, derartiges Haar weist auf Einkreuzung fremden Blutes hin. Aber die Wortwahl zeigt selbst, dass eine leichte Neigung zu

Zur idealen Markierung gehört auch ein Fleck am Rutenansatz. Foto: Sheila Atter.

Locken oder Wellen gestattet ist. Da die Amerikaner mehr oder weniger dazu neigen, ihre Ausstellungshunde übermäßig zurechtzumachen, zu färben, zu trimmen und zu formen, ist wahrscheinlich eine Bestrafung solcher Handlungen vernünftig. Ich persönlich bevorzuge die Präsentation von Hunden in sehr viel natürlicherem Zustand. Selbst übermäßiges Trimmen macht es für einen Richter schwierig, das Haarkleid richtig zu beurteilen.

FARBE
KC: *Vollständig weiß oder mit lohfarbenen, gelben oder schwarzen Abzeichen, oder jede Kombination dieser Farben, vorzugsweise beschränkt auf Kopf und Ansatz der Rute.*

FCI: *Vollständig weiß oder mit lohfarbenen, gelben oder schwarzen Abzeichen, vorzugsweise beschränkt auf Kopf und Ansatz der Rute.*

AKC: *Weiß, Weiß mit schwarzen oder lohfarbenen Abzeichen oder eine Kombination dieser, dreifarbig. Die Farben sind klar. Die Abzeichen sind vorzugsweise auf Kopf und Rutenansatz beschränkt. Viel Körperfarbe nicht erwünscht. Grizzle (Grau) ist annehmbar, darf aber nicht mit Gestromt verwechselt werden.*

Auch der AKC Standard verlangt klare Farben, fährt dann fort, *Grizzle* zu akzeptieren - für mich ein Widerspruch. In Amerika scheint *Lemon* - Gelb - nicht zu existieren.

GANGWERK/BEWEGUNG
KC und FCI: *Frei, lebhaft, harmonisch, gerade im Kommen und Gehen.*

AKC: *Gangwerk und Bewegung sind der entscheidende Test für anatomisch richtigen Körperbau. Die Bewegung des Terriers ist frei, flott, gut koordiniert, mit gerader Bewegung vorne und hinten. Die Bewegung muss raumgreifend sein, mit viel Schub und langen Schritten.*

Hier ist der AKC Standard hervorragend. Die Erwähnung von Vortritt, Schub und langen Schritten sollte mit Sicherheit in die zwei anderen Standards mit aufgenommen werden.

WESEN
KC und FCI: *Unerschrocken und freundlich.*

AKC: *Unerschrocken und freundlich. Athletisch und intelligent. Bei der Arbeit ist er ein tüchtiger Jäger, beharrlich und mutig. Zu Hause ist er verspielt, übermütig und äußerst anhänglich. Er ist ein selbstständiger und energischer Terrier und braucht sehr viel Zuwendung. Er darf nicht streitsüchtig sein. Scheue darf nicht mit Unterwürfigkeit verwechselt werden. Unterwürfigkeit ist kein Fehler. Aber Raufen ist nicht annehmbar.* **Fehler:** *Scheue.* **Disqualifikation:** *Offene Aggression gegenüber anderen Hunden oder gegenüber Menschen.*

Für den Richter im Ausstellungsring ist es schwierig, die Arbeitsqualitäten eines Hundes zu beurteilen, ebenso, ob er zu Hause verspielt ist. Dies zu beurteilen ist bestimmt nicht einfach, aber mit Sicherheit bedeuten die zwei Worte *unerschrocken und freundlich,* dass ein Hund weder scheu noch übermäßig aggressiv sein darf. Persönlich glaube ich, dass Unterwürfigkeit kein Charakteristikum ist, das man beim Parson Jack Russell findet. Weiterhin glaube ich, dass Scheue ebenso hart wie Aggression bestraft werden sollte. Beide Eigenschaften machen den Hund für die Arbeit, für die er gezüchtet wurde, ungeeignet. Alle drei Standards verlangen einen unerschrocken und freundlichen Hund, ein aggressiver Hund ist aber nicht freundlich. Auch der Parson hätte keinem dieser Hunde ein Zuhause geboten.

Die Rassestandards

SPANNING
AKC: *Um den Brustumfang eines Terriers zu messen, sollte man diesen von hinten umspannen, dabei nur die Vorderläufe vom Boden heben, die Brust leicht zusammendrücken. Direkt hinter den Ellenbogen liegt der kleine feste Teil des Brustkorbs. Gegen die Mitte zu ist der Brustkorb größer, aber dieser sollte sich elastisch anfühlen. Umspannen Sie mit den Händen hinter den Ellenbogen vorne den Brustkorb. Dabei muss der Brustkorb von zwei durchschnittlich großen Händen leicht zu umspannen sein. Die Daumen begegnen sich an der Wirbelsäule, die Finger unter dem Brustkorb. Dies ist ein wichtiges Merkmal und wesentlicher Bestandteil des Richtens. Ohne diese Prozedur kann kein Hund richtig bewertet werden.*

Der Kennel Club Standard stellt unter der Überschrift *Brustkorb* fest, »von mäßiger Tiefe, hinter den Schultern von zwei durchschnittlich großen Händen zu umfassen«. Der FCI Standard lautet genauso. Der Inhalt aller drei Hinweise ist sich ähnlich.

DISQUALIFIKATIONEN
AKC: *Schulterhöhe unter 12 inches oder über 15 inches. Stehohren, leberfarbener Nasenschwamm. Vier oder mehr fehlende Zähne. Vorbiss, Rückbiss oder Kulissenstellung. Gestromte Abzeichen. Offene Aggression gegenüber anderen Hunden oder Menschen.*

Die meisten oben erwähnten Fehler habe ich bereits kommentiert. Der Kennel Club und die FCI haben keine Disqualifikationsliste, verlangen dagegen:
»Jede Abweichung von den vorgenannten Punkten sollte als Fehler angesehen werden, dessen Bewertung in genauem Verhältnis zum Grad der Abweichung stehen sollte.«
Dies bedeutet, dass der Richter in die Lage versetzt wird, mehr subjektiv zu urteilen, möglicherweise in erster Linie den Typ zu berücksichtigen. Obige Regelung gilt für alle Rassestandards des Kennel Clubs.
KC und FC Standards enden mit dem Hinweis:
»Rüden sollten zwei offensichtlich normal entwickelte Hoden aufweisen, die sich vollständig im Hodensack befinden.«
Der AKC Standard enthält diese Forderung in einer für alle Rassen geltenden Grundregelung, wonach gefordert wird, dass die Fähigkeit zu sehen und zu hören vorhanden sein muss sowie bei Rüden beide Hoden vorhanden sein müssen. Diese Regelungen werden dann nicht noch einmal in den einzelnen Rassestandards aufgeführt.
Insgesamt betrachtet meine ich, obwohl der AKC Standard in vielen Punkten präziser und beschreibender ist, er dennoch einen anderen Typ als die englischen Hunde beschreibt. Richter wie Züchter sollten sich mit dem Originalstandard des Parson und mit dem Standard von Heinemann vertraut machen, dazu so viel wie möglich alte Bücher, Stiche und Gemälde betrachten, um den korrekten Typ zu erkennen.

Kapitel 10
FELL-PFLEGE

Für die große Mehrheit von Rassehunden sind Farbe und Haartyp wesentliche Merkmale, der Jack Russell Terrier bildet keine Ausnahme. Bei vielen Rassehunden sind auch Felldichte, -struktur und -länge wichtige Eigenschaften, welche die Tauglichkeit des Einzelhundes für die ursprünglich vorgesehene Arbeitsaufgabe beeinflussen. Auch hier wiederum ist der Jack Russell Terrier keine Ausnahme.

STRUKTUR UND LÄNGE
Beim Jack Russell Terrier gibt es drei akzeptierte Fellvariationen. Alle sind gleich korrekt, vorausgesetzt Dichte und Struktur sind von guter Qualität. Der Jack Russell Terrier kann entweder glatthaarig, *broken* oder rauhaarig sein.

Alle drei Haararten sind im Grundaufbau gleich, sie bestehen aus dichter Unterwolle und wetterfestem Deckhaar. Es ist immer nur die Länge des Deckhaars, die variiert, dadurch hat man drei äußerlich verschieden aussehende Terrier, die aber dennoch eindeutig zur gleichen Rasse gehören. Der Haartyp hat für die Arbeitsfähigkeit des Terriers eine geringe Bedeutung, solange Struktur und Dichte des Fells korrekt sind. Als Arbeitsrasse unter den Terriern muss das Fell des Jack Russell ihn gegen Kälte und Nässe schützen, ebenso gegen oberflächliche Verletzungen. Dabei sind Struktur und Dichte von wesentlicher Bedeutung, um den Arbeitsterrier zu schützen, demnach wesentlich wichtiger als das äußere Bild.

Ein gutes, schützendes Fell besteht aus dichter, weicher, isolierender Unterwolle, durchbrochen von hartem (aber nicht harschem), geradem, fettigem und dadurch wasserfestem Deckhaar. Das Deckhaar variiert in seiner Länge von etwa 2 bis 6 cm, insbesondere rund um Hals und quer über die Schulter. Starke Befederung oder ein offenes oder dünnes Fell führen höchstwahrscheinlich zu Krankheiten, wenn der Hund widrigen Elementen ausgesetzt wird. Zu erwarten sind auch schmerzende und steife Gelenke, insbesondere bei älteren Hunden. Weiterhin besteht eine Anfälligkeit gegen äußere Verletzungen des Körpers, wenn das Fell keinen angemessenen Schutz bietet.

Obgleich die Länge des Deckhaars selbst beim glatthaarigen Russell variabel ist, ist die Unterwolle immer die gleiche, wirkt wie eine schützende Isolierschicht und bildet ein Luftpolster. Das Deckhaar sollte - auch beim glatthaarigen Russell - rund um den Hals und über der Schulterpartie etwas länger sein und konzentrierter wirken. Dies gibt dem Terrier Schutz gegen widrige Umgebung, ist auch gemeinsames Merkmal vieler Hunderassen ohne züchterische Übertreibungen. Das Fell sollte völlig gerade sein, flach am Körper anliegen, damit unabhängig vom Felltyp dem Terrier besten Schutz bieten.

Obwohl die große Mehrheit der Jack Russell Terrier heute sehr viel mehr Zeit ihres Lebens entspannt in der behaglichen Wärme der Häuser ihrer Besitzer verbringen, dürfen wichtige Aspekte des Erbes dieser Rasse nie vergessen werden. Als vorwiegend für die Arbeit gezüchteter Terrier sollte die Rasse unverändert in der Lage sein, die gleiche Tagesarbeit zu verrichten wie ihre Vorfahren. Deshalb müssen die Schlüsselmerkmale der Rasse in jedem Zuchtprogramm stets die Priorität haben.

Die äußere Linie des Jack Russell Terriers sollte klar geschnitten und leicht zu identifizieren sein, gleich ob Glatthaar, Broken oder Rauhaar. Dies ist ein wichtiges Merkmal des Jack Russell - man ist überzeugt, dass Reverend John Russell immer anstrebte, dass auf Schussentfernung seine Terrier

FELLTYPEN
Foto: Sheila Atter.

Broken-coated: *Die äußeren Linien sind klar umrissen, der Hund wirkt um Hals und Schulter etwas ausgefranst.*

Glatthaarig: *Dieses Fell ist bei dichter Unterwolle recht wetterfest.*

Rauhaarig: *Das Deckhaar ist länger, sollte aber immer dem Körper flach anliegen.*

glatthaarig wirkten, unabhängig vom Felltyp. Ziel ist ein naturbelassener Jack Russell Terrier ohne Trimmen und Zurechtmachen. Natürlich wird der *Broken* und *Rough Coated Jack Russell* eine etwas zottigere Außenlinie rund um Hals und Schultern haben, aber dies sollten die einzigen Bereiche sein, wo sich die äußere Linie weniger scharf abzeichnet. Die Läufe müssen klar umrissen und glatt wirken, bedeckt von dichtem, kurzem und schützendem Haar. Auch Bauch und Unterseiten müssen gut bedeckt sein, wobei wenig oder keine Haut sichtbar sind.

FARBEN
Der Standard des Parson Jack Russell Terrier bestimmt als einzige akzeptable Farbe Weiß, Reinweiß oder mit Abzeichen. Jede andere Farbe als Weiß sollte im Idealfall auf Kopf und Rutenwurzel beschränkt sein. Dabei steht die Farbe immer an zweiter Stelle, trotzdem gehört sie zum richtigen Rassetyp. Akzeptable Markierungsfarben sind Zitronenfarben, Lohfarben oder Schwarz - oder eine Kombination von Schwarz mit Lohfarben oder Zitronenfarben - dies nennt man Dreifarbig. *Tricolour* ist ein Terrier mit schwarzlohfarbenen oder schwarzzitronenfarbenen Abzeichen auf weißem Untergrund. Farbmutationen treten von Zeit zu Zeit auf, ausgelöst durch ein Defektgen hinsichtlich der schwarzen Farbe. Beispiele sind Blau, wobei sich jede schwarze Farbe in Grau bis Stahlblau verändert - einschließlich Nase - oder *Chocolate* - wo anstelle der schwarzen Farbe Schokoladenbraun auftritt - einschließlich Nase. Diese nicht schwarzen Farben treten beim Terrier überall auf - einschließlich der Nase. Die Augen derartiger Terrier sind im Allgemeinen grau oder gräulich, abweichend von Dunkelhaselnussfarben oder Schwarz, ihre Nase ist stets grau, beziehungsweise braun. Solche Merkmale entstehen in der Regel durch rezessive Gene, dementsprechend sind beide Elterntiere verdächtig, das entsprechende Merkmal zu tragen. Blaue oder schokoladenfarbene Flecken und/oder Nasen werden beim Jack Russell als außerordentlich unerwünscht angesehen. Im Idealfall sollte von keinem der Elterntiere nochmals gezüchtet werden.

Wenn Jack Russell Terrier Weiß mit Lohfarben oder Weiß mit Zitronenfarben markiert sind, sind Nase und Augenränder die einzigen Bereiche, wo sich das Vorhandensein der genetischen Farbmutation zeigt. Für einen Terrier mit dunkelbraunen Flecken, aber schwarzer Nase, gilt nicht das Gleiche, diese Farbkombination ist ungewöhnlich, tritt aber von Zeit zu Zeit auf. Terrier, Weiß mit zitronenfarbenen Abzeichen sind grundsätzlich eine hellere Variante des Terriers Weiß mit Lohfarben. Im Allgemeinen werden sie reinweiß geboren, die Farbbereiche entwickeln sich über einige Wochen. Die Lohfarbe tritt unterschiedlich auf, bei einigen Russells sogar Zobelfarben oder - manchmal Grizzle - auf Distanz betrachtet wirken diese Farben weitgehend gleich.

Weißlohfarbene Welpen werden mit den lohfarbenen Flecken geboren, die selten ihre Farbe verändern, Zobelfarben oder Grizzle wirken bei Geburt in der Regel schwarz, entwickeln ihre echte Farbe innerhalb von ein oder zwei Wochen. Reiche Rotfärbung wird als unerwünscht angesehen, das Gleiche gilt für Gestromt (brindle) - das nie mit Grau (grizzle) verwechselt werden darf.

Dreifarbige Russells haben Markierungen aus drei verschiedenen Mustern, sie alle werden Tricolour genannt, aber jede ist hinsichtlich der Genetik und dem Erscheinungsbild anders. Fast alle dreifarbigen Welpen sind - oder wirken - weiß mit schwarz, wobei eine Spur Lohfarben rund um die Augen und an den Wangen auftritt. Mit weiterem Heranwachsen vermehrt sich die Lohfarbe auf den Körperabzeichen in verschiedenem Maße, je nach der dahinter stehenden Zucht. Bei einigen dreifarbigen Russells mit nur Kopfabzeichen erscheint der ausgereifte Hund als Weiß mit Lohfarben, nicht Tricolour, dies ist aber ausschließlich durch das Fehlen von Körperfarbe bedingt, mehr Schwarz würde als Flecken entlang dem Rücken sichtbar werden. Weiße Russells mit schwarzen Markierungen sind verhältnismäßig selten, etwas häufiger treffen wir auf Russells mit schwarzen Abzeichen und lohfarbenen Flecken auf den Wangen, über den Augen und im Innern der Ohren wie unter der Rute. Auch diese Terrier werden als *Tricolour* klassifiziert. Wieder gilt, solche Russells sind genetisch wie im Äußeren recht unterschiedlich gegenüber den sehr verbreiteten *Hound-marked Tricolour.*

FELLFARBEN
Fotos: Sheila Atter.

Eine dreifarbige Hündin (tricolour).

Rüde, Weiß mit Lohfarben (tan and white).

Auch diese Markierungen nennt man Tricolour.

Das große Jack Russell Terrier Buch

Augenlider und Lefzen sollten im Idealfall dunkelpigmentierte Haut haben, deshalb werden viele weiße und weißlohfarbene wie weißzitronenfarbene Jack Russell mit schwarzer Maske geboren. Mit der Weiterentwicklung verblasst diese, manchmal verschwindet das Schwarz insgesamt mit Ausnahme von Fangwinkel und rund um die Augen. Diese Terrier werden aber als Weiß/Lohfarben oder Weiß/ Zitronenfarben, nicht als Tricolour klassifiziert. Die Maske ist nur ein Hinweis auf starkes Augen- und Lefzenpigment.

Die Farben aller Flecken auf Ihrem Jack Russell Terrier geben Hinweise hinsichtlich der Hunderassen, die unter den Ahnen des betreffenden Hundes einflussreich gewesen sein könnten. Glatthaar Fox Terrier, Border Terrier und Beagle, sie alle sind Hunderassen, die beim Jack Russell Terrier erwünschte Eigenschaften verstärkten, zumindest dazu beigetragen haben. Tatsächlich sind Glatthaar Fox Terrier und Parson Jack Russell Terrier für das unerfahrene Auge überhaupt nicht unterscheidbar, ehe sich die Köpfe zu entwickeln beginnen. Sie alle haben ein Fell ähnlicher Struktur und Dichte, sie unterscheiden sich aber in Farbe und Abzeichen. Drahthaar Fox Terrier, Lakeland Terrier und Sealyham Terrier sind auch Rassen, die von Zeit zu Zeit bestimmte Linien beeinflusst zu haben scheinen. Diese Rassen haben aber eher unerwünschte Merkmale in die Rasse gebracht, welche die Fähigkeiten, die geplanten jagdlichen Aufgaben zu erfüllen, beeinträchtigen. Lakeland Terrier, Sealyham Terrier und Drahthaar Fox Terrier haben alle dichtes - beim Drahthaar Fox und Lakeland gewelltes oder gelocktes Fell. Der Sealyham Terrier ist kurzläufiger als der ideale Jack Russell, der Lakeland hat ein deutlich anderes Wesen. Für einen idealen Jack Russell Terrier sind diese Merkmale unerwünscht, sind Eigenschaften einer ganz anderen Terrierart.

PFLEGE

Die Pflege spielt bei der Gesundheitsbetreuung des Hundes eine wesentliche Rolle. Sie ist eine Aufgabe, die ideale Möglichkeiten bietet, die eingesetzte Zeit zu nutzen, den Hund auf Parasiten wie Flöhe und Zecken, Verletzungen, Knoten und Wunden zu untersuchen. Regelmäßige Fellpflege vertieft auch die Beziehung zum Hund, verbessert die Muskelkondition und hält das Fell sauber. Als Rasse braucht der Jack Russell Terrier verhältnismäßig wenig Pflege, um sein Fell in guter Kondition zu halten. Dementsprechend ist auch die Pflegeausrüstung minimal, verhältnismäßig wenig aufwendig.

Natürlich ist der genaue Pflegebedarf des Jack Russells abhängig von dem Felltyp, den er besitzt. Alle Hunde brauchen regelmäßiges Bürsten, diese Pflegeroutine sollte vom ersten Tag der Übernahme des Hundes begonnen werden. Durch regelmäßiges Bürsten wird loses Haar und tote Haut entfernt, dadurch fördert man das Fellwachstum, hält auch die Haut gesund. Für den glatthaarigen Jack Russell Terrier reicht regelmäßiges Bürsten völlig aus. *Broken Coated* und rauhaarige Schläge profitieren vom *hand-stripping* oder *plucking* im Frühling jeden Jahres. Bei diesem Vorgang wird durch Ausziehen loses Deckhaar entfernt, Einsatz finden dabei Daumen und Zeigefinger. Diese Pflegeprozedur vermindert stark die Haarmenge im Umfeld des Hundes, fördert gesundes und neues Fellwachstum.

Pflegeausrüstung.

Fellpflege

AUSRÜSTUNG
Nachstehende Ausrüstung ist empfehlenswert: Pflegetisch, Drahtbürste, Pflegehandschuh, Metallkamm, Flohkamm, Schere, Trimmmesser, Trimmstein, Krallenzange, Shampoo, Listerinwasser (mouthwash) und Spiegel.

PFLEGETISCH: Auf dem Markt gibt es viele verschiedene Ausführungen, den Typ sollte man danach auswählen, ob er ständig am gleichen Ort steht - in der Wohnung oder im Zwinger - oder ob man ihn auch auf Hundeausstellungen mitnehmen möchte. Wenn man ihn mitnehmen und auf Ausstellungen häufig benutzen möchte, sollte man vielleicht einen leichtgewichtigen Tisch wählen, möglicherweise auch einen mit Rädern. Viele kaufen kurzerhand zwei Tische, einen für die Reise und den anderen für den häuslichen Gebrauch.

Ein Pflegearm, ausgestattet mit einer Schlinge, die dem Hund um den Hals gelegt wird, kann ein Zubehör sein, das einen etwas lebhaften Terrier besser zu kontrollieren hilft - er wirkt etwa wie eine dritte Hand. Sie dürfen aber nie - nie - einen Hund - Junghund oder Erwachsener - auf dem Pflegetisch in einer solchen Schlinge alleine lassen. Es gibt Sicherheitsclips, durch die der Hund schnell freigegeben wird, sie werden in Spezialkatalogen angeboten. Sie werden zwischen Pflegearm und Schleife angebracht, verhindern, dass der Hund erstickt, wenn er versehentlich vom Tisch springt. Dieser Clip öffnet die Schlinge, wenn viel Gewicht darauf drückt, man kann die Vorrichtung entsprechend anpassen. Es gibt eine Reihe von Fällen, bei denen Hunde gestorben sind, weil sie vom Pflegetisch sprangen und sich in der Schlinge erhängten - Sie sollten alles tun, dass so etwas Ihrem Hund nie passiert.

Wenn Sie mit Ihrem Welpen Ausstellungspläne haben, sollte Ihr Pflegetisch ein Teil der wöchentlichen Pflegeroutine werden. Frühe Erfahrungen und die Erziehung auf dem Pflegetisch erfolgen mit viel Leckerbissen und Lob, während der Hund leicht durchgebürstet wird. Der wichtigste Aspekt der Gewöhnung an den Pflegetisch ist der Aufbau positiver Empfindungen beim Hund.

Wenn Jack Russells zu einem Schönheitswettbewerb antreten, werden sie vom Richter auf dem Richtertisch kontrolliert, ihre Anatomie geprüft. Je sicherer sich Ihr Hund auf einem Tisch fühlt, umso leichter fällt ihm die Präsentation im Ausstellungsring - und auch tierärztliche Untersuchungen profitieren davon.

SLICKERBÜRSTE: Hierbei handelt es sich um eine sehr feine Drahtbürste mit glattem Rücken und einem Griff. Es gibt mehrere Varianten, weichere und härtere. Die weichere Version benutzt man für Junghunde, die mittlere Version für Erwachsene. Achten Sie darauf, die Slickerbürste nie mit schwerer Hand zu führen, leicht verletzt man die Haut - für den Hund ein außerordentlich unangenehmes Erlebnis.

PFLEGEHANDSCHUH: Ihre Hand passt genau ins Handschuhinnere, dabei liegt die Bürstenseite auf Ihrer inneren Handfläche. Bearbeiten Sie den Hundekörper in gleicher Richtung wie das Haarwachstum, nie gegen den Strich, wischen Sie einfach Ihren Jack Russell von oben nach unten ab. Der Pflegehandschuh hält das Fell glatt und glänzend, betreibt gleichzeitig eine gute Hautmassage.

METALLKAMM: Der optimalste Kamm hat eine Breite von 7 inch (18 cm), Länge des einzelnen Zahns 1 inch (2,54 cm), am einen Ende weitzahnig, am anderen stehen die Zähne enger beieinander.

FLOHKAMM: Mit diesem Kamm kann man kurzes Haar flach halten, dabei bereits erste Anzeichen von Flohbefall feststellen.

SCHEREN: Zum Trimmen von Pfoten und Ballen verwendet man eine stumpfe, gebogene Schere; weiter braucht man zum Bearbeiten des Profils eine Ausdünnschere, um die entsprechenden Bereiche zu säubern. Für die Pflege von *broken or rough-coated* Fell erweist sich die Ausdünnschere als recht nützlich. Der beste Typ der Ausdünnscheren hat ein festes und ein gezahntes Blatt. Nie sollten Sie eine Schere kaufen, ohne sie zuvor mit der Hand auszuprobieren. Jeder Mensch hat eine etwas unterschiedliche Hand, was für den einen bequem ist, ist für den anderen unbequem. Im Allgemeinen setzen Sie eine Schere auch öfter ein, wenn Sie Ihnen gut in der Hand liegt und leicht zu gebrauchen ist.

TRIMMMESSER: Hier gibt es eine breite Auswahl verschiedener Blattgrößen - grob, mittel und fein. Achten Sie darauf, dass das Messer Ihnen gut in der Hand liegt - mit Trimmmessern ist es wie mit Scheren, Sie müssen sie immer ausprobieren. Es ist gut, ein mittelfeines Messer zur Hand zu haben. Wenn man es nicht zum Ausdünnen einsetzt, kann man damit auch durch das Fell kämmen. Das beste Trimmen geschieht aber immer mit den eigenen Fingern.

TRIMMSTEIN: Trimmsteine sind von schwarzer Farbe, man nennt sie oft auch Lavastein. Sie sind recht preiswert, ein exzellentes Werkzeug, um totes oder loses Haar zu entfernen.

KRALLENZANGEN: Sie sind für die Hundepflege ein Muss, gleich ob für Familienhund oder Ausstellungshund. Man sollte ausschließlich Zangen nehmen, die eigens für Hunde angefertigt sind. Wenn Sie bei dem Nagel kürzen Ihres Hundes etwas ängstlich sind, könnte eine Nagelfeile helfen, denn sie nimmt je nach Druck immer nur ein kleines Stück vom Nagel ab. Wichtig ist, dass man mit Feile oder Zange sorgfältig darauf achtet, nicht *ins Leben* zu schneiden. Bei hellen Nägeln ist die Ausdehnung der Blutgefäße deutlich zu erkennen, bei dunklen muss man diese erst herausfinden. Möglicherweise kann man sich bei diesen Hunden das richtige Nagel kürzen einmal vom Tierarzt oder einem erfahrenen Züchter zeigen lassen. Vorsicht, man sollte immer einen blutstillenden Stift zur Hand haben, falls man doch einmal *ins Leben* vordringt.

SHAMPOO: Für ein Vollbad empfiehlt sich die Verwendung eines Flohshampoos und eines Spezialshampoos für Terrierfell. Zwischen den Badeterminen kann man auch einmal ein Trockenshampoo einsetzen, insbesondere in den Bereichen, die besondere Pflege brauchen, beispielsweise Gesicht und Genitalbereich.

LISTERIN-MOUTHWASH: Man kann eine Mischung von einem Drittel Mouthwash und zwei Drittel Wasser nutzen, um das Fell zu reinigen und aufzufrischen, ohne dadurch seine natürliche Struktur zu beseitigen. Am besten wählt man hierfür eine Spritzflasche oder ein kleines Schälchen mit Schwamm, je nach dem, wie viel gebraucht wird.

SPIEGEL: Wenn Sie Ihren Pflegetisch vor einem Spiegel aufstellen, wäre dies von Vorteil. Während Sie Ihren Hund pflegen, können Sie immer beide Seiten sehen, die des Richters und Ihre eigene. Der Spiegel hilft Ihnen auch zu erkennen, wie Ihr Hund - wenn er aufgebaut wird - am besten aussieht. Zu seinem Vorteil können Sie die verschiedenen Arten der Aufstellungen ausprobieren. Die meisten amerikanischen Richter wünschen, dass die Hunde so vor ihnen aufgebaut werden, dass ihre Vorderpfoten den Tischrand gerade berühren.

ROUTINEPFLEGE
Im Allgemeinen wird der Jack Russell als pflegeleichter Hund angesehen. Wenn Sie viel Zeit für die Fellpflege einsetzen, könnte dies zum *over-grooming* führen. Die Pflegezeiten sollten kurz sein, insbesondere wenn Sie mit einem Junghund beginnen.

Bei der Pflege von Junghunden muss jede Sitzung Freude und Annehmliches bringen. Wählen Sie einen Zeitpunkt, wenn Sie gut ausgeruht und entspannt sind, denn Ihr Hund würde Spannungen aufnehmen und bald Tisch und Pflege als unangenehm empfinden.

Fellpflege

Fühlt sich Ihr Junghund auf dem Tisch wohl, können Sie ihn in aller Ruhe inspizieren. Als Erstes kontrollieren Sie seine Zähne, dann achten Sie auf Pfoten und Krallen, die möglicherweise gekürzt werden müssen, dann die Ohren, bei denen man überschüssiges Haar unter dem Ohrlappen trimmen und das Ohr selbst reinigen muss. Gehen Sie mit einem Flohkamm über das ganze Hundefell, kontrollieren Sie auf Parasiten.

Soll Ihr Hund künftig ausgestellt werden, sollten Sie auf gleiche Art wie ein Richter mit den Händen Ihren Hund abtasten, ihn dabei häufig loben. Gut wäre es, wenn ein guter Bekannter oder jemand anderes, der Ihren Hund nicht kennt, ihn überprüfen würde. Je mehr verschiedene Menschen dies tun, umso entspannter wird er sein, wenn er einmal auf dem Tisch im Ausstellungsring steht. Besitzen Sie einen Rüden, so müssen Sie ihn daran gewöhnen, dass auch seine Hoden kontrolliert werden, denn dies ist etwas, was der Richter jedes Mal, wenn er auf dem Tisch steht, tut.

AUGEN UND OHREN

Ein Jack Russell ist immer recht unternehmungslustig und neugierig, er gräbt in der Erde, kämpft sich durch die Büsche, deshalb sollte man besonders darauf achten, dass seine Augen sauber und frei von Schmutz sind. Wischen Sie diese mit einem feuchten Wattebausch aus, reinigen Sie die inneren Augenwinkel und entfernen Sie Schmutz, der sich angesammelt hat. Wenn das Auge besonders stark tränt, könnte es notwendig sein, dass Ihr Tierarzt das Auge des Hundes auf Allergien oder andere Reize untersucht.

Die Ohren säubert man mit einer Ohrreinigerlösung, eigens für Hunde hergestellt. Vorsicht, nicht zu tief in das Ohr eindringen, andernfalls könnten der Gehörgang oder das Trommelfell beschädigt werden. Stellen Sie irgendeinen anormalen Geruch, Ausfluss oder Krusten fest, sollten Sie den Tierarzt befragen. Jack Russells, die viel arbeiten, sammeln zuweilen Grassamen oder Grannen in den Ohren auf. Wenn Sie Ihren Hund beim Kratzen oder Schütteln der Ohren beobachten, könnte es notwendig sein, dass der Tierarzt sie überprüft. Grassamen wie Grannen können sich im Ohr verfangen, beträchtliche Schmerzen auslösen. Werden sie nicht entfernt, können sie selbst das Trommelfell durchbohren.

ZÄHNE

Jede Woche sollten Sie Zähne und Zahnfleisch Ihres Terriers kontrollieren, ganz besonders aber während des Zahnwechsels. Das Zahnfleisch muss rosa oder dunkel sein, je nach Pigmentstärke des Hundes. Kontrollieren Sie die Zähne auf Zahnsteinbildung, diese könnte zu Zahnproblemen in der Zukunft führen. Ausstellungsrichter mögen es meist überhaupt nicht, wenn ein Hund schmutzige oder gelbe Zähne hat.

Genau wie bei Menschen bildet sich bei einigen Hunden mehr Zahnstein als bei anderen. Es gibt eine Vielfalt von Methoden, das Zahnfleisch gesund und die Zähne sauber zu halten. Rohe Knochen

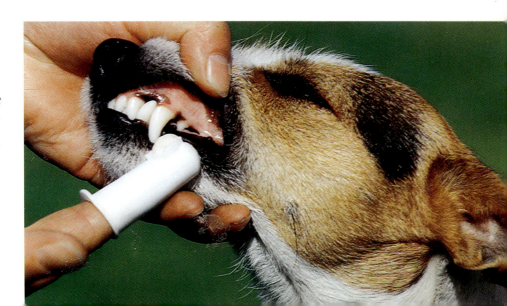

Wenn sich Zahnstein ansetzt, müssen die Zähne gesäubert werden.

Foto: John Valentine.

sind dafür geeignet, weil der Hund kauend einen großen Teil des Zahnsteins selbst entfernt. Es gibt auch Kauspielzeug mit kleinen Borsten, die nützlich sind, um die Zähne sauber zu halten. Dann empfiehlt sich ganz einfach der wöchentliche Einsatz einer Zahnbürste, eigens für Hundezähne geschaffen, man wähle dabei immer auch eine Zahnpasta, die für Hunde entwickelt ist. Knochen, Kauknochen, Spielzeug und Zahnpasta lassen sich auch miteinander kombinieren.

Zwar bringt es zusätzliche Ausgaben, wenn man durch den Tierarzt einmal jährlich die Zähne des Hundes von Zahnstein befreien und reinigen lässt, trotzdem ist dies eine gute Idee.

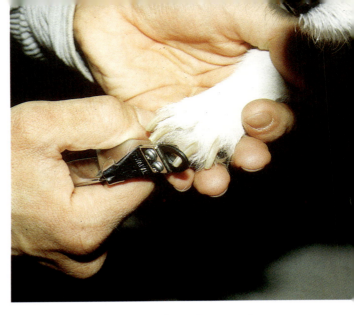

Die Krallen müssen regelmäßig gekürzt werden.
Foto: Sheila Atter.

Hierbei kontrolliert der Tierarzt auch auf lockere oder abgenutzte Zähne, die zu Gesundheitsstörungen führen könnten.

KRALLEN UND PFOTEN
Man sollte die Krallen des Hundes immer kurz halten. Am besten schneidet man die Kralle in einem Winkel senkrecht zur Längsachse der Kralle, etwa drei Viertel Zentimeter von der rosa Marke, *dem Leben,* bis zu der die Blutzufuhr geht. Sind die Krallen schwarz, müssen auf wöchentlicher Basis kleine Stücke gekürzt werden, das führt dazu, dass das Blutgefäß zurückweicht, man sie gleichmäßig kürzen kann. Schneiden Sie versehentlich ins *Leben,* muss blutstillender Puder oder ein blutstillender Stift auf die Stelle aufgetragen werden. Andernfalls kann man auch ein aufgeweichtes Stück Seife nehmen, damit die Schnittränder behandeln, um das Bluten zu stoppen. Kurz halten der Krallen ist wichtig - die Pfote wirkt im Ausstellungsring dadurch kompakter.

Wenn Ihr Welpe oder Ihr Hund nicht daran gewöhnt ist, kann das Krallenschneiden zur Plage werden. In solchen Fällen ist es zweckmäßig, sich der Hilfe eines Hundepflegers oder des Tierarztes zu bedienen. Hat Ihr Hund erst einmal mit dem Krallenschneiden schlechte Erfahrungen gemacht, muss man es durch Leckerbissen wieder aufhellen, möglicherweise zunächst nur eine Pfote behandeln und dann ein fröhliches Spiel einschalten.

Kontrollieren Sie die Haut rund um die Krallen und die Ballen der Pfoten auf Schmutz, Infektionen, Splitter oder Stacheln. Hunde können leicht Splitter oder Schmutz - insbesondere Grassamen - zwischen die Zehen bekommen und nicht in der Lage sein, sie selbst wieder zu entfernen.

Das Haar rund um die Pfote und zwischen den Ballen sollte getrimmt werden. Gibt es stärkeren Haarwuchs auf einer Terrierpfote, wirkt diese weich, nicht so geschlossen, wie sie sein sollte. Jack Russell Terrier sollten katzenähnliche Pfoten haben, deshalb müssen ihre Pfoten geschlossen und kompakt sein, nicht gespreizt mit offenen Flächen zwischen den Zehen.

Häufig lassen sich die Pfoten verbessern, wenn der Hund auf erbsengroßen Kieselsteinen läuft, das stärkt Kraft wie Gesamtkondition der Pfote.

TRIMMEN
Zumindest einmal jährlich muss der *Broken* und der *Rauhaar* Jack Russell *herausgetrimmt - stripped out* - werden, im Allgemeinen im Frühjahr. Unter Trimmen versteht man die Entfernung losen Deckhaars mit der Hand, bei den meisten Terrierrassen eine sehr verbreitete Übung. Das Handtrimmen oder *plucking* ist eine relativ schnelle und schmerzlose Prozedur, vorausgesetzt der Hund wird positiv darauf eingestellt und das Trimmen erfolgt während des Haarwechsels. Durch Trimmen wird nicht nur die Haarmenge im Umfeld des Tieres wesentlich reduziert, es führt auch zu ordentlichem, gleich-

Fellpflege

mäßigem Wachstum, und in kurzer Zeit gewinnt der Terrier ein glattes neues Fell. Pflege mit der Drahtbürste entfernt lose Unterwolle, deshalb bedarf danach nur noch das Deckhaar weiterer Pflege. Für einen Familienterrier bedarf es nur des einmal jährlichen Trimmens, äußerstenfalls zweimal. Der Ausstellungshund jedoch fordert etwas häufigeres regelmäßiges Trimmen, es bedarf mehr Aufmerksamkeit für Einzelheiten, um die äußere Linie sauber und klar umrissen zu halten.

Die meisten Hunde wechseln das Winterfell im Frühling jeden Jahres, dies ist die Zeit, in der das Fell die meiste Aufmerksamkeit braucht. Einige Terrier wirken durch den Verlust des Winterfells etwas irritiert, scheinen nahezu erleichtert, wenn sie getrimmt wurden. Das Fell geht so oder so aus, damit das neue wachsen kann. Ohne Trimmen dauert es aber mehrere Wochen, und über diese Zeit könnte Ihr Jack Russell Terrier recht ungepflegt wirken.

Vor dem Trimmen sollte das Fell gebürstet und gekämmt werden, man benutzt Drahtbürste und Kamm, um loses Haar und Schmutz zu entfernen. Vor dem Trimmen sollte ein Baden des Jack Russell Terrier nicht erforderlich sein, es kann aber gut tun, wenn nach abgeschlossenem Trimmen des Fells der Terrier mit einem milden antiseptischen und antibakteriellen Shampoo gewaschen wird. Dies entfernt Schmutz, Bakterien und zu viel Fett auf Fell und Haut. Insbesondere bei einem besonders schmutzigen, öligen oder dünnfelligen Jack Russell ist dies empfehlenswert. Man vermeidet Juckreiz und Unannehmlichkeiten, die durch eine folgende Hautinfektion sonst wahrscheinlich entstehen würden. Für eine ganze Reihe von Hunden scheint der Fellwechsel einigen Juckreiz auszulösen, und die häufigste Ursache für diesen Juckreiz sind Bakterien. Der Hund kehrt höchstwahrscheinlich rasch in seinen Normalzustand zurück, wenn das neue Fell durchbricht.

Kurz zusammengefasst, ein gutes Jack Russell-Fell lässt sich leicht trimmen, löst für den Hund keinen Stress aus. Richtiges Trimmen hinterlässt eine natürliche, saubere und schützende Unterwolle, schafft Platz für das neue Fell.

TRIMMEN SCHRITT FÜR SCHRITT

Um für das Trimmen mit der Hand *reif zu sein,* sollte man das Terrierhaar leicht ausziehen können, im Idealfall hat der Hund bereits mit dem Haarwechsel begonnen. Lässt sich das Haar noch schwer ausziehen, ist es möglicherweise noch nicht reif, dann lässt man es am besten einige Wochen länger stehen. Manchmal bietet das Trimmen keine praktikable Möglichkeit, das Wachstum zu kontrollieren, insbesondere wenn Ihr Jack Russell besonders üppiges Haar hat. Dann sollten Sie am besten den Rat eines guten Berufstrimmers einholen. Für einen Liebhaberhund kann als Alternative das elektrische Scheren die geeignete Pflegeart sein. Auch Trimmmesser können zum Herausnehmen losen Fells eine nützliche Alternative bieten.

Hat die Haut korrekte Struktur und Dicke, ist die beste Methode zur Kontrolle des Fells das Trimmen mit der Hand. Wenn man ein gutes Fell schert, wird das ohnedies abzustoßende Haar nur gekürzt und in den meisten Fällen hat danach das abgeworfene Haar scharfe Spitzen. Aber nur selten repräsentieren alle Vertreter einer Hunderasse das Ideal, und hier und da lassen sich auch allgemeine Trimmregeln für die Rasse nicht auf den Einzelhund anwenden. Wenn beispielsweise das Haar keine gute Struktur hat oder besonders dick ist, kann es möglich sein, dass es sich zum Trimmen mit der Hand nicht eignet. Dann kann es besser sein, das Trimmen in mehrere Sitzungen aufzuteilen, bis das üppige Haar entfernt ist. Durch Handtrimmen kann man mit der Zeit ein schlechtes Haar verbessern. Deshalb sollte diese Methode auch als einzige Form der Fellkontrolle beim Jack Russell gesehen werden, vorausgesetzt natürlich, dass dadurch der Hund nicht zu sehr unter Stress gerät. Aber ein erfahrener und geschickter Pfleger sollte in der Lage sein, bei einem guten Jack Russell-Fell das komplette jährliche Trimmen innerhalb einer Maximalzeit von drei Stunden durchzuführen. Ja - mit der Hand trimmen sollte als eine Maßnahme angesehen, welche in Wirklichkeit nur einen natürlichen Prozess beschleunigt und in kurzer Zeit ein hübscheres Aussehen ermöglicht. Weder für Hund noch Besitzer darf es jemals zu einer Plage werden.

Angenommen, das Haar wird abgestoßen, muss das Fell durch gründliches Bürsten - gegen und

TRIMMANLEITUNG SCHRITT FÜR SCHRITT
Fotos: Sheila Atter.

1. Der ungetrimmte Hund.

2. Beginn mit gründlichem Durchbürsten.

4. Bürsten Sie gegen den Strich.

3. Verwenden Sie fürs nächste Stadium die große Drahtbürste.

5. In gleicher Art wird der Kamm verwendet.

Fellpflege

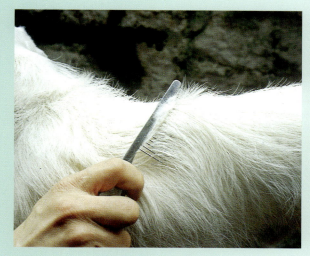

6. Das Fell wird völlig durchgekämmt.

9. Fassen Sie das Haar zwischen Daumen und Zeigefinger.

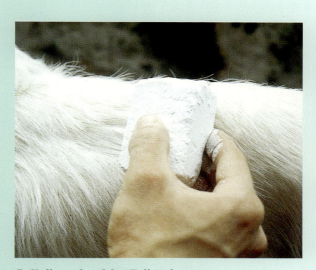

7. Kalk wird auf das Fell aufgetragen.

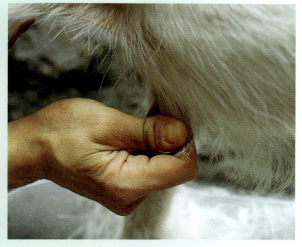

10. Ziehen Sie in Richtung des Haarwuchses.

8. Kämmen Sie das Haar vor dem Trimmen durch.

11. Verwenden Sie für das Gesicht die kleine Drahtbürste.

Das große Jack Russell Terrier Buch

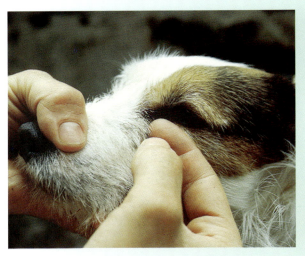

12. Zupfen Sie das Haar unter den Augen aus.

15. Für das Knie wird die kleine Drahtbürste verwendet.

13. Das Haar unter den Augen ist jetzt entfernt.

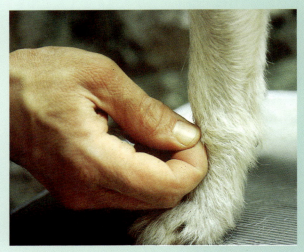

16. Überflüssiges Haar wird vom Knie entfernt.

14. Entfernen Sie struppiges Haar rund um den Hals.

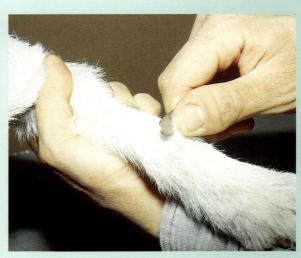

17. Mit Trimmmesser geht es manchmal leichter.

Fellpflege

18. Als Erstes muss die Pfote mit der kleinen Drahtbürste gesäubert werden.

19. Mit Daumen und Finger wird die Pfote bearbeitet.

20. Die Rundschere wird zum Trimmen der Pfote eingesetzt.

21. Die Hälfte ist geschafft!

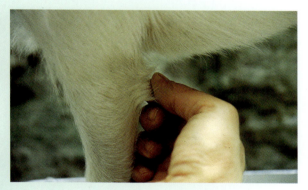

22. Säubern rund um die Ellenbogen.

23. Jetzt wird die Bauchseite bearbeitet.

Das große Jack Russell Terrier Buch

24. Ziel ist immer eine saubere Linienführung.

27. Auch mit der Ausdünnschere kann man bei einem nicht kupierten Hund die Rutenspitze säubern.

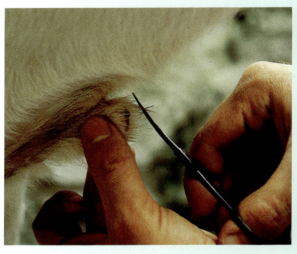

25. Haare sorgfältig um den Penis abschneiden.

28. Der breitzahnige Kamm wird für das Körperhaar benutzt.

26. Die Rute muss gesäubert werden, auch beim kupierten Hund.

29. Lange Haare müssen vor einer Ausstellung entfernt werden.

Fellpflege

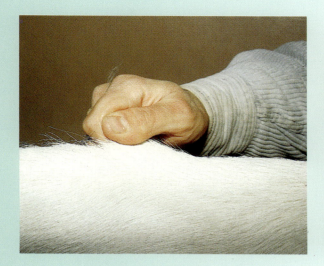
30. Hier erkennt man den neuen Haarwuchs.

32. Für diese Arbeit braucht man einen festen Griff.

31. Der Trimmstein kommt zum Einsatz.

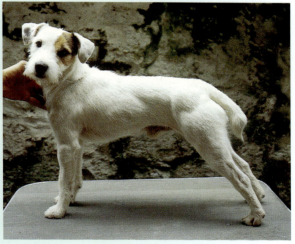
33. Fertig für die Ausstellung!

mit dem Strich - bearbeitet werden, hierfür verwendet man die Drahtbürste und den Kamm. Dadurch entfernt man lose Unterwolle und den Großteil des Deckhaars. Diese Arbeit sollte für den Hund keinerlei Probleme bringen, vorausgesetzt das Tier wurde von früher Jugend an die Fellpflege gewöhnt.

Hat man den Terrier von Nasenspitze bis Zehenspitze durchgekämmt, muss übrigbleibendes totes Haar zwischen Daumen und Zeigefinger entfernt werden, wobei nur die langen Haare (Deckhaar) ausgezupft werden. Man beginnt am Hals, bürstet das Fell gegen den Strich nach oben, beginnt grobes Fell zu entfernen, indem man die längeren Haare mit sauberen Händen fest oberhalb der Unterwolle greift - also etwa 2,5 bis 4 cm von der Haut. Ziehen Sie das Haar fest in Wuchsrichtung vom Hund weg, beispielsweise vom Kopf Richtung Rute. Reiben Sie etwas Kreide in das Fell, dadurch wird es griffiger, macht das Heraustrimmen für Hund wie Pfleger einfacher.

Fahren Sie fort, die langen Haare den Hals nach unten, quer zu den Schultern und über den Rücken auszuziehen, immer in Richtung des Haarwuchses. Handelt es sich dabei um ein gutes, dichtes Doppelhaarkleid, sollte eine kurze Haarschicht - die Unterwolle - zurückbleiben und der Terrier danach einem Glatthaar Russell ähnlich sein. Beim weiteren Trimmen wird der Kamm eingesetzt, gegen den Haarwuchs gekämmt - also von der Rute Richtung Kopf. Unverändert verwendet man nur Daumen und Zeigefinger, zieht alle langen Haare heraus, die nicht automatisch zurückspringen und sich dem Körper eng anlegen. Man sollte Unterwolle und Deckhaar beim *Broken* oder *Rauhaar* Jack Russell Terrier leicht unterscheiden können, das erleichtert die Entscheidung, welche Haare ausgezogen werden müssen.

Das Wachstum an den Seiten des Hundes ist im Allgemeinen weniger dicht als auf der Oberlinie und Schultern, deshalb sollte es nicht lange dauern, um diesen Bereich völlig auszutrimmen. Schenkel und Vorderläufe sollten nur mit kurzem Haar bedeckt sein, brauchen nicht viel Pflege, vielleicht sollte man einzelne lange Haare entfernen. Soll der Jack Russell für den Ausstellungsring vorbereitet werden, muss dies etwas gründlicher erfolgen. Um die besten Ergebnisse zu erzielen, müssen die längsten Haare rund um die Pfoten als Erstes ausgezupft werden, dann - wenn notwendig - mit der Schere nachtrimmen.

Pfotentrimmscheren für Hunde werden verbreitet angeboten, es empfiehlt sich insbesondere ein Kauf von Scheren mit abgerundeten Spitzen. Von Zeit zu Zeit müssen sie vom Spezialisten geschärft werden. Wenn man zum Pfotentrimmen stumpfe Scheren einsetzt, erzielt man nicht nur kein gutes *finish*, oft treten Fehler auf. Man muss beim Einsatz von Scheren bei jedem Hund außerordentlich sorgfältig aufpassen, eine Verletzung wird nicht leicht vergessen. Das Ergebnis wäre ein ziemlich zögerlicher *Patient,* der infolge seines nervöseren Verhaltens schließlich möglicherweise am Ende erneut geschnitten wird.

Fürs Pfotentrimmen werden als Erstes alle langen Haare rund um die Zehen ausgezupft, dann - wenn notwendig - werden die äußeren Zehenränder getrimmt, indem man alle zurückgebliebenen Haare, die unterhalb der Pfotenlinie zurückgeblieben sind, abschneidet. Um rund um die Pfoten die besten Ergebnisse zu erzielen, sollte zunächst das Haar von den Zehen weggebürstet werden, hierfür verwendet man vorsichtig die Drahtbürste. Dadurch kann man leichter das zu entfernende Haar erkennen.

Das Haar unter der Rute und entlang dem Bauch zu trimmen, dauert bei einem rauhaarigen Jack Russell Terrier im Allgemeinen etwas länger als bei der *broken coated version,* bei welcher man wenig oder überhaupt kein besonderes Wachstum in diesem Bereich feststellt. Man hält den Vorderkörper des Terriers nach oben, so dass er auf den Hinterläufen steht, dadurch wird es einfacher, Bauch und Innenseite der Schenkel zu trimmen. Wichtig ist es immer zu versuchen, das Haar in der Richtung zu ziehen, in der es zu wachsen scheint. Dadurch stellt man sicher, dass das Haar schnell und schmerzlos entfernt werden kann.

Nachdem man die langen Haare von Bauch und Innenschenkel soweit wie möglich ausgezupft hat, ist es das Beste, jetzt zum Finish die Schere einzusetzen. Schneiden Sie sanft und sehr sorgfältig alle langen Haare rund um den Genitalbereich, verwenden Sie hierfür die Pfotentrimmschere. Immer sollte man den Einsatz von Scheren beim Jack Russell Terrier auf ein Minimum beschränken, dies erhält das natürliche Aussehen der Rasse. Zehen und Genitalien sind die einzigen Bereiche, wo eine Schere wirklich erforderlich ist.

Nach etwa acht bis neun Wochen beginnt das neue Fell durchzubrechen. Dabei wird der Hund in der Regel etwas mehr Haar verlieren. Es handelt sich dabei um Unterwolle, die dem neuen Fell Platz macht. Das Fell muss normal gebürstet und gekämmt werden, es hilft, das Fell mit feuchten Händen einzureiben, zuerst gegen, dann mit dem Strich. Dadurch lockert man das Haar, das abgeworfen werden muss. Erneut sollte danach der Terrier von Kopf bis Fuß gebürstet werden. Solange das Tier Fell verliert, sollte diese Pflege über einige Tage täglich durchgeführt werden. Drei bis vier Wochen danach wird Ihr Jack Russell ein gesundes, hübsches neues Haarkleid zeigen, dicht und sauber.

Fellpflege

TRIMMEN FÜR DEN AUSSTELLUNGSRING
Um mit einem Hund im Ausstellungsring Erfolg zu haben, muss er im Bestzustand sein, körperlich wie seelisch. Dabei muss man sich besonders auf die Merkmale konzentrieren, die bei dem auszustellenden Hund nicht optimal sind und die Merkmale verstärken und betonen, in denen der auszustellende Hund überragt. Wissen und Verstehen des Körperbaus helfen, die guten und schlechten Punkte des Hundes richtig zu beurteilen. Dadurch können Sie sicherstellen, dass Ihr Terrier dem Richter von seiner besten Seite präsentiert wird. Keinesfalls sollte ein Jack Russell Terrier übertrieben oder übermäßig getrimmt wirken. Er muss immer hübsch und sauber sein, stets mit genügend Fell, um die drei verschiedenen Felltypen zu unterscheiden. Für die Rasse sind Ausgewogenheit, Brauchbarkeit für die Arbeit und entsprechendes Temperament die wichtigsten Merkmale, wenn man die Vorzüge jedes Jack Russell Terriers im Ausstellungsring beurteilt.

Ein Trimmen des Fells für den Ausstellungsring sollte im Idealfall gar nicht notwendig sein. Es ist reine Kosmetik, darf ausschließlich im Hinblick auf Verstärkung und Akzentuierung der äußeren Linien des Tieres erfolgen. Der Jack Russell Terrier ist eine Rasse, die Mäßigung verlangt, er sollte nie zurechtgemacht oder hart wirken. Dichte, Verteilung und Struktur des Fells haben alle Einfluss auf die Chancen des Einzeltieres, als fuchsjagender Terrier eingesetzt zu werden, deshalb sollte diesen Merkmalen von jedem Richter auf jeder Wettbewerbsebene vorrangige Bedeutung beigemessen werden. Übertreibungen und dichte Befederung sind für den Jack Russell Terrier nicht charakteristisch, beeinträchtigen direkt die Fähigkeit eines Terriers, Tag um Tag ohne krank zu werden auf Jagd zu gehen. Einige Jack Russell Terrier, die sonst gute Vertreter ihrer Rasse sind, haben ziemlich dichtes Fell. Trimmen und Ausstellen eines solchen Terriers mögen lohnend sein, aber das Fell ist für den Jack Russell Terrier von großer Wichtigkeit, ein Züchten mit derartigen Hunden bedarf sorgfältiger Überlegung. Üppiges Haarkleid ist außerordentlich unerwünscht. Die charakteristischen Merkmale *moustache* und *Augenbrauen* beim *broken* und *rauhaarigen* Jack Russell sind völlig natürliche Merkmale der Rasse, nicht Resultat geschickten Trimmens. Das einzige Haar, das bei der Ausstellungsvorbereitung am Kopf zu entfernen wäre, ist das, das am inneren Augenwinkel wächst, vielleicht ein wenig auch im Bereich des Hinterhauptbeins, wo bei einigen Terriern ein oder zwei kleine Haarbüschel wachsen.

Wenn Ihr künftiger Ausstellungshund einige Zeit nicht getrimmt wurde oder begonnen hat, das Fell zu wechseln, ist es am besten, den Terrier völlig auszutrimmen und zu warten, bis das neue Fell durchgekommen ist, ihn dann erst zur Ausstellung zu bringen. Ohne dass das neue Fell zumindest erkennbar ist, kann kein Richter das Haarkleid genau und fair beurteilen. Wenn Sie demzufolge Ihren Terrier zeigen, ehe das Deckhaar wieder zu wachsen begonnen hat, wird in aller Regel Ihr ausgestellter Hund übertrieben benachteiligt sein. Es braucht acht bis zwölf Wochen, bis nach dem Trimmen das Deckhaar genügend nachgewachsen ist. Offensichtlich ist es immer das Beste so vorauszuplanen, dass der zur Ausstellung vorgesehene Hund nicht zu viel Arbeit beim Zurechtmachen erfordert.

Ist das neue Fell durchgebrochen, sollte man eine regelmäßige Pflegeroutine durchführen, um den Ausstellungshund in Topform zu halten. Für den Jack Russell Terrier ist hierfür keine komplizierte Trimmroutine erforderlich, aber zu erlauben, dass das Fell so weit auswächst, dass es wieder vollkommen ausgetrimmt werden muss, wäre unklug, würde wahrscheinlich die Chancen des Hundes im Ausstellungsring schädigen. Sowie der Terrier wieder soweit ist, dass sich der Felltyp deutlich zeigt, wäre es vernünftig, routinemäßig lange einzelne Haare zu entfernen, insbesondere rund um Hals, Zehen, Bauch und - wenn notwendig - zwischen den Ohren. Besondere Aufmerksamkeit fordert die äußere Linie des Terriers, und es schadet nicht, diese Bereiche so lange gründlich zu überprüfen, bis nahezu alle langen Haare entfernt sind. Auch der Bereich um die Schultern muss für den Ausstellungsring kurz gehalten werden, übertriebenes Wachstum hier könnte hinsichtlich Winkelung und Balance einen falschen Eindruck erwecken.

Handelt es sich beim Ausstellungskandidaten um ein Jungtier, kann man mit dem Trimmen etwas näher an das Ausstellungsdatum herangehen. Alle langen Haare, die am Hals herausstehen, sollten zwischen Daumen und Zeigefinger ausgezupft werden, ebenso unschöne lange Haare rund um die Schultern, an Rute und im Bauchbereich. Man sollte darauf achten, dass die Pflegezeit auf dem Tisch nicht die einzige Zeit ist, in der der Hund auf den Tisch kommt. Zwar ist das Trimmen des Junghundes ein relativ schmerzfreies Verfahren, aber die meisten Junghunde werden es schnell überdrüssig und schätzen den Gedanken, auf dem Tisch still zu stehen nicht, insbesondere verbunden mit einer Prozedur, die nicht viel Freude macht. Auf der Ausstellung ist es wahrscheinlich, dass Ihr Hund die meiste Zeit auf dem Tisch beurteilt wird, hier sollte er entspannt und aufmerksam wirken. Deshalb wäre es beispielsweise eine gute Idee, den Junghund auf dem Tisch zu füttern, so dass er nicht immer Tisch und Langeweile miteinander verbindet. Natürlich ist es wichtig, schon vom ersten Tag an Junghunde zu pflegen, so dass Sie sich an diese Prozedur gewöhnen. Dies bedeutet aber nicht immer, dass der Junghund wirklich Freude daran hat. Fellpflege sollte für kein Tier zum Alptraum werden, es gibt aber einige Hunde, die es einfach nicht mögen, bearbeitet zu werden. Man muss die Pflegezeiten mit Junghunden immer recht kurz halten, sie deshalb häufiger einplanen.

Vor einem Alter von einem Jahr sollte der Jack Russell Junghund nicht viel Arbeit an seinem Fell erfordern, denn das korrekte Haarkleid braucht ohnedies etwa ein Jahr für seine Entwicklung. Angenommen, Ihr Junghund hat ein gutes doppeltes Haarkleid, sollte er zumindest zwei bis drei Wochen vor der Ausstellung gesäubert werden, je nach der Fellverfassung, die sich gebildet hat, dann wird er einfach am Abend vor der Ausstellung nochmals nachgearbeitet. Im Kontrast zu vielen heutigen Terrierrassen kann man das Jack Russell-Fell theoretisch auch am Ausstellungstag selbst vorbereiten, ohne dass es hierfür Vorarbeiten bedarf. Trotzdem sollte man die Pflege nicht bis zum letzten Augenblick hinausschieben, andernfalls würde der Junghund auf dem Richtertisch einiges an Freude verlieren, in der Annahme, es stehe ihm eine neue Trimmsitzung bevor.

Beginnen Sie am Hals, zupfen Sie langes Haar, das in der Linie vom Ohr zur Schulter wächst, senkrecht zum Körper aus. Entfernen Sie beidseits des Halses das Haar durch Trimmen vom Hund, lassen dabei kürzeres Haar unbearbeitet. Fahren Sie fort und kämmen an den Schultern das Haar nach vorne, ziehen erneut die längsten Haare wieder aus. Setzen Sie die Pflege des Hundes an den Seiten in gleicher Art fort, ziehen dabei aber nur die längsten Haare - so notwendig - aus. Halten Sie sich vor Augen, Ziel ist immer nur, die äußere Linie des Hundes zu verdeutlichen, etwas zu säubern, aber niemals das Fell völlig zu entfernen. Wichtig ist, zunächst Haare von der äußeren Linie des Terriers auszuziehen, ehe man sich mit dem Körper befasst, denn oftmals erweist sich dies dann als überflüssig. Wenn man sich auf den Hund stürzt und in wichtigen Körperbereichen Fell herausnimmt heißt das, dass der Junghund erst einige Monate später mit seiner Ausstellungskarriere beginnen kann. Es ist immer eine gute Übung, sich auf die äußere Linie des Hundes zu konzentrieren, ehe man Haare aus der Rückenpartie herausnimmt, gleich in welchem Alter der Hund steht.

Um zwischen den Ausstellungen das Fell ordentlich zu halten, damit es nicht zu schwer wird, werden einige kurze, aber regelmäßige Trimmsitzungen dem Hund gut tun. Das Fell *rollen - rolling -* ist eine gute Methode, einen Terrier solange wie möglich in bester Kondition zu halten. Dies ist eine leichte Übung, es bedarf aber einiger Versuche bis zur Meisterschaft. Heben Sie das Fell am Halsansatz, drücken Sie es beidseits der Schulterblätter zwischen Finger und Daumen zusammen. Wird das Fell angehoben, steht das Haar aufrecht, und jedes lange Haar kann leicht ausgezupft werden. Wenn Sie die Haut zwischen den Fingern Richtung Rute massieren, dabei auf den gesamten Rücken abwärts die langen Haare auszupfen, sollte dies ausreichen, um einen hübschen und sauberen Terrier zu haben, der immer noch genügend Fell hat, um genau zu erkennen, ob der Ausstellungshund *broken* oder rauhaarig ist.

SPEZIELLE HINWEISE FÜR DEN AUSSTELLUNGSRING
Bei der Vorbereitung des Jack Russells für den Ausstellungsring wäre es sehr wichtig, den Rassestandard klar vor Augen zu haben, ihn beim Zurechtmachen des Hundes zu berücksichtigen. Die Richter

Fellpflege

suchen den Hund heraus, der am ehesten ihrer Vorstellung über den Rassestandard entspricht.

Sehen Sie immer klar die äußeren Linien, wie der Standard sie vorschreibt. Der Jack Russell soll im Wesentlichen als ein Gebrauchsterrier wirken, harmonisch gebaut, lebhaft und wendig sein.

Wenn Sie darauf Ihre wöchentliche Pflegeroutine ausrichten, haben Sie bereits den halben Weg zum vollendeten Aussehen hinter sich. Im Grundsatz säubern Sie Ihren Terrier nur etwas für den Ausstellungsring.

KOPF
Der Kopf muss »flach, mäßig breit, zu den Augen hin allmählich schmaler werdend« sein. Dem Standard entsprechend sollten Sie am Oberkopf so viel Haar austrimmen, dass der flache Oberkopf unterstrichen wird, am besten tun Sie dies mit Hilfe eines feinen Trimmmessers. Möglicherweise müssen Sie auch das Aussehen des Haars an den Seiten des Kopfes Richtung Augen verbessern, um das allmähliche Schmalerwerden zu betonen. Wenn man Haare zwischen den Augen im Bereich des Stops auszieht, hilft dies, diesen Bereich deutlicher zu betonen.

Bei einem Hund mit *broken coat* können Farbe und der Behang im Augenbereich darüber täuschen, wie kräftig oder schwach der Kopf tatsächlich ist. Hat Ihr Hund ein sehr dunkles Gesicht, könnten Sie möglicherweise etwas mehr Haar und Augenbrauen belassen, um es kräftiger erscheinen zu lassen - denn je dunkler der Kopf, umso schmaler wirkt er.

Die Ohrspitzen sollten nicht tiefer als bis zum äußeren Augenwinkel reichen. Ist das Ohr Ihres Hundes etwas länger und kommen dadurch das Haar oder die äußere Linie tiefer als das Auge, dann sollten Sie die Haare am äußeren Rand trimmen und die natürliche äußere Linie betonen. Haben die Ohren die Neigung, sich etwas anzuheben, hilft es manchmal, das Haar unter der Ohrfalte zu trimmen, damit die Ohren besser fallen.

Da nicht alle Hunde dieser Rasse über volles Augenpigment verfügen, scheint der Bereich rund um das Auge, wo Farbe fehlt, feucht zu sein und zeigt Tränenbahnen. Dieser Bereich muss deshalb vor jedem Ausstellen sorgfältig gereinigt werden. Es gibt eine Vielfalt von Produkten - man findet sie in Pflegekatalogen - dank derer man Tränenstreifen abmildern und abdecken kann, denn bei vielen Hunderassen gibt es ähnliche Probleme.

HALS UND BRUSTKORB
»Klar umrissen, muskulös, von guter Länge sich zu den Schultern hin allmählich verstärkend«. Bei einigen Jack Russells wächst das Haar rund um Hals und Schultern recht dick, wirkt füllig. Um das korrekte Bild zu schaffen, braucht man das Trimmmesser oder einen Kamm, um den Bereich um den Hals zu säubern. Dabei wird überflüssiges Haar entfernt, so dass der Hals stufenlos in die Schultern übergeht, sich eine glatte und fließende Linie bildet. Hier kann man auch den Trimmstein einsetzen, um diesen Bereich auszugleichen und zu festigen.

Dann sollten Sie die Vorbrust abwärts arbeiten, auch hier überflüssige Haare, die heraustreten, wegnehmen. Es entsteht eine glatte Linie halsabwärts über die Vorderläufe zum Brustkorb.

Der amerikanische Standard verlangt, dass die Rippen nicht tiefer als bis zum Ellenbogen reichen dürfen. Um hier ein klares Profil zu zeigen, sollten Sie Ihre Ausdünnscheren nutzen. Die untere Linie so säubern, dass sie von der Lende bis zum Ellenbogen in einem sanften Bogen verläuft. Von vorn gesehen sollten die langen Haare, die zwischen den Ellenbogen und der Brust nach unten hängen, ausgezupft werden, alternativ kann man hier sorgfältig mit der Ausdünnschere trimmen.

PFOTEN
Kontrollieren Sie, ob die Pfoten sauber getrimmt sind. Wenn Sie Ihren Hund auf Beton oder glatten Oberflächen zeigen, wodurch die Bodenhaftung problematisch ist, gibt es Produkte, die dem Hund helfen. Sie werden direkt auf die Ballen aufgebracht, man kauft sie nach Katalogen oder beim Fachhandel.

RUTE

Grundsätzlich sollte die Rutenlänge zur Körperlänge passen. Dabei kann man zusätzliches Haar am Rutenende belassen oder kürzer trimmen, was immer notwendig ist, um das Aussehen auszubalancieren. Rings um den Analbereich sollte man das Haar trimmen, ebenso alle einzelnen Haare, die über das Rutenende hinausragen.

BADEN

Etwa fünf Tage vor der Ausstellung sollte man seinen Hund mit einem Terrier-Hundeshampoo baden. Er wird gründlich abgespült, da jeder Seifenrest zu Juckreiz führen könnte. Wenn Sie Ihren Hund erst einen Tag vor der Ausstellung baden, hat man am Ausstellungstag häufig ein Fell, das sich weich anfühlt und aussieht, entsprechend sollte man vorausplanen.

Zwei Tage vor der Ausstellung sollte man alle vorstehend erwähnten einzelnen Punkte noch einmal bei einer Routinepflege überprüfen. Dann betrachtet man sich den Hund im Profil, achtet darauf, dass sich die äußeren Linien klar abzeichnen. Erneut werden einzelne Haare im Kehlen- und Brustbereich ausgezupft, ebenso unter der Rute und hinter den Sprunggelenken. Sie müssen Ihren Hund einmal von allen Seiten betrachten und dabei alle langen Haare ausziehen, welche die äußere Linie stören.

Denken Sie aber daran - Ihr Jack Russell sollte immer natürlich und wie ein Gebrauchsterrier wirken, dabei sauber und ordentlich gepflegt. Achten Sie sorgfältig darauf, Ihren Hund nicht zu übertrimmen oder ihn gar zu *formen*, Jack Russells sind keine Drahthaar Fox Terrier, sollten auch nicht wie diese aussehen.

JACK RUSSELL
John Valentine
KYNOS RATGEBER SERIE

Vom bekannten englischen Championatsrichter John Valentine ein vorzüglich illustrierter Ratgeber mit einer Fülle an wertvollen Informationen.
80 Seiten, 75 Farfotos
ISBN 3-929545-59-4
DM 19,80/SFr 19,80/ÖS 145,--
KYNOS VERLAG Mürlenbach

Kapitel 11
JACK RUSSELL ZUCHT

Züchten sollte man im Allgemeinen als eine Art von Kreditaufnahme sehen. Meine Großmutter pflegte mir zu sagen: »Wenn du dir etwas borgst, achte darauf und gebe es sauber zurück, im selben Zustand oder besser, als du es geborgt hast.«

Wenn Sie sich zu Ihrem ersten Wurf entschließen, borgen Sie zwangsläufig etwas von den Züchtern der Hunde, die auf der Ahnentafel Ihres Hundes aufgeführt sind. Der entstehende Wurf wird eine Kombination der Stärken und Schwächen sein, auf die sie gezüchtet haben. Aus diesem Grunde ist es sehr wichtig, dass Sie ein wenig wie ein Historiker an die Sache herangehen, so viel wie möglich über die Großeltern und Urgroßeltern Ihres Hundes in Erfahrung bringen - denn die Vergangenheit wird immer wieder zutage treten.

Um eine möglichst gleichmäßige Qualität eines Wurfes zu erzielen, müssen hinter den gepaarten Elterntieren möglichst Ahnen gleicher Qualität stehen. Nur ganz selten - wenn überhaupt - erhält man aus zwei Elterntieren von *Familienhundqualität* Welpen mit außergewöhnlichen Ausstellungsqualitäten. So etwas gibt es trotzdem - wenn aber ein außergewöhnlicher Hund aus derartigen *Familienhundeltern* geboren wird, sehen die meisten Züchter darin eine Art »Ausreißer«. Und dieser Einzelhund wird sich höchstwahrscheinlich nie reproduzieren oder in der Vererbung durchschlagend bestimmte Merkmale weitergeben.

Denken Sie immer daran, es kann zwischen einem Ausstellungshund und einem guten Zuchthund sehr große Unterschiede geben. Ein Ausstellungshund ist nicht immer ein guter Zuchthund, ein guter Zuchthund auch nicht immer ein guter Ausstellungshund. Ein Ausstellungshund gewinnt trotz seiner Fehler. Haltung, vorzügliche Pflege und Erziehung - sie können Fehler oft verbergen, die man in einem guten Zuchtprogramm nicht haben möchte. Ein guter Zuchtrüde oder eine Zuchthündin vererben zuverlässig ihre Qualitäten, und sie sollten zu den Tieren, mit denen sie gepaart werden, passen und deren Fehler verbessern.

Es gibt zahlreiche Faktoren, die bei der Zucht beachtet werden müssen, finanzieller Gewinn sollte nie dazu gehören. Im Großen und Ganzen sind Jack Russell Terrier leicht zu züchten, es gibt ver-

Repräsentanten aus drei Generationen. Zuchtziel ist immer, Hunde gleichen Typs von guter Qualität hervorzubringen.

Foto mit freundlicher Erlaubnis von Jo Ballard.

hältnismäßig wenige Geburtsprobleme. Treten dennoch Geburtsschwierigkeiten auf, können sie recht kostspielig werden, manchmal verliert man einen ganzen Wurf Welpen, möglicherweise auch noch die Hündin.

Meist ist es nicht möglich, einen guten Wurf zu züchten - vorzüglich ernährt, genetisch getestet, geimpft, entwurmt, mit dem notwendigen Zeitaufwand für richtige Sozialisation, dem Aussuchen der richtigen Käufer für die Welpen - und dann am Ende zu erwarten, es steckte noch Profit darin. Das Aufziehen eines Wurfes sollte eine viel geliebte Arbeit sein, kein Streben nach finanziellem Gewinn.

ERBLICHE MERKMALE

Bei der Jack Russell Terrier Zucht sollten Sie nicht nur Historiker sein, Sie müssen auch etwas von einem Detektiv mitbringen. Da es sich um eine Rasse handelt, die erst vor kurzer Zeit vom Kennel Club anerkannt wurde, sind Berichte, die in vielen anderen Rassen über Jahrzehnte verfügbar sind, für den Jack Russell Terrier nicht immer vorhanden. Wie schon erwähnt - es ist unsere Aufgabe als Züchter, diese Rasse so frei wie möglich von genetischen Fehlern zu halten. Um dies zu erreichen, müssen - wann immer möglich - Tests über Genetik und Gesundheit durchgeführt werden. Denken Sie daran, wenn Sie zwei Hunde mit gleichen Fehlern paaren, steigern Sie die Wahrscheinlichkeit, dass in den zu erwartenden Welpen diese Fehler erneut auftauchen. Beachten Sie zu dieser Frage auch Kapitel 13 *Rassetypische Erkrankungen*.

Genetische Fehler, die man testen und leicht identifizieren kann, lassen sich nicht einfach beseitigen. Viele von ihnen sind von rezessiver Art, selbst bei laufender Überwachung können sie von Zeit zu Zeit immer neu auftreten. Genetische Tests, Untersuchungen auf Gesundheit und anatomische Struktur sind die wichtigsten Werkzeuge, dank derer ein Züchter die Integrität seines Zuchtprogramms sichern kann, der allgemeinen Gesundheit der Rasse dient.

ZUCHT AUF TYP UND KÖRPERBAU

Die meisten Züchter, die über eine Reihe von Jahren in der Zucht stehen, haben sich auf einen Typ, den sie bevorzugen, konzentriert. Jeder von ihnen gezüchtete Hund hat dieses spezielle Aussehen, ist häufig aufgrund des einheitlichen Typs leicht zu erkennen. Ein gutes Beispiel hierfür sind die *Ridley lines* von Sheila Atter. Ihre Hunde, obgleich in Einzelheiten wie Felltyp, Widerristhöhe und Markierungen unterschiedlich, sind aufgrund ihres Kopfausdrucks und ihrer Gesamterscheinung - ihres *Rassetyps* - unverwechselbar.

Der Typ ist sehr wichtig, darf nie übersehen werden, ebenso wichtig ist aber auch, die Zucht mit relativ gesunden und gut aufgebauten Hunden zu beginnen. Alle Hunde haben Fehler, es gibt keinen perfekten Hund. Eine realistische Beurteilung der Fehler des eigenen Hundes ist entscheidend für ein gutes Zuchtprogramm. Hat ein Hund guten Typ, kann sich aber nicht korrekt und geschmeidig bewegen, werden seine Chancen auf Ausstellungserfolge recht begrenzt sein. Es ist durchaus normal, dass es einem Züchter schwer fällt, bei den eigenen Hunden die Fehler zu erkennen. Den besten Weg dazu bietet ein erfahrener Fachmann, der die Hunde mit objektivem, neutralem Blick betrachtet, anders als man selbst es könnte.

GENETIK

Wissen, wo, warum und wie im Zuchtprogramm bestimmte Eigenschaften an der Oberfläche erscheinen, ist besonders wichtig. Eigenschaften werden in der Regel in ihrer Übertragung als *rezessiv* oder *dominant* betrachtet. Unsere Tabelle 1 bringt eine Übersicht über eine Reihe von typischen Merkmalen des Parson Jack Russell Terriers. Daraus gewinnen Sie eine Übersicht, welche Eigenschaften in dieser Rasse dominant und welche rezessiv vererbt werden.

Rezessive Merkmale, die ein Hund trägt, sind - anders ausgedrückt - verborgene Merkmale, Merkmale, die man, wenn der Hund vor einem steht, nicht zu erkennen vermag. Die einzige Art herauszufinden, ob ein Hund verborgene oder rezessive Merkmale trägt, ist die Zucht mit dem Tier. Braune

Jack Russell Zucht

DOMINANT	REZESSIV
Langer Kopf	Kurzer Kopf
Lange Ohren	Kleine/kurze Ohren
Tief angesetzte Ohren	Hoch angesetzte Ohren
Breites Ohrleder	Schmales Ohrleder
Grober Kopf	Feiner Kopf
Kurzer Fang	Langer Fang
Stehohren	Hängeohren/Kippohren
Dunkle Augen	Helle Augen
Normale Augen	Große, hervortretende Augen
Braune Augen	Blaue Augen
Rauhaar	Glatthaar
Kurzes Fell	Langes Fell
Gelocktes Fell	Gerades Fell
Schlechte Schulterlagerung	Gute Schulterlagerung
Schlechte Kniewinkelung	Gute Kniewinkelung
Hoch angesetzte Rute	Tief angesetzte Rute
Schwere Knochen	Leichte Knochen
Tiefer Brustkorb	Flacher Brustkorb
Gerade obere Linie	Senkrücken
Gute Rippenwölbung	Schleche Rippenwölbung
Kurzes Knie	Langes Knie
Helles Pigment	Dunkles Pigment (auf der Haut weißer Hunde)
Normales Hörvermögen	Taubheit
Gutes Sehvermögen	Nachtblindheit
Gute Augenpigmentierung	Glasauge (Wall eyes)
Einfarbig	Mehrfarbig
Schwarze Nase	Fleischnase (Dudley)
Korrekte Gebissstellung	Vorbiss/Rückbiss
Normaler Gaumen	Spaltrachen
Normale Lefzen	Hasenlippe
Gerade Rute	Knickrute/Krumme Rute

Tabelle 1: Dominante und rezessive Merkmale beim Jack Russell Terrier.

Nasen sind ein besonders gutes Beispiel für rezessive Merkmale, denn die meisten Züchter würden nicht absichtlich mit einem Hund züchten, der eine braune Nase aufweist. Es gibt aber Hunde, die wiederholt braune Nasen vererben, weil sie das rezessive Gen hierfür tragen. Dabei müssen beide Elterntiere das rezessive oder verborgene Merkmal aufweisen, wenn es wirklich dominant und bei einem Welpen sichtbar auftritt. Rezessive Merkmale wie Rückbiss oder Vorbiss, Taubheit, Spaltrachen u. a. sind bei jedem Hund ernsthafte Fehler und nur schwierig aus einem Zuchtprogramm zu eliminieren, weil sie von Generation zu Generation immer einmal wieder auftreten.

Nie dürfen Sie die Bedeutung des Wesens zu niedrig veranschlagen, wenn Sie Zuchthunde auswählen. Foto mit freundlicher Erlaubnis von Marcia Walsh.

Wie Sie aus Tabelle 1 sehen, sind durchaus nicht alle rezessiven Merkmale als Fehler anzusehen; gute Schulterlagerung, dunkles Pigment, glattes Fell - sie alle sind Beispiele von rezessiven Merkmalen, die in einem Zuchtprogramm durchaus erwünscht sind. Dies wiederum ist einer der Gründe, warum so viele Informationen wie möglich von Eltern und Großeltern vorliegen sollten. Etwas so Einfaches wie das Aufführen von Haartyp und Farbe in der Ahnentafel eines Jack Russell Terrier kann für künftige Entscheidungen der Züchter sehr nützlich sein. Beispielsweise ist gelocktes Haar dominant, gerades Haar rezessiv. Trägt Ihre Hündin ein schlechtes Haarkleid, weil es zu schwer oder gelockt ist, möchten Sie diese sicher mit einem glatthaarigen Hund oder einem *Broken coated* paaren, der das rezessive Gen für Glatthaar führt. In dem Wurf der Hündin könnten Sie dadurch eine deutliche Verbesserung erzielen. Sie sind aber in der Zucht nicht vorangekommen, wenn Sie dann nicht den bestgebauten Welpen mit korrektem Fell aus dem Wurf für die Weiterzucht einsetzen. In einem Zuchtprogramm ist die Verbesserung der Fellqualität eines der einfachsten Probleme. Dagegen ist falsche Zahnstellung als rezessives verborgenes Merkmal in jedem Zuchtprogramm recht schwierig herauszubekommen. Besonders wichtig ist, nur mit gutem Wesen zu züchten, denn unabhängig, wie gut ein Hund aufgebaut ist, seine wichtigste Rolle ist die eines Freundes und Lebensgefährten, insbesondere wenn später Ausstellungen und Zucht bereits vorüber sind. Sie sollten sich aber erkundigen, ob Ihre eigene Feststellung über das Wesen genetisch bestimmt oder nur durch fehlende Sozialisierung entstanden ist. Genetisch bedingte Scheu oder Aggressivität ist außerordentlich schwierig herauszuzüchten.

Das Züchten eines Wurfes ist die Verbindung einer komplexen genetischen Kombination zwischen Deckrüden und Zuchthündin. Es gibt bei jedem Hund 78 Chromosomen oder 39 Chromosomenpaare. Wenn diese Chromosomenpaare von zwei verschiedenen Hunden aufeinander treffen, gibt es mehrere Millionen möglicher Verbindungen. Es ist daher gar nicht erstaunlich, dass auch Wiederholungspaarungen von vorzüglichen Hunden nicht immer zum Erfolg führen. Es ist aufgrund dieser mathematischen Grundgesetze sehr schwierig, von einem Einzelhund eine genaue Kopie zu erhalten.

PHÄNOTYP UND GENOTYP

Zwei weitere Begriffe, mit denen jeder Züchter vertraut sein sollte, sind Phänotyp und Genotyp. Die körperlichen Merkmale, die ein Hund besitzt, beispielsweise Ausdruck, Widerristhöhe, Felltyp und Farbe bilden seinen Phänotyp - dies sind die dominanten Merkmale, die sich in dem Hund ausdrücken, der vor Ihnen steht. Was Sie aber nicht sehen können, ist das volle vererbbare Potenzial, das ein Hund trägt, sich auf seine Nachkommen überträgt, dies versteht man unter Genotyp. Aus diesem Grund kann das, was Sie an einem Hund sehen, nicht immer das sein, was er wirklich vererbt. Wenn Sie auf seine Nachkommen schauen, vermittelt dies Ihnen eine sehr viel bessere Vorstellung, welche spezifischen Eigenschaften das Tier vererbt. Vielmals könnte der Hund, der Spitzenausstellungssieger ist, nicht unbedingt der sein, mit dem man züchten sollte. Vielleicht ist sein Vater/seine Mutter viel besser, besonders wenn Vater/Mutter andere Söhne und Töchter von besonderer Qualität haben.

Die Begriffe Phänotyp und Genotyp erklären einleuchtend, warum Wurfgeschwister möglicherweise nicht gleiche Qualitäten bringen, obgleich sie identische Abstammung besitzen und sich sehr ähnlich sehen. Wenn Sie wirklich einmal die Nachkommen zweier Wurfgeschwister untersuchen, könnten Sie durchaus herausfinden, dass abhängig von den Hündinnen oder Rüden, mit denen sie gepaart wurden, der eine ganz eindeutig mehr gleichartige Eigenschaft auf seine/ihre Nachzuchten überträgt als der andere.

AUFSTELLEN EINES ZUCHTPROGRAMMS

Wenn Sie nach einem Züchter oder Zuchtprogramm ausschauen, das den Hundetyp hervorbringt, den Sie bevorzugen, und selbst vorankommen möchten, müssen Sie erneut etwas Detektiv spielen. Die meisten Züchter geben nur zu gerne Erfahrungen mit ihren Hunden weiter, vorausgesetzt, man stellt spezifische Fragen. Wenn Sie einen Welpen kaufen wollen, bitten Sie den Züchter, Ihnen die Eltern des Welpen vorzustellen, Ihnen ihre Stärken und Fehler zu zeigen und zu erklären. Bitten Sie den Züchter, Ihren Hund als Welpe zu beurteilen, später erneut, wenn er ausgewachsen ist. Ernsthafte Züchter werden Ihnen gerne helfen, in Ihrem eigenen Zuchtprogramm Erfolge zu haben, denn Ihre Erfolge reflektieren die Qualität ihres Zuchtprogramms.

Seien Sie mit Züchtern vorsichtig, die laufend in ihren Linien Auskreuzungen vornehmen, denn mit jeder Auskreuzung mindert man die Durchschlagskraft der eigenen Familienlinien. Als Definition von Auskreuzung - *outcrossing* - versteht man im Allgemeinen, dass zwei Hunde miteinander gepaart werden, die in den ersten fünf Generationen der Ahnenreihen keine gemeinsamen Vorfahren haben. Bei einer Auskreuzung übernimmt man eine neue Kombination von Vorzügen und Fehlern ins eigene Zuchtprogramm. Beispielsweise versucht ein Züchter, die Größe im eigenen Zuchtprogramm zu mindern. Wenn er dabei auf ein Einzeltier aus kleineren Linien auskreuzt und züchtet, kann sich die Größe mindern, möglicherweise verliert er aber gleichzeitig hübsche Köpfe und eine gerade Front. In der Hundezucht gibt es keine kurzen Wege, beim Auswahlprozess muss man sehr vorsichtig und kritisch vorangehen, die Welpen, die man behält, genau betrachten und sich dann endgültig entscheiden.

Die Ahnentafeln sind mit Sicherheit ein wichtiger Bestandteil der Gleichung, um einen Qualitätshund zu finden, aber die Ahnentafel besagt nicht alles. Aufgrund der erst kurz zurückliegenden Anerkennung des Jack Russell gibt es verhältnismäßig wenige Hunde, die zum Zeitpunkt des

Ein guter Deckrüde prägt seinen Nachkommen seinen Typ auf.

Foto: Sheila Atter.

Schreibens dieser Zeilen bereits ein Championat errungen haben. Aus diesem Grund könnte der Kauf eines Hundes vorwiegend aufgrund der Vorzüge seiner Ahnentafel in dieser Rasse zu einem schlimmen Fehler werden. Ein Hund von armseliger Qualität bleibt ein armseliger Hund, selbst wenn er aus einer ganz langen Linie von Champions stammt.

Gewiss, in dieser Rasse gibt es Hunde von sehr hoher Qualität, in deren Ahnenreihe eine Anzahl vorzüglicher Qualitätshunde stehen, die möglicherweise aber einfach nicht ausgestellt wurden oder noch keine Titel errungen haben. Möglicherweise gab es überhaupt keine Titel zu gewinnen mit Ausnahme der Platzierungen auf einer *Rare Breed Show*. Auf der anderen Seite müsste es durchaus eine größere Herausforderung sein, in einer noch nicht voll etablierten Rasse einen Spitzenhund zu züchten.

AUSWAHL DES DECKRÜDEN

Wahrscheinlich gibt es heute viel zu viele Rüden, die als *Deckrüden* zur Verfügung stehen. Aber ein *Zuchtrüde* muss von besonders hoher Qualität sein, denn er kann die Rasse wesentlich beeinflussen, und Sie sollten sich nicht mit weniger zufrieden geben. Ein durchschnittlicher Deckrüde bringt jährlich einige Würfe, die Zuchthündin sollte jährlich nur einen Wurf bringen. Schon daraus wird klar, dass ein Zuchtrüde schon rein zahlenmäßig sehr viel größeren Einfluss auf die Rasse hat.

Bei einer bestimmten Paarung kann man von einem Zuchtrüden vernünftigerweise nur erwarten, dass er ein oder zwei Fehler der Hündin verbessert. Suchen Sie nach einem Zuchtrüden, der bei einer Paarung ein ganzes Dutzend Fehler kompensiert, sollten Sie die Zucht nochmals neu überdenken - denn höchst wahrscheinlich ist Ihr Erwartungshorizont viel zu hoch.

Richtig betrachtet, bedeutet es in der Welt der Hundezucht möglicherweise eine größere Ehre, den Vater eines Spitzenausstellungshundes gezüchtet zu haben, als diesen Ausstellungschampion selbst.

Nie sollten Sie einen Deckrüden wählen, nur weil er in der nächsten Nachbarschaft wohnt, hierbei opfern Sie in aller Regel wichtige Qualitäten. In allererster Linie brauchen Sie einen Zuchtrüden, der zu Ihrer Hündin passt. Maß halten ist ein Schlüsselwort, denn das Züchten mit Extremen - selbst wenn es in der ersten Generation erfolgreich verlaufen sollte - verursacht nur weitere Disparität, mit der man es dann in den folgenden Generationen zwangsläufig zu tun hat.

Ein Zuchtrüde von guter Qualität sollte in seinem äußeren Bild volle Ausgewogenheit zeigen. Denken Sie daran, dass Begriffe wie Lauflänge und Widerristhöhe nicht das Gleiche besagen. Ein Deckrüde kann 38 cm messen, dabei kurzläufig sein, weil der Großteil seiner Widerristhöhe in Körper und Brusttiefe liegen. Dagegen kann ein 33 cm großer Rüde durchaus gute Lauflänge besitzen, die Schulterhöhe liegt dabei mehr in den Läufen als im Körper. Ich hatte sogar eine 25 cm große Hündin, die, obgleich ihre Widerristhöhe nicht dem Rassestandard entsprach, so ansprechende Lauflänge und Proportionen hatte, dass man nach einem Foto denken würde, sie messe 30 bis 33 cm. Ihr Geheimnis bestand in ihren vorzüglichen Proportionen trotz ihres Mangels an korrekter Gesamthöhe. Dies ist einer der Gründe, warum man niemals einen Hund nur auf Grundlage seiner Fotos wählen darf.

Fehler in einem bestimmten Wurf sollten immer aus beiden Seiten der Ahnenreihe sorgfältig geprüft werden. Ein Deckrüdenbesitzer von gutem Ruf wird nur erlauben, seinen Hund zu nutzen, wenn er glaubt, dass diese Paarung zu Verbesserungen führt. Über die Zeit hat sich bestätigt, dass dem Deckrüden immer bei jedem Wurf, der fehlerhafte Tiere aufweist, in wesentlichem Umfang die Verantwortung zugeschrieben wird. Aber kein Deckrüde kann Wunder bewirken! Natürlich bringt er immer nur die eine Hälfte der genetischen Zusammensetzung eines Wurfes. Wichtig ist, aus Fehlern oder Mängeln in einem Wurf zu lernen. Natürlich werden Sie keine Paarung wiederholen, die bereits einen Wurf gebracht hat, bei dem die Welpen schlechte Anatomie oder Wesensmängel hatten.

VORAUSPLANUNG

Bei der Auswahl des Deckrüden sollten Sie nicht nur den Ruf des Rüden, sondern auch die Integrität seines Besitzers berücksichtigen. In manchen Fällen soll Ihre Hündin bis zu einer Woche im Zwinger des Deckrüdenbesitzers untergebracht werden. Dann ist es sehr wichtig zu wissen, wie die Hündin gehalten wird, was ihre Pension kostet, wie viel Auslauf und Betreuung sie erhalten wird. Man sollte immer die finanziellen Angelegenheiten mit dem Deckrüdenbesitzer vorab festlegen. Einige fordern im Voraus die Deckgebühr, andere am Decktag die Hälfte, die zweite Hälfte nach der Geburt. Wieder andere Deckrüdenbesitzer möchten sich erst den Wurf ansehen, ehe sie sich entscheiden, eine Deckgebühr zu verlangen oder als Entschädigung aus dem Wurf *die erste Wahl - pick puppy -* wahrzunehmen. Wird vom Deckrüdenbesitzer ein Welpe aus dem Wurf ausgewählt, sollte man klar festlegen, wann der Welpe abgeholt wird und wer die Transportkosten trägt, wenn solche anfallen.

Nicht jede Hündin nimmt bei einer Paarung auf, deshalb ist es in aller Regel besser, im Voraus festzulegen, ob der Deckrüdenbesitzer irgendwelche Garantien leistet. Im Falle des Nichtaufnehmens ist es unter Züchtern üblich, eine kostenlose erneute Paarung anzubieten. Es gibt sogar Deckrüdenbesitzer, die eine zweite Paarung zulassen, wenn im Wurf nur ein oder zwei Welpen liegen. Ziel jedes Deckrüdenbesitzers sollte aber immer sein, als Repräsentanten seines Deckrüdens Qualitätswelpen zu haben. Dementsprechend liegt es auch in seinem Interesse, mit Garantien und Rückzahlungen etwas flexibler zu sein.

Die meisten Züchter verlangen, dass jede Hündin vor der Paarung tierärztlich untersucht wird, der Test keinen Befall mit Brucellose zeigt. Dieser Test erfolgt durch eine Blutprobe, und in der Regel erhält der Tierarzt diese innerhalb von 48 Stunden ausgewertet. Brucellose ist eine Infektionserkrankung, die Hunde wie andere Tiere - auch Menschen - befällt, Abortus, Resorption, Totgeburten und manchmal Sterilität auslöst. Zum gleichen Zeitpunkt sollte auch der Impfschutz überprüft werden. Er muss auf dem Laufenden sein, denn es ist nicht empfehlenswert, die Hündin nach dem Decken impfen zu lassen.

IHRE HÜNDIN
Wenn Sie mit Ihrer Hündin züchten möchten, müssen Sie zunächst an ihr Alter denken. Es ist nie vernünftig, eine Hündin unter einem Alter von einem Jahr decken zu lassen. Viele Erbschäden in der Rasse sind vor einem Alter von 16 bis 24 Monaten nicht zu erkennen. Eine Jack Russell Hündin vor diesem Alter decken zu lassen, könnte sich als schlimmer Fehler erweisen, beispielsweise bei Augenschäden wie Linsenluxation. In den Vereinigten Staaten ist es bei ernsthaften Züchtern durchaus üblich, dass sie bei von ihnen verkauften Hunden Kontrakte abschließen, die ausdrücklich verbieten, mit den Hunden zu züchten, ehe alle Gesundheitsuntersuchungen durchgeführt wurden oder ehe sie ein bestimmtes Alter - im Allgemeinen 18 Monate bis 24 Monate - erreicht haben.

Das Aufziehen eines Wurfes kostet die Hündin sehr viele Reserven, deshalb ist es nicht vernünftig, direkt bei der nächsten Hitze erneut decken zu lassen. Die meisten Hündinnen profitieren sehr von einer jährlichen Ruhepause zwischen den Würfen, und Hündinnen, die in aufeinander folgenden Hitzen gedeckt werden, haben im Allgemeinen kleinere Würfe. Aus den gleichen Überlegungen werden die meisten Hündinnen ab einem Alter von sieben bis acht Jahren nicht mehr eingesetzt, je nach individuellem Gesundheitszustand. Züchtet man dennoch mit einer mehr als achtjährigen Hündin, ist die Wahrscheinlichkeit einer Gebärmutterentzündung, von Geburtsschwierigkeiten und anderen Gesundheitsproblemen hoch. Besonders problematisch bei älteren Hündinnen ist eine drohende Pyometra, eine Gebärmutterinfektion, die nach jeder Hitze wahrscheinlicher wird. Wird eine solche Entzündung nicht behandelt, kann sie zum Tod führen, selbst bei günstigem Verlauf, muss eine solche Hündin in aller Regel kastriert werden. Aus diesem Grunde empfiehlt sich, jede Hündin, deren Zuchtkarriere vorbei ist, kastrieren zu lassen. Ist die Pyometra erst ausgebrochen, kann es gefährlicher werden.

Man sollte immer nur auf Verbesserung der Rasse züchten. Im Hinblick darauf bin ich fest davon überzeugt, dass mehrfache Wiederholungen der gleichen Paarung der Rasse großen Schaden zufügen. Dies gilt besonders für eine Rasse, der für künftige Generationen ein möglichst breites Spektrum an Paarungsmöglichkeiten bewahrt sein sollte. Ich bin auch davon überzeugt, dass, wenn Sie einen Wurf

Somervale Jessie, eine wichtige Zuchthündin, deren Namen man in vielen Ahnenreihen findet.
Foto mit freundlicher Erlaubnis von Mr. & Mrs. E. Rich, Somerwest.

gezüchtet haben und das Glück hatten, eine Junghündin zu züchten, die besser ist als ihre Mutter, Sie die Zucht mit dem besseren Tier fortsetzen sollten. Wenn Sie mit der gleichen Hündin wieder und wieder züchten, nicht mit einer daraus stammenden Hündin vorwärts gehen, tritt in Ihrer Zucht eine Stagnation auf. Wenn Ihre Hündin in aufeinander folgenden Würfen keine besseren Welpen bringt, sollten Sie sorgfältig darüber nachdenken, was es überhaupt für einen Sinn macht, diese Zucht fortzusetzen.

DIE HITZE
Im Allgemeinen haben Jack Russell Hündinnen ziemlich regelmäßig ihre Hitze, das bedeutet, sie tritt ungefähr alle sechs bis acht Monate auf. Meist sind Hündinnen 21 Tage oder drei Wochen hintereinander heiß. Es gibt gelegentlich auch eine Hündin, die noch ein paar Tage länger als nach normalen 21 Tagen steht, manchmal auch eine Hündin, die eine so genannte *geteilte Hitze* hat. Dabei scheint die Hündin normal heiß zu werden, nach fünf bis sieben Tagen ist dies plötzlich ohne sichtbaren Grund zu Ende - Stress kann dabei ein auslösender Faktor sein. Die Hündin wird dann erneut heiß, zwischen wenigen Wochen und einem Monat Abstand - und in dieser zweiten Hitze kann man dann mit ihr züchten. Jede Hündin mit verlängerter Hitze - wenn diese deutlich über 21 Tage ist - sollte vom Tierarzt kontrolliert werden.

Wird die Hündin heiß, schwillt die Vagina an und zeigt Ausfluss - in der Regel zunächst dunkelrot, sich nach und nach zu einem hellen Pink verändernd, wenn sie dem Rüden steht. Da sich aber die meisten Jack Russell Hündinnen sehr sauber pflegen, ist es durchaus möglich, die ersten Tage zu übersehen. Hündinnen mit starkem Fellwuchs oder bei denen gewöhnlich nur leichte Schwellungen und Ausfluss auftreten, müssen etwas sorgfältiger überwacht werden. Die leichteste Kontrolle ist ein weißes Tuch neben ihr Lager zu legen, mit dem, wenn sie aufsteht, ihre Vagina abgetupft wird. Auch ein weißer Überzug auf dem Lager hilft in der Regel.

Hündinnen durchleben ihren eigenen Zyklus sehr individuell; einige stehen bereits am fünften Tag der Hitze, andere erst am elften oder zwölften. Eine Hündin von mir stellte sich am neunten Tag, ovulierte aber erst am neunzehnten Tag. Ließ man sie unter der Annahme, ihre Ovulation erfolge zwi-

Wichtig ist immer, den ersten Hitzetag der Hündin aufzuzeichnen.

Foto mit freundlicher Erlaubnis von Mary Strom, Snow Wind.

schen dem zehnten und vierzehnten Tag decken, erwies sich die Paarung in aller Regel als erfolglos. Wenn es bei der Zucht besonders darauf ankommt, ist es das beste, einen wiederholten Vaginalabstrich oder einen Progesterontest durchzuführen - dies gilt besonders für Erstlingshündinnen.

Zu Scheinschwangerschaften kann es unabhängig davon kommen, ob eine Hündin gedeckt wurde oder nicht. Dabei zeigt die Hündin alle Merkmale einer typisch tragenden Hündin einschließlich Vorbereitung des Lagers, Unruhe und Ruhelosigkeit, es kommt zur Milchproduktion, aber es werden keine Welpen geboren. Wenn man der Hündin ein Spielzeug zum Bemuttern, Tücher zum Nest bauen überlässt, wird sie mit dem Zustand leichter fertig. Abwechselnd heiße und kalte Umschläge auf dem geschwollenen Gesäuge auflegen hilft, dass sich die Hündin bald wieder wohl fühlt. Wenn ihr Verhalten extrem oder besonders langwierig ist, sollte man die Hündin vom Tierarzt untersuchen lassen. Normale Hündinnen, die scheinträchtig waren, kann man durchaus erfolgreich in der nächsten Hitze decken lassen, meist kommt es zu einem gesunden Wurf.

Gelegentlich gibt es auch eine Hündin, die eine so genannte *stille Hitze* hat. Dies bedeutet ganz einfach, dass die Hündin keinerlei äußere Anzeichen aufweist, dass sie heiß ist, also kein Anschwellen, kein Bluten, das die normale Hitze begleitet. Solche Hitzen können trotzdem fruchtbar verlaufen, und manchmal ist der Deckrüde der einzige, der sicher ist. Stille Hitze ist manchmal auch Anzeichen einer Unterfunktion der Schilddrüse.

DIE TRAGENDE HÜNDIN

Wenn Sie Ihre Hündin decken ließen, müssen Sie unbedingt darauf achten, dass sie sich nicht noch ein zweites Mal belegen lässt. Es gibt durchaus Fälle, wo dies der Fall war, es dabei zu einem Wurf kam, der zwei verschiedene Väter hatte. Die einzige Art, die Vaterschaft dann zu bestimmen, ist ein DNA-Test, der aber für einen großen Wurf recht teuer sein kann.

Jede Hündin kann sich während der Tragezeit völlig anders verhalten, einige verlieren ihre jugendliche Figur früh, andere spät. Einige fressen während der gesamten Schwangerschaft unverändert weiter, andere leiden an morgendlicher Übelkeit, verweigern einige Tage Nahrung, wenn sie etwa drei bis vier Wochen tragen. Wenn Sie wirklich frühzeitig wissen möchten, ob Ihre Hündin trägt, bietet sich eine Ultraschalluntersuchung an. Ich empfehle deshalb die Ultraschalluntersuchung, weil sie recht sicher, in der Anwendung unproblematisch ist und bereits am 18. Tage durchgeführt werden kann, wobei sie allerdings nach 25 bis 30 Tagen Trächtigkeit genauer ist. Durch die Ultraschalluntersuchung haben Sie ungefähr eine Vorstellung über die Anzahl der Welpen, diese Untersuchung ist aber nicht so genau wie das Röntgen. Röntgenaufnahmen sind erst möglich, wenn die Hündin mehr als 45 Tage trägt, sicherer wäre es, bis zum 55. Tag zu warten. Dann sind Sie sicher, dass Sie deutlich die 45-Tage-Marke überschritten haben. Manchmal ist es nämlich schwierig, den genauen Tag zu wissen, da die Hündin aufnahm. Grund hierfür ist die fötale Entwicklung. Erst wenn die Welpen über 45 Tage alt sind, kalzifiziert sich das Knochengerüst und es gibt keine Strahlungsschäden an den sich entwickelnden Föten.

ERNÄHRUNG UND AUSLAUF

Gehört Ihre Hündin zu denen, denen es leicht übel wird oder die häufig erbrechen, könnten Sie ihr für einige Tage eine gemischte Ernährung aus gekochtem Huhn und Reis anbieten. Wenn aus irgendeinem Grunde ihre Übelkeit über mehr als eine Woche anhält oder sie stark erbricht, sollten Sie die Hündin dem Tierarzt vorstellen. Fühlt sie sich wieder besser, können Sie zur gewohnten Ernährung zurückkehren.

Eine tragende Hündin braucht immer hochwertige Ernährung. Viele Züchter stellen einfach auf eine Spezialnahrung für tragende oder säugende Hündinnen um, die zusätzliche Kalorien und einen höheren Fettgehalt bietet. Aber bei all den Premiumfuttermitteln auf dem Markt ist dies in der Regel nicht notwendig. Sie können auch die Ernährung durch hart gekochte Eier, rohe Leber, Hüttenkäse oder Joghurt aufbessern.

Wenn Sie einem Hund Ergänzungsnährstoffe zuführen, müssen Sie genau auf seine Größe achten - ein großer Teelöffel Ergänzungsstoffe sollte für eine Jack Russell Hündin angemessen sein. Wasser-

Erstklassige Fütterung und mäßige Bewegung sind Schlüsselfaktoren einer gesunden Tragezeit.

Foto: Kim James, Badgerwood.

lösliche Vitamine wie Vitamin C oder B Komplex sind wahrscheinlich gut, vorsichtig müssen Sie aber bei der Kalziumfütterung sein, zu viel davon kann nach der Geburt zu Eklampsie führen. Einige Züchter haben herausgefunden, dass Himbeerblätterpulver die Wehen erleichtert, wenn man es ab drei Wochen vor dem Geburtstermin in sehr kleinen Mengen beifüttert.

Wenn die Futtermenge in den letzten Schwangerschaftswochen um etwa 20 Prozent vermehrt wird, müssen Sie darauf achten, dass die Hündin nicht zu fett wird. Es gibt eine Neigung vieler Hündinnen, viel mehr fressen zu wollen als sie sollten, und Dickleibigkeit können Tragezeit und Geburt sehr schwierig machen. Wenn die Tragezeit fortschreitet, hat die Hündin für Futter weniger Platz, deshalb sollte man das Futter in zwei bis drei Mahlzeiten anbieten statt in einer.

Eine gesunde Tragezeit stellt viele gleiche Anforderungen wie ein gesundes Leben - Futter von hoher Qualität und mäßige Bewegung. Wenn Ihre Hündin drei oder vier Wochen trägt, sollten Art und Umfang der Bewegung kontrolliert werden; liebt sie Laufen und Jagen über das freie Feld, sollte dies in diesem Stadium deutlich eingeschränkt werden. Die meisten Jack Russell erregen sich auf der Jagd so sehr, dass dadurch der ganze Wurf verloren gehen kann. Herunterspringen von hoch gelegenen Stellen und sich in sehr kleine Höhlen zu zwängen, gehören zu den Aufgaben der Rasse, und diese ändern sich in der Tragezeit nicht. Es gibt nichts tragischeres als den Verlust eines Wurfes, weil während der Schwangerschaft die Hündin zur falschen Zeit einen harten Stoß erlitt.

DER GEBURTSORT

Mehrere Wochen vor dem voraussichtlichen Geburtstermin sollten Sie genau planen, wo die Hündin ihre Welpen gebären und großziehen soll. Einige Züchter lassen ihre Hündin in ihrer Box werfen, da sie mit dieser vertraut ist, sich sicher fühlt. Die meisten aber bevorzugen eine eigene Wurfkiste.

Eine Wurfkiste braucht nicht zu groß zu sein, aber doch um einiges größer als das normale Bett. Für einen Jack Russell Terrier ist eine Wurfkiste 96 x 96 cm durchaus angemessen. Die Wurfkiste sollte um einige Zentimeter vom Boden abgehoben sein, um eine Erkältung durch Zug und Feuchtigkeit auszuschließen. Der wichtigste Aspekt für die Aufzucht aller Welpen ist Wärme, denn die Kleinen sind über die ersten Wochen nicht in der Lage, ihre eigene Körpertemperatur zu regulieren.

Die meisten Jack Russell Hündinnen sind mit ihren Welpen ziemlich vorsichtig, deshalb ist es vielleicht nicht absolut notwendig, im Inneren der Wurfkiste Distanzleisten anzubringen. Trotzdem gibt es hier und da eine Mutter, die eben nicht so sorgfältig ist wie sie sein sollte, Unfälle können und werden auftreten, insbesondere bei Erstlingshündinnen. Die idealen Distanzleisten, manchmal *pig rails* genannt, werden etwa 8 cm über dem Kistenboden angebracht, dabei sollte man aber auch die dickeren Einlagen einkalkulieren. Die Distanzleisten verlaufen rings um die Box, sollten etwa 6 cm Abstand von den Seiten schaffen. Ist eine Wurfkiste aus Holz angefertigt, muss sie mit ungiftiger Farbe gestrichen werden, damit das Holz keine Flüssigkeiten absorbiert.

Wenn Sie eine nach oben offene Wurfkiste wählen, gibt es die Möglichkeit, eine Wärmelampe einzusetzen. Für oben geschlossene Wurfkisten gibt es eigens für Welpen Wärmeplatten mit gleichmäßiger Temperatur, wobei die Leitungen vor Ankauen geschützt werden. Nie dürfen Sie eine Wärmeplatte für menschlichen Gebrauch einsetzen, sie taugen nicht bei Feuchtigkeitseinfluss, bieten auch keinen Schutz gegen Ankauen. Vorsicht - die Heizung muss genau überwacht werden. Ist es zu warm, dehydriert die Hündin, mag nicht bei ihren Welpen bleiben. Etwa 26°C wäre eine gute Temperatur - für die meisten Mütter und Welpen sind höhere Temperaturen unangenehm. Gesunder Menschenverstand und Beobachtung der Welpen zeigen schnell, wie behaglich sie sich fühlen. Liegen die Welpen weit auseinander, hecheln oder wimmern, ist es ihnen in der Regel zu warm.

ERSTES WEHENSTADIUM

Der genaue Geburtstermin ist oft schwer auszurechnen, selbst bei Progesterontests können die Schätzungen immer um ein bis zwei Tage variieren. Gesamt betrachtet scheinen Jack Russell Hündinnen selten volle 63 Tage zu tragen. Der Schnitt scheint etwa bei 59 bis 60 Tagen zu liegen. Aber wie bei

DER NEUGEBORENE WURF
Fotos mit freundlicher Erlaubnis von Mary Strom, Snow Wind.

Die junge Mutter lernt schnell mit ihren Welpen zurechtzukommen.

Dies ist Barsetta Polmanta mit ihrem einen Tag alten Wurf.

allen Durchschnitten, es gibt immer einige, die früher oder später kommen, das Beste ist, aufmerksam zu sein und sorgfältige Aufzeichnungen anzulegen.

Etwa ab einer Woche vor der Geburt ist es empfehlenswert, dreimal täglich die Temperatur der Hündin zu messen, zumindest zweimal. Dabei beobachtet man zunächst das normale Temperaturmuster. Tritt plötzlich ein scharfer Abfall um mehr als ein Grad ein, sinkt die Temperatur auf 36,6°C oder niedriger, ist ziemlich sicher, dass innerhalb von 24 Stunden die Geburt beginnt. Nach diesem Temperaturabfall wäre es ratsam, die Hündin nicht sich selbst zu überlassen, insbesondere, wenn es sich um ihren ersten Wurf handelt.

Es gibt noch einige andere Indikatoren für die bevorstehende Geburt, beispielsweise Verweigern der Nahrung. Ist der Appetit Ihrer Hündin einige Tage vor dem errechneten Termin schlecht, versuchen Sie am besten, ihr das Lieblingsfutter anzubieten, um sicherzustellen, dass sie für das, was vor ihr liegt, Kräfte sammelt. Klarer Scheidenausfluss, in der Regel fadenförmig, ist ein weiteres Merkmal. Tritt jedoch grünlicher oder gelber Ausfluss auf, muss sofort der Tierarzt gerufen werden.

DIE GEBURT

Beim ersten Wurf wäre es immer eine große Hilfe, einen erfahrenen Züchter zur Seite zu haben. Es gibt keinen Ersatz für Erfahrung und Wissen um normales Hundeverhalten. Jede Rasse ist bei der Geburt etwas unterschiedlich - manchmal auch in der Zeit - wenn irgendmöglich sollte man deshalb jemanden suchen, der hiermit vertraut ist. Steht Ihnen niemand zur Seite, denken Sie daran, Sie sollten Ihre Hündin beruhigen, denn sie spürt Ihre Nervosität, glaubt dann, es wäre wirklich Anlass für irgendwelche Besorgnisse. Wenn Hündinnen nervös werden, können sie ihre Wehen bis zu 24 Stunden aufschieben, wenn sie das Empfinden haben, dass die Verhältnisse nicht in Ordnung sind.

Wenn Ihre Hündin in die Wehen kommt, wird sie ruhelos, bewegt sich kreisend und Nest bauend in ihrer Wurfkiste. Sie hechelt, zerreißt die Tücher oder Einlagen, ehe sie den ersten Welpen gebiert. Für eine Erstlingshündin ist häufig der erste Welpe am schwierigsten. Vernünftigerweise plant man vor, so dass man die notwendigen Geburtshilfen zur Hand hat. Hierzu gehören Latexhandschuhe und Gleitmittel, eine Schere für die Nabelschnur, Tücher und alte Zeitungen....

Mit dem Gleitmittel kann man helfen, indem man etwas in die Vaginaöffnung einführt, so dass an den engen Stellen der Welpe besser gleitet. Wenn Ihre Hündin hart presst und der Welpe schon teilweise austritt, können Sie ihn vorsichtig ziehen, aber nur mit der Wehe gleichzeitig und in einer sanften Kurve nach unten. Nie gerade ziehen, dies wäre gegen natürliche Richtung des austretenden Welpen. Tritt ein Welpe mit dem Gesicht nach oben aus, ist dies entgegen der natürlichen Richtung, man sollte den Welpen drehen, so dass sein Gesicht nach unten zeigt. Oft zieht die Hündin dann diesen Welpen selbst nochmals in den Geburtskanal, wo er sich von selbst dreht. Viele Welpen werden als Steißgeburten geboren, wobei die Hinterläufe als Erstes kommen, dabei sollten die Läufe nach unten, nicht nach oben gerichtet sein. Wenn eine Hündin länger als eine Stunde Presswehen hat, den Welpen zu gebären versucht, es ihr aber nicht gelingt, wird es Zeit, einen Tierarzt zu rufen. Am besten hat man vorher schon bereits Telefonnummern und Standort der nächsten tierärztlichen Notklinik zur Hand, das kann kostbare Zeit retten, wann man sie am dringendsten braucht. Es ist immer besser, etwas zu viel als zu wenig Vorsorge zu treffen.

Anderes Werkzeug wie eine kleine Spritze oder auch ein kleiner Augentropfer könnten hilfreich sein, um einen neugeborenen Welpen von Flüssigkeiten zu befreien, die er im Geburtskanal eingeatmet oder inhaliert hat.

Wenn Ihre Hündin starke Wehen hat, sich dauernd in der Wurfkiste hin und her bewegt, könnte es sinnvoll sein, einen kleinen Karton mit einer Heizlampe oder einer Wärmflasche bereitzustellen, um die Welpen wegzunehmen, während sie sich mit ihrem Neugeborenen beschäftigt. Hierdurch kann man Verletzungen vorbeugen. Der Zeitabstand zwischen den Geburten kann sehr unterschiedlich sein. Einige Hündinnen gebären ihre Welpen einen nach dem anderen, ruhen nur kurz zwischen den einzelnen Geburten. Bei anderen kann es von Geburt zu Geburt eine Stunde und länger dauern. Dabei sind beide Geburten völlig normal. Wenn Ihre Hündin aber zwischen den Welpen mehrere Stunden Pause einlegt, besteht Anlass zur Beunruhigung.

Bei einer Normalgeburt wird die Hündin schnell die Fruchtblase aufreißen und den Welpen lecken, um ihn zu stimulieren und zu trocknen; dabei frisst sie in der Regel auch die Plazenta auf. Sie sollten nicht versuchen, ihr die Plazenta wegzunehmen. Russell Hündinnen sind schnell und manchmal fest entschlossen, die Plazenta aufzufressen, dies sagt ihnen ihr natürlicher Instinkt. Hierdurch bekommt die Hündin Nahrung, extra Energien und Oxytocin, das weitere Wehen stimuliert. Eine weitere großartige Energiequelle für eine Hündin wäre zwischen den einzelnen Welpen eine üppige Portion Vanilleeis - wobei sich möglicherweise Hund und Mensch eine Portion teilen.

Wenn aus irgendeinem Grund die Hündin die Fruchtblase nicht öffnet, müssen Sie diese Aufgabe übernehmen. Ermuntern Sie die Hündin, dass sie den Welpen selbst leckt und pflegt. Sie sollte auch die Nabelschnur abbeißen, wenn nicht, können Sie mit etwas Bindfaden die Nabelschnur abbinden, wobei etwa 2,5 cm Nabelschnur am Welpen bleibt. Versuchen Sie, die Nabelschnur zwischen den Fingernägeln abzuquetschen. Beim Schneiden mit einer scharfen Schere kommt es zu stärkeren Blutungen. Zur Desinfektion verwendet man am Ende der Nabelschnur etwas Jod.

Wenn die Hündin ihre Aufgabe, den Welpen zu lecken und zu trocknen verweigert, müssen Sie einige kleine Tücher nehmen, den Welpen kräftig trockenreiben. Dabei stimulieren Sie hoffentlich den Welpen so stark, dass er den ersten Schrei ausstößt und dadurch Luft in die Lungen bekommt. Wenn möglich, sollten Sie den Welpen der Hündin vorhalten, rubbeln Sie ihn so, dass die Hündin ihn stets beobachten kann. Geben Sie ihr den Welpen zurück, sobald er sich gesund bewegt und rosa aussieht. Jetzt sollte die Hündin ihre Welpen lecken und ihre Bäuchlein säubern. Bald entfaltet sich der wunderbare Geruchssinn der Kleinen, sie finden die Milchbar und beginnen begeistert zu trinken.

Wenn ein Welpe noch Atemschwierigkeiten hat, ist es gut zu wissen, wie man ihn durch eine schwingende Bewegung zum Leben bekommt. Ich kann diese Methode zwar hier beschreiben, es ist aber wirklich besser, einen erfahrenen Tierarzt oder Züchter zur Seite zu haben, bei dem man dies abschauen kann. Wenn man den Welpen nach unten schwingt, löst man dabei häufig Schleim, der die Nasenpassagen oder Kehle blockiert. Fassen Sie den Welpen mit einem Tuch fest in beiden Händen, vorsichtig, mit festem Griff, so dass ihm nichts geschieht. Der Kopf des Welpen ist nach oben gerichtet, der Bauch auf den Menschen. Jetzt heben Sie den Welpen über Kopfebene, schwingen ihn dann in einer kreisförmigen Bewegung nach unten. Durch die Gravitation werden Flüssigkeit und Schleim gelöst. Diese Methode hat schon vielen Welpen das Leben gerettet.

NACH DER GEBURT
Wenn alle Welpen geboren sind, sauber geleckt und gesäugt werden, braucht Ihre Hündin in aller Regel eine längere Ruhezeit. Am besten sorgt man dafür, dass ihr ganzes Lager sauber und trocken ist, und lässt sie dann für ein Schläfchen zurück. Keinesfalls sollten Sie Ihre Hündin unter Stress setzen, indem Sie jetzt irgendwelche Besucher einladen, die Welpen zu besichtigen. Es ist weder für sie noch für ihre Welpen jetzt gut, Besucher zu empfangen, bis die Welpen erst einmal drei oder vier Wochen alt sind.

Achten Sie darauf, dass die Einlage für die neugeborenen Welpen frei von Löchern, herumhängenden Fäden oder Teilen, die herausgezogen werden können, ist. Sie wären erstaunt, wie viel zwei Tage alte Welpen umherkrabbeln können. Es haben schon ein oder zwei Welpen geschafft, sich einen solch kleinen Faden um den Hals zu wickeln, so eng, dass man sie herausschneiden musste. Vetbed oder andere kuschelige Stoffe sind wunderbar warm und für Neugeborene auch sicher.

WENN DAS SCHLIMMSTE PASSIERT
Obgleich Kaiserschnittentbindungen im Allgemeinen selten sind, kann eine Notsituation sowohl beim ersten Wurf wie auch nach verschiedenen Normalgeburten eintreten. Jack Russell Hündinnen erholen sich im Normalfall von Kaiserschnitten sehr schnell und die Welpen gedeihen gut. Trotzdem

Achten Sie unbedingt darauf, dass Mutter und Welpen in den ersten Tagen wenig gestört werden.

Foto mit freundlicher Erlaubnis von Mary Strom, Snow Wind.

besteht leider hier immer die Gefahr, eine Hündin zu verlieren, mutterlose Welpen aufziehen zu müssen. Aus diesem Grunde sollte man sich auf einen solchen Fall immer vorbereiten, das ist Teil der Vorsorge für jeden Wurf.

Verliert man bei der Geburt die Hündin, sollte man versuchen, eine andere zu finden, die nur wenige Welpen hat und die verwaisten Welpen aufziehen könnte. Das wäre die allerbeste Lösung. Es braucht durchaus keine Jack Russell Hündin zu sein, die hier hilft. Ein anderer Terrier oder auch eine größere Rasse könnte als Amme für kleine Jack Russell Terrier zur guten Mutter werden.

Zu den größten Hindernissen bei der Übernahme fremder Welpen gehört der Geruch, den die Welpen tragen, denn sie riechen nicht wie die eigenen Welpen. Eine einfache Methode für eine solche Übertragung ist, die neuen Welpen mit Erdnussbutter einzureiben. Es klingt töricht, aber die meisten Hündinnen lieben den Geschmack von Erdnussbutter, sie trägt ein sehr starkes Aroma - kräftig genug, um den Geruch der Mutterhündin zu überlagern. Die meisten Hündinnen beginnen die Erdnussbutter abzulecken, bedecken dabei den Welpen mit ihrem eigenen Geruch. Natürlich muss man trotzdem sorgfältig auf irgendwelche Anzeichen des Ablehnens durch die neue Mutter achten, im Notfall einschreiten.

Ich würde jedermann, der einen Wurf verliert bitten, genau zu untersuchen warum. Wenn Ihre Hündin tote Welpen gebiert oder Welpen, die zum Überleben zu unreif sind, ist es absolut notwendig zu wissen warum, so dass die gleichen Fehler nicht erneut gemacht werden. Die meisten Tierärzte sind bei der Untersuchung behilflich, wenn notwendig senden Sie die toten Welpen zur nächsten Universität zur Obduktion. Gründe für Abortus können Verletzungen, Infektionen, Unterernährung, hormonelles Ungleichgewicht oder einfach Immunität gegen bestimmte Impfstoffe sein. Und die Ergebnisse der Untersuchung könnten dazu führen, dass der Züchter die Haltung seiner Hunde verändert.

Nicht Aufnehmen kann Folge hormoneller Störungen sein, deshalb sollte man jede Hündin, die nach 28 bis 35 Tagen nicht als tragend diagnostiziert wird, auf ihren Progesteronspiegel überprüfen lassen.

BETREUUNG NACH DER GEBURT

Über die ersten Tage werden die meisten Mütter am liebsten dauernd bei ihren Welpen bleiben, einige muss man tatsächlich nach draußen tragen, damit sie sich kurz lösen. Vorsicht, wenn andere Hunde im Haus leben - Mütter können sehr beschützend sein, nach anderen Tieren beißen und schnappen, wenn sie ihren Welpen zu nahe kommen. Dieses Schutzbedürfnis und das Nichtbereitsein, die Welpen zu verlassen, mindert sich nach und nach mit dem Alter der Welpen. Sind diese erst einmal drei oder vier Wochen alt, ist es durchaus wahrscheinlich, dass die Mutter in erster Linie nur noch bei ihnen ist, wenn sie die Welpen füttert oder zur Schlafenszeit.

Über die ersten paar Tage nach der Geburt ist zu empfehlen, die Temperatur der Hündin zumindest zweimal täglich zu überprüfen. Eine Mastitis - *Brustdrüsenentzündung* - kann sich schnell entwickeln, erkennt man in der Regel an aufkommendem Fieber. Besteht der Verdacht, dass in der Hündin Plazenten zurückgeblieben sind, ist es wichtig, den Tierarzt zu bitten, durch eine Injektion das Ausstoßen der Plazenten auszulösen. Solche *Oxytocin-Spritzen* werden von einigen Züchtern routinemäßig eingesetzt, wenn ihre Hündinnen geworfen haben, in der Regel innerhalb von 24 Stunden. Das Oxytocin bewirkt, dass sich der Uterus zusammenzieht, zurückgebliebene Plazenten ausstößt. Gleichzeitig wird dadurch auch die Milchbildung stimuliert.

Insgesamt gesehen sind Jack Russell Terrier Hündinnen recht gute Mütter, wissen muss man aber, dass jeder Wurf die Reserven der Hündin in großem Maße fordert. Besonders nach der Geburt braucht die Hündin dringend gutes Futter und Kalorien in ausreichendem Maße. Ein Durchschnittswurf liegt bei etwa vier bis fünf Welpen, es gibt aber auch Hündinnen mit acht oder neun, in einigen Würfen liegen nur zwei oder drei. Bei großen Würfen ist es meist

Es ist ratsam, das Gewicht der Welpen laufend zu überwachen. Dann weiß man, ob sie genügend Futter erhalten.
Foto mit freundlicher Erlaubnis von Mary Strom, Snow Wind.

notwendig, schon früh mit der Zusatzfütterung zu beginnen. Hierfür ist das Verhalten der Welpen der beste Maßstab. Wenn die Welpen viel schreien oder umhersuchen, ist dies ein sicheres Anzeichen, dass sie nicht genügend Milch bekommen.

PFLEGE DER NEUGEBORENEN
Neugeborene schlafen im Allgemeinen ungefähr 90 Prozent der gesamten Zeit. Die Muskeln gesunder fröhlicher Welpen zucken dabei, manchmal sehen sie so aus, als würden sie im Schlaf Kaninchen jagen. In ihrer Wachzeit sollten die Welpen begeistert trinken. Wenn Welpen durch die Wurfkiste irren, sich von Mutter und Geschwistern entfernen, sollte man sie sich genauer ansehen - möglicherweise sind sie krank. Kranke Welpen schreien laut, können aber auch einfach nur schwach und lustlos wirken. Als Erstes überprüft man die Körpertemperatur, genügend Wärme ist für neugeborene Welpen besonders wichtig. Wirkt der Welpe unterkühlt, schwach oder kommt beides zusammen, muss er gewärmt werden, erhält er ein oder zwei Tropfen Glukose oder Kornsirup, die ihm genügend Kraft geben, um zu saugen. Bei einem großen Wurf können Sie immer dadurch helfen, dass Sie die kleineren Welpen an die hinteren Zitzen anlegen, wo sie im Regelfall mehr Milch finden.

Ich wiege meine Welpen immer direkt bei der Geburt, dann über die erste Woche täglich, um sicher zu sein, dass laufender Gewichtszuwachs eintritt. Aus einer Vielfalt von Gründen kommen einige Hündinnen langsamer zur normalen Milchleistung. Zusätzliches Futter mit Ergänzungsstoffen wie rohe Leber, rohes Rindfleisch, Hüttenkäse oder Joghurt können sicherlich die Milchproduktion anregen. In solchen Fällen sollte man die Welpen zweimal täglich wiegen, um ein besseres Bild zu gewinnen. Sind die Welpen drei Tage alt, sollten sie ausgefüllt wirken und rundliche kleine Bäuche haben. Wenn nicht, sollte man mit der Beifütterung beginnen.

Es gibt verschiedene Methoden, junge Welpen beizufüttern. Eine Methode ist der Einsatz einer kleinen Milchflasche, ich selbst hatte dabei aber nicht immer Glück. Oft ist ein Welpe zu schwach, kann nicht richtig saugen. Manchmal ist es in solchen Fällen besser, mit einem Augentropfer oder einer kleinen Spritze langsam die Mischung ins Mäulchen einzugeben; der Welpe sollte jeden Tropfen schlucken, ehe ein neuer folgt. Denken Sie daran, dass in den ersten 24 Stunden ein Welpe am dringendsten Wärme und Energien braucht. Solche Energien füttert man in Form einer Lösung, zusammengesetzt aus einem Teelöffel leichten Kornsirup und vier Teelöffel warmem Wasser, gründlich gemischt, dem man einige Salzkörnchen beimischt. Fütterung mit einer Magensonde wäre eine Alternative, sie ist aber sehr kompliziert zu erlernen und kann für den Welpen tödlich ausgehen, wenn sie falsch gehandhabt wird. In solchen Fällen bedarf es sorgfältigster Unterweisung durch den Tierarzt, seiner aktiven Teilnahme, bis der Züchter es wirklich beherrscht.

Wenn ein Welpe nach 24 Stunden Glukosefütterung noch immer nicht bei der Mutter trinkt, bedarf es weiterer Ergänzungsstoffe. Man kann eine industriell hergestellte *Hundemilch* einsetzen, bis der Welpe kräftiger ist und der Mutter zurückgegeben werden kann. Wenn der Welpe nicht zunimmt, muss man dringend den Tierarzt konsultieren.

AUFZUCHT DES WURFES
KUPIEREN UND WOLFSKRALLEN

Sind Sie erst einmal sicher, dass sich der Welpe richtig entwickelt, zunimmt und immer kräftiger heranwächst, wird es Zeit daran zu denken, die Rute zu kupieren und die Wolfskrallen zu entfernen. In der Regel erfolgen diese Prozeduren zwischen dem dritten und fünften Tag. Später als fünf Tage wird es gefährlich, es kommt zu stärkeren Blutungen und Schmerzen beim Welpen. Häufig treten beim Jack Russell Terrier an den Hinterläufen Wolfskrallen auf - man sollte dies kontrollieren.

Im Grundsatz ist in vielen Ländern das Ruten kupieren heute gesetzlich verboten, es ist eine kosmetische Frage. Für andere Länder als Hinweis: Die Rutenlänge der einzelnen Welpen variiert sehr stark, einige sind länger, andere kürzer. Aus diesem Grund ist es nicht möglich, immer die Rute in gleicher Art zu kürzen. Beim Kupieren ist es immer besser großzügig zu sein, die Rute etwas länger als zu kurz zu lassen. Im Allgemeinen bittet der Tierarzt, dass der Züchter die Schnittstelle markiert. Es gibt vielerlei Methoden zur Bestimmung der richtigen Länge. Einige haben ihre festen Gewohnheiten, andere zählen die Anzahl der Schwanzwirbel ab. Als beste Methode hat sich erwiesen, den Welpen selbst genau anzusehen, ihn in stehende Position anzuheben und die Rute nach oben zu ziehen. Dann zieht man eine imaginäre Linie von der Oberfläche des Kopfes direkt zur Rute, die Schnittstelle sollte in gleicher Höhe wie die obere Kopffläche sein, dadurch erhält man ein ausgewogenes Bild. Bei Hündinnen ziehen einige die Rute zwischen die Läufe, markieren die Stelle, wo die Rute gerade die Spitze der Vulva überdeckt. Natürlich kann man eine analoge Methode auch für Rüden wählen, man stellt sich einfach eine imaginäre Vulva vor.

Nochmals eine deutliche Warnung! Ruten kupieren ist in vielen Ländern zu Recht verboten, sollte generell unterbleiben!

Denken sie daran, die rasiermesserscharfen Krallen Ihrer Welpen zu kürzen - Ihre Hündin wird es Ihnen danken. Krallenschneiden ist auch Bestandteil der Früherziehung des Welpen. Wenn man Welpen früh die Krallen kürzt und regelmäßig damit fortfährt, gibt es bei den Erwachsenen keine Probleme.

ENTWURMUNG UND SCHUTZIMPFUNG

Mit drei Wochen sollten die Welpen auf eigenen Füßen stehen, kann die erste Entwurmung erfolgen, von Welpen wie Hündin. Je nach Beratung durch den Tierarzt sollten die ersten Impfungen etwa im Alter von fünf bis sechs Wochen erfolgen, eine Zweitimpfung mit acht Wochen, kurz ehe die Welpen an ihre neuen Besitzer abgegeben werden. Eine Wiederholungsentwurmung sollte mit fünf bis sechs

Wochen erfolgen, dann nochmals mit acht Wochen. Mit sechs Wochen könnte es vernünftig sein, vom Tierarzt die Kotprobe eines der Welpen untersuchen zu lassen. Die Untersuchung erstreckt sich auf Kokzidien (Sporentierchen), rechtzeitig entdeckt, besteht noch genügend Behandlungszeit, ehe die Welpen zu ihrem neuen Besitzer kommen. Liegt bei einem Welpen Befall vor, erstreckt er sich in aller Regel auch auf die übrigen. Weitere Einzelheiten in Kapitel 3: *Der Jack Russell Welpe.*

FÜTTERUNG
Mit etwa drei Wochen ist die Zeit gekommen, mit der Breifütterung zu beginnen, in der Regel aus Ziegenmilch mit einigen Babyreiscerealien. Grundsätzlich sollte man keine Kuhmilch einsetzen - sie ist für Welpen schwieriger zu verdauen. Nach und nach stellt man dann auf eine industriell vorgefertigte Welpenmischung um, mit Wasser eingeweicht und zu Brei verrührt. Wenn die Welpen ihren Welpenbrei nicht direkt annehmen, kann man einen Teelöffel Traubensirup hinzusetzen, oft hilft dies sehr schnell.

Wenn Sie erstmals feste Nahrung füttern, ist es am besten, täglich mehrmals zu füttern, zu Anfang zumindest viermal täglich. Wenn die Welpen gut fressen, kann man auf drei Mahlzeiten täglich kürzen. So ab einem Alter von sechs Monaten kann man zur zweimal täglichen Fütterung übergehen - dies erweist sich bei den meisten Familien als bequem und für die Hunde ausreichend.

Beobachten Sie Ihre Welpen laufend! Sie können so viel übermitteln, wenn man sie richtig beobachtet. Sehr schnell erkennen Sie, wenn ein Welpe schlecht ernährt ist. Sofort nachdem man die Qualität des Futters verbessert, sieht man auch einen Wandel zum Besseren. Viele kommerzielle Futtermittel sind mit billigen Cerealien überladen - hierbei gilt in aller Regel *du bekommst, was du bezahlst!* Wenn die Welpen keine Komplettwelpennahrung erhalten, kann man für gutes Fell etwas Flachsöl oder Sonnenblumenöl hinzufügen, auch Vitamin C zur Förderung des Immunsystems. Für den Verdauungstrakt ist Joghurt recht günstig.

Es gibt viel Pro und Kontra über den Einsatz von rohem Fleisch. Nach unserer Meinung

Zusatzfütterung kann mit etwa drei Wochen beginnen, aber die Welpen werden weiter von ihrer Mutter gesäugt, so lange sie dies toleriert.
Foto: Sheila Atter.

Wenig und oft, so lautet das Grundprinzip bei der Zusatzfütterung. Anfänglich sollten die Welpen zumindest vier Mahlzeiten täglich erhalten.
Foto: Sheila Atter.

Jack Russell Zucht

geben kleine Fleischmengen gemeinsam mit hochwertigem Trockenfutter den Welpen einen guten Start. Ein weiterer Vorteil besteht darin, dass der Stuhlgang sehr fest wird, sich leicht aufnehmen lässt. Wir haben immer kleingeschnittenes Steakfleisch eingesetzt. Ich bevorzuge für Junghunde Qualitätsfleisch, während die einfachen Fleischarten bei älteren Hunden durchaus verfüttert werden können. In Europa ist Pansenfütterung recht verbreitet, roh oder aus Büchsen, immer als Zugabe zu Fertigmischungen.

SPIELZEUG

Wir empfehlen keine Büffelhaut und kein Seilspielzeug für Welpen. Beide könnten Darmblockaden auszulösen, wenn sie in großen Stücken hinuntergeschluckt werden. Wir verkauften einmal eine ältere Russell Hündin und die neuen Besitzer kamen vorbei, um sie kontrollieren zu lassen, erwähnten, dass sie viel huste. Ich fragte, was sie ihr zum Kauen gegeben hätten, sie erwähnten Büffelhautstreifen. Schnell stellte sich heraus, dass wir sofort zum Tierarzt fahren mussten, denn der Büffelhautstreifen hatte sich um einen der hinteren Molare gewickelt und hing in der Kehle nach unten, dadurch das häufige Husten, um das Stück wieder herauszubringen. So etwas könnte auch einem anderen Welpen passieren. Mein Tierarzt empfahl bis vor kurzem durchaus Seilspielzeug - bis er durch einen chirurgischen Eingriff aus einem Hund Einzelstücke wieder herausholen musste. Wir besaßen auch einen Hund, der Krämpfe und Durchfall hatte, auf der Röntgenaufnahme konnten wir einen großen Brocken Büffelhaut erkennen. Der Hund erhielt Medikamente zum Ausbrechen, erfolgreich - es ist aber einfach Vorsicht angezeigt, immer besser als eine Rettungsfahrt zum Tierarzt. Hunde können die seltsamsten Dinge fressen - und tun es immer wieder.

FRÜHE LEKTIONEN

Berührung ist für jedes Tier außerordentlich wichtig. Zwar können Welpen in den ersten zwei Wochen weder hören noch sehen, wichtig für sie ist aber das Angefasst- und Gestreicheltwerden. Welpen mit den Händen zu umfassen und sie vorsichtig zu wiegen, sie auf den Rücken legen und dabei sanft die kleinen Bäuchlein reiben, dies alles sind wichtige Schritte, sie an menschlichen Kontakt zu gewöhnen. Seelische und körperliche Stimulanzen sind für einen gesunden, fröhlichen Welpen außerordentlich wichtig, allerdings sind die meisten Wohnungen echte Hinderniskurse für Welpen.

Spielzeug, Tunnels und kleine, auf Welpen abgestimmte Hindernisse sind großartige Erlebnisse. Man muss die Dinge dabei zunächst sehr einfach halten, umso höher die Erfolgsrate für die Welpen. Die Gegenstände müssen locken, aber nicht so stark, dass die Fehlerrate zu hoch liegt. Eine kleine Röhre, Durchmesser 15 bis 20 cm, ist für kleine Welpen wunderbar, um durchzukrabbeln. Kleine Fußbänkchen bieten vorzügliche Gelegenheit zu klettern, und gibt es in Ihrem Haus keine Treppen, lassen sich einige von unten nach oben aufbauen, um das Stufen gehen zu imitieren. Aber Vorsicht, einzelne Stufen nie zu hoch! Für den Einkauf von Welpenspielzeug eignet sich einiges an Spielzeug zweiter Hand und alte Kleidung.

Neues zu sehen und zu hören ist für Jungtiere wichtig, um neue Verhaltensmuster aufzubauen. Kleine Babyspiegel interessieren Welpen bereits im Alter von drei Wochen, wenn sie fähig sind, ihre Augen zu fokussieren. Achten Sie darauf, dass der Spiegel keinesfalls harte Kanten besitzt und zuverlässig befestigt wird. Für Welpen zwischen drei und fünf Wochen sind Fernsehen und Radio als Geräuschquellen interessant. Mit etwa

Ein vier Wochen alter Welpe. In dieser Zeit werden Welpen recht neugierig und beginnen, das gesamte Umfeld zu erforschen.

Foto: Sheila Atter.

AUFSTELLEN DER WELPEN
Fotos: Sheila Atter.

Ab vier Wochen kann man Welpen zur anatomischen Beurteilung aufstellen.

fünf Wochen sollten Geräusche verschiedener Art - lautes Klatschen und Staubsauger - eingeführt werden. Aber Vorsicht, wenn sich ein Welpe dem Menschen nähert, sollte man niemals ein lautes klopfendes oder klapperndes Geräusch auslösen. Nach und nach werden neue und andere Klänge hinzugefügt, beispielsweise über den Rekorder Aufnahmen von Straßenverkehr, muhenden Kühen, Zügen, weinenden Babys u. a.

Ist der Welpe einmal sechs Wochen alt, kümmert sich seine Mutter meist nur noch wenig um ihn. Inzwischen sind auch seine Zähne spitz und scharf, häufig knurren die Hündinnen oder schnappen nach Welpen, wenn sie zu trinken versuchen. Es ist zwar immer noch wichtig, dass die Hündin dabei ist, aber weniger um zu säugen, sondern insbesondere um die Kleinen zu disziplinieren und zu erziehen. Welpen die zu früh von ihren Müttern getrennt werden, vermissen diesen wichtigen Erziehungsteil, und dieser Mangel geht ihnen über ihr ganzes Leben nach. Im Rudel werden Jungtiere häufig von ihren Müttern auf den Rücken geworfen und festgehalten. Dadurch lernen die Welpen früh, dass man ausgewachsene Hunde mit Respekt behandeln muss. Dann nähern sie sich auch ausgewachsenen Hunden in der richtigen Unterwerfungshaltung, leicht gebückt, Kopf nach unten, Ohren zurückgelegt, Rute tief, aber wedelnd. In der Regel halten sie ihren Kopf tief, lecken den Fang des erwachsenen Hundes von unten und an den Seiten. Dies alles sind Anzeichen von Respekt - nicht von Angst, es zeigt die Unterwerfung des Jungtieres gegenüber dem Erwachsenen.

Machen Sie Ihre Welpen mit verschiedenen Bodenoberflächen vertraut, viele Jungtiere, die auf Teppichen oder Tüchern großgezogen werden, haben Schwierigkeiten mit glattem Betonboden oder Fliesen. Unterschiedliche Bodenstrukturen im Freien sind auch wichtig. Gras ist angenehm, aber ein Welpenauslauf mit Kleinkieselaufschüttung ist vorzüglich zum Sauberhalten, zum festen Auftreten und man kann darin auch leicht graben. Auch für ausgewachsene Hunde ist ein Kiesbelag günstig, in aller Regel festigt und verbessert solcher Belag die Gesamtkondition der Pfoten.

Jetzt ist auch die richtige Zeit, den Welpen an ein Halsband zu gewöhnen. In Kapitel 5 werden

Im Spiel entwickeln sich alle Sinne, bald kann man die einzelnen Hundepersönlichkeiten erkennen.

Foto: Kim James, Badgerwood.

Einzelheiten der Gewöhnung an Halsband und Leine dargestellt. Stellen Sie fest, dass die Welpen gegenseitig an den Halsbändern kauen, kann man die Bänder abnehmen und mit Bitter-Apple-Spray behandeln, meist löst dies solche Kauprobleme. Es ist aber wahrscheinlich, dass wenige Tage darauf das Spray erneut aufgetragen werden muss. Für den neuen Besitzer ist es aber besonders gut, wenn der Welpe bereits an ein Halsband gewöhnt wurde, noch besser, wenn er auch bereits die Leine kennt.

AUSWAHL DER RICHTIGEN KÄUFER
Über die Jahre hat man zu Recht betont, dass nicht jedermann einen Jack Russell Welpen braucht. Wenn Sie etwas darüber nachdenken, handelt es sich dabei um eine ziemlich leere Feststellung, denn es gibt noch viele andere Rassen, bei denen dies gleichfalls der Fall ist.

Letztendlich liegt es bei jedem Züchter, die richtigen Besitzer herauszufinden und ihre Welpen sorgfältig unterzubringen. Ein guter Züchter wird immer dem neuen Besitzer sagen, dass alle seine Welpen bei ihm willkommen sind, wenn es sich aus irgendwelchen Gründen erweist, dass Hund und Käufer nicht zusammenpassen. Aber sorgfältiges Zusammenführen von Welpen und Besitzer ist von entscheidender Bedeutung, wenn sich ein junger Hund im neuen Zuhause erfolgreich entwickeln soll.

Es gibt Welpen mit deutlichen Unterschieden in individuellem Temperament, struktureller Gesundheit und Fähigkeiten, und es liegt beim Züchter, seine Welpen genug zu kennen, um zu wissen, was für den einzelnen Welpen das Beste ist. Beispielsweise wird sich ein scheuer Welpe bestimmt nicht für eine Familie eignen, die ihn zum Baby macht, was seine bereits bestehende Scheue verstärkt. Ein scheuer Welpe braucht einen Besitzer voll Selbstvertrauen, der sich daran macht, ihm Selbstvertrauen zu geben, ohne ihn jedes Mal, wenn Schwierigkeiten auftreten, auf den Schoß zu nehmen und ihm zu sagen *du armer kleiner Kerl*. Ein besonders unabhängiger Welpe verspricht wenig Erfolg in einem Zuhause, wo ihn keine angemessene Hausordnung und Ausbildung erwartet. Dies werden dann die Junghunde, die möglicherweise als Erwachsene im Rettungswerk des Clubs oder Tierheim ankommen.

Auch körperliche Fehler müssen bei der Auswahl berücksichtigt werden. Ein Welpe mit Hirschhals ist wenig geeignet für jemanden, der mit ihm Unterordnungsprüfungen ablegen möchte. Unabhängig, wie unterordnungsfreudig der Junghund ist, aufgrund seiner Halskonstruktion kann er nie bequem Halsband und Leine tragen. Bei einem Hirschhals - hierbei ist die Form des Halses tatsächlich umgekehrt, passiert in jedem Einzelfall, dass wenn Halsband und Leine am Hals ziehen, dadurch die Halspartie in eine sehr unangenehme Stellung gebracht wird. Meist wird der Junghund dann dagegen ankämpfen. Für solche Hunde bietet sich ein Geschirr an. Auf gleiche Art gilt, dass für einen Welpen mit ausgedrehten Knien oder schwacher Muskulatur für Agility wenig Chancen winken, denn seine Sprungfähigkeit ist immer beeinträchtigt.

WESENSTEST

Wenn Sie als Züchter noch Anfänger sind, wie sollen Sie herausfinden, wohin der einzelne Welpe gehen soll? In solchen Fällen wäre ein erfahrener Züchter außerordentlich hilfreich. Es gibt verschiedene Arten von Wesenstests, um herauszufinden, ob ein Welpe scheu, mutig, furchtsam oder freundlich sein wird, ob er Unterordnungsfreude besitzt. Solche Tests sollten nur durch sehr Erfahrene durchgeführt werden, vielleicht können Sie einen solchen Experten im örtlichen Hundeverein finden.

Es gibt aber einige ganz einfache Tests, die Sie selbst zu Hause probieren können. Nehmen Sie Ihren Welpen auf und drehen ihn - sicher haltend - auf den Rücken, man nennt dies einen *Welpenumkehrtest - inversion test.* Um diesen Test aussagekräftig zu machen, sollte diese Umdrehung von einem Fremden vorgenommen werden. Wenn dieser sanft den Welpen auf den Rücken dreht, ihm ins Auge sieht, mit freundlicher weicher Stimme ihm zuredet, dann sollten Sie jetzt seine Reaktion beobachten. Wenn sich der Welpe sträubt und nicht in die Augen schauen mag, alles unternimmt, um sich zu befreien, könnte dies ein recht unabhängiger Hund werden. Er braucht ein Zuhause, das geordnet ist, wo eine ordentliche Unterordnungsausbildung zu erwarten ist. Wenn der Welpe dem Blick Stand hält, zufrieden auf dem Rücken liegt, Körper entspannt, den Helfer bewundernd anschaut, dann ist ein solcher Welpe höchstwahrscheinlich voller Selbstvertrauen, unterordnungsfreudig und leicht zu erziehen. Wenn der Welpe den Helfer ansieht, aber den unverwechselbaren Ausdruck von Furcht in den Augen zeigt, nach der Hand schnappt, könnte dieser Welpe als Erwachsener durchaus furchtsam und unsicher sein. Ein solcher Welpe braucht jemanden, der sein Selbstvertrauen aufbaut, auf feste aber freundliche Art, er muss eindeutig zum Führer des Hundes werden.

Genau wie unter Kindern gibt es auch unter Welpen eine Vielfalt von Persönlichkeitsstrukturen. Für Ausstellungen optimal ist ein Welpe mit Selbstvertrauen, erhobenem Kopf, der eine ganze Menge von sich selbst hält. Ein Hund kann außerordentlich gut aufgebaut sein, wenn er aber nicht genau diese Haltung hat, extrovertiert und als *Showman,* wird es später schwierig sein, mit ihm zu gewin-

Immer muss der Züchter versuchen, die Persönlichkeiten der Welpen und Besitzer so einzuschätzen, dass der Welpe sich in den Lebensstil seines Besitzers harmonisch einfügt.

Foto mit freundlicher Erlaubnis von Mary Strom, Snow Wind.

WELPEN BEOBACHTEN
Je mehr Zeit Sie mit der Beobachtung von Welpen verbringen, umso besser verstehen Sie deren Charakter, anatomischen Aufbau und Bewegungsablauf. Fotos: Mary Strom, Snow Wind.

nen. Denken Sie daran, ein Hund gewinnt im Ausstellungsring trotz seiner Fehler. Wie der Junghund sich hält, seinen Körper zeigt, ist für das Gesamtbild von größter Wichtigkeit.

Unterschätzen Sie nie die Aussagekraft des Beobachtens von Welpen. Welpen aufzuziehen gehört zu den größten zeitlichen Beanspruchungen, die ich mir vorstellen kann. Wenn man aber sorgfältig seine Welpen beobachtet, wie sie sich benehmen, wie sie neuen Situationen begegnen, wie sie ihre eigenen Körper benutzen - gehört dies zu den großartigsten Chancen, viel über Welpen und die Rasse zu lernen.

ANKUNFT ZU HAUSE

Wenn Sie herausgefunden haben, *welcher Welpe wohin geht,* wäre es immer gut, dem neuen Besitzer ein gutes Einführungsbuch (Beispiel *John Valentine JACK RUSSELL TERRIER*) mitzugeben, das wichtige Grundinformationen enthält. Jack Russell Terrier Welpen stellen sich in der Regel gut auf ihr neues Zuhause um, aber sie brauchen richtige Anleitung. Wichtig ist, dass der neue Besitzer genau weiß, was die Welpen fressen, wo man Futter kauft, wie viel man ihnen geben soll. Ist das Futter für den neuen Besitzer schwierig zu bekommen und soll für den Anfang eine Fütterungsveränderung vermieden werden, könnte man dem Käufer einen kleinen Futterbeutel mit nach Hause geben, so dass so wenig wie möglich Verdauungsstörungen auftreten. Neben dem Futterplan wäre eine Liste empfohlener Spielsachen hilfreich.

Der neue Besitzer sollte auch zumindest vorläufige Unterlagen über die Eintragung des Welpen beim zuständigen Zuchtverein erhalten. In den Vereinigten Staaten kann der Züchter zwischen *full* oder *limited* Eintragung wählen. Welpen nur als Familienhunde werden im Allgemeinen mit *limited registration* verkauft. Ergibt sich später, dass der Welpe von besserer Qualität als ursprünglich erwartet ist, kann der Züchter immer durch einen Brief erreichen, dass die Eintragung geändert wird und dem Junghund alle Möglichkeiten erschließt. Auch eine *limited registration* ermöglicht dem Besitzer, seinen Hund auf Leistungsprüfungen wie *Earth Dog, Obedience* und *Agility* vorzuführen, hier auch Titel zu erringen. Der Unterschied besteht darin, Nachzuchten aus Hunden mit AKC *limited registration* können beim AKC nicht eingetragen werden, erhalten keine Ahnentafel.

Es ist immer hübsch für die neuen Besitzer, Fotos von Vater und Mutter ihres Welpen zu erhalten, möglicherweise auch einige Informationen über das Zuchtprogramm und die Rasse im Allgemeinen, Zusatzinformationen wie man passende Ausbilder findet, wo *Earth Dog* - Leistungsprüfungen stattfinden, auch andere mögliche kynologische Veranstaltungen wie Hundeausstellungen und die Adresse des empfohlenen Zuchtvereins. Jeder einzelne Welpe braucht Dokumente über bereits erfolgte Schutzimpfung und Entwurmung, weiterhin muss man besprechen, welche Impfungen und wann noch erforderlich sind. Am besten übergibt man dem Welpenkäufer ein offizielles Impfdokument, bespricht es im Einzelnen, damit keine Missverständnisse auftreten.

Wenn der Welpe abgereist ist, sollte der gute Züchter immer innerhalb von 24 Stunden den neuen Besitzer anrufen, um sich zu vergewissern, ob irgendwelche Fragen oder Probleme aufgetaucht sind. Oft scheuen sich die neuen Besitzer vor einem solchen Anruf, durch gute Kommunikation können viele mögliche Anfangsprobleme vermieden werden. Welpen bedeuten Verantwortung für ein ganzes Leben. Unabhängig wie sorgfältig ein Züchter seine Welpen in den richtigen Familien platziert, das Leben jeder Familie unterliegt einem ständigen Fluss. Scheidungen, Todesfälle, Umzüge gehören alle zum normalen Lebenslauf. Aus diesem Grund sollte jeder Züchter bereit sein, für alle selbst gezüchteten Welpen für deren ganzes Leben die persönliche Verantwortung zu übernehmen.

IDENTIFIKATION

Permanente Identifikation gehört zu den Maßnahmen, die sicherstellen, dass man stets selbst gezüchtete Hunde auch wieder zurückerhält. Gleich welche Arten von Garantien und Verträgen abgeschlossen sind, mit denen der Käufer bestätigt, dass er niemals daran denkt, jemals seinen Hund bei einem Tierheim oder einer Hilfsorganisation abzugeben - trotzdem kann so etwas eintreten. Schon aus diesem Grunde ist es wichtig, dass Welpen dauerhaft identifiziert werden können, entweder durch Tätowierung oder Mikrochip. Damit haben Sie immer die Möglichkeit, selbst gezüchtete Welpen wieder nach Hause zu holen. In den Vereinigten Staaten ist eine solche Kennzeichnung heute für jeden eingetragenen Hund zwingend, die Eintragungen beim American Kennel Club erfolgen mit Tätonummer oder Mikrochipkennzeichen. Auch in den FCI Ländern erfolgt bei den Züchtern Tätowierung der Nachzuchten - Mikrochips sind im Vormarsch. Es gibt verschiedene Mikrochipsysteme, die meisten Tierheime und Rettungsstationen haben heute Scanner, die eine Vielfalt von verschiedenen Chips zu lesen vermögen. Gegenüber der Tätowierung hat der Mikrochip Vorzüge, über die Zeit können Tätowierungen verblassen oder völlig unlesbar werden. Mikrochips dagegen lassen sich immer mit dem richtigen Scanner lesen, abgesehen von den wenigen Fällen, in denen sie gewandert sind.

VERSENDEN VON WELPEN

Wenn Sie einen Welpen mit dem Flugzeug versenden wollen, müssen Sie als Allererstes dafür sorgen, dass sich der Welpe in einem Flugkäfig sicher fühlt. Denken Sie auch an die Ankunft des Welpen beim Besitzer - anstatt den Welpen mit Tüchern auszustatten, die höchstwahrscheinlich bei der Ankunft völlig verschmutzt sind, sollte man zumindest eine dicke Lage absorbierender weicher Papiertücher in die Transportkiste legen. Papiertücher haben große Absorptionskraft und wenn der Welpe Kot absetzt, ist es wahrscheinlich, dass dieser durch die Papiertücher abgedeckt wird. Für den Käufer ist es so enttäuschend, wenn er einen schmutzigen Welpen in Empfang nimmt und der Welpe kann überhaupt nicht verstehen, warum bei der Ankunft niemand ihn mit tüchtigem Streicheln und viel Begeisterung in Empfang nimmt.

Achten Sie darauf, dass der Welpe am Abend vor der Abreise nur eine leichte Mahlzeit erhält, am Morgen selbst nur Wasser. Über die Jahre haben wir jedem Welpen, der mit dem Flugzeug reiste, einige Tropfen einer natürlichen Blütenessenz namens *Dr. Bach's Rescue Remedy* gegeben. Es gibt verschiedene andere homöopathische Medikamente, einen Welpen oder Hund unter Stress zu beruhigen und ihm Sicherheit zu geben. Einige werden eigens für Hunde hergestellt, andere finden Einsatz für Menschen wie Tiere. Achten Sie darauf, befestigen Sie einen Beutel mit dem gewohnten Futter des Welpen am Deckel seiner Reisebox. Dadurch kann, falls es zu Verspätungen kommt, der Hund sein regelmäßiges Futter erhalten, wird nicht noch zusätzlich durch Fütterungsumstellung gestresst. Natürlich befestige ich auch oben auf dem Transportbehälter einen Zettel mit dem Namen des Welpen - Sie wären überrascht, wie viele Angestellte der Fluglinie diesen Namen auch verwenden, wenn er verfügbar ist. Das kann für einen Welpen, der erstmals fliegt, sehr tröstend sein.

Viele Fluglinien gestatten einem kleinen Hund oder Welpen, dass er in der Passagierkabine transportiert wird. Die meisten erlauben aber immer nur ein Tier in der Kabine, aus diesem Grund sollte man Reservierungen sehr frühzeitig vornehmen. Für den Transport des Welpen in der Kabine wäre ein Behälter aus Weichplastik mit angemessener Ventilation richtig, wie er eigens für Hunde hergestellt wird. Die meisten Träger haben einen festen, flachen Boden, wattierte Papiertücher sind auch hier dank ihrer starken Absorptionskraft geeignet. Achten Sie darauf, zusätzliche Tücher und einen Plastikbeutel mitzugeben, nur für den Fall, dass der Welpe luftkrank würde. Wenn Sie für den Flug Wasser mitführen wollen, eignen sich Eiswürfel besonders gut, sowohl zum Spielen für den Welpen als auch um Flüssigkeit zuzuführen. Geräucherte Schweineohren sind für den reisenden Junghund ein großartiges Kauspielzeug. Und sie halten sich über eine ganz beträchtliche Zeit.

DER VERANTWORTUNGSBEWUSSTE ZÜCHTER

Jedes Mal, wenn Sie einen Wurf züchten, erweitern Sie Ihren Kontakt- und Freundeskreis. Gleichzeitig übernehmen Sie eine größere Verantwortung, mit allen diesen Freunden und Welpen, die Sie gezüchtet haben, engen Kontakt zu halten. Eine der besten Methoden, die Kommunikation zu wahren, ist, über die Geburtsdaten der einzelnen Welpen Buch zu führen. Dann schickt man für jeden Geburtstag Grußkarten hinaus, gleich wie alt der einzelne Hund sein mag. Dies ist eine Erinnerung, die

Als verantwortungsbewusster Züchter müssen Sie sich immer als Hüter der Rasse sehen. Ihre Pflicht ist es, sie für die Zukunft zu sichern und zu festigen. Foto mit freundlicher Erlaubnis von Kim James, Badgerwood.

jeder Liebhaber schätzt, in vielen Fällen erfolgt die Antwort in Form von Bildern und Neuigkeiten über deren Freund und Lebensgefährten. Durch engen Kontakt mit den Welpenbesitzern können Sie auf diese Art höchstwahrscheinlich schwierige Situationen völlig vermeiden oder lösen, die mit einem von Ihnen gezüchteten Welpen entstehen könnten.

Ein rücksichtsvoller und verantwortlicher Züchter zu sein, gehört zu den schwierigsten Aufgaben, die ich kenne. Dies erfordert unglaublich viel Zeit, Energie und Finanzen. Immer gilt es etwas neues zu lernen, insbesondere aus eigenen Fehlern, hierfür muss man offen und bereit sein. Es ist niemals ein leichter Job, und wenn es Ihnen um schnellen und leichten Erfolg geht - das Hundezüchten ist kein Weg dahin! Bei der Hundezucht gibt es immer Höhen und Tiefen. Trotzdem, die Anrufe, die für mich am befriedigsten sind, kommen von Welpenkäufern, die einfach mit mir ihr Wissen teilen möchten, wie wunderbar ihre Hunde sind - gesund, fröhlich und die besten Freunde auf der ganzen Welt.

Kapitel 12
GESUNDHEITSFÜRSORGE

Der Großteil heutiger Gesundheitsfürsorge ist darauf gerichtet, Krankheiten zu verhindern, statt Geld für allgemein bekannte und chronische Erkrankungen auszugeben. Besuche früh im Leben eines Hundes beim Tierarzt zielen in erster Linie darauf, dass das Tier gar nicht erst erkrankt. Übernimmt man einen Jack Russell als Welpen, gehört zu den Vorbeugemaßnahmen die Schutzimpfung, Entwurmung und Kontrolle des Futters, das über die Wachstumsperiode verabreicht wird. Auch Maßnahmen wie häusliche Hygiene und Schaffung richtiger Umweltverhältnisse für den Welpen gehören zu den positiven Gesundheitsvorsorgemaßnahmen. Besuche beim Tierarzt, die ohne irgendwelche schmerzhafte Prozeduren ablaufen, oder Leckerbissen seitens des Arztes und Personals machen für den Hund künftige Besuche sehr viel angenehmer. Einfache Aufgaben wie das Wiegen des Junghundes in der Praxis oder das Anfassen, um die Krallen zu kürzen, bilden Vertrauen, der erwachsene Hund kann dann in der Praxis leichter behandelt werden.

Zwischen den Besuchen beim Tierarzt sollten Sie Ihren Terrier auf jegliche Veränderungen von Fellkondition, Atemgeruch oder ungewöhnliche Knoten oder Schwellungen kontrollieren. Tägliches Bürsten und Pflegen hilft, um den Hund genau zu kennen, Frühanzeichen einer Erkrankung zu nutzen. Bessere Ernährung und vorbeugende Schutzimpfungen tragen bei allen Haustieren heute zu einem sehr viel längeren Leben bei. Auch sollte man das Gewicht des Hundes beobachten, ihn zumindest in dreimonatigen Intervallen wiegen, wobei man natürlich eine passende Waage braucht. Auch Gewichtskontrollen ermöglichen die Früherkennung von Krankheiten.

AUSWAHL DES TIERARZTES
Häufig wählt der Hundebesitzer einen Tierarzt aus der Nachbarschaft, insbesondere wenn er gerne mit seinem Hund zu Fuß zum Tierarzt geht. Manche Hunde werden durch das Autofahren erregt, sind nach der Fahrt frustriert, kommen in ein Wartezimmer voller Hundegerüche, haben keine Gelegenheit, die aufgestauten Energien auszuleben.

Gibt es in Ihrer Nachbarschaft keine Tierarztpraxis, zu der Sie mit dem Hund zu Fuß gehen können, fragen Sie andere Jack Russell Besitzer, die Sie treffen, ehe Sie sich für eine bestimmte Praxis entscheiden. Gesucht wird eine Praxis, die besonders hundefreundlich ist und gute Betreuung gewährleistet.

Die Behandlungskosten sind unterschiedlich, deshalb ist es durchaus in Ordnung, sich zuvor telefonisch nach den Kosten einer Schutzimpfung oder einer Kastration zu erkundigen, insbesondere wenn man neu hinzugezogen ist. Die Einrichtungen der einzelnen Tierkliniken sind bei weitem nicht immer gleich. Bietet eine Praxis einen 24-Stunden-Service und besitzt eine reichhaltige Ausstattung für Operationen, liegen ihre Kosten sicherlich höher als bei einer kleinen Praxis, die allerdings für Schutzimpfungen und viele andere Leistungen gleiche Dienste bietet. Kommt es aber zu schwierigeren Behandlungen, muss man möglichst doch eine andere Klinik aufsuchen. Denken Sie daran, wird Ihr Hund in einen Verkehrsunfall verwickelt oder tritt eine akute Erkrankung auf, werden Sie es immer als vorteilhaft empfinden, wenn die Klinik, die Sie ausgesucht haben, einen Rund-um-die-Uhr-Service anbietet.

Foto: John Valentine.

TIERKRANKENVERSICHERUNG

In einigen Ländern haben sich Tierkrankenversicherungen für die Tierärzte als Anreiz erwiesen, Spezialeinrichtungen und tierärztliche Fachkräfte bereitzustellen, welche die einzelne Hunderasse besonders gut kennen. Weiß der Tierarzt, dass Versicherungsschutz besteht, ist er auch sicher, dass alle für das Tier geleisteten Behandlungen ordnungsgemäß bezahlt werden, kann er auch teurere Behandlungen vornehmen. Gerade bei größeren Rassen sind die Behandlungskosten häufig höher, schon der Medikamentendosierungen wegen, die vom Körpergewicht abhängig sind. Dies ist anders als bei Menschen, bei denen meist Standarddosierungen unabhängig vom Gewicht erfolgen.

Genau wie bei der Tierarztwahl die beste Gesundheitsbetreuung gesichert sein muss, sollte man auch die Versicherungsbedingungen sorgfältig daraufhin vergleichen, welche zu einem bestimmten jährlichen Prämiensatz bei Krankheitsfällen die meiste Hilfe bietet. Die Zusatzkosten spielen bei einem kleinen Hund keine große Rolle, einige Gesellschaften verlangen aber zusätzliche Prämien für Riesenrassen. Besonders beachten muss man, ob man für bestimmte Krankheiten selbst bezahlen muss, beispielsweise werden in England Erbkrankheiten nicht von der Versicherung abgedeckt, ebenso wenig Schutzimpfungen, Routinekastration und einige chronische oder fortlaufende Erkrankungen. Viele Versicherungen bezahlen auch nicht für Hausbesuche, auch nicht die vollen Kosten einer Diäternährung, die Bestandteil der Behandlung sein kann. *Achten Sie immer auf das Kleingedruckte!*

ALLGEMEINE PFLEGE UND HYGIENE

Jack Russells haben ein relativ leicht zu pflegendes Haarkleid, trotzdem verlangen sie tägliche Pflege, insbesondere über die Zeit des Haarwechsels. Die Fellpflege bietet ideale Gelegenheit, den Körper auf irgendwelche Abweichungen genau zu untersuchen und den allgemeinen Gesundheitszustand zu kontrollieren. Je früher man ein Gesundheitsproblem entdeckt, umso schneller kann man den Tierarzt um Beratung bitten, umso höher liegen die Chancen einer völligen Gesundung - gerade bei progressiven Erkrankungen oder einem Tumor.

Von frühester Jugend an sollte der Hund täglich gebürstet werden, so dass er die Pflege als angenehmes Erlebnis empfindet. Alle Dinge werden leichter, je früher man im Leben damit beginnt. Ist der Hund daran gewöhnt, angefasst zu werden, wird es auch für den Tierarzt viel leichter, ihn zu

Gesundheitsfürsorge

untersuchen, ist ein Tierarztbesuch für Hund wie Besitzer weniger stressbeladen.

Vor Beginn der Fellpflege sollte man immer eine kurze körperliche Überprüfung auf mögliche Veränderungen unternehmen. Dabei beginnt man immer am Kopf, die Hände sind bei der Kontrolle der Kopföffnungen noch sauberer, ehe man sich mit den Hundepfoten oder dem Analbereich befasst.

AUGEN: Als Erstes werden die Augen auf eventuellen Ausfluss aus den Augenwinkeln kontrolliert. Es sollte keine stärkere Feuchtigkeit auftreten, auch das Weiß des Augapfels muss geprüft werden, es darf keine Rötung oder Verfärbung zeigen. Die Augenoberfläche sollte klar und leuchtend sein, der Augenausdruck Munterkeit zeigen. Es gibt bestimmte Krankheiten, die die Augen befallen. Jede Veränderung muss aufgeschrieben und mit dem Tierarzt besprochen werden.

OHREN: Ohrenschmerzen können Ihren Hund sehr irritieren, Vorbeugung ist sehr wichtig. Kommt es zu stärkerer Ohrenschmalzbildung im Gehörgang, lässt sich diese leicht entfernen, indem man zunächst das Ohrinnere mit einer Reinigungsflüssigkeit füllt, danach mit Watte vorsichtig auswischt. Der Gebrauch von Ohrstäbchen ist verboten! Alle Reinigungsarbeiten müssen so vorsichtig wie möglich erfolgen. Es gibt eine Vielfalt von Ohrreinigern für den Terrier, am besten fragen Sie Ihren Tierarzt.

Tritt im Gehörgang außergewöhnliche Ohrenschmalzbildung auf oder ist das Ohr heiß, gerötet oder angeschwollen, weist dies auf eine Entzündung hin, die schneller tierärztlicher Behandlung bedarf. Bleibt eine solche Infektion unbehandelt, wird der Hund immer wieder das befallene Ohr kratzen, häufig dadurch neue Infektionen auslösen, weil er mit den Krallen Schmutz ins Ohr bringt. Nässen und Vermehren schädlicher Bakterien in dem feuchten Ausfluss verschlimmern die Ohrerkrankung, wodurch die Behandlung weiter erschwert wird.

FANG: Überprüfen Sie täglich das Zahnfleisch des Hundes auf Rötung oder Entzündungen. Ursachen hierfür können Zahnstein sein, auch Futter, das sich zwischen den Zähnen und den Zahnwurzeln ansammelt. Werden die Futterreste nicht entfernt, kann Mundgeruch entstehen. Bakterien lagern sich an, die sich weiter verbreiten und den Mundgeruch verstärken. Zähne und Gaumenränder haben Schmerzrezeptoren, jeder Zahnsteinbefall kann zu einer Krankheit führen, so dass der Hund Futter verweigert, ja sogar aggressiv wird.

Heute gibt es Hundezahnpasta, die gegen Zahnsteinbildung wirkt. Werden die Zähne regelmäßig gesäubert, beugt man Zahnerkrankungen vor. Sind sie erst im fortgeschrittenen Stadium, bedarf es oft einer Vollnarkose, damit der Tierarzt die Zähne vom Zahnstein befreien und polieren kann.

Beginnen Sie mit dem Bürsten der Hundezähne bereits etwa im Alter von vier Monaten, vermeiden Sie aber die Bereiche, wo die zweiten Zähne gerade durchbrechen. Anfänglich wird der Welpe spielen wollen. Solange er jung und klein ist, gewöhnt er sich nach und nach daran, dass seine Zähne gereinigt werden. Das ist viel besser als zu warten, bis der Hund ausgewachsen ist, sich dann gegen jede Zahnreinigung wehrt.

Junghunde verlieren zwischen vier und sechs Monaten ihr Milchgebiss, häufig trifft man in diesem Alter auf entzündetes Zahnfleisch. Stehenbleibende Milchzähne, zuweilen auch Fangzähne, treten verbreitet auf. Im Allgemeinen empfiehlt man, sie bis zum Alter von acht Monaten ziehen zu lassen, wenn sie sich nicht von selbst lösen. Hautmassage direkt unter den Augen hilft, wenn die Molare gerade durchbrechen. Bei der Fellpflege älterer Hunde achte man auf alle ungewöhnlichen Veränderungen, beispielsweise Warzenbildung, übertriebene Speichel- oder weiße Schaumbildung im hinteren Bereich des Fangs.

NASE: Auch hier wird jeder Ausfluss entfernt, man achte besonders auf Rissbildungen oder Verletzungen. Es stimmt nicht, dass man sich bei einer feuchten oder kalten Nase darauf verlassen kann, dass der Hund gesund ist.

HAUT UND FELL: In der Regel wird bei der Pflege der gesamte Hundekörper überprüft. So genannte schwarze Schmutzablagerungen oder weißer Schorf sind in der Regel Hinweise auf eine Parasiteninfektion. Kahle Flecken, gerötete Haut und ungewöhnliche Knoten entdeckt man meist erstmals bei der Pflege. Im Normalfall hat das Terrierfell einen leichten Glanz, das Fett aus den Hautdrüsen bildet einen wetterfesten Überzug, lässt das Haar beim Darüberstreichen sich glatt anfühlen.

KRALLEN UNF PFOTEN: Die Krallen müssen kurz gehalten werden, denn zu lange Krallen könnten schmerzhaft splittern, insbesondere bei kaltem Wetter, wenn die Krallen spröde sind. Bei Jack Russell Terriern können sich Wolfskrallen als besonderes Problem erweisen, dank regelmäßiger Kontrolle kann man verhindern, dass die Kralle so lang wird, dass sie ins Fleisch wächst und einen schmerzhaften Abszess auslöst. Bewegt man seinen Hund regelmäßig auf harter Oberfläche wie Zement, Pflaster oder Kies, nutzen sich die Krallen natürlich ab. Weicher Waldboden führt kaum zur Abnutzung. Sind die Nägel erst einmal zu lang geworden, nutzen sie sich schwerlich wieder von selbst ab, gleich auf welcher Oberfläche sich der Hund bewegt. Vielmehr wird vermehrt Gewicht auf die Ballen verlagert, die Krallen können splittern, was Schmerzen auslöst. Das Krallenschneiden ist eine empfindliche Arbeit. Schneidet man zu tief - *ins Leben* - kommt es zur Blutung, erleidet der Hund Schmerzen. Mancher Hund wird dann gegen jeden sehr misstrauisch, der sich mit der Krallenzange seinen Pfoten nähert. Für den Anfänger sollte Auslauf auf Beton sicherer sein als mit einer neuen scharfen Zange die Kralle zu kürzen. Dies sollte man gegebenenfalls dem Tierarzt überlassen.

Sie müssen regelmäßig den gesamten Bereich zwischen den Zehen abtasten, wo Haarbüschel klebrige Substanzen anziehen. Erdklümpchen bilden zwischen den Zehen harte Krümel, Teer und Kaugummi können beim Spaziergang mit schädigenden Auswirkungen aufgenommen werden. Bei der Pflege entdeckt man auch alle Schnitte oder Ballenverletzungen.

AFTER UND GENITALBEREICH: Achten Sie auf angeschwollene Analdrüsen oder ungewöhnliche Ausscheidungen. Im Analbereich können nahe dem After Bandwurmglieder auftreten. Die Scheide der Hündin darf keinerlei Ausfluss zeigen - mit Ausnahme während der Läufigkeit. Auch der Penis des Rüden darf nicht hervortreten mit Ausnahme, wenn sich der Hund durch das Anfassen bei der Pflege erregt hat.

VORBEUGENDE PFLEGE
SCHUTZIMPFUNGEN

In der Human- wie Tiermedizin ist Schutzimpfung weit verbreitet und hat sich sehr bewährt. Die höhere Lebenserwartung unserer Tiere und das vergleichsweise Freisein unserer Hunde von Welpenerkrankungen und frühem Tod scheinen den Hundebesitzern über die letzten 40 Jahre zur Selbstverständlichkeit geworden zu sein. Viele alte Hundezüchter erinnern sich aber sehr kranker Welpen, die an Staupekrämpfen starben oder für den Rest ihres Lebens schwere Gesundheitsschäden davontrugen. Das Auftreten von Parvovirose im Jahre 1979 löste für alle einen unangenehmen Schock aus, die davon überzeugt waren, dass tierärztliche Betreuung alle Welpendurchfälle heilen könnte. Es kam zu zahlreichen Todesfällen bei Junghunden unter zwölf Monaten, bis Impfstoffe Schutz boten. Einige Hunde starben an plötzlichem Herzversagen, ausgelöst durch Parvovirusschäden des Herzmuskels. Ein Immunitätsschutz beim Welpen erfolgte entweder über die Muttermilch oder Früheinsatz von Vakzinen, welche die Abwehrkräfte des Welpen aktivierten, wenn er erst einmal alt genug war, auf injizierte Vakzine zu reagieren.

Ihr Tierarzt ist immer der beste Ratgeber, legt fest, welche Impfstoffe in welchem Alter zu verabreichen sind. Nur er weiß über die Infektionsgefahren, die örtlich vorherrschen, kennt die Ansteckungsgefahren.

Ein Beispiel bietet das Zuchtprogramm der *Guide Dogs for the Blind Association (GDBA),* wo über mehr als 25 Jahre sechs Wochen alte Welpen geimpft werden. Nach dieser Frühimpfung bedarf es keinerlei Isolierung der Welpen. Dies steht völlig im Gegensatz zu den Empfehlungen der 60er und 70er Jahre, als Welpenerkrankungen wesentlich niedriger lagen. Als dann aber Anfang der 80er Jahre sich Parvovirusinfektionen immer mehr ausbreiteten, lag die Sterberate der Welpen der GDBA viel niedriger als die der Züchter, welche ihre Welpen bis zum Alter von zwölf Wochen oder länger vor dem Verkauf in ihren Zwingern hielten.

Die Wesensentwicklung einiger Rassen wird durch die erzwungene Isolation nach der Impfung negativ beeinflusst. Und eine ordnungsgemäße Sozialisation erfolgt nicht, da den Hundebesitzern dieser Welpen geraten wird, ihre Hunde nicht vor einem Alter von vier Monaten auszuführen, wenn die letzte Parvoimpfung wirksam geworden ist. Dies bringt dann mit sich, dass die Welpen keine Gelegenheit haben, bis zu diesem Alter mit anderen Hunden und Menschen zusammenzukommen. Inzwischen hat aber der Junghund Furcht entwickelt, sich von Fremden anfassen zu lassen, zeigt sich gegenüber fremden Hunden, die er auf der Straße trifft, misstrauisch.

STAUPE: Es handelt sich hier um eine klassische Viruserkrankung, die, weil Hunde dagegen regelmäßig geimpft werden, sehr selten geworden ist. Von Zeit zu Zeit kommt es in einigen größeren Städten zu einem Ausbruch, insbesondere wenn eine größere Population an streunenden Hunden vorhanden ist. Dies wiederum führt zu Folgeerkrankungen von Ausstellungs- und Zwingerhunden, falls diese keinen Immunitätsschutz haben.

Der Virus hat eine Inkubationszeit von 7 bis 21 Tagen, wird durch Speichel, Nasen- und Augenausfluss, Durchfall oder Urin übertragen. Bei Ausbruch der Krankheit steigt die Körpertemperatur steil an, treten Appetitverlust, Husten und häufig Durchfall auf. Der Virus verursacht eine Immunschutzunterdrückung, so dass der Hund für Bakterien, die Durchfall und Lungenentzündung auslösen, empfänglicher wird. Der Ausfluss aus Auge und Nase ist zunächst wässrig, wird dann zu einem dicken Schleim von grüner oder gelber Farbe, Ursache ist eine Sekundärinfektion. Bei Junghunden unter sechs Monaten wird auch das Gebiss von diesem Virus beeinträchtigt, der Zahnschmelz zeigt braune Flecken. Diese bleiben über das ganze Leben, sind als *Staupegebiss* bekannt.

Die *Hartballenerkrankung*, die insbesondere in den 60er Jahren stark auftrat, wird als eine *Hyperkeratosis* von Nase und Ballen angesehen, die *im Anschluss an Staupeerkrankungen* auftritt. Dennoch ist der alte Name noch gebräuchlich, wenn über Hundekrankheiten geschrieben oder gesprochen wird.

Bei mehr als der Hälfte aller von Staupe befallenen Hunde zeigen sich Schäden des Nervensystems durch Zittern (*chorea*, Muskelzuckungen) oder spätere Lähmungen. Ältere Hunde entwickeln zuweilen eine *Enzephalitis* - Funktionsstörungen des Gehirns (ODE) - Ursache hierfür ist ein latenter Virus im Nervensystem.

Die heute eingesetzten Impfstoffe sind modifizierte lebende Vakzine, außerordentlich wirksam bei der Verhinderung von Krankheiten. Der Zeitpunkt der Erstimpfung ist abhängig von den Empfehlungen des Herstellers, hängt in erster Linie von den Immunstoffen ab, die von der Mutterhündin auf die Welpen übertragen wurden. Die von der Mutter übertragene Immunität kann bei Welpen diese Vakzine blockieren. Heutzutage werden während der Tragezeit Blutproben der Hündin gemacht, um zu ermitteln, wann ihre Welpen voraussichtlich auf Vakzine reagieren. Immer verbreiteter ist der Einsatz erster Vakzine im Alter von sechs Wochen, denn dadurch wird es möglich, in der entscheidenden frühen Sozialisationsperiode dem Welpen Kontakt zu anderen Tieren und Menschen zu erlauben.

PARVOVIROSE: Dies ist wahrscheinlich die zweitwichtigste Viruserkrankung in Europa und genau wie Staupe weitgehend durch korrekte Schutzimpfung zu verhindern. Die Schnelligkeit, mit der diese Infektion von Zwinger zu Zwinger übertragen werden konnte, überraschte viele, diese Erkrankung wird durch einen sehr zähen Virus ausgelöst, der über die Schuhe übertragen werden kann, die mit durch den Virus infizierten Kot in Verbindung gekommen sind. Dieser kann bis zu einem Jahr überleben, unberührt von vielen im Allgemeinen eingesetzten Zwingerdesinfektionsmitteln. Der plötzliche Tod von Welpen, ausgelöst durch einen Schaden am Herzmuskel, tritt heute nicht mehr häufig auf. Von Zeit zu Zeit kommt es aber unverändert zu einer durch Parvovirose ausgelösten Gastroenteritis.

Diese plötzlich auftretende Erkrankung zeigt sich in den ersten 24 Stunden mit immer neuem Erbrechen, gefolgt von starkem, wässrigem Durchfall, oft von charakteristischem sauren Geruch und rotbrauner Farbe. Die Todesursache liegt häufig in schwerer Austrocknung auf Grund des starken Flüssigkeitsverlustes. Als man dies erkannt hatte, wurden die Welpen mit intravenös verabreichten Flüssigkeiten behandelt, diese Flüssigkeiten sind ähnlich jenen, die menschlichen Opfern der Cholera verabreicht werden. Hierdurch konnte die Todesrate abgesenkt werden. In weniger schweren Fällen reichen auch Flüssigkeitszufuhren über den Fang aus, vorausgesetzt, sie enthalten die notwendigen Elektrolyte, die ersetzt werden müssen. Die traditionelle Mischung von einem Teelöffel Salz und einem Teelöffel Glukose in einem Liter Wasser hat vielen Hunden das Leben gerettet.

Schutzimpfung aller Welpen wird empfohlen, obgleich die mütterliche Immunität analog bei Staupe möglicherweise die Wirksamkeit der Vakzine teilweise blockieren kann. Es erfolgt eine Impfung mit Lebendvakzinen im Alter von sechs Wochen, gefolgt von einer weiteren Impfung mit zwölf Wochen, dies sollte die meisten Welpen schützen. Heute wird die Impfung mit vier Monaten nicht mehr durchgeführt. Aber man trifft häufiger auf Parvovirose bei gerade entwöhnten Welpen oder bei Junghunden im Alter von fünf Monaten, wenn das Einzeltier nicht mehr gegen Infektionen geschützt ist.

HEPATITIS: Diese Erkrankung wird durch einen *Adenovirus* ausgelöst, ist heute ziemlich selten geworden. Aber eine Form (CAV-2) tritt im Zusammenhang mit Zwingerhusten noch häufiger auf. Nach einer Infektion multipliziert sich der Virus im Lymphsystem, schädigt danach die Auskleidung der Blutgefäße. Dadurch kommt es zu Leberversagen als Todesursache. Der Name Hepatitis stammt daher, dass man *post mortem* bei der Obduktion entdeckte, dass die Leber stark angeschwollen und mit Blut gefüllt war.

Auch andere Organe werden geschädigt. 70 Prozent der die Krankheit überlebenden Hunde haben für den Rest ihres Lebens einen Nierenschaden. Eine Augenschädigung - als *blue eye* bekannt - die ab und zu auftritt, wurde beim Jack Russell noch nicht festgestellt, ist aber bei einigen anderen Rassen recht verbreitet. Eine Schutzimpfung im Alter von sechs und zwölf Wochen, bei der ein verlässliches Vakzin eingesetzt wird, das auch das CAV-2-Virus enthält, ist wirksam, erweist sich gegen Hepatitis als vorzügliche Vorbeugungsmaßnahme.

LEPTOSPIROSE: Anders als die vorstehend erwähnten Virusinfektionen wird Leptospirose durch Bakterien ausgelöst. Impfschutz erreicht man durch zumindest zwei Dosierungen mit toten Vakzinen, zwölfmonatige Wiederholungsimpfungen sind notwendig, damit der Schutz erhalten bleibt. Der Leptospirosetyp, der von Ratten übertragen wird, ist für Hunde außerordentlich gefährlich, führt häufig zu Gelbsucht, danach zum Tod durch Nieren- und Leberversagen, wenn nicht schnelle Behandlung durch Antibiotika erfolgt. Der andere Serotyp der Leptospirose, der die Nieren des Hundes schädigt, wird heute, nachdem Schutzimpfungen und jährliche Wiederholungen recht verbreitet sind, weniger festgestellt. Jagdhunde, aber auch Familienhunde, die über Gelände laufen, auf dem Ratten das Wasser verseuchen können, unterliegen einem besonderen Risiko. In Zwingern gehaltene Terrier mit Ausläufen, die von Ratten durchquert werden, die infiziertes Urin hinterlassen, sind an Gelbsucht gestorben, weil der Hund an diesem Urin schnüffelte oder ihn aufleckte.

ZWINGERHUSTEN: Zwar nicht mehr so häufig, tritt dennoch besonders in der Sommerzeit diese schlimme Infektion auf, die zu hartem Husten der Hunde führt, ausgehend von Luftröhre und Bronchialgefäßen. Für Jack Russell Besitzer ist Zwingerhusten eine der bekanntesten Hundeerkrankun-

Foto: John Valentine.

gen. Am meisten werden Hunde in Hundepensionen infiziert, zuweilen auch, wenn sie auf Ausstellungen oder in Hundeausläufen auf Entfernung mit Tröpfcheninfektionen Kontakt haben. Es gibt fünf bekannte Viren und Bakterien, die alle gemeinsam oder auch nur zu zweit diese Krankheit auslösen. *Bordatella Vakzine,* über Nasentropfen verabreicht, können Schutz bieten, man gibt sie etwa eine Woche, ehe der Hund in eine Hundepension gebracht wird. Die normale Schutzimpfung mit Vakzinen bietet Schutz gegen drei der anderen bekannten Auslöser. Die Erkrankung entwickelt sich mit einer Infektionszeit von vier bis sieben Tagen, kommt deshalb manchmal erst zum Ausbruch, wenn der Hund wieder zu Hause ist. Der tiefe, harte Husten wird häufig beschrieben »als ob ein Knochen oder etwas Ähnliches in der Kehle stecken geblieben wäre«. Der Hund hustet laufend. Selbst richtig behandelt, hält die Krankheit 14 Tage an, bei einigen Hunden bis zu sechs Wochen. Die Infektion kann sich in der Luftröhre ansiedeln. Ein als *Träger* bekannter Hund kann unter Stresszuständen neue Anfälle erleiden. Ursprünglich galt Zwingerhusten als *Sommererkrankung,* heute kann er über das gesamte Jahr ausbrechen, hauptsächlich zu Ferienzeiten, wenn meist mehr Hunde in Hundepensionen untergebracht werden.

TOLLWUT: Diese Viruserkrankung ist englischen Tierärzten nahezu unbekannt, eine Folge der Quarantänepolitik, welche die Insel für Hunde und freilebende Tiere wie Füchse tollwutfrei hielt. Die bisherige Quarantänepolitik aber mit sechsmonatiger Quarantänezeit konnte nicht mehr aufrechterhalten bleiben, es gibt hierfür auch keine wissenschaftlichen Grundlagen. Die Umstellung der schwedischen Regierung auf Zwangsimpfung und Identifikation aller Hunde hat die Änderungen in England vorbereitet, die zwischenzeitlich für die Einfuhr von Hunden nach England in Kraft getreten sind.

In Ländern wie auf den Philippinen, wo bis vor kurzer Zeit Tollwut recht verbreitet war, menschliche Todesfälle ausgelöst hat, wurde festgestellt, dass zumindest 75 Prozent der Hundepopulation zwangsgeimpft werden müssten, einschließlich des Aufgreifens aller Streuner, um die Ausbreitung der Krankheit in Griff zu bekommen. Tollwut muss bei Tieren streng kontrolliert werden, weil sie bei einem durch Tollwut infizierten Menschen tödliche Folgen hat. Zur Tollwutbekämpfung gehört auch die Schutzimpfung von Füchsen, entsprechende Vorbereitungen wurden auch in England getroffen.

Abgetötetes Tollwutvakzin ist verfügbar, dies wurde schon über viele Jahre auch beim Hundeexport eingesetzt. In den meisten Ländern der Welt werden sowohl lebende wie inaktivierte Vakzine zur Schutzimpfung auf jährliche Wiederholungsbasis eingesetzt.

IMPFUNGEN
Dank Entwicklung wirksamer Impfstoffe durch die pharmazeutische Industrie sind heute die meisten hier beschriebenen Erkrankungen in Europa wie Nordamerika recht selten geworden. Jährliche Wiederholungsimpfungen sind unbedingt notwendig, um den hohen Immunitätsgrad zu erhalten, soweit inaktivierte Vakzine zum Einsatz kommen. Auch bei Lebendvakzinen erscheint es weitgehend gefahrlos, die Impfung jährlich zu wiederholen. Es wurde der Verdacht geäußert, dass bei Wiederholungsimpfungen *Thrombozytopenie* (Abnehmen der Anzahl der zirkulierenden Blutblättchen) auftreten könnte. Dieses scheint bei Hunden kein Problem zu sein, darf auch nicht als Ausrede dienen, um die jährlichen Wiederholungsbesuche beim Tierarzt ausfallen zu lassen. Es ist leicht, sich durch das Fehlen von Infektionskrankheiten in Sicherheit zu wiegen. Es wäre aber absolut falsche Sparsamkeit, die jährlichen Wiederholungsimpfungen zu vernachlässigen.

INNERE PARASITEN
SPULWÜRMER: Am verbreitetsten bei Welpen und Hunden bis zu einem Jahr sind *Toxocara* und *Toxascaris*. Von Spulwürmern befallene Welpen scheiden bereits mit drei Wochen Spulwurmeier aus, die meisten Eier findet man, wenn die Welpen etwa sieben Wochen alt sind. Dies ist auch die gefährlichste Zeit, in der die Auslaufflächen durch Eier verseucht werden, auch für kleine Kinder, die mit den Welpen spielen, dabei leicht klebrige Wurmeier an ihre Hände bekommen. Lecken sie danach ihre Finger ab, könnten sie dabei *Zoonotic Toxocariasis* aufnehmen.

Auch ausgewachsene Hunde scheiden Spulwürmer aus. Bei schwerem Befall hat man sie schon am After von säugenden Hündinnen festgestellt, die Durchfall haben. Würmer können auch im Erbrochenem auftreten, wenn zufälligerweise die Würmer aus den Därmen in den Magen gewandert sind.

Effektive Wurmkontrolle ist von häufiger Behandlung der Welpen abhängig. Bereits mit zwei Wochen beginnt man damit, wiederholt dies alle zwei bis drei Wochen bis zum Alter von drei Monaten. Um den Wurmbefall der Welpen zu mindern, kann die tragende Hündin ab dem 42. Tag der Tragezeit mit einem sicheren, zugelassenen Entwurmungsmittel wie *Fenbendazole* behandelt werden. Dieses Wurmmittel kann man der Hündin täglich bis zum zweiten Tag nach der Geburt verabreichen.

Routineentwurmung erwachsener Hunde empfiehlt sich zweimal jährlich mit einer kombinierten Tablette für Spulwürmer und Bandwürmer. Leben kleine Kinder im Haushalt, könnte auch eine häufigere Entwurmung ratsam sein. Man reduziert das Risiko, dass Spulwurmlarven auf Kinder übergehen, dadurch möglicherweise spätere Augenschäden ausgelöst werden.

BANDWÜRMER: Nicht etwa, dass Bandwürmer Hunde töten könnten, aber das Auftreten eines sich bewegenden Wurmsegments, das aus dem After austritt oder sich über die Rutenbehaarung bewegt, reicht im Allgemeinen, um auch den begeistertsten Hundeliebhaber abzuschrecken. Regelmäßige Entwurmung der Hunde ist erforderlich, auch um die Schäden zu vermeiden, die Hundewürmer anderen Geschöpfen zufügen können. Am bedrohlichsten ist der *Echinococcuswurm*, er geht auf Hunde über, wenn sie Schafsabfälle fressen. Dieser Wurm ist nur 6 mm lang, aber mehrere tausend können in einem Hund leben. Verschluckt ein Mensch ein Segment dieses Wurms, kann sich dieses Richtung Leber oder Lungen fortbewegen, auf gleiche Art wie beim Schaf. Eine schwere Erkrankung des Menschen wäre die schlimme Folge, ein Musterbeispiel *zoonotischer Infektion*.

Der häufigste Bandwurm ist der *Dipylidium caninum*. Verglichen mit den früher sehr verbreiteten *Taeniawürmern* ist er nicht lang. Werden die Bandwurmglieder abgestoßen, erkennt man, dass sie

Gesundheitsfürsorge

Reiskörnern ähneln, insbesondere im Rutenbereich haften. Dieser Bandwurm ist bei Hunden wie Katzen verhältnismäßig häufig, seit der Flohbefall zugenommen hat, denn Zwischenwirte dieses Wurmes sind Flöhe oder Läuse. Wenn sich die Hunde säubern, versuchen sie jedes krabbelnde Insekt auf der Hautoberfläche hinunterzuschlucken, infizieren sich auf diese Art mit Bandwürmern, auch wenn zweimal jährlich eine Wurmkur durchgeführt wird. Deshalb ist Flohbekämpfung genauso wichtig wie Entwurmung, um Bandwurmbefall zu verhindern. Verabreichung von Tabletten alle drei Monate wäre vernünftig, weniger oft, wenn man weiß, dass der Hund den Infektionen weniger ausgesetzt ist.

Weitere Bandwürmer gehören zu der *Taenia species,* sie werden beim Fressen roher Kaninchen (*T. serialis* oder *pisiformis*) oder von Abfällen Schafen, Kühen oder Schweinen (*T. ovis, hydatigena* oder *multiceps*) übertragen.

HAKENWÜRMER: In Europa treten Hakenwürmer ziemlich selten auf. Wenn doch, schädigen sie den Darm, graben ihre Zähne in dessen Auskleidung. *Uncinaria* können Ursache schlechter Kondition und Abmagerung sein. Es tritt laufend weicher, farbloser Durchfall auf, was sich dank Entwurmung dramatisch verbessert. Der andere Hakenwurm *Ancylostoma* ist Ursache für Anämie und Schwäche. Geht man mit dem Hund über Grasflächen, auf denen sich auch wilde Füchse lösen, führen deren Geruchsmarkierungen dazu, dass sich der Hund beim Schnuppern mit Hakenwurmeiern infiziert.

GIARDIA - PROTOZOEN: Der Parasit *Giardia* befällt vorwiegend Zwingerhunde. Verdächtig sind immer Hunde aus Quarantänezwingern, wenn sie Durchfall haben. *Giardia* sind ein Protozonorganismus, der im ruhigen Oberflächenwasser lebt. Er ist von besonderer Gefährlichkeit, weil eine ähnliche Art auch die menschliche Ruhr - *Dysenterie* - auslöst, bei der im Wasser aufgenommene Keime als Krankheitsursache gelten. Es kann sich als notwendig erweisen, alle Hunde im Zwinger routinemäßig zu behandeln, beispielsweise mit einem Medikament wie *Fenbendazole* - um dieses Problem endgültig zu lösen.

ANDERE INNERE PARASITEN: *Peitschenwürmer* findet man im Darm, sie werden durch Kotproben identifiziert, verdächtig sind schleimige Ausscheidungen des Hundes. Mit einem verlässlichen *Anthelmintic* lässt sich Peitschenwurmbefall behandeln. In England und weiten Teilen Europas sind *Herzwürmer* nahezu unbekannt, gelten aber in anderen Ländern als großes Problem. *Blasenwürmer* lassen sich nur durch Urinproben feststellen, glücklicherweise sind sie ebenso selten wie Peitschenwürmer. Jede ungeklärte Erkrankung eines Hundes verlangt die Unterstützung einer frischen Kotprobe.

EKTOPARASITEN
Äußere Parasiten sind häufig Ursache für starken Juckreiz und Hauterkrankungen, lösen Kratzen und sich Reiben aus. In jüngerer Zeit ist der Katzenfloh zum bei weitem verbreitetsten Ektoparasiten für Jack Russell Terrier geworden. Aber auch die alte Sarkoptesräude, Demodexräude, Läuse und Pilzinfektionen treten unverändert von Zeit zu Zeit auf. Demodexräude scheint erblich bedingt mit niedrigem Immunitätsgrad des Hundes verbunden zu sein, man trifft sie in bestimmten Blutlinien und Würfen häufiger an.

FLÖHE: Einen hüpfenden Floh entdeckt man bei langhaarigen Hunden vielleicht niemals, seine Anwesenheit signalisiert Flohschmutz und Exkremente, die getrocknetes Blut enthalten. Wenn man seinen Hund auf weißem Papier oder einem hellen Tisch bürstet, stößt man häufig auf schwarze Körnchen, die angefeuchtet sich durch ihre dunkelrote Farbe als getrocknete Blutflecken erweisen. Hat man solche Flohausscheidungen entdeckt, wird man beim näheren Kontrollieren auch Flöhe im

Foto: Kim James, Badgerwood.

Fell finden, die auf Ebene der Haut durch das Fell laufen. Eine Zeitlang fand man sie vorwiegend in den Haaren im hinteren Bereich des Rückgrats Richtung Rutenansatz, heute trifft man sie öfter in der kurzen Behaarung an Hals und Bauch. Ursache hierfür mag sein, dass Katzenflöhe die häufigste Flohart sind und eine weichere Haarstruktur bevorzugen.

Alle Flöhe sind nur Besucher auf Zeit, die nach Flohbissen ihre Nahrung durch Blut saugen aufnehmen. Durch ihre Entwicklungsstadien leben sie zum Zeitpunkt der Eiablage irgendwo abseits des Hundes, entziehen sich deshalb der Wirkung antiparasitärer Bekämpfungsmittel im Hundefell. Ein Wiederbefall wird dann leicht möglich. Die meisten Flohmittel sind unwirksam, wenn nicht gleichzeitig das gesamte Umfeld des Hundes behandelt wird.

Es gibt ein breites Angebot antiparasitärer Sprays, Waschlösungen und Bäder, mancher Jack Russell Besitzer könnte hinsichtlich korrekter Anwendung sich dadurch leicht verwirren lassen. Ein anderes Problem ist, dass einige Hunde durchaus ohne Beschwerden ein paar Flöhe zu vertragen scheinen, während andere massiven Juckreiz empfinden und schon beim Versuch, einen einzelnen Floh zu fangen, sich Löcher ins Fell beißen. Eine Katze, die im Haushalt lebt oder durch den Garten läuft, verliert zuweilen Floheier. Diese schlüpfen dann an einer warmen Stelle, entwickeln sich zu Flöhen und warten darauf, auf einen Hund zu springen. Eine neue Impfung von Katzen, die verhindert, dass Floheier schlüpfen, scheint einen großen Vorteil für die Flohkontrolle in jedem Haushalt mit sich zu bringen, in dem Katzen leben.

Floheier und noch nicht ausgereifte Larven können über Monate schlafend warten, bis ihre Entwicklung abgeschlossen ist, sie fähig sind, Blut zu saugen. Deshalb ist die Behandlung des Hundes alleine nur eine Teillösung, immer müssen Zwinger und das ganze Haus desinfiziert werden. Reinigung mit Staubsauger und leicht zu reinigende Schlafquartiere des Hundes sind eine große Hilfe, wenn es darum geht, dass ein Umweltspray angewendet wird. Die Auswahl an Aerosolsprays, medi-

Gesundheitsfürsorge

zinischen Bädern, Tabletten zur Oralaufnahme oder Lösungen, welche die Larvenentwicklung stoppen, ist breit. Nur Erfahrung lehrt, welche Mittel bei dem befallenen Hund am wirksamsten sind.

LÄUSE: Man trifft sie von Zeit zu Zeit im Hundefell, insbesondere bei Hunden, die vorwiegend im Freien leben - weniger beim normalen Familienhund. Läuse verbringen ihr gesamtes Leben auf dem Hund. Um diese Parasiten zu übertragen, müssen Hunde in ziemlich engen Kontakt zueinander kommen. Starker Lausbefall bewirkt intensiven Juckreiz und Haarverlust. Dieser Befall führt zu einem ständigen Blutverlust, der etwa einem blutenden Magengeschwür entspricht. Flüssige Bekämpfungsmittel im Badewasser haben sich am wirksamsten erwiesen. Über Bürsten und Kämme können Läuseeier leicht von Hund zu Hund übertragen werden. Man kann im Rahmen der Pflegeroutine mit bloßem Auge Läuse und ihre Eier entdecken.

RÄUDEMILBEN: Diese Milben lassen sich bei der normalen Pflege nicht erkennen. Vermutet man Milbenbefall, bedarf es eines Hautgeschabsels, das unter dem Mikroskop untersucht wird. Es gibt zwei Räudeformen - *Sarkoptes* und *Demodex* - sie lassen sich unter dem Mikroskop deutlich unterscheiden. Bei schwacher Infektion sind bei der Kontrolle des Hundes die kahlen Stellen einander ziemlich ähnlich. Hinsichtlich beider Räudearten gibt es eine Vielzahl von Unterschieden, die hier nicht einzeln aufgezählt werden können. Eine Faustregel besagt, dass nur Sarkoptesräude sehr starken Juckreiz auslöst und sich schnell ausbreitet. Demodexräude zeigt sich dagegen bei einem älteren Hund gewöhnlich als ein schuppiger, haarloser Fleck, ist zwar offensichtlich lästig, löst aber keinen analog starken Juckreiz aus.

Es bedarf antiparasitärer Bäder mit *Pyrethroiden* oder *Amitraz*, breiter Oberflächenanwendung von organischen Phosphorwaschungen, die häufig wiederholt werden müssen und in der Regel recht wirksam sind. Das Antibiotikum *Ivomectin*, dem Futter beigemischt, wurde erfolgreich zur Behandlung von Sarkoptesräude eingesetzt. Hierzu bedarf es aber großer Sicherheitsvorkehrungen, bei der Anwendung auf Hunde wurden schon Todesfälle berichtet.

ZECKEN: Zecken sind so groß, dass man sie nicht übersehen kann. Sie treten gehäuft bei Hunden auf, die auf Flächen ausgeführt werden, wo sich auch Schafe und andere Lebewesen aufhalten und deshalb Zeckeneier häufig angetroffen werden. Die Anwendung von *Pyrethroiden* oder anderer Tropfenflüssigkeiten auf Hals und Rumpf halten Zecken etwa über einen Monat von Hunden fern. Am bewährtesten entfernt man Zecken mit der Zeckenzange, wobei sie so herausgedreht werden müssen, dass keinesfalls der Kopf im Körper stecken bleibt.

CHEYLETIELLA: Diese Milben lösen bei Hunden Juckreiz auf der Hautoberfläche aus, werden Menschen zufälligerweise gebissen, kommt es auch bei ihnen zu starken Hautreaktionen. So genannte *sich bewegende Schuppen* zeigen sich auf dunkler Hundehaut als weiße Flecken, sind aber bei hellhäutigen Hunden schwerer zu erkennen. Antiparasitäre Shampoos töten die Milben als Oberflächenfresser, aber Zwingerhunde, die *Träger* sind, zeigen in der Regel nur wenige Symptome.

MALASEZZIA: Diese hefeartigen Oberflächenorganismen treten bei Hunden mit niedriger Abwehrkraft gegen Infektionen auf. Fleckiges Fell und stumpfes Haar warnen vor der Anwesenheit dieser Hefen, die meist in ungewöhnlich hoher Zahl auftreten. Diese Organismen siedeln sich in feuchten Bereichen, beispielsweise zwischen den Zehen oder unter der Rute, an, hier werden auch Proben entnommen. Hat man Malasezzia richtig identifiziert, helfen Bäder, gute Allgemeinhygiene und bessere Ernährung, das Problem zu lösen. Häufig treten diese Hefen auch im Gehörgang auf, können sich hier so vermehren, dass sich eine Art nässende *Otitis* bildet. Malasezzia kann man unter dem Mikroskop oft schon in einem Abstrich in großer Zahl nachweisen. Bäder mit einem *Miconazolpräparat* sind effektiv, sollten entsprechend der Anweisung des Tierarztes wiederholt angewendet werden.

RINGWORM: Entgegen dem Namen handelt es sich um eine Pilzinfektion der Haare. Das Merkmal *Kreis* ist nicht immer vorhanden, einige Hunde zeigen bei dieser Infektion starke Hautreaktionen. Auf dem Land lebende Hunde werden oft durch den *Rinderringworm* angesteckt. Ringwormsporen halten sich im Umfeld lange, insbesondere auf altem Holzwerk. Eine Diagnose durch Hauttests ist langwierig, aber zuverlässig, ebenso der Einsatz der *Woods'lamp* mit ultraviolettem Licht, die aber nicht alle Hefetypen erkennt. Zur Behandlung dienen Antipilzwaschungen oder das antibiotische *Griseofulvin,* um diese mykotische Infektion zu beseitigen.

UNFÄLLE UND ERSTE HILFE

Ich möchte nicht den Eindruck erwecken, dass die wenigen einfachen Maßnahmen, die nachstehend beschrieben werden, alles sind, was man als *erste Hilfe* zu leisten vermag. In den meisten Fällen gilt - je früher der Patient zum Tierarzt kommt, desto besser seine Genesungschancen. Aus diesem Grunde findet das Schienen gebrochener Glieder heute weniger Befürworter, dabei fügt man dem Hund mehr Schmerzen zu als bei dem Versuch, ihn so schnell wie möglich zum Tierarzt zu transportieren, wo jeder Schock und Schmerz professionell behandelt werden kann. Und Röntgenstrahlen zeigen die Art des Bruchs und den Weg zur optimalen Behandlung genau.

VERKEHRSUNFÄLLE: Jack Russells sind solide gebaute, kompakte Hunde, bei Verkehrsunfällen geraten sie trotzdem zuweilen unter Fahrzeuge, erleiden dabei schwere Lauf- und Brustverletzungen oder bei seitlichem Aufprall Beckenschäden. Ein Bruch der langen Gliederknochen ist gleichfalls häufig eine Folge von Unfällen mit schnell fahrenden Autos.

Jeder angefahrene Hund steht unter Stress. Furcht und Schmerzen könnten ihn veranlassen, auch beim Hilfeversuch des ihm vertrauten Besitzers zu beißen. Als Erstes sollte man Verletzungen untersuchen, auf offene Wunden achten, bei denen es zu Blutverlust kommt. Dies alles geschieht, ehe man den Kopf des Hundes berührt. Einige unter Schock stehende Hunde versuchen wegzulaufen, Leine und Halsband helfen, den Hund zu beruhigen. Manchmal braucht man auch einen Maulkorb, ehe man den Hund für den Transport in ein Fahrzeug heben kann.

Zur Blutstillung erweist sich ein Druckverband auf dem blutenden Bereich als das Beste, in lebensbedrohlichen Situationen muss man mit irgendwelchen Kleidungsstücken improvisieren. Oft

Gesundheitsfürsorge

atmet der Hund schnell, schnappt in Atemnot nach Luft. Dann müssen Fang und Nase von Speichel oder getrocknetem Blut gesäubert werden, um die Luftwege frei zu machen. Besteht Verdacht auf Rückgratverletzung, sollte man zum Aufnehmen ein Brett unter den Hund schieben. In anderen Fällen hilft ein Tuch, den verletzten Hund durch zwei oder mehr Menschen aufzunehmen, ohne dass dadurch die Verletzungen verschlimmert werden.

ERSTICKEN UND ERBRECHEN: Bei plötzlichen Anfällen muss die Ursache erforscht werden. Möglicherweise sind Grassamen in die Luftröhre geraten, immer kann es passieren, dass der Hund nach einem Spiel mit Ball oder Stock eine Blockade in der Kehle zeigt. Selbst ein feines Bambusrohr kann sich quer zu den oberen Molarzähnen verkeilen. Knochen sind die verbreitetsten Fremdkörper im Hundefang. Giftige Substanzen verursachen Auswürgen und Erbrechen. Von durstigen Hunden ist bekannt, dass sie oft aus der Toilettenschüssel trinken, dabei versehentlich auch Toilettenreiniger und andere gefährliche Substanzen aufnehmen.

Nach der Überprüfung auf Fremdkörper sollte die erste Hilfsmaßnahme sein, dem Hund so viel frische Luft wie möglich zugänglich zu machen. Sind Lefzen oder Zunge verbrannt oder verätzt, kann man die entzündeten Oberflächen mit Honig oder Salatöl überdecken. Einen erbrechenden Hund darf man kein Wasser trinken lassen, denn er erbricht es so schnell wie er es hinuntergeschlabbert hat. Schmelzende Eiswürfel in einer Schüssel helfen dem Hund, ganz langsam das gelöste Eiswasser aufzunehmen.

KOLLAPS UND BEWUSSTLOSIGKEIT: Wie nach einem Verkehrsunfall sollte man vor dem Berühren des Hundes die Ursache ermitteln, so dass die erste Hilfe richtig geleistet werden kann. Ein bei warmer Witterung über die Felder laufender Hund könnte einen Kreislaufkollaps erlitten haben. Ein Hund, dessen Glieder zucken, könnte an einem epileptischen Anfall leiden. Findet man seinen älteren Hund am Morgen halb bewusstlos, hat er auch Kot und Urin abgesetzt, könnte ein Schlaganfall oder ein Herzkammerschaden die Ursache sein. Auch akute Dickdarmentzündung (Enteritis) oder Clostridiainfektionen könnten zu einem Kollaps des Hundes geführt haben. Alle diese Erkrankungen erfordern unterschiedliche Behandlungen. Aber als Faustregel sollte man immer die Zunge des Hundes herausziehen, darauf achten, dass Luftwege und Lungen frei sind. Das Tier kühl lagern und jeden überflüssigen Lärm oder Beunruhigung vermeiden! Suchen Sie nach möglichen giftigen Medikamenten, die der Hund verschluckt haben könnte; tasten Sie vorsichtig die Bauchpartie auf Erweiterung durch Gase ab, prüfen Sie, ob der Magen aufgebläht erscheint, schauen Sie in die Pupillen und achten Sie auf deren Reaktion auf helles Licht. Der Tierarzt kann sich immer mit dem Hund sehr viel besser befassen, wenn ein genauer Bericht und die Zeitfolge vorliegen, ihm alle möglicherweise auslösenden Faktoren präzise geschildert werden.

WESPENSTICHE: Häufig kommt es im Spätsommer zu Stichen. Dabei schwillt in der Regel das betroffene Glied schnell an. Hat der Hund mit dem Fang eine Wespe gefangen, schwillt durch den Stich die betreffende Gesichtshälfte an, kann das Auge teilweise geschlossen sein. Essig ist ein bewährtes Mittel, um den gestochenen Bereich zu behandeln. Ist eine *Antihistamintablette* verfügbar, sollte man diese dem Hund sofort geben, um ein weiteres Anschwellen zu verhindern. Auch andere Insekten können stechen und Schwellungen verursachen, auch Auslöser der *hot spots* oder von akuten feuchten Ekzemen sein, an denen Jack Russells zuweilen leiden. *Calaminelösungen* kühlen die Haut, man muss aber verhindern, dass der Hund in die Haut beißt, die Calaminelösung ableckt. Dies könnte zum Erbrechen führen.

SCHOCK: Bei fast allen Unfällen tritt in mehr oder weniger starker Form eine Schockwirkung ein. Der Patient muss warm gehalten werden, am besten wickelt man ihn in eine Decke, zieht ihm eine Wolljacke um den Körper. Man flößt dem Hund in kleinen Mengen Flüssigkeit ein, es sei denn, später wäre eine Narkose durchzuführen oder es lägen andere Indikationen vor, beispielsweise eine Verletzung der Kehle. Vom Tierarzt erhält man oral einzugebende Flüssigkeiten gegen Austrocknung. Ein Notfallpaket sollte man stets vorrätig haben. Alternativ dient eine Lösung von einem halben Teelöffel Salz und einem halben Teelöffel Sodabikarbonat, in einem Liter Wasser aufgelöst. Hiervon erhält der Hund jeweils einige Teelöffel eingeflößt. Vorsicht, bei akutem Bauchspeicheldrüsenkollaps darf über den Fang nichts eingegeben werden.

HAUTERKRANKUNGEN
PARASITÄRE HAUTERKRANKUNGEN: Wahrscheinlich sind Flöhe die verbreitetsten Ursachen für Hauterkrankungen, es gibt aber auch viele andere. Flohbisse sind nicht immer leicht zu erkennen, insbesondere bei Hunden mit dichtem Haarkleid. Ist ein Hund erst einmal gegen die Proteine sensibilisiert, die beim Flohbiss injiziert werden, kann schon jeder Kontakt mit Flohspeichel eine juckende Hautentzündung auslösen, selbst wenn man auf dem Hund gar keine lebenden Flöhe antrifft. Die verschiedenen Ursachen für parasitäre Hauterkrankungen wurden bereits im Bereich *externe Parasiten* dargestellt.

Foto mit freundlicher Erlaubnis von Mary Strom.

ANDERE JUCKENDE HAUTERKRANKUNGEN: Analdrüsenentzündungen veranlassen den Hund, das Haar rund um den Rutenansatz abzunippeln oder verursachen im ganzen Bereich der Hinterhand Lecken und Nippeln. Manchmal sind die Drüsen so verstopft, dass sie sich beim normalen Kotabsatz nicht entleeren. Ursache für den Juckreiz könnte eine Entzündung der Drüsenauskleidung sein; häufig bemerkt man dies an einem sehr *fruchtigen Geruch* des Analdrüsensacks, der im schlimmsten Fall an verdorbenes Fleisch erinnert.

Bakterielle Dermatosen werden durch eine Vielfalt von Hautbakterien ausgelöst, beispielsweise *Staph. intermedius.* Rote Flecken und ringförmige Markierungen rund um die zentrale Pustel lassen sich deutlich erkennen, wenn man die haarlosen Bereiche des Bauchs untersucht. Vorhandene Bakterien werden durch Hautgeschabsel identifiziert, dann wählt man das passende Antibiotikum gegen die Infektion, welche den Juckreiz auslöst.

HAARVERLUST UND ALOPEZIE: Im Normalfall wechseln Jack Russell zweimal jährlich das Fell, aber manchmal ist das Wachstum der neuen Haare verzögert, wirkt das Fell dünn und stumpf. Wird es intensiv gekämmt und gebürstet, entstehen kahle Flecken. Eine Untersuchung auf mögliche Schilddrüsenerkrankung empfiehlt sich, wenn das Haar nicht nachwächst. *Cushing-Syndrom* könnte eine andere Ursache sein, insbesondere bei einem älteren Terrier mit verstärktem Durst und gerundetem Bauch.

Andere hormonell bedingte Hauterkrankungen können an den Flanken einer Hündin zu symmetrischem Haarverlust, bei einigen Rüden zu Haarausfall auf der Rutenoberfläche (stud tail) führen. Feminisierung älterer Rüden ist begleitet von Haarausfall als Zeichen für *Sertoli Zelltumore*. Tierärztliche Behandlung ist dringend empfohlen!

Gesundheitsfürsorge

VERDAUUNGSSTÖRUNGEN
ÜBELKEIT UND DURCHFALL: Bei jüngeren Hunden ist gelegentliche Übelkeit kein Anlass zur Beunruhigung. Hunde sind dafür geschaffen, eine breite Vielfalt verschiedener Futterarten aufzunehmen. Ein Teil ihres Schutzes gegen Futtervergiftungen besteht in ihrer Fähigkeit, nicht geeignetes Futter auszuwürgen, Reflexwürgen treibt es wieder aus dem Magen. Tritt in dem Erbrochenen gelbe Färbung auf, zeigt dies, dass der Gallenextrakt der Leber, der normalerweise vom Gallengang in den Dünndarm führt, aus irgendeinem Grund in den Magen geraten ist. Die bittere Gallensäure löst, sobald sie die Magenwand erreicht hat, ein Reflexerbrechen aus, sie wird zusammen mit allem im Magen befindlichen Futter erbrochen.

Infektionen wie *Salmonella* und *Campylobakter* kann man nur aus Kotkulturen diagnostizieren. *Helicobacter* sind andere Magenbakterien, die seit kurzem viel Aufmerksamkeit gefunden haben, aber als Magenerkrankung ist *Helicobacteriosis* bei Hunden nicht bekannt. *Clostridia* - widerstandsfähige sporenförmige Bakterien - sind gefürchtet, dass sie eine tödliche *toxische Enteritis* auslösen können. Die Bedeutung von einzelnen *E. coli*-Linien als Auslöser von Durchfall bei Hunden ist eine interessante Frage. Sie weckte erneutes Interesse an diesen Organismen, die man früher einmal als völlig harmlos ansah. Das Ganze steht in Zusammenhang mit menschlichen Todesfällen in jüngerer Zeit aus der 0157-Linie, die man in gekochtem und rohem Fleisch angetroffen hat. Von einigen Viren ist auch bekannt, dass sie eine *Gastro-Enteritis* auslösen.

Wiederholtes Erbrechen, zunächst von deutlich erkennbarem Futter, gefolgt von Schleim - oder Futter, dem nur Schaum folgt - ist ein ernsthaftes Warnzeichen. Es kann mit Verengungen durch Fremdkörper oder einer Infektion wie *Pyometra* oder *Hepatitis* in Verbindung stehen. Einige Durchfallerkrankungen beginnen mit erbrochenem Futter, dadurch wird der Darm stimuliert. Sobald das Futter in den Dünndarm gerät, leert sich reflexartig der Magen, erbricht alles Futter, das im Magen geblieben ist. Manchmal führt diese Umkehr des normalen Futterweges dazu, dass im Erbrochenen Fäkalien auftreten.

Unter Durchfall versteht man das Ausscheiden losen, nicht geformten Stuhls, er steht in Verbindung mit Infektionen oder Reizungen des Darms. Wenn über den Fang aufgenommenes Futter schnell den Verdauungstrakt durchläuft, kann der Dickdarm nicht genügend Wasser absorbieren. Durch unvollständige Verdauung und Wasserreabsorption wird der Stuhlgang weich und dünn. Tritt dabei Blut auf, stammt es meist aus dem Dickdarm. Ist es schwärzlich und faul riechend, bedeutet dies, dass das Blut aus dem Dünndarm stammt, bereits einigen Verdauungssäften ausgesetzt war. Diese Erkrankung nennt man *Dysenterie*.

Von chronischem Durchfall spricht man, wenn er mehr als 48 Stunden anhält. Dies kann mit schlechter Verdauung verbunden sein, weil die Auskleidung des Darms das Futter nicht genügend absorbieren kann. Es gibt aber noch andere Erkrankungen wie Futterunverträglichkeiten, bakterielle Verseuchung, lymphoide oder andere Tumore, welche schlechte Verdauung auslösen, wodurch die Verdauungssäfte das Futter nicht mehr aufzuschließen vermögen. Weitere Ursachen könnten eine exokrine Bauchspeicheldrüsenschwäche (EPI) sein, entzündliche Darmerkrankungen oder Störungen der Verdauungs- oder Leberfunktionen.

Die Untersuchung durch den Tierarzt erfordert Blutuntersuchungen und Kotproben. Möglicherweise ergeben sich hieraus anschließende Röntgenuntersuchungen oder Überprüfungen mit dem Endoskop.

Die Behandlung von Übelkeit und Durchfall erfordert in allererster Linie eine 24-Stunden-Sperre jeder festen Nahrung. Sobald der Hund mit dem Erbrechen aufhört, erhält er kleine Mengen von Ersatzflüssigkeiten - in der Regel sind Elektrolytflüssigkeiten das Beste. Danach wird leicht verdauliches Futter mit niedrigem Fettgehalt in kleinen Mengen angeboten, am zweiten Tag der Erkrankung etwa ein Drittel der Normalmenge. Langsam wird die Menge vergrößert, bis am vierten Tag wieder die volle Futtermenge verabreicht wird. Während der Genesungsperiode müssen Fette vermieden werden, ebenso Milch wie Milchprodukte, da der Hund Laktose schlecht verdauen kann.

Foto mit freundlicher Erlaubnis von Mary Strom.

MAGENDREHUNG: In England wird diese Erkrankung als *Bloat* bezeichnet - sie kann bei allen Hunderassen auftreten, ist glücklicherweise bei Terriern selten. Futtergierige Hunde, die mit der Nahrung gleichzeitig viel Luft schlucken, werden als besonders gefährdet angesehen. Die Erkrankung wird auch mit sehr tiefem Brustkorb in Verbindung gebracht, entsprechend ausgedehnt sind dabei die Magenbänder.

Der aufgeblähte Magen kann sich drehen, Magendrehung ist immer ein akuter Notfall. So schnell wie möglich muss das Tier zum Arzt gebracht werden, wo eine Behandlung auf Schock und Magenentspannung erfolgen muss. Erkrankte Hunde zeigen sich sehr unruhig und niedergedrückt, schauen mit einem Ausdruck von Unverständnis auf ihre Flanken. Zunächst ist die linke Seite hinter den Rippen die einzige Stelle, die sich aufwölbt. Wenn man mit den Fingerspitzen dagegen klopft, löst man eine trommelähnliche Resonanz aus. Innerhalb weniger Stunden zeigen sich beide Magenseiten hinter dem Rippenkorb stark ausgedehnt. Der Hund fühlt sich immer schlechter, liegt herum, seine Schmerzen steigern sich. Der gasgefüllte Magen übt Druck auf das Zwerchfell aus, erschwert das Atmen. Die Zungenfarbe wird purpurn, das häufigere Atmen sehr flach. Manchmal verursacht in diesem Zustand das Gewicht und vergrößerte Volumen eine stärkere Krümmung des mit Gas gefüllten Magens, löst dessen Drehung im Uhrzeigersinn aus. Die Anzeichen von Schmerzen werden sehr deutlich, da der Ausgang des Magens durch die 180 Grad-Drehung verschlossen ist. Versucht man in diesem Zustand einen Magentubus durch den Fang einzuführen, lässt er sich nur bis zum Eingang des Ösophagus führen. Kein Gas strömt aus, obgleich der Magen dick und prall voll Gas ist.

Die Notbehandlung beim Tierarzt verlangt in der Regel ein Anhängen an einen intravenösen Tropf, um den Schock zu behandeln. Häufig bedarf es einer *Laparotomie,* wodurch der Magen entleert wird und gleichzeitig die Möglichkeit besteht, ihn an der Bauchwand zu befestigen, so dass eine neue Drehung, die natürlich später wieder einen Gasstau auslösen würde, weniger wahrscheinlich wird. Verschiedene Operationstechniken werden angewandt, einige befestigen die Magenwand an einer Rippe, andere verlassen sich auf einen Tubus, der das Gas aus dem Magen führt. Ziel sollte es sein, den Magen auf Dauer so zu befestigen, um künftige Rotationen unmöglich zu machen. Einige Tierärzte glauben, dass Fütterung von Komplettbüchsenfutter die beste Vorbeugung sei.

Foto: Kim James, Badgerwood.

VERSTOPFUNG: Zu dieser Störung kommt es in der Regel dadurch, dass der Hund zu viele Knochen gefressen hat, deren Kalkreste den After blockieren. Bei älteren Hunden kann Verstopfung auch in Zusammenhang mit einer Vergrößerung der Prostatadrüse stehen. Gelegentlich löst auch ein Tumor im After Schwierigkeiten beim Kotabsatz und Verstopfung aus. Eine Behandlung mit Abführmitteln sollte immer von ballastreicher Nahrung begleitet sein. Lösliche Fasern, beispielsweise Kleie, fügen den Fäkalien mehr Ballaststoffe bei, übernehmen auch im Dickdarm zurückgehaltenes Wasser, so dass der Stuhlgang nicht mehr so knochenhart und schmerzhaft ist. Der Hund braucht Bewegung! Am besten führt man ihn 30 Minuten nach der Fütterung in den Garten, dadurch werden die Reflexe für normalen Kotabsatz stimuliert.

ZUCHT UND FORTPFLANZUNG

Bei Terrierrassen gibt es keine spezifischen Probleme, Paarung wie Geburt sollten völlig natürlich erfolgen. Scheinschwangerschaft etwa zehn Wochen nach Beendigung der Hitze scheint bei Terriern vermehrt aufzutreten - in dieser Zeit können auch Verhaltensänderungen auftreten. Hiergegen gibt es verschiedene wirksame Mittel (siehe Kapitel 11 *Jack Russell Zucht*).

DER ÄLTERE HUND

ALTERSFÜRSORGE: Der Jack Russell hat eine hohe Lebenserwartung, im Allgemeinen erreicht er ein Alter von zwölf Jahren, zuweilen sogar von achtzehn oder mehr, vorausgesetzt man kann Arthritis und Verletzungen vermeiden. Einige der ältesten Hunde sind auch die schlanksten, Ernährungskontrolle trägt wesentlich dazu bei, dass Hunde länger leben. Ab etwa sieben Jahren könnte es vorteilhaft sein, die Tagesration auf zwei Fütterungen aufzuteilen, damit unterstützt man Absorption und Verdauung. Jedes Anzeichen von Übergewicht muss geprüft werden, regelmäßiges Wiegen erleichtert die Nahrungskontrolle. Der ältere Hund braucht für seinen Auslauf deutlich weniger Energien, lebt oft überwiegend im Haus, dadurch werden weniger Kalorien zum Warmhalten des Hundes verbrannt. Eine gezielte Reduktion der Kalorienaufnahme ist erwünscht, hierfür gibt es Spezialdiäten eigens für ältere Hunde, die ballaststoffreicher sind, weniger Energien als die Ernährung für einen jüngeren Hund enthalten.

Achten Sie sorgfältig auf den Zustand des Fangs, Mundgeruch ist einer der ersten Hinweise auf Zahnerkrankungen oder dass sich Futter im Zahnfleisch verfangen hat. Terrier haben oft durch intensives Kauen von Knochen oder Zerren an Zaungittern geschädigte Zähne, im späteren Alter entzündet sich die Zahnwurzel oder kann sich ein Abszess entwickeln. Abszesse zeigen sich durch ein Anschwellen direkt unter dem Auge, wenn die Wurzeln der Prämolare entzündet sind. Kauen als Kieferübung ist eine gute Methode, die Zähne gesund zu halten. Hat sich aber auf der Zahnoberfläche erst ein Belag gebildet, müssen die Zähne mit einem Ultraschallgerät gereinigt werden, gefolgt von Nachpolieren, um das Gebiss gesund zu halten.

Kontrollieren Sie die Länge der Hundekrallen! Verminderter Auslauf und zuweilen Arthritis führen dazu, dass der Hund weniger Gewicht auf den betroffenen Lauf verlagert, dadurch die Kralle zu lang wird. Vorsicht beim Kürzen, keinesfalls darf *in das Leben* geschnitten werden.

BLASENINKONTINENZ: Ein Problem, das man bei vielen älteren Hunden antrifft. Blaseninkontinenz, die über Nacht zu feuchten Flecken im Lager führt, kann man verhindern, indem man nach 19.00 Uhr abends die Wasserschüssel hoch stellt, wirksam ist auch der Einsatz eines Medikaments der sympathomimischen Gruppe, wodurch das Blasenvolumen besser gehalten wird. Am besten lässt man eine Urinprobe untersuchen, manchmal findet man schwachen Bakterienbefall im Urin. Eine Behandlung mit angemessenen Antibiotika vermindert die Blasenempfindlichkeit. Werden große Urinmengen Tag und Nacht abgegeben, müssen Urinkonzentrationen und Blutzusammensetzung geprüft werden, ob eine schwerere Erkrankung dahinterliegt. *Diabetes Insipidus* oder *Mellitus, Adrenalinstörungen (Cushing's disease)* und *Nephrose* (Nierenerkrankung) könnten Ursache sein, dass ein Hund inkontinent ist, wenn er längere Zeit im Haus eingeschlossen ist. Zur Aufklärung dieser Erkrankungen bedarf es beim älteren Jack Russell Terrier unbedingt einer Blutuntersuchung.

Kapitel 13
RASSETYPISCHE ERKRANKUNGEN

Der Jack Russell Terrier geht auf Arbeitslinien von Jagdhunden zurück. Er ist ein gesunder Hund mit viel Ausdauer und kräftiger Konstitution, nur dadurch kann er seine Aufgaben erfüllen. Zu seiner Fitness gehören gutes Sehvermögen, schneller Bewegungsablauf und große Lungen- und Herzkapazitäten für aktive Arbeit. Nur die besten Hunde fanden in der Zucht Verwendung, so vermied man viele Störungen. Alle kleineren Terrierrassen sind untereinander verwandt. Durch Einführung von Blut des Glatthaar Fox Terrier, Drahthaar Fox Terrier und Sealyham Terrier mögen gewisse Augenerkrankungen in die Rasse eingeflossen sein. Das Vermischen verschiedener genetischer Gruppierungen sollte die Gesundheit verbessern, aber rezessive Vererbung kann von Zeit zu Zeit in bestimmten Würfen alte Schäden wieder auftauchen lassen.

ERBLICHE AUGENERKRANKUNGEN
KATARAKT
Jede Trübung der Augenlinsen oder der Umränderung der Linse wird als *Katarakt* definiert. Junghunde sind vom Katarakt selten befallen - es sei denn, dass irgendeine Augenverletzung dazu führt, dass die Linse sich trübt. Jede Verletzung der Hornhaut, beispielsweise durch einen Pflanzenstachel, kann zu einer Kataraktbildung führen. Auch eine stumpfe Verletzung bei einer Rauferei kann zu einer Entzündung der Iris führen, damit auch zum Katarakt.

Katarakt ist beim alten Jack Russell die häufigste Augenerkrankung. Stoffwechselerkrankungen wie Diabetes können zum Katarakt führen, ebenso Giftstoffe und einige Medikamente, falsche Ernährung ebenfalls. Und in den empfindlichen Teilen des Auges gibt es immer einen natürlichen Alterungsprozess. Genaue Diagnose und Beratung, wie weit bei einem Katarakt es empfehlenswert ist, die Linse zu entfernen, sollten bei jedem älteren Hund erfolgen.

PRIMÄRE LINSENLUXATION
Subluxation und *Luxation* der Linse sind Erkrankungen, bei dem das Band (*Zonule*), welches die Linse im Zentrum des Auges hält, schwächer wird, dadurch fehlt der Linse die Stütze, und es kann zu einer partiellen Verlagerung führen. Beide Augen können befallen sein, aber in aller Regel zeigt ein Auge die Erkrankung vor dem anderen. Die verschobene Linse kann sich zu einem Katarakt entwickeln, das Auge sich trüben. Häufig fällt die gelockerte Linse nach vorn, berührt die Innenseite der Hornhaut. Vorne am Auge zeigen sich plötzlich auf der Hornhaut entstehende weiße Flecken. Hier besteht die Gefahr, dass sich nach der Linsenluxation im Auge Flüssigkeit (Glaukoma) bildet. Auch hier gilt - genaue Diagnose der Erkrankung kann das Augenlicht retten, selbst wenn ein Auge getrübt ist. Voraussetzung ist eine Entfernung der Linse, ehe irreversible Veränderungen stattfinden. Hierdurch lässt sich das zweite Auge meist retten.

Die moderne Operationstechnik bringt gute Ergebnisse. Allerdings ist sie verhältnismäßig teuer, es gibt aber eine ganze Reihe von Veterinärzentren, die diesen Service bieten. Bestehen hinsichtlich plötzlicher Blindheit irgendwelche Zweifel, sollte man immer einen zweiten Fachmann hinzuziehen.

ERBLICHE AUGENERKRANKUNGEN
AUGENLIDVERÄNDERUNGEN
Im Normalfall schützen die Augenlider die empfindliche Augenoberfläche. Jede Abweichung der Augenlidstruktur kann zu geröteten Augen, exzessivem Tränen und - in Folge des Reibens - nach einer Hornhautwucherung zu Erblindung führen.

Unter *Distichiasis* versteht man Augenlider, bei denen eine zusätzliche obere Haarreihe die Hornhaut reizt. Drehen sich die oberen oder unteren Lider nach innen - als *Entropium* bekannt - handelt es sich meist um einen Erbdefekt der Augenlidstruktur, in dieser Rasse kann aber häufig auch eine Augenverletzung Ursache sein. Man erkennt die Erkrankung am laufenden Tränen der Augen. Oft sieht man, dass seitlich einer alten Verletzung sich die Augenlider nach innen drehen. Nach der Diagnose muss in schweren Fällen durch Chirurgie der Augenlidrand wieder nach außen gedreht werden.

Ektropium (Umkehrstellung zum Entropium) ist durch lose Augenlider bedingt, hierdurch wird die rosa Auskleidung des Lides zu stark nach außen gedreht. Auch diese Erscheinung kann nach einer Gesichtsverletzung auftreten. Bei einigen Rassen mit viel loser Haut am Kopf ist Ektropium oft eine Erberkrankung, bei den Terrierrassen aber in der Regel Folge einer Verletzung. Dabei wird das untere Augenlid angerissen, wird es nicht genäht, bleibt es locker und führt zu den Problemen, wie sie unter Ektropium beschrieben werden.

RETINAATROPHIE
Als Ursache für schlechtes Sehvermögen und Erblindung ist Retinaatrophie bei arbeitenden Jagdhunden und Collies allgemein bekannt. In der Regel trifft man diese Erkrankung bei jungen oder mittelalten Jack Russells an. Im Normalfall sieht man aber bei Jack Russells die Erkrankung erst bei Hunden im Alter von zehn Jahren. Degenerative Veränderungen der Retina können dabei auch zu völliger Erblindung führen. Regelmäßige Kontrolle der Augen älterer Hunde und gezielte Diät können den Ausbruch einer solchen Erkrankung verzögern.

RETINADYSPLASIE
Eine schwere Augenerkrankung, einige Zeit bei Sealyham Terrier sehr verbreitet. Sie verursacht bei noch recht jungen Welpen Blutungen und führt zur Erblindung. Bei Jack Russell ist diese Erkrankung bisher nicht bekannt, man sollte aber daran denken, dass möglicherweise dieses Gen auch einmal eingekreuzt wurde. Man trifft beim Sealyham Terrier und - in geringerem Ausmaß - beim Bedlington Terrier auf Welpen, die von Geburt an blind sind. Mildere Formen entdeckt man mit dem Ophtalmoskop als Falten in der Retina, einige Rassen zeigen *Rosetten* in charakteristischer multifokaler Form. Dies trifft man aber bei Hunden in Terriergröße weniger häufig.

ERBLICHE KNOCHEN- UND GELENKERKRANKUNGEN
KREUZBANDRISS
Das Kniegelenk ist nicht besonders robust konstruiert. Solange aber Terrier kräftig bemuskelt gehalten und nicht sehr grob bewegt werden, ist eine solche Verletzung wenig wahrscheinlich. Wird ein Hund aber übergewichtig, könnte das Kniegelenk, das von einer Anzahl von Bändern und Knorpeln abhängig ist, von diesen zusammengehalten wird und frei beweglich ist, gefährdet werden. Das Kniegelenk wird durch Vorwärtsbewegung und Springen belastet, verlangt man von übergewichtigen Hunden plötzlich schwierigere Aufgaben, könnte bereits ein einfaches Herausspringen aus einem Allradantriebfahrzeug oder durch die Heckklappe eines Kombis beim schweren Aufkommen auf dem Boden zu einer Schädigung der Bänder führen. Gleiches gilt, wenn ein älterer Hund auf dem Feld einem schnelleren Tier nachhetzt. Plötzliche Wendungen können zum Reißen des Bandes und sofortiger Lahmheit führen.

Die Kreuzbänder sind jene, die das Zentrum des Kniegelenks überkreuzen, es gibt zwei weitere seitliche Bänder, die das Gelenk stützen. Die Kniescheibe oder *Patella* hat gleichfalls Bänder, die vor dem Gelenk verlaufen. Auch diese können beim Stützen versagen, verursachen dann eine größere Belastung der beiden mittleren Bänder. Im Allgemeinen ist es das vordere Band im Zentrum des Kniegelenks - das äußere Kreuzband - das beim Springen oder plötzlichem Drehen des Hundes dem stärksten Zug ausgesetzt wird. Dabei kann es gezerrt werden oder im schlimmsten Fall völlig reißen. Das Ergebnis ist ein lahmer Hund. Häufig ist das Kniegelenk so unstabil, dass die das Gelenk formenden Knochenenden übereinander gleiten. Solche Instabilität wird durch den so genannten *Draw Forward Test* überprüft. Einige Bänder heilen bei Hunden mit weniger Gewicht als zehn Kilo durch Ruhigstellen. Bei vielen Hunden bedarf es zur Reparatur des gezerrten Bandes eines chirurgischen Eingriffs. Es gibt eine Vielfalt von Techniken, bei den meisten erfolgt eine Bänderimplantation durch oder rund um das Gelenk. Vorausgesetzt die Operation erfolgt, ehe sich arthritische Veränderungen auf der Gelenkoberfläche ergeben, sind die Aussichten sehr gut, das Gelenk wird wieder völlig stabilisiert.

PATELLALUXATION
Im Allgemeinen als *Kniescheibenluxation* bekannt, handelt es sich hierbei um einen erblichen Fehler, der insbesondere bei Terriern mit gebogenen Läufen auftritt. Die Verschiebung beim Jack Russell erfolgt immer medial, die Patella verlagert sich auf die Innenseite des Knies, »schließt das Gelenk« ab, der Hund hält den Lauf hoch. Oft gleitet die Patella, wenn sich die Muskelverspannung abschwächt oder der betroffene Lauf vorsichtig massiert wird, in die Zentralfurche zurück, vermag der Hund wieder zu laufen. Im Normalfall bewegt sich das Knie in einer Rinne - *Trochlea* genannt - am Ende des Femurs und ist wieder mit der Tibia verbunden. Manchmal ist der Schienbeinkamm so falsch gelagert, dass er die Patella aus der geraden Linie herauszieht. Hiervon betroffene Hunde sind vorübergehend oder dauernd lahm.

In der Regel ist eine chirurgische Korrektur erforderlich. Durch die Operation wird die Rinne ausgetieft - man nennt die Operation eine *Sulcoplastik*. Möglicherweise müssen die anliegenden Bänder auf der inneren Seite entspannt, auf der äußeren Seite des Gelenkes gefestigt werden. Eine weitere Operation transplantiert den Tibiakamm.

HÜFTERKRANKUNGEN
PERTHES COXA PLANA ODER CALVE PERTHES KRANKHEIT: Eine bei kurzläufigen Terrierrassen nicht ungewöhnliche Erkrankung. Sie bewirkt, dass viele befallenen Hunde bei schneller Bewegung auf drei Läufen, in langsamer Geschwindigkeit auf vier Läufen gehen. Der normalerweise rundgeformte Femurkopf, der sich reibungslos in die Hüftpfanne einschmiegt, hat einen Defekt. Oft versagt schon vor der Geburt - als bei Geburt vorhandener Fehler - das den heranwachsenden Femurkopf versorgende Blutgefäß, bietet nicht ausreichende Nahrung. Dabei wird der Femurkopf an der Oberfläche abgeflacht, bewegt sich dann nicht glatt im Hüftgelenksockel. Einige Hunde kommen ohne korrektive Operation zurecht, bei anderen ist eine Operation erforderlich. Es empfiehlt sich, das Glied schon kurz nach der Operation wieder zu gebrauchen, da zu viel aufgebautes Gewebe zu Lahmheit führen kann, ausgelöst durch den reduzierten Grad von Bewegung in der Hüfte oder durch Druck auf den Ischiasnerv.

HÜFTGELENKSDYSPLASIE: Kein allgemeines Problem bei Jack Russell Terriern, die Rasse erscheint auch nicht auf der offiziellen Röntgenauswertungsliste des Kennel Clubs. Bei der Zucht vieler großer Rassen ist Hüftgelenksdysplasie ein sehr gewichtiges Zuchtproblem, trotz Jahren planmäßiger Zucht noch weit verbreitet. Hüftgelenksdysplasie ist nicht rein erblich bedingt, auch Umweltfaktoren wie Fütterung, Auslauf und sogar die Art, wie Junghunde sich setzen, kann für bis zu 60 % des Auftretens von Hüftgelenksdysplasie ursächlich sein, wie man sie dann auf der Röntgenaufnahme diagnostiziert. Die Erkrankung hat nur eine mäßig hohe Erblichkeit von 30 bis 45 %.

ANDERE GELENKERKRANKUNGEN
OSTEOARTHRITIS
Nicht notwendigerweise eine Erberkrankung. Verbreiteter tritt Osteoarthritis bei aktiven Hunden auf, die in ihrem Leben zuvor einige kleine Gelenkverletzungen erlitten haben. Im Allgemeinen bei älteren Hunden beobachtet, beginnt diese Krankheit, die die Bewegung des Gelenks einschränkt, als Erosion am Gelenk, ausgelöst aufgrund von Gewebeverlusten auf der Oberfläche. Wenn die Krankheit fortschreitet, kann sich zusätzlicher Knochen rund um den Gelenkrand bilden, möglicherweise Ergebnis einer Entzündung und des Versuches, das Gelenk zu stützen. Diese Erkrankung entwickelt sich langsam, führt zu Lahmheit, Schmerzen, zu einem knirschenden Geräusch als *Crepitus* bekannt, dann zu Gelenkinstabilität. Äußerlich erscheint das Gelenk verdickt. Wenn man versucht es zu strecken oder zu beugen, ist die Bewegung eingeschränkt. Wird das Gelenk nicht bewegt, werden die Muskeln ringsum weich oder atrophieren, so dass der Lauf bald nicht mehr eingesetzt werden kann.

Durch Röntgenaufnahme muss man feststellen, wie weit sich um das Gelenk herum neuer Knochen gebildet hat. Ein Behandlungsplan wird aufgestellt, dabei hat Schmerzkontrolle erste Priorität. Osteoarthritis wird durch Übergewicht verschlimmert, Fütterungskontrolle ist wichtig, wenn man einem Hund mit Gelenkschmerzen oder Schwellungen helfen will.

OSTEOCHONDROSE
Eine Erkrankung mit erblichem Hintergrund, man trifft sie bei vielen großen Rassen und Riesenrassen. In der Regel leidet der Jack Russell nicht an Ellenbogenosteochondrose, die man bei Rassen wie Deutscher Schäferhund feststellt. Schnelles Knochenwachstum ist als wesentlicher Faktor zu sehen, wodurch die Mineralisation der Knorpel an den wachsenden Gelenkenden der langen Knochen verzögert wird. Eingeschränkte Bewegung und sparsames Füttern des Junghundes, ohne seinem ganzen Appetit nachzugeben, helfen das Auftreten von Osteochondrose einzuschränken. Es dürfen keine Futterergänzungsstoffe gegeben werden, denn die meisten Futtermischungen sind ausgewogen, enthalten genügend Vitamin D. Heute betrachtet man Kalziumzugaben als höchstwahrscheinliche Ursache für eine Störung des Kalzium-Phosphor-Verhältnisses in der Ernährung, entsprechend kann dann die Knochenbildung nicht normal verlaufen.

HAUTERKRANKUNGEN MIT MÖGLICHERWEISE GENETISCHEM HINTERGRUND
ATOPISCHE DERMATITIS
Die Terrierrassen sind gegenüber Hautkrankheiten ziemlich widerstandsfähig, die meisten Hautprobleme in der Rasse sind wahrscheinlich Folge von parasitären Hautinfektionen. Es gibt keine erforschte erbliche Begründung derartiger Infektionen. Das kurze Fell und die nackte Bauchhaut könnten zu Kontaktallergien bei Berührung mit Pflanzen oder anderen Allergenen führen.

Es gibt auch eine ernährungsbedingte Hautallergie etwa im Zusammenhang mit Weizenkleber. *Atopie* ist die Fachbezeichnung einer erblichen Hautallergie, bei der sich bei Hunden Juckreiz einstellt. Diese Allergie kann bekämpft werden, aber Bakterien wie *Staphylokokkus intermedius* können Rötungen auslösen. Diese wiederum stärken das Wachstum von *Malasezzia,* insbesondere in den feuchten Hautfalten des Körpers. Jack Russell Terrier mit weißem Fell scheinen besonders anfällig für Hauterkrankungen zu sein, mehr als Hunde mit vorwiegend dunklem Fell.

Kapitel 14
AUSSTELLUNGS-ZWINGER

Erst in verhältnismäßig jüngerer Zeit gibt es etwas Austausch der Deckrüden unter den Jack Russell Züchtern in England. Zunächst wurde in den einzelnen Teilen des Landes je eine Zuchtlinie aufgebaut, die man als locker liniengezüchtet ansehen kann; dabei stammen alle Terrier vom gleichen Ausgangszuchtmaterial, und die Zucht wird von einer Liebhabergruppe durchgeführt, die Deckrüden und Welpen untereinander austauschen. Nur ganz selten wurde diese Gruppengrenze überschritten, und wenn doch, fast immer in eine gemeinsame Alternativlinie. Auf diese Art entstanden in den verschiedenen Landesbereichen sehr homozygote Linien.

Die Terrier im Südwesten, im Süden, in den Midlands und im Nordosten hatten alle ihr eigenes bestimmtes Aussehen, wobei auch - in bestimmtem Maße - die Linien verschiedener Züchter vom Kennerauge zu unterscheiden sind. Wahrscheinlich der nachhaltigste Effekt der Anerkennung des Parson Jack Russell Terrier durch den Kennel Club ist, dass jetzt die Liebhaber regelmäßig durch das ganze Land reisen, um Ausstellungen zu besuchen. Das hat den Horizont über Welpenkauf und Einsatz von Deckrüden wesentlich erweitert. Langfristig sollte sich dies für die Rasse als gut erweisen. Kurzfristig betrachtet aber führt dieses willkürliche Züchten zu einer Vielfalt von Problemen. Dabei muss man unterstreichen, diese Probleme gab es schon immer, sie waren aber innerhalb der jeweiligen Linie tief verborgen. Gerade die Auskreuzungen in andere Linien, die den gleichen Fehler tragen, haben diese unerwünschten Fehler erst zutage gebracht. Dies ist überhaupt nichts Schlechtes, denn dadurch wird es erst möglich, mit Offenheit und vernünftiger Zucht diese Fehler aus der Rasse zu eliminieren. Dies kann aber nur eintreten, wenn die Züchter offen und ehrlich sind und ihre Probleme offen zugeben.

In der Haltung von Jack Russells gab es in jüngeren Jahren eine geradezu explosionsartige Entwicklung. Und viele dieser neuen Besitzer werden irgendwann züchten wollen. Hier muss gefordert werden, dass sie vor einer solchen Entscheidung zunächst nicht nur ihre eigene Hündin mit ihren Fehlern und Vorzügen betrachten, sondern auch deren Ahnenreihe gründlich erforschen. Alle erfahrenen Züchter wissen, dass einige Linien - so vorzüglich sie einzeln sein mögen - ganz einfach nicht zusammen passen (*nick*). Die heutigen Parson Jack Russells sind so verschiedenartiger Herkunft, dass es überhaupt nicht überrascht, dass verschiedene Linien sich nicht immer befriedigend miteinander verbinden. Willkürlicher Einsatz eines Rüden, nur weil er gerade im Ausstellungsring besonders erfolgreich ist, bringt einer Rasse keine langfristige Verbesserung. Im Gegenteil, dadurch mehrt man nur die Vielfalt der Typen innerhalb der Rasse. Das Kennzeichen eines guten Vererbers ist, dass er bei einer Auswahl von Hündinnen allen Welpen seinen Typ aufprägt - *stamp his type* - so dass diese Nachzuchten eindeutig ihm zuzuschreiben sind.

EINFLUSSREICHE DECKRÜDEN

Wenn man den durch den amerikanischen Kennel Club anerkannten Parson Jack Russell Terrier näher betrachtet, ragt ein Rüde unter dem Gesichtspunkt einflussreichster Vererber heraus. Nach dem Punktesystem der englischen Wochenzeitung *Dog World* ist *Robbie,* Besitzer Isobel Morrison (amtlicher Name: Ridley Robber of Belmorr) den anderen weit überlegen, er gewann in den Jahren 1991-1996 hintereinander jeweils den Titel *Top Stud.* Er ist der Vater zahlreicher Sieger, aber - was wahr-

Ridley Robber Of Belmorr: Spitzenvererber 1991-1996.

Foto: Sheila Atter.

scheinlich noch wichtiger ist - seine eigenen Söhne wurden selbst zu Vätern von Spitzensiegern. Der erste Champion der Rasse Winnie the Witch of Hardytown, Besitzer Mark und Tina Allen, ist seine Enkelin - und ihr Vater Ardencote Top Notch, Besitzer Clive Harrison, sieht so aus, als sei er in den Mantel seines Vaters geschlüpft. Der erste Rüdenchampion Cassacre Boatswain, Besitzer Cass Samways, ist ein Sohn von Robbie-Sohn Glenholm Erik of Belmorr, Besitzer Isobel Morrison. Auch Mindlen Hoolet of Muhlross, Besitzer Gladys und Douglas Philps, ist ein Robbie-Sohn, der dritte Champion und der erste *Championship Show Group Winner.* Er war auch *Top Winning Dog* über drei Jahre, ehe der Rasse der CC-Status zuerkannt wurde.

Robbie hat auch viele weitere auf Championatsausstellungsebene siegende Nachzuchten hervorgebracht. Die erste Hündin, die auf Crufts Dog Show BOS gewann, war seine Tochter Ridley Replica; der erste *Junior Warrant Winner* der Rasse war sein Sohn Mindlen Hairy Minnow. Aber noch viel wichtiger für die Stärke der Rasse auf lange Sicht ist, dass alle diese Sieger aus völlig verschiedenen Hündinnenlinien stammen.

Aber genau wie Robbie sich nicht allein als Vater von Siegern erwiesen hat, sondern auch als Vater erfolgreicher Deckrüden, sollten sein eigener Vater und Großvater nicht ignoriert werden, denn auch sie haben bei der Entwicklung der Rasse eine sehr wichtige Rolle gespielt. Ridley Red Alert (Hursley Pilot - Ridley Redwing) gewann 1990 den Titel *Top Stud Dog* - das war in dem Jahr, in dem die Rasse erstmals vom KC anerkannt wurde. Seine Tochter Ridley Rebecca of Cassacre gewann im gleichen Jahr den *Overall Top Dog Title* und sie brachte den ersten Championrüden Cassacre Boatswain, nach einem Sohn von Robbie. Eine Wiederholungspaarung brachte seinen Sohn Ridley Renegade of Westbeck, Besitzer Susan Haigh. Er wurde zwar wenig ausgestellt, sollte sich aber als sehr einflussreicher Vererber erweisen, insbesondere für den Howlbeck Kennel von George Simpson. Dreimal mit Ground Hill Midge gepaart brachte er eine Reihe von Siegern, darunter Howlbeck Marine Diver, Muddy Rastus und die hübsche Hündin Howlbeck Mighty Mandy. Viele der außerordentlich erfolgreichen Terrier, aus Howlbeck Hündinnen gezüchtet, gehen auf diese Paarung zurück oder auf Paarungen mit zwei Robbie Söhnen Mindlen Hairy Minnow und Ardencote Top Notch. Sowohl Ch. Winnie the Witch of Hardytown wie die CC-erringende Fellshied Top Talent stammen beide von Top Notch aus von Howlbeck gezüchteten Wurfgeschwistern, während Howlbeck Izzi-Rite

Clystlands Legend, ein Repräsentant der bekannten Clystlands Kennels, der auf West Country Lines aufgebaut wurde.

for Jagen, gleichfalls CC Winner, von dem sehr erfolgreichen Howlbeck Piper nach Howlbeck Just Rosie, einer Enkelin von Renegade, stammt. Ähnlich kommt Howlbeck Matuka Mindlen (Crufts 1995, BOB) von Hairy Minnow nach Howlbeck Pebbles, der Wurfschwester von Piper.

Ridley Red Flight, Wurfschwester von Red Alert, war die Stammhündin des Foxhazel Kennels (ursprünglich Redwood) von Jann Ibbett. Garon's Oakley Sailor, mit Red Flight gepaart, brachte Redwood Pilot, einen Rüden, der die Rasse sowohl in England wie vielleicht noch nachhaltiger in Europa beeinflusst hat, nämlich durch seinen Sohn Finnish & Estonian Ch. Redwood Tackles Ridley.

In den zehn Jahren, seit die Rasse anerkannt wurde, hat sich der Ausstellungstyp recht merklich verändert. Nur noch wenige Terrier, die man heute im Ring sieht, können wirklich als *old-fashioned*

Quarrymist Mr. Fudge for Pacolito, Züchter Geoff und Andrea Roden.

Foto: A. C. Roden.

Ardencote Tittletattle.

Foto: Sheila Atter.

sort bezeichnet werden. Nahezu alle erfolgreichen Ausstellungssieger stammen aus einer Kombination verschiedener Linien. So scheint die kleinere, auf Ausstellungen attraktivere Howlbeck Zucht in Verbindung mit den traditionelleren Ridley oder Clystlands Linien die favorisierte Kombination, die einen smarten, ins Auge fallenden Jack Russell bringt. Unter anderen auf diese Art gezüchteten steht Quarrymist Mr. Fudge for Pacolito (1 CC), Vater Clystlands Reveller, Mutter Howlbeck Princible Dance of Quarrymist, Wurfschwester von Matuka. Die Clystlands/Ridley Kombination, die Ridley Rebecca und Renegade brachte, ergab in Mr. Fudge einen ziemlich typischen Terrier, der trotzdem von seiner Howlbeck Mutter eine recht positive Einstellung zum Ausstellungsring geerbt hat.

Clystlands Reveller ist ein weiterer Terrier der, obwohl bestimmt kein begeisterter Ausstellungsrüde, sich trotzdem als Deckrüde zu bewähren beginnt. Neben Mr. Fudge brachte er in den Wurfschwestern Alne Pirton Gorse und Alne Withycombe at Hindlewalt nach Clystlands Wayfarer zwei sehr erfolgreiche Jungtiere. Der schon lange Zeit arbeitende Clystlands Kennel von Ruth Hussey-Wilford ist auf alten *West Country Lines* aufgebaut, in erster Linie auf der Zucht von Sid Churchill und Bernard Tuck. In jüngerer Zeit hat sie auch andere Zwinger in ihr Programm einbezogen, vielleicht am erfolgreichsten mit dem Wurf nach Crufts BOB Winner Clystlands Crackerjack nach Ripling Revel. Clystlands Reveller und seine Wurfschwester Frolic waren gute Zuchthunde.

Aus dem Ardencote Kennel von Jan Wood kam ein stetiger Strom von recht typischen Hunden, die mehrere Linien miteinander verbinden. Wie sein Vater Ridley Robber of Belmorr scheint Ardencote Top Notch, nach der Spitzenhündin Ardencote Tanager, in der Lage zu sein, einen Spritzer Qualität einer Vielfalt gesund aufgebauter, aber ganz normaler Hündinnen zu bringen. Neben seinen Champion- und CC-gewinnenden Töchtern ist er der Großvater der doppelten CC-gewinnenden Hündin Ardencote Tittletattle, die eine sehr interessante Ahnenreihe hinter sich hat. Ihre Mutter Ardencote Trisco stammt von Ridley Renaissance - einer Robbie Enkelin - nach Top Notch, während ihr Vater Ardencote Twiss durch die Clystlands, Somerwest und Galebern Linien einen höheren Anteil West Country Zuchten hinter sich hat. Hinzu kommt, Twiss wie Trisco gehen auf Ardencote Tanager zurück. Heute bringt der Ardencote Kennel einen recht einheitlichen Typ mit Twiss, Trooper, Tristar und Tarboosh, alle aus der gleichen Verbindung.

Ch. Clystlands Belinda Ridley - Spitzenzuchthündin. 1990/91. Foto: Sheila Atter.

EINFLUSSREICHE ZUCHTHÜNDINNEN

Ein erfolgreicher Zuchtrüde ist immer die Hälfte einer Partnerschaft, wenn man seine Verdienste würdigt. Eine gute Zuchthündin dagegen wäre es wert, in Gold aufgewogen zu werden. Oft scheint es, dass wirklich erfolgreiche Hündinnen - vom Ausstellungsgesichtspunkt betrachtet - keine Welpen bringen, die ihren eigenen Qualitäten entsprechen oder sie gar übertreffen. Es ist häufiger, dass weniger herausragende Hündinnen, gesund aufgebaut und vernünftig gezüchtet, die künftigen Stars der Zucht bringen. Trotzdem darf man die erfolgreichen *Show Girls* nicht völlig übersehen - oft zeigen sich ihre Qualitäten wieder in den Enkeln oder auch Urenkeln.

Eine Reihe von Hündinnen trifft man in den Ahnentafeln vieler heutiger Parson Jack Russell Terrier, darunter Ardencote Tinker, Clystlands Belinda Ridley, Cobstone Lucy of Clystlands, Exmoor True, Galebern Twinkle, Ground Hill Midge, Heliwar Skat of Glenholm, Howlbeck Pebbles, Raeburn Suzie und Somervale Jessie. Keine von ihnen war im Ausstellungsring ein Überflieger, aber aus ihnen stammen Spitzenhunde (*Dog World Competition*) wie Ardencote Tanager, Ridley Rebecca of Cassacre, Mindlen Mizpah, Crufts BOBs Clystlands Cracker Jack, Ch. Mindlen Hoolet of Muhlross und Howlbeck Matuka Mindlen. Sie alle stehen hinter unseren heutigen Champions und CC Winners.

Fin. Ch. Barsetta Smitten.

Glenholm Erik Of Belmorr.

Foto: John Valentine.

ZÜCHTEN HEUTE

Es ist deutlich zu erkennen, die einzelnen Züchter haben in ihren Zuchtprogrammen verschiedene Schwerpunkte. Einige verfolgen einen langfristigen Plan, andere springen von einem Spitzenrüden zum anderen, können dabei durchaus das Glück haben, einen Überflieger zu erhalten. Züchter erzielen immer wieder Einzelhunde von Qualität, aber nur wenige haben einen klar erkennbaren Zwingertyp erreicht. Während das Ausprobieren zum sofortigen Erfolg führen kann, werden diese Züchter es bestimmt immer schwierig finden, langfristig an der Spitze zu bleiben, weil diese durch Zufall gezüchteten Sieger im Allgemeinen keine Terrier bringen, die wieder so gut sind wie sie selbst. Züchter müssen immer über mehrere Generationen planen, dabei auf ihr bestes Zuchtmaterial Linienzucht betreiben, um wirklich zu einem gleichmäßigen Typ zu gelangen.

Hoelio Calum Of Glenholm.

Foto mit freundlicher Erlaubnis von Anne Milne.

*Glenholm Crazlie For Bridgegard.
Foto mit freundlicher Erlaubnis von Anne Milne.*

Zu den Züchtern, die sich in erster Linie auf enge Linienzucht konzentrierten, einen eigenen erkennbaren Kenneltyp schufen, gehören Ray und Mary Cutler, Zwinger Trumpmoor. Ihr Zuchtprogramm basiert auf Zuchtmaterial aus dem *West Country* und ihre Terrier arbeiten alle mit der *Exmoor Hunt*, den alten *Stars of the West* - einer der Meuten, die der Parson selbst unterstützte. Ihr CC-gewinnender Trumpmoor Exmoor Truelass stammt von dem ständigen Sieger Able und aus der hübschen Hündin Tamar, ist über mehrere Generationen auf Exmoor gezüchtet.

Wo die Züchter zusammenarbeiten und Deckrüden und Jungtiere austauschen, ist es ihnen möglich, auch die großen Chancen größerer Zwinger zu gewinnen, obwohl der einzelne Züchter selbst nur eine kleine Terrierzahl hält. Dies gilt für die Zwinger Glenholm (Anne Milne), Belmorr (Isobel Morrison) und Cassacre (Cass Samways). Aufbauend nahezu alleine auf Ridley und Heliwar Zuchtmaterial und mit nur gelegentlichen Auskreuzungen auf Rüden von Blencathra, Somerwest und Bridevale, haben sie gleichmäßiges Zuchtmaterial hervorgebracht, besonders erfolgreich Ch. Cassacre Boatswain (Glenholme Erik of Belmorr - Ridley Rebecca of Cassacre).

Zwei Zwinger, die einen klar erkennbaren Typ hervorzubringen beginnen - dabei sehr unterschiedlich voneinander - sind der Fellshied Zwinger von Norman Handy und der Barsettas Zwinger von Barbara Richards. Letztere lebt weit im Südwesten von Cornwall, für sie erweist es sich als schwierig, regelmäßig englische Ausstellungen zu besuchen. Sie hat aber sehr erfolgreich Terrier nach Europa, Australien und in die USA exportiert. Das Ausgangszuchtmaterial von Barbara stammt von Kenterfox, Somerwest, Tutmur, Foxwarren, Hoelio und in jüngerer Zeit Trumpmoor, diese Linien verschmolzen zu einem deutlich erkennbaren Barsetta Typ, Hunde, die vielleicht ein wenig kleiner sind als die, welche man im englischen Ausstellungsring normalerweise antrifft. Sie passen aber ideal zu *Hunt Shows* und den Ausstellungen in den USA und Australien, wo ein etwas eleganterer Terrier bevorzugt wird.

Norman Handy ist ein erfolgreicher Aussteller, sein Zuchtmaterial stammt von verschiedenen Züchtern, daraus hat er eine Folge von Ausstellungssiegern gezüchtet. Seine zwei Ausgangshündinnen, Howlbeck Tina Turner und Ardencote Treat, stammen aus sehr unterschiedlichen Linien, aber durch planmäßigen Einsatz guter Zuchtrüden - Ch. Cassacre Boatswain, Ardencote Top Notch, Clystlands Aston Rebel und Quarrymist Mr. Fudge for Pacolito - züchtete er drei CC-gewinnende Hündinnen, nämlich Fellshied Telltale Top Talent und Tiara, dazu Listen To Us, eine Junghündin, die bereits Auszeichnungen als *Best Puppy* gewann und sicherlich noch vor größeren Erfolgen steht.

Wenn man ein Gesamtbild der Rasse aufzeigen will, sind zehn Jahre ein sehr kurzer Zeitraum. Allgemein sagt man, dass durchschnittliche Aussteller an ihrem Hobby nur etwa fünf Jahre Interesse haben. Eine ganze Reihe dient natürlich der Rasse über Jahrzehnte, andere verlieren nach ein oder zwei Jahren schon das Interesse. Jeder einzelne Wurf, der gezüchtet wird, kann seinen Beitrag zum Gesamtbild der Rasse leisten. Hier ist es nicht möglich, alle erfolgreichen Züchter aufzuführen, jede Art von Liste wäre schnell veraltet, denn die einen geben auf, die anderen kommen hinzu. Und viele, die in Zukunft ihren ersten Welpen kaufen, könnten im Laufe der Zeit unter Beweis stellen, dass sie die Züchter des bedeutendsten Hundes in der Geschichte des Parson Jack Russell Terriers sind! Gründliche und planmäßige Erforschung der Geschichte der Rasse und der Eigenschaften, die durch Deckrüden und Zuchthündinnen in bestimmte Linien gebracht wurden, können die eigenen Entscheidungen erleichtern. Solches Wissen wird auch zu einem gleichmäßigeren Gesamtbild der Rasse führen, als wir es im Augenblick besitzen.

JACK RUSSELL IN DEN USA

In den Vereinigten Staaten erfolgte die Anerkennung des Jack Russell Terriers durch den American Kennel Club am 01. Januar 1998. Zu diesem Zeitpunkt wurden 2.019 Hunde vom Register des »American Kennel Club's Foundation Stock Service« in das Hauptregister des AKC übernommen, dadurch gab es von Anfang an genügend eingetragene Terrier. Die Eintragungen wuchsen weiter an, in erster Linie durch neue Würfe. Nur wenige der Hunde, deren Eltern beim American Kennel Club eingetragen wurden, wurden aus Gründen, die nicht bekannt sind, nicht wieder angemeldet.

Ein Ziel, das die amerikanischen Zuchtvereine gemeinsam haben, ist das Bestreben um hohe Qualität, gut aufgebaute Terrier, unabhängig davon, ob sie aus dem *Kennel Club-registered Stock* oder von anderen Jack Russell Terrier Clubs kamen. Aufgrund der außerordentlich großen Popularität dieser Hunde und dem Wunsch nach Qualität importierten Züchter beider Jack Russell Clubs eine große Anzahl ihrer Zuchthunde aus England.

Der englische Kennel Club erkannte die Rasse 1990 an, acht Jahre vor der Anerkennung durch den American Kennel Club. Aus diesem Grund importierten die amerikanischen Züchter weitere Hunde sowohl von den beim Kennel Club eingetragenen Eltern wie auch von Hunden aus nicht eingetragenen englischen Hunden. Diese Tiere wurden in den Vereinigten Staaten zum Ausgangszuchtmaterial und - genetisch gesehen - hat die längere Anerkennungszeit wahrscheinlich der Rasse gedient, schuf eine breitere Basis für die Rasse.

EINFLUSSREICHE LINIEN

Einige der Importlinien, die auf die amerikanischen Zuchtprogramme größten Einfluss hatten, sind: Eddie Chapman (Foxwarren), Derek Hume (Shotley), David Jones, Bridget Sayner, Roma Garon, Barry Jones (Heliwar), Martyn Hulme (Rushill), Wief Hulme (Russue), Ann Brewer (Tarsia), Greg

Ailsa Crawford, Gründerin des Jack Russell Terrier Club of America, nutzte dieses Bild für Anzeigen ihres Hamilton Kennels in den 1970er Jahren, es zeigt Jack Russells wie auch Hunt Terrier.
Foto mit freundlicher Erlaubnis von Mary Strom.

Ausstellungszwinger

Paul Ross als Richter auf einer der ersten Ausstellungen des Jack Russell Terrier Club of America.

Mousely (Meynell), Alf und Marilyn Edmunds (Maven), Ernie und Betty Rich (Somervale), Sheila Atter (Ridley) und Roger und Linda Bigland (Heythrop). Dies ist eine lange und bunte Liste, denn nicht alle diese Züchter richteten ihre Zucht auf den gleichen Hundetyp aus. Aber die Verbindung aller dieser Linien hat zu einem sehr attraktiven Terrier von korrekter Größe und Typ nach dem *American Breed Standard* geführt.

Aufgrund der ungeheuren Popularität der Rasse wäre es völlig unmöglich, alle Züchter in den Vereinigten Staaten zu erwähnen. Aus diesem Grund möchte ich versuchen, die Zuchten und Blutlinien der Züchter in den verschiedenen Teilen des Landes zu beleuchten, auch eine Vorstellung über die Ausgangslinien zu schaffen, die sie in ihrem jeweiligen Zuchtprogramm einsetzten. Da die Vereinigten Staaten geografisch so groß sind, werden Sie feststellen, dass bestimmte Blutlinien in den verschiedenen Bereichen des Landes recht verbreitet sind. Aber mit dem Beginn von Samenübertragungen könnte sich dies in den folgenden Jahren ändern.

Bei den Untersuchungen für dieses Kapitel und dem Studium der Ahnentafeln verschiedener Züchter, die uns Informationen gaben, war es besonders interessant, den Grad der Mischung verschiedener Linien in den einzelnen Ahnentafeln aufzuzeigen. Wenn es so viele verschiedene Blutlinien gibt, kann der einzelne Rüde oder die Hündin ein sehr hübscher Jack Russell sein, es ist aber zweifelhaft, ob er sich selbst zu reproduzieren vermag.

Aufgrund der hohen Popularität der Jack Russell Terrier gab es eine steile Zunahme von Hundefreunden, die mit ihren Hunden züchten wollen. Dies muss für die Rasse nicht notwendigerweise gut sein, es sei denn, diese Züchter sind bereit, die Vorfahren ihrer Hunde genau zu studieren, ihre Fehler und Stärken zu beachten und eigene Verantwortung zu übernehmen, alle eigenen Welpen richtig aufzuziehen und gute Besitzer zu suchen. Hinzu kommt, bei all diesen Mischungen und Verbindungen werden verschiedene genetische Fehler weitergegeben; jeder Züchter muss bereit sein, sein Zucht-

Eddie Chapman mit seinen Foxwarren Jack Russells. Viele amerikanische Zwinger haben ihr Zuchtprogramm auf diesen Blutlinien aufgebaut.

material sorgfältig auf diese Fehler zu überprüfen, Hunde zu kastrieren, die genetische Fehler aufweisen, um damit beizutragen, solche Fehler aus der Rasse zu eliminieren.

Einfacher ausgedrückt, nicht alle Blutlinien lassen sich gut miteinander verbinden, es wäre klug, die Ahnentafeln erfolgreicher Zuchten genau zu studieren, um im Voraus zu erkennen, was sich bewährt hat und was nicht. Hunde von Züchtern, die einen gut entwickelten Sinn für Typ haben, Linienzucht betreiben, sind für die eigene Zucht besser als jene, die eine Ahnentafel haben, auf der nur wenige Vorfahren mehrfach vertreten sind. Aus diesem Grund kann auch die Zucht auf den jüngsten und großartigsten Ausstellungsgewinner das eigene Zuchtprogramm nicht vorwärts bringen, wenn es sich um eine völlige Auskreuzung gegenüber den eigenen Linien handelt.

Viele der langjährigen Züchter leben an der Ostküste der Vereinigten Staaten, vorwiegend in den Neuengland Staaten. In jüngerer Zeit kam es aber über mehrere regionale, in der *Jack Russell Association of America (JRTAA)* zusammengeschlossenen Clubs zu neuen Anfängen im Mittleren Westen, Süden und in den westlichen Teilen des Landes. Wenn Sie eine bestimmte Zuchtlinie interessiert, Sie Informationen über die Mitgliedschaft eines Regionalclubs haben möchten, können Sie die JRTAA ansprechen, entweder über Ihre Webseite unter http://www.jrtaa.org oder das jeweilige Clubsekretariat.

EINFLUSSREICHE RÜDEN

BLENCATHRA BADGER

Dieser Rüde gehört mit Sicherheit zu den bekannteren Jack Russells, seine Nachzuchten haben unverändert in dem amerikanischen Ausstellungsring einigen Einfluss. Blencathra Badger wurde von Paul Ross gezüchtet. Badger, ein *Broken-coated Tan and White* wurde 1984 geboren. Er gewann sowohl auf *Working Terrier Shows* und *Trials,* wie auf der prestigeträchtigen *Crufts Centenary Show.* In den Vereinigten Staaten gewann Badger 1985 in Virginia das *Jack Russell Terrier Association Trial.* Dieses Trial wurde von Derek Hume gerichtet, es fehlte bei über 400 Meldungen mit Sicherheit nicht an Wettbewerb. Dabei gewann Badger seine Klasse und später noch das *Grand Champion Award.*

Im Jahre 1986 begann die große Zeit, in der *Blencathra Nettle* ihren Siegeszug durch die *North East Regionals* antrat. Ihr Sohn Blencathra Nipper, Vater Blencathra Trimmer, gewann 1986 auch das *Jack Russell Breeders Association National Trial.* 1987 setzte Badger seinen Siegeslauf fort, gewann das *Jack Russell Breeders Association Grand Champion Award.* Blencathra Nettle (Foxwarren Tigger - Blencathra Dorset) war mit Sicherheit für Badger dabei eine harte Konkurrentin.

Über viele Jahre lebte Paul Ross in den Vereinigten Staaten, entschied sich aber Ende der 80er Jahre zur Rückkehr nach England, begleitet von Blencathra Badger und Blencathra Nettle. Nach sechsmonatiger Quarantäne machten sich Badger und Nettle daran, ihre Ausstellungskarrieren in England fortzusetzen.

*Blencathra Badger.
Dieser Rüde hatte nachhaltigen Einfluss auf die Zucht in den USA.*

Foto mit freundlicher Erlaubnis von Paul Ross.

Obgleich Paul Ross keine Jack Russells mehr züchtet, ist das Erbe, das seine Hunde hinterlassen haben, völlig unübersehbar. Keenlyside Tangle, Züchterin Kaja Donovan, ist eine Urenkelin von Blencathra Badger, gewann 1997 das *National Trial* der *Jack Russell Association of America*. Willowall Angus, Vater von Keenlyside Tangle und Enkel von Blencathra Badger hat die herausragende Tradition mit seinen Nachzuchten fortgesetzt - seine Tochter ist JRTAA Champion Honey Hill Tamsyn, Besitzer Sue Porter von der Honey Hill Farm.

TINA UND GRAVEL
Imis of Willowall, Züchter Donna Maloney, im Besitz von Pat Wilcox von den Blackbriar Terriers, ist ein weiterer Deckrüde mit einer langen Erfolgsliste. Imis of Willowall hat Gravel zum Vater, Züchter Derek Hume (Shotley), seine Mutter Tina stammt aus der Zucht von George Simpson (Howlbeck). Diese Verbindung alter englischer Arbeitslinien war äußerst erfolgreich und hat auch weitere herausragende Nachkommen gebracht. Viele der Züchter in den östlichen Staaten Amerikas führen Tina wie Gravel in ihren Ahnenreihen, entweder durch Imis of Willowall, Willowall Angus, Shotley Pentaginous oder Shotley Thorn. Keenlyside Tangle, die die *JRTAA Nationals* gewann, ist sowohl Tochter von Willowall Angus wie Enkelin von Shotley Pentaginous, was wiederum auf sowohl Tina wie Gravel zurückführt.

KLAUS JONES

Sage of Wyndcroft, Züchter David Jones, Besitzer Bob und Linda Miller aus Pennsylvania, ist ein weiterer Name, der in vielen Ahnentafeln in den USA auftritt. Sage ist ein Sohn von Klaus Jones nach einer Hündin namens Spinney Jones. Klaus Jones hat einen sehr anhaltenden züchterischen Effekt, sowohl in den Vereinigten Staaten wie auch sonst. Er steht im Hintergrund vieler Ahnentafeln von Züchtern wie Bridget Sayner (England), Roger Bigland (England) und Nancy Dougherty (USA). Klaus Jones war *The Great Yorkshire Supreme Champion*, hinterließ viele siegende Kinder und Urenkel, darunter Heythrop Trailblazer of Snow Wind, der in Puerto Rico 1997 Weltjugendsieger wurde.

PATHFINDER SATAN

Pathfinder Satan war der Vater von Scrap, der wiederum Klaus, Jasper und Pieman von David Jones brachte. Satan ist ein Zuchtrüde, den man als Ahnherr in einer Vielfalt von Ahnentafeln quer durch das Land antrifft. Diese Linie geht dann auf Dodger zurück, von dem Nancy Dougherty sagt, es sei ihr *all-time favourite terrier - Lieblingsterrier für alle Zeiten*. Mrs. Dougherty ergänzt »Mrs. N. Irwin aus England züchtete Dodger auf den Rat von Eddie Chapman.« Und Pathfinder Satan wurde von Mrs. Dougherty bis zu seinem Tod liebevoll betreut. Ihre Beschreibung: »Er war ein dreifarbiger, rauhaariger Terrier, etwa 13,5 inches hoch und sehr flexibel. Mit Sicherheit ist er der beste Arbeitsterrier, den ich je haben werde«. Heute hält Mrs. Dougherty zwei weitere Deckrüden, Pengelli Bullet, Züchter Bob Clough aus Wales, der auf die Linien von David Jones über seinen Vater Jasper zurückgeht - und Chalky, gleichfalls von David Jones gezüchtet.

EINFLUSSREICHE ZÜCHTER

CYNTHIA BLIVEN

Cynthia Bliven - früher Präsidentin der *Jack Russell Terrier Breeders Association* - begründete ihr Zuchtprogramm auf einer Verbindung der Linien von Imis of Willowall und Chalky, Besitzer Nancy Dougherty. Cynthia lebt in Connecticut, hat ein kleines, aber äußerst qualitätsvolles

Klaus Jones steht hinter vielen Ahnenreihen.

Sage of Wyndcroft, ein Sohn von Klaus Jones.

Ausstellungszwinger

ARBA Ch. Blackbriar Executive Decision, Vater Imis Of Willowall.
Foto mit freundlicher Erlaubnis von Pat Wilcox.

Zuchtprogramm aufgebaut, bei ihr sind Hunde echter Bestandteil der Familie. Cynthia züchtete Woodland Harley, er ist JRTAA Champion und auch Vater von JRTAA Champion Stone Island Brick und wurde 1996 JRTAA Grand Champion. Ihre Stammhündin Willowall Rebecca geht auf Blencathra Dorset zurück, die Halbschwester von Blencathra Badger.

PATRICIA WILCOX

Mrs. Patricia Wilcox lebt ebenfalls in Connecticut, baute ihr Zuchtprogramm auf einer Verbindung neuimportierter englischer Blutlinien mit der von Imis of Willowall auf. Sie berichtet:

»Als ich vor etwa zehn Jahren erstmals mit Jack Russell Terriern bekannt wurde, beeindruckte mich von Anfang an ihre Intelligenz, ihr liebenswertes Wesen und die anatomische Gesundheit der Rasse. Als ich mich entschied, diese Rasse zu züchten, war ich entschlossen, diese wunderbaren Eigenschaften nicht zu verlieren. Durch einiges Glück, zugegeben auch nach dem System *Versuch und Irrtum,* habe ich eine Linie aufgebaut, die nach meinem Gefühl ausgewogene Bewegung mit korrektem Vortritt und Schub, die ich anstrebte, brachte, zusammen mit einem Wesen, mit dem man so leicht zurechtkommen kann. Nach meiner Meinung - solange kein gutes Wesen vorhanden ist, ist es völlig gleichgültig, was sonst geboten wird. Ein aggressiver, auf Auseinandersetzung ausgerichteter Hund wird nie ein guter Arbeitshund, Ausstellungshund oder Liebhaberhund. Nach meiner Meinung muss ein Jack Russell die Fähigkeit haben, dahin - wohin er muss - mit Leichtigkeit zu kommen, sich auf den Job zu konzentrieren, der ihm gestellt ist. Er muss aber auch das Wesen haben, das jedermann ermöglicht, ihn bei der Arbeit anzufassen und zu führen. Ein Hund, dem diese Merkmale fehlen, hat in meinem Zuchtprogramm keinen Platz, gleich wie hübsch er auch sein mag. Ich mag einen hübschen Hund mit typischem Kopf, bin aber nicht bereit, das zu opfern, was zu erreichen mir am wichtigsten ist. Kein Hund arbeitet, denkt oder liebt nur durch sein besonders hübsches Äußeres.

Die Linie, die ich aufgebaut habe, stammt aus Verbindungen des alten Gravel mit Tina von Derek Hume, in erster Linie geht sie auf Imis of Willowall zurück. Ich habe sie mit den Foxgrove Arbeitslinien aus England von Steve Parkin gekreuzt, sie brachten mir den unverfälschten Arbeitsinstinkt, begleitet von wunderbarem Wesen und - damit verbunden - immer gutem Bewegungsablauf. Die Nachkommen von Imis und Foxgrove brachten mir auch hübsche, typische Köpfe, ein echtes Plus für die Linie. Ich bin auch davon überzeugt, dass die neuen Überprüfungen auf genetische Probleme ein

*ARBA & JRTCA Ch. Blackbriar Nevada.
Foto: Bruce und Jeane Harkins.
Mit freundlicher Erlaubnis von Pat Wilcox.*

Muss für jeden an Genetik interessierten Züchter sind. Indem wir diese Tests einsetzen, können wir alle verhindern, dass Probleme sich freizügig in unserer Rasse fortpflanzen.«

HONEY HILL
Susan Porter von der Honey Hill Farm baute ihr Zuchtprogramm auf Blackbriar Linien auf. Am Anfang stand Blackbriar Attila, die Mutter von JRTAA Champion Honey Hill Tamsyn, deren Rüde war Willowall Angus. Blackbriar Attila ist eine sehr athletisch gebaute Hündin, wurde auf Rennen der *JRTAA Nationals* nie besiegt.

Susan züchtete auch mit Sage of Wyncroft und mit Treehouse Daisy, Züchter Katarina Hartig; in jüngerer Zeit kreuzte sie aus auf Crabtree's Petey Q, Besitzer Sally Yancey und Carolyn McGaughey. Über ihre züchterischen Anfänge berichtet Sue:

»Ich wollte eigentlich überhaupt kein Hundezüchter werden, alles passierte, weil mir ein langjähriger Freund einen kleinen weißen Jack Russell Terrier namens Oliver schenkte. Und Oliver war genau der Hund, der zu meiner Tochter passte. Zu dieser Zeit glaubte ich noch, man könnte höchstens zwei Hunde haben - das hat sich inzwischen verändert. Oliver war der dritte. Ich liebte Oliver's Temperament, aber er war kein gesunder Hund, er litt an einer Art von *Hydrocephalus*. Sein Leben war dadurch ausgefüllt von Krämpfen, Pillen und Tierarztbesuchen. Was unsere Familie mit Oliver durchmachte war zum Verzweifeln, das Ende kam, als er etwa 14 Monate alt war. Er hinterließ aber seinen Stempel in unser aller Leben, und wir vermissten ihn so sehr, dass wir bald nach einem anderen Jack Russell Terrier zu suchen begannen.

Hunde haben nun einmal nur eine kurze Lebenserwartung, meine erste Priorität galt deshalb der Gesundheit. Diesmal wählte ich an Stelle eines Rüden eine Hündin. Man nannte mir eine Züchterin in Maryland - Katarina Hartig. Wie das Glück es fügte, sie hatte gerade einen Wurf mit drei Hündinnenwelpen. Ich bat Katarina, für mich die beste Hündin aus dem Wurf auszuwählen und schickte ihr eine Anzahlung. Dieser Welpe war Treehouse Miss Hannah, Vater Pleasant Valley Chase, Mutter Treehouse Topaz.

Etwa zur gleichen Zeit erhielt ich die Telefonnummer von Donna Maloney (Willowall). Donna besaß einen jungen Deckrüden - Willowall Mr. Nelson (Shotley Thorn - Willowall Spider). Dieser kräftige junge Rüde sollte mein Hund werden - er und Treehouse Topaz wurden zur Grundlage meines Zuchtprogramms. Donna's Wissen über Jack Russell Terrier ist unglaublich. Bald lernte

Ausstellungszwinger

*ARBA Ch. Honey Hill Temjero, hier vier Monate alt.
Foto: Bruce und Jeane Harkins.
Foto mit freundlicher Erlaubnis von: Sue Porter.*

ich, dass ich soweit wie möglich auf Typ und anatomischen Aufbau achten musste. Zu meinem Glück hatte ich einen guten Mentor, Freund und Berater, lernte sehr viel von Donna.

Da ich aus einer pferdebegeisterten Familie stamme, glücklicherweise auch ein *gutes Auge* besitze, lernte ich bald, dass Hunde und Pferde eine ganze Menge gemeinsam haben. Immer betrachte ich den gesamten Hund. Der Hund muss aus einem Stück sein, alle Teile zusammenpassen, um einen *ganzen Hund* zu machen. Ich möchte einen gut ausgewogenen Hund haben, hierfür braucht er *korrekten Körperbau.*

In den nächsten zwei Jahren besuchte ich viele Ausstellungen, schaute mir viele Hunde an, studierte ihre Abstammung. Dabei kam ich immer wieder auf Hunde zurück, die mit den Hunden, die ich bereits besaß, verwandt waren. Ich bin ein großer Anhänger der Linienzucht. Nach meiner Meinung ist dies, was den Typ der Rasse *prägt,* das *Aussehen,* das den Hund in den eigenen Linien hervorhebt. Alle meine Hunde gehen auf sechs Schlüsselhunde zurück: Imis of Willowall, Shotley Thorn, Shotley Pentaginous (Gravel - Tina), sie alle von Derek Hume gezüchtet und importiert; Treehouse Miss Hannah, Treehouse Daisy (Pleasant Valley Chase - Treehouse Topaz) und Treehouse Tumblewood (Kearsarge Tally Ho - Treehouse Topaz), gezüchtet von Katarina Hartig.

Ich glaube schon, das Züchten guter Hunde braucht Zeit, man muss immer wieder kleine Dinge verbessern, eines nach dem anderen, um eine richtige Grundlage zu schaffen.

Ich plane jeden Wurf sehr sorgfältig, möchte gar kein großer Züchter werden, aber in der Lage sein, einen Welpen aus jedem Wurf selbst zu behalten, um die Linien zu wahren, die ich habe und liebe.

Mein erster Schritt war die Paarung von Willowall Mr. Nelson mit Treehouse Miss Hannah. Ich habe nicht an die Zukunft gedacht, leider alle Hündinnen des ersten Wurfes verkauft. Noch im gleichen Herbst verlor ich Hannah, Honey Hill Mr. Fuzzbuster ist mein einziges Bindeglied zu ihr. Pat Wilcox, die Treehouse Daisy besaß, eine Vollschwester meiner Hannah, paarte Daisy mit Imis of Willowall, hieraus kam Blackbriar Attila, die jetzt zum Rückgrat meines Zuchtprogramms wurde. Attila ist etwas schlank und hochläufig - deshalb paarte ich sie mit einem Rüden, der mehr Typ hatte - mit Willowall Angus (Blencathra Muta - Shotley Pentaginous). In diesem Wurf lag die kleine Hündin Honey Hill Tamsyn. Als Junghund war nicht viel an ihr zu sehen, sie war zwar besser als ihre Mutter, aber ziemlich nichtssagend. Mit etwa 16 Monaten begann Tamsyn auszureifen, und zu den stolzesten Augenblicken meines Lebens gehört, als sie auf den *1994 Nationals* das *Best of Breed* gewann. Aus diesem Wurf lernte ich eine ganze Menge. In den Linien, die ich einsetze, muss man Zeit zum Ausreifen geben. Ich habe Ähnliches bei Pferden beobachtet, Pferde, die als Zweijährige wie Fünfjährige aussehen, sind mit sieben grob und übertrieben. Tamsyn ist heute sechs Jahre alt, und nach zwei Würfen sieht sie heute besser aus als 1994.

Ich musste auch auf andere Linien auskreuzen, dabei bevorzugte ich immer Hunde des gleichen *Typs* wie meine eigenen. Ich wählte Sage of Wyncroft (Klaus Jones - Spinney Jones), Züchter David

Honey Hill Sierra.

Foto mit freundlicher Erlaubnis von Sue Porter.

Jones und im Besitz von Bob und Linda Miller. Er brachte mir Zuchthunde, über die ich später in meine eigenen Linien zurückzüchtete. Einer davon ist Honey Hill Terri (Sage of Wyncroft - Blackbriar Attila). Terri ist eine große Verbesserung gegenüber ihrer Mutter Attila. Als Nächstes kam Honey Hill Sierra (Sage of Wyncroft - Honey Hill Stagebrush). Stagebrush stammt aus der Paarung Willowall Mr. Nelson - Treehouse Tumbleweed. Sierra ist einer der hübschesten Hunde, die ich je gezüchtet habe. Ich paarte Honey Hill Sierra mit großartigen Erfolgen mit Honey Hill Tasmyn, insbesondere was korrekten Körperbau und gleichmäßigen Typ angeht, erwartete dabei das Aussehen, wie ich es besonders mag. Und Honey Hill Temujen repräsentiert genau das, worauf ich züchte. Sie trägt über vier Generationen meine eigenen Linien - sie hat den echten *Honey Hill stamp*. Sierra ist auch Vater von Stone Island Chase, 1995 auf der JRTAA National Specialty Best of Breed.«

SALLY YANCEY

Sally Yancey, eine langjährige Züchterin in Greensboro, North Carolina, basierte ihr Zuchtprogramm vorwiegend auf älteren Foxwarren Linien mit den Linien von Rushill über Rushill Rake - sein Vater war Rascal of the Meynell - einer anderen Verbindung älterer Arbeitsterrier Linien.

Für Sally erwies sich die Zusammenführung dieser Linien als sehr erfolgreich, beispielsweise mit Phantom of Prestwick, der auf der Jack Russell Terrier Club of America (JRTCA) *Nationals Best Dog* wurde. Vater Rake, Mutter Foxwarren Doll. Ihr neuester Hund Crabtrees Petey Q, gezüchtet von Calvin Upshaw, geht erneut auf die älteren Arbeitslinien zurück, kombiniert Rushill und Meynell. Crabtrees Petey Q war im Ausstellungsring sehr erfolgreich. Er gewann die *JRTCA Best Dog*, ist Schönheitschampion und hat sein *Hunting Certificate* errungen - wirklich ein sehr vielseitiger Terrier. Viele der Hunde von Sally stehen im Ausgangsregister des JRTAA.

Ausstellungszwinger

Foxwarren Doll. Eine für die Zucht recht einflussreiche Hündin.
Foto mit freundlicher Erlaubnis von Sally Yancey.

SANDRA FERBER

Sandra Ferber, eine langjährige JRTCA Züchterin, besitzt mehrere Hunde, die zu Ausgangs- oder zu Hintergrundlinien für viele Züchter quer durch die United States wurden, sowohl beim American Kennel Club wie bei *non-AKC*. Die Hunde von Sandra Ferber tragen den Namen *Fox Run,* sind im Typ unverwechselbar. Einer der einflussreichsten Rüden, die sie besaß und mit dem sie züchtete ist Riverview Flare, Züchter Jo Ann Kleinman, ein gut ausgewogener Rüde, dreifarbig mit *Broken Coat*. Riverview Flare und sein Sohn Foxfield Flex trifft man in vielen Ahnenreihen genau wie die Linien von Will Hahn aus North Carolina.

WILL HAHN

Will Hahn, der Jack Russell Terrier unter dem Namen *Eastlake* züchtet, verband einige der Fox Run Linien von Sandra Ferber mit jenen von Bridget Sayner, David Jones und Becky Cross durch Crosswinds Trask, hinzu kamen die Linien von Liz McKinney, Terri Batzer und Nancy Dougherty. Will's Ratschläge für alle Züchter spiegeln seine Erfahrungen mit seinem eigenen Zuchtprogramm:

»Der Züchter muss im Hinblick auf seine eigenen Hunde analytisch, selbstkritisch und objektiv sein. Dies ist nicht immer leicht. Der wichtigste Vorzug meines eigenen Zuchtprogramms, dahinter stand ein großer Grad gesunden Menschenverstands, angewandt bei jeder Paarung. Ich vereinte diesen Sinn mit Wissen, das ich aus Büchern schöpfte, geschrieben von jenen, die vor mir waren. Bücher über Bewegungsablauf, Anatomie und genetische Grundlagen ergänzten den Lernprozess, halfen mir, meine Ziele zu erreichen. Aus jedem Wurf lernte ich - was ich durch diesen Wurf erreicht hatte - und was nicht. Mein Ansporn war Zucht auf weitere Verbesserungen. Manchmal entscheidet man sich für eine Paarung, die nur eine *Bewegung seitwärts* auslöst, wobei man praktisch ein Merkmal gegen das andere austauscht. Dies ist enttäuschend, aber positiv betrachtet hilft sie sehr, den Züchter das nächste Mal zu einer besseren Paarung zu treiben oder für diesen bestimmten Hund eine Liebhaberfamilie zu finden, ihn dadurch völlig aus dem Zuchtprogramm herauszunehmen.

Crabtree's Petey Q, im Ausstellungsring äußerst erfolgreich.
Foto mit freundlicher Erlaubnis von Sally Yancey.

*Eastlake Brutus, Besitzer und Züchter Will Hahn.
Foto mit freundlicher Erlaubnis von Will Hahn.*

*Eastlake Eden, Besitzer und Züchter Will Hahn.
Foto mit freundlicher Erlaubnis von Will Hahn.*

Hunde züchten ist Ausdruck der Persönlichkeit, wie dies auch das Auftreten in einem bestimmten Haarstil sein kann. Hundezucht bedeutet aber etwas sehr viel Ernsthafteres. Bei meinem Zuchtprogramm spielte das Glück eine große Rolle, mein dringendster Wunsch ist, den Terrier in all seinen wichtigen körperlichen Attributen zu erhalten, die ihn zu den Aufgaben befähigt, wofür er gezüchtet wird, zur Arbeit unter der Erde. Abschließend kann ich mein Zuchtprogramm für den Leser in einem Satz zusammenfassen, er lautet: *Lernen Sie Ihre Hunde so kennen, als wären sie Ihre besten Freunde, von denen sie nahezu alles wissen.*«

LAURA UND DAN SALOMAN

Laura und Dan Saloman von der Dalwhinnie Farm in Michigan haben ihr Zuchtprogramm auf einigen der älteren Arbeitslinien aufgebaut, aber auch auf einigen vor kurzem durch den Kennel Club registrierten Importen wie Hoelio Truim, Züchter Barry Jones, großgezogen von Anne Milne. Truim stammt aus einer Paarung Großvater mit Enkelin, denn seine Mutter Hoelio Kirsty ist eine Enkelin von Ridley Robber, dem Vater von Hoelio Truim. In England war Ridley Robber vielfach *Top Rare Breed Stud Dog*, er hatte viele Champion Kinder und Enkel, wurde mit einer Vielfalt von Hündinnen gepaart. Der neueste Import der Salomans Glenholm Patience hat Glenholm Quinto zum Vater, Mutter Glenholm Clootie Dumpling. Ihre Stammhündin verkörpert eine Kombination von Meynell, Foxwarren und anderen alten Arbeitslinien.

MYRNA POTTER

Myrna Potter aus Indiana befasst sich seit 1992 mit Jack Russells, hat ein kleines Zuchtprogramm aufgebaut. Sie begann ihre Linien über Nancy Dougherty mit Windy Hill Willow. Sie paarte diese Hündin mit Rex of Windy Hill, danach mit Camelot Derby, der zweimal *JRTCA National Trial Champion* war. Vor kurzem kaufte Myrna Loblolly Tanglewood (ein weißlohfarbiger Rüde nach einem David Jones Rüden aus Crosswinds Allison) und Pine Acres Woodruff (Parson's Dragon Fly - Pine Acres Jessica). Jessica geht auf Foxgrove Bentley zurück. Zusätzlich zu Windy Hill Willow und

Ausstellungszwinger

Hoelio Truim, Import aus England.

Loblolly Tanglewood (Treacle Jones - Crosswinds Allison).
Foto mit freundlicher Erlaubnis von Myrna Potter.

ihrer Tochter Spring Rain Sequoia besitzt Myrna noch die Vollgeschwister Windy Hill Magick und Windy Hill Batik - Vater beider Pengelli Bullet.

PAM SIMMONS

Pam Simmons, Züchterin und Besitzerin von Corn Row Tyler, der 1997 die *JRTCA Nationals* und 1998 die *JRTAA Nationals* gewann, fasst ihre Gedanken über die Zucht wie folgt zusammen:

»Ich habe großen Respekt vor dem Rassestandard und glaube, es ist jede Mühe wert, seine Bestimmungen zu erfüllen. Der Rassestandard ist die *Bibel der Züchter*, er muss gründlich studiert und verstanden werden, um ihn auch wirklich zu nutzen. Meine Zuchtrichtung und jede Beurteilung eines Terriers ist recht einfach - *anatomischer Aufbau kommt als Erstes*. Richtiger Körperbau ermöglicht korrekten Bewegungsablauf, strukturelle Ausgewogenheit und Gesundheit, hieraus erwächst guter Rassetyp. Der Satz *die Form folgt der Funktion* steht mir immer vor Augen. Nicht weniger wichtig bei meinen Prioritäten beim Jack Russell sind Schneid und Unterordnungsbereitschaft. Alle drei Merkmale sind nach meiner Meinung für die Zucht des wahren Jack Russell Terrier entscheidend. Kommt ein Hund hinsichtlich seines Körperbaus dem Standard nahe, eignet er sich perfekt für seine Arbeit. Ist er unterordnungsfreudig, besitzt er Intelligenz und das notwendige Temperament, um seine Aufgaben zu erfüllen und ist er schneidig, wird er sich sicherlich bei jeder Gelegenheit entsprechend präsentieren.

Als Züchter sehe ich im Rassetyp die Kombination bestimmter Merkmale, welche die Rasse unterscheidet und jeden Einzelhund unverwechselbar als Repräsentant seiner Rasse ausweist. Rassetyp ist für mich von entscheidender Wichtigkeit, denn ohne Rassetyp gäbe es keine Rasse. Für mich gehen Körperbau und Rassetyp Hand in Hand. Richtiger Körperbau scheint aber schwieriger zu erreichen zu sein. Hat man korrekten Körperbau einmal erreicht, lässt er sich schwer bewahren, fehlt es daran, ist es schwierig, ihn zu gewinnen. Ich glaube, dass wenn ein Züchter auf eine hübsche Silhouette züchtet, unabhängig von Ausgewogenheit, er die Zukunft der Rasse schädigt. Wie gut ist ein hübscher, stilgerechter Terrier, wenn er nicht als Arbeitshund funktioniert?

Bei meiner Zucht habe ich nie Fehler mit Fehler kombiniert. Ich wiege Stärken und Schwächen beider Tiere, die gepaart werden sollen, gegeneinander ab, verbinde dann das Ergebnis mit sorgfältigem Studium der Linien, die dahinter stehen. Wenn all dies erfolgt ist, bleibt es immer noch eine Frage des Glücks, aber ich hoffe, die Erfolgschancen stehen zu meinen Gunsten. Ich habe mich für die Zucht auf Linien entschlossen, die in den Bereichen Stärken zeigen, wo nach meinem Gefühl meine Hunde Schwächen haben und/oder die zu den vorhandenen Stärken in meinem Zuchtmaterial passen. Mehrere meiner Hunde gehen auf Riverview Flare und Tek of Windermere zurück. Andere reichen direkt zu Blencathra Nettle, Beacon Sam und Scrap zurück. Die Mischung dieser Linien bringt mir das Meiste, worauf ich abziele, aber das große Ziel wird nie ganz erreicht werden.«

Corn Row Tyler. Sieger der JRTCA Nationals 1997. Foto mit freundlicher Erlaubnis von Pam Simmons.

EARL UND NELSINE ELLSWORTH

Earl und Nelsine Ellsworth haben in Southern California ihr Zuchtprogramm auf den englischen Linien von Heliwar und Ridley aufgebaut, kreuzten vor kurzem Heythrop Trailblazer ein. Die Stammhündin der Ellsworth's war Somerset's Rockbend Abagail, ein *American Rare Breed Champion*, Vater Somerset Finnegan (ein Sohn von Ridley Poacher), Mutter Heliwar Tip. Mehrere Züchter an der Westküste haben mit großem Erfolg die Heliwar/Ridley Kreuzungen eingesetzt, sie brachten einen sehr typischen Hund mit vorzüglichem Wesen.

Danach paarten die Ellsworth den American Rare Breed Association (ARBA) Champion Somerset's Rockbend Abagail mit Hoelio Washington of Snow Wind (einem Ridley Robber Enkel). Hieraus kamen ARBA Champion Rockbend's Cosmo und Rockbend's Pepper, die vor kurzem von Heythrop Trailblazer gedeckt wurde.

Corn Row Ravage. Foto mit freundlicher Erlaubnis von Pam Simmons.

Ausstellungszwinger

Rockbends Cosmo (rechts) und Rockbends Pepper.

KIM JAMES
Kim James aus Molalla, Oregon züchtet unter dem Namen Badgerwood, baute ihr Zuchtprogramm auf einigen Horsemasterhunden auf, insbesondere auf Sayners Wager und Horsemasters Kitty (Foxwarren Scamp - Foxwarren Vixen). Horsemasters Sweep, den sie auf Schönheitsausstellungen vorstellt, hat Pilot Jones zum Vater, Mutter Horsemasters Dazzle.

RANI MORNINGSTAR
Obgleich Rani Morningstar aus Northern Idaho ihre meisten Zuchthunde in den USA gekauft hat, gehen sie auf englische Linien zurück, vorwiegend auf Hoelio (Heliwar), Heythrop, Ridley und Barsetta. Auch einiges Zuchtmaterial ist von Beacon und Meynell beeinflusst. Sie berichtet:

»Vor kurzem habe ich einen Rüden von den Barsetta Kennels in England importiert und habe große Freude an den Welpen, die Barsetta Ultra (Knickers) bisher gebracht hat. Barbara Richards hat mit ihrem liniengezüchteten Programm einen beeindruckenden Beitrag geleistet, züchtet einen Terrier, der den *Barsetta Stempel* trägt. Entweder auf Hoelio liniengezüchtet oder mit anderen Linien ausgekreuzt, Knickers erweist sich immer als für die Nachkommen erbstark. Seine Welpen sind eindeutig geprägt von seinem freundlichen Wesen und seinem ausgeprägten Jagdinstinkt. Vor kurzem erst erreichte er seinen *AKC Junior Earthdog* Titel und auf der Seattle American Rare Breed Show wurde er Best of Breed und Nummer eins der Terrier Group.

Snow Winds Cosy Morningstar wurde zu einer wunderbaren Ergänzung für mein Zuchtprogramm, bringt viele der Merkmale, die ich so mag. Ihr Vater ist Multichampion Heythrop Trailblazer, die Mutter Belmorr Carina; und Cosy besitzt viel Eleganz und gesunden Körperbau, die sich in meinen vorhandenen Linien gut einfügen. Mary Strom von der *Snow Wind Farm* hat den Vereinigten Staaten durch ihren Import einiger der besten englischen Blutlinien ein wunderschönes Geschenk gemacht. Aus diesen Terriern schuf ihr Zuchtprogramm einen ansprechenden Siegertyp und Stil, den man eben nur mit *Snow Wind Farm* verbindet.

Einige Prioritäten stehen mir vor Augen, wenn ich an mein eigenes Zuchtprogramm denke: Wesen, anatomischer Aufbau, Bewegung, Jagdinstinkt, Vielseitigkeit und Typ. Auf Morningstar ist das richtige Wesen das Wichtigste, das gilt nun seit drei Jahrzehnten. Meine Hunde sind Teil des Haushalts. Harmonie ist besonders wichtig, nicht nur mit den menschlichen Familienmitgliedern, sondern auch mit dem gesamten Tierbestand. Es macht Freude, eine Terriermeute gemeinsam laufend zu beobachten, mit Selbstbewusstsein und respektvoller Haltung untereinander. Auf meiner Spitzenliste sehe ich auch ganz oben Bewegungsablauf und Körperbau. Ein Hund, der sich gut bewegt, ist nicht nur eine Freude zu betrachten, sondern zeigt auch Ausgewogenheit durch die korrekte körperliche Kombination von gut zurückgelagerter Schulter, oberer Linie, guter Hinterhandwinkelung und gut gestellten Sprunggelenken.

An der Westküste haben wir uns beim Jagen mit unseren Terriern als recht kreativ erwiesen, leider haben wir keinen Zugang zu ähnlichen Typen von Gelände und Beute, deren sich die Ostküste erfreut. Wie meine Freundin Elsa Jensen von den Barksalot Kennels in Zentral Washington sagt: ›Wenn Skunks und Kojoten als Beute gezählt werden, haben wir eine Fülle davon!‹ In Northern Idaho sind Täler das typische Gelände, umgeben von Bergen. In den Tälern können wir mit unseren Hunden spazieren gehen, in den Bergen jedoch ist eine Fortbewegung auf dem Pferderücken das sicherste. Ursächlich sind das steile Gelände und ein Dickicht aus Bäumen und Gestrüpp, ganz abge-

Horsemasters Sweep (Pilot Jones - Horsemasters Dazzle), Züchter Kim James.

Foto: Kim James, Badgerwood.

Ausstellungszwinger

Snow Wind Cosy Morning Star und Barsetta Ultra.

Foto mit freundlicher Erlaubnis von Rani Morningstar.

sehen von den Raubtieren wie Puma und Bären. Man braucht schon einen ruhigen, gut ausgebildeten Hund, um in diesen Bergen zu jagen, bereit, sich heranrufen zu lassen und in bestimmte Richtungen geschickt zu werden.« Rani betont weiter, dass ihre Zuchtlinien nicht nur vielseitige Jagdhunde bringen müssen, sondern auch gute Familienhunde.

»Meine Freunde Doug und June, Besitzer einer 150-Acre Farm in unserem Tal, kauften von mir vor einigen Jahren eine Ridley Rifleman-Tochter. Ich glaube, ihre einzige Erwartung war, einen Familienhund zu bekommen, sie hatten keine Ahnung, zu welchem wertvollen Bestandteil ihres Farmerlebens sich dieser Hund entwickeln werde. Morningstar's Cindy Roundtop hat ihren eigenen Platz auf jedem Motorrad, Schneemobil und Traktor. Nur zu gerne ist Doug bereit anzuhalten, wenn Cindy eine Taschenratte - *gopher* - auf einem Feld aufstöbert. Sie prescht los und erledigt die Taschenratte, läuft zurück und erhält tüchtiges Lob für ihre Wachsamkeit. Cindy hält Felder und Teiche frei von Ungeziefer, in den Scheunen bekämpft sie die Mäuse. Wenn die Enkel zu Besuch kommen hört June immer wieder die Frage: ›Wann kommt Opa endlich nach Hause, so dass wir mit Cindy auf die Jagd gehen können?‹ Cindy genießt das häusliche Leben mit der Familie und zu Bettzeit ist sie am Bettende stets willkommen.

Obgleich ich nach dem Standard züchte, hat sich mit Sicherheit ein persönlicher Typ in meinem Programm entwickelt. Wir alle haben unsere persönlichen Lieblingsmerkmale, die uns von den anderen Züchtern unterscheiden. Bei mir ist das Flair, der Ausdruck: ›Hallo, schau mich genau an!‹ Diese einmalige Haltung macht es wert, einen Hund nochmal genauer anzusehen.«

SNOW WIND FARM *Mary Strom*
»Für mein eigenes Zuchtprogramm auf Snow Wind habe ich mich in erster Linie auf den Import der besten Hunde konzentriert, die ich in England finden konnte. Zuvor habe ich sorgfältig studiert und geforscht, welche Verbindungen sich in der Vergangenheit bewährt haben. Die Blutlinien, auf die wir uns schließlich einigten, waren Ridley, Heliwar (Hoelio), Glenholm, Belmorr, Somerwest, Clystlands, Barsetta und Heythrop. Nach meiner Meinung haben sich diese Linien gut gemischt, vereinigen vorzüglichen Körperbau, wunderbares Temperament und Ausbildungsfähigkeit, alles wichtige Aspekte beim Aufbau eines eigenen Zuchtprogramms.

ARBA Champion Ridley Rifleman war einer unserer ersten Ausstellungssieger, er gewann sein

Ridley Rifleman Of Snow Wind. Züchter Sheila Atter, England.
Foto mit freundlicher Erlaubnis von Mary Strom, Snow Wind.

American Rare Breed Championship und mehrere Platzierungen in der *Terrier Group*. Rifleman - oder wie wir ihn nannten *Perkins* - hat einige hübsche Söhne und Töchter gebracht, sie hatten das gleiche vorzügliche Wesen und seine liebenswerte Persönlichkeit. Sein Vater Galtress Baliff Ridley ist australischer Champion, seine Mutter Ridley Replica war die erste Parson Jack Russell Terrier Hündin, die in England eine Championship Show gewann. Seine jüngste Tocher Snow Winds Rosey gewann vor kurzem im Alter von sechs Monaten auf der *Seattle American Rare Breed Show* ›Winners Bitch‹. Perkin's Töchter wurden und werden mit Heythrop Trailblazer gepaart, einem unserer jüngsten Englandimporte.

Heythrop Trailblazer, Züchter Roger und Linda Bigland, war unser erster Weltjugendsieger (1997), hat in jüngster Zeit seinen Siegeszug fortgesetzt mit drei Junior Championatstiteln, hat sich als Gruppenbester auf einer *American Rare Breed Show* platziert. Und *Blazer* war *High Point Parson Jack Russell Terrier* im ARBA Punktesystem 1997, gewann dazu mehrere JRTAA Regional Specialties. Sein jüngster Sieg war *Best in Show* auf der ARBA Micro Classic 1998, veranstaltet in Seattle, Washington.

Und Trailblazer's Söhne und Töchter beginnen jetzt mit ihrer Ausstellungskarriere. Eine seiner ältesten Töchter, Snow Winds Cosy Morningstar, Mutter Belmorr Carina, Besitzer Rani Morningstar, hat ihr *Junior American Rare Breed Championship* auf der Cherry Blossum Classic in Washington DC im Frühjahr 1998 errungen. Cosy gewann auch auf der ARBA Show in Seattle *Best of Breed*. Ihre Mutter Belmorr Carina ist nach ihrer Ahnenreihe viermal auf Ridley Robber hingezüchtet, man kann leicht die Ähnlichkeit von Ridley Robber's Sohn Glenholm Erik Of Belmorr mit seiner Enkelin Snow Winds Cosy Morningstar erkennen.

Ausstellungszwinger

*ARBA Ch. Hoelio Just Jenny Of Snow Wind.
Foto mit freundlicher Erlaubnis von Mary Strom,
Snow Wind.*

Ein weiterer Import ist Barsetta Polmanta von Barbara Richards. Polmanta oder *Halsey*, wie wir sie nennen, bringt eine andere Linie von Heliwar, ihr Vater ist Hoelio Prince, ihre Mutter Barsetta Make Mine Mink, die auf die alten Foxwarren Linien zurückgeht.

Eine sehr erfolgreiche Kreuzung, die schon viele Züchter versucht haben, erfolgt zwischen Ridley und Heliwar. Hoelio Just Jenny bietet ein vorzügliches Beispiel einer solchen Kreuzung, sie ist sowohl ein *American Rare Breed Champion*, als auch in der Terrier Group vielfach platziert. Jenny ist die Tochter von Heliwar Pip, ihr Vater war Glenholm Percy Of Foxwater, ein Bruder von Glenholm Erik und Sohn von Ridley Robber. Jenny ist nicht nur eine wunderschöne Ausstellungshündin, sie ist auch ein begeisterter Arbeitshund, sehr unterordnungsfreudig.

In den letzten Jahren importierten wir Galebern Twinkle, Züchter Bernard Tuck. Twinkle ist liniengezüchtet und wurde mit einem Enkel von Ridley Poacher gepaart, hieraus kam Snow Winds Little Star. Twinkle verband sich ebenso gut mit Snow Winds Redwood, einem Ridley Rifleman-Sohn, hieraus kamen Snow Winds Zodiak und Snow Winds Wishful Star.

Auch die Clystlands Linien von Mrs. Ruth Wilford-Hussey wurden mit den Linien von Heliwar und Ridley vereint, meist über eine Tochter und einen Sohn von Clystlands Legend. Hoelio Wanda (Clystlands Legend - Hoelio Kirsty) wurde in die Heliwar Linien auf Heliwar Ben zurückgepaart. Aus dieser Paarung kam Snow Winds Emma. Die Töchter und Enkelinnen von Heliwar Ben haben alle hinsichtlich Typ, Wesen und vorzüglichem Körperbau schöne Würfe gebracht.

Viele englische Züchter wie Sheila Atter, Roger und Linda Bigland, Barry Jones, Anne Milne, Isobel Morrison und Ruth Wilford-Hussey haben sich mir gegenüber über die Jahre als außerordentlich hilfreich erwiesen, opferten Zeit und Mühe, um mir beizustehen, die Linien, die ich heute besitze, zu finden - ich schulde ihnen viel Dank.

Ich möchte wirklich jedermann ermutigen, der ein eigenes Zuchtprogramm aufbauen möchte, gründlich die Zuchtlinien zu erforschen, die er einsetzen möchte. Jede Zuchtlinie hat ihre Fehler und Vorzüge. Wenn man aber rechtzeitig weiß, welche Fehler dies sind, kann man sich ziemlich viel künftige Enttäuschungen ersparen. Ich glaube fest daran, Linienzucht ist der Weg, um den Hundetyp zu festigen, den der Züchter anstrebt. Häufig verwechseln die Menschen Linienzucht und Inzestzucht, das ist ganz einfach nicht das Gleiche. Inzestzucht sollte nur von einem sehr erfahrenen Züchter betrieben werden, der die Linien sehr genau kennt.

Ständiges Auskreuzen und Einsatz einer großen Vielfalt von Blutlinien bringt selten einen Hund, der in der Lage ist, seine eigenen Qualitäten zu reproduzieren. Die durchschlagkräftigeren Zuchthunde sind immer jene, die aus einem speziellen Zuchtprogramm stammen, das dank klarer Linien-

Hoelio Washington Of Snow Wind.

Foto mit freundlicher Erlaubnis von Mary Strom, Snow Wind.

zucht Vorzüge sowohl in Körperbau wie Wesen brachte. Wenn Sie wirklich eine Auskreuzung durchführen möchten, wäre es immer klug, die Hündin mit einem Rüden zu paaren, der im Typ der Hündin ähnlich ist, denn es ist sehr schwierig, ein einheitliches Zuchtprogramm bei so vielen divergierenden Typen zu betreiben.

Aus Erfahrung sprechend - Jack Russells sind eine sehr gemischte Rasse, es gibt viele sehr attraktive Typen, jeder ein klein wenig anders als der andere. Aber um Gleichmäßigkeit in ein Zuchtprogramm zu bekommen, muss sich der Züchter auf einen bestimmten Hundetyp konzentrieren, den er bevorzugt. Für mich stehen Körperbau und Wesen vor Typ, denn ohne diese beiden Eigenschaften ist es schwierig, einen Hund zu züchten, der erstklassiger Familienhund, Ausstellungshund oder Arbeitshund für jedermann sein kann.

Genetische Tests sind für jeden Züchter eine kostspielige Angelegenheit, aber ohne derartige Tests riskiert man, die vorzügliche Gesundheit der Hunde, die man züchtet, zu opfern. Wahr ist, selbst mit dem allerbesten Zuchtprogramm und genetischen Tests kann man einmal einen Hund herausbringen, der ernsthafte erbliche Fehler aufweist. Aber ohne überhaupt zu testen, kann man überhaupt nichts wissen, und jeder verantwortungsbewusste Züchter sollte sich der Fehler bewusst sein, die in seiner Zuchtlinie stecken.«

DIE ZUKUNFT

Aufgrund der erst vor kurzem erfolgten Anerkennung durch den AKC und der Tatsache, dass zur Stunde die Rasse noch nicht auf *AKC Conformation Championship Shows* zugelassen ist, gibt es in den USA im Augenblick wenig Hundeliebhaber, die sich für Ausstellungen interessieren. Dies wird sich höchstwahrscheinlich wesentlich verändern, wenn die Rasse in die *Specific AKC Group* übergeht, sie dann hier Gelegenheit hat, Championtitel und Gruppenplatzierungen zu erringen. Es ist einfach noch zu früh um etwas darüber zu sagen, welche Züchter dann die einflussreichsten Zwinger haben werden, oder welcher Typ tatsächlich im Ausstellungsring gewinnt. Aber der allerwichtigste Aspekt der Zucht ist mit Sicherheit die Gesundheit der Rasse, ein Wesen, das immer im Vordergrund steht und äußere Formen, die es immer ermöglichen, dass sich diese Rasse als Liebhaberhund, Ausstellungshund wie Arbeitshund richtig bewährt.

AUSTRALIEN

In Australien wird man - wie in anderen Ländern - zunächst durch den Streit über die Namen *Jack*

Ausstellungszwinger

Russell Terrier und *Parson Jack Russell Terrier* verwirrt. Dies ist in gewisser Art ähnlich den Problemen, denen sich *King Charles Spaniel* und *Cavalier King Charles Spaniel* gegenübersehen. In beiden Fällen geht die Rasse auf gemeinsame Vorfahren zurück und in einigen Linien sind die Unterschiede weniger erkennbar als die Ähnlichkeiten.

In der Namensgebung in Australien gibt es noch ein weiteres Problem, nämlich ob die in Australien gezüchteten Jack Russells, die bei der *Australian National Kennel Control* eingetragen werden, etwa *Australian Jack Russells* genannt werden dürfen. Eine solche Eintragung beruht auf der Prämisse, dass sich Australien als Ursprungsland sieht, so werden im Ausstellungsring die Jack Russell Terrier nach dem australischen Standard gerichtet. Oder sollte man die Rasse unter einem anderen Namen führen, der aber noch unverändert seine Geschichte und sein Aufgabengebiet spiegelt? Dies würde möglicherweise Verwirrungen beim Parson Jack Russell Terrier vermeiden helfen, der vom Kennel Club und vielen anderen nationalen Kennel Clubs quer durch die ganze Welt anerkannt wird.

Zur gegenwärtigen Zeit sind Australien, Neuseeland, Südafrika und Japan die einzigen Länder, welche die Rassen in zwei verschiedene trennen. Kein *Inter-breeding* ist gestattet, und sie werden im Ausstellungsring nach zwei verschiedenen Standards gerichtet. Der JRT wird nach dem australischen Standard, der PJRT nach dem englischen Standard gerichtet, der auch durch den ANKC angenommen wurde.

Der auffälligste Unterschied zwischen den beiden Rassen liegt in der Widerristhöhe. Ideale Widerristhöhe beim JR 25-30,5 cm, beim PJRT beträgt die Minimumhöhe 33 cm, Idealhöhe 35 cm bei Rüden, bei Hündinnen 30 cm, beziehungsweise 33 cm. Es gibt natürlich noch eine ganze Reihe weiterer Unterschiede, auch verschiedene äußere Formen.

Australien hat für die beiden Rassen verschiedene Vereine und/oder Clubs, jeder spielt seine Rolle in der Welt des JR und PJRT, sie treten separat auf, haben aber überlappende Funktionen. Die wich-

Drei Generationen Parson Jack Russell Terrier, Besitzer Jo Ballard in Australien.   Foto: Robert Lane.

tigsten Körperschaften sind der ANKC und der Orginalclub, *The Jack Russell Terrier Club of Australia Inc*. Ein weiterer Club, der gerade erst gegründet wurde, ist die *JRT Breeders and Workers Association of Australia Inc*. Alle drei Organisationen haben ihre eigenen Register, aber nur der ANKC trennt die zwei Rassen ganz strikt.

PARSON JACK RUSSELLS
Obgleich es in Australien seit vielen Jahren Jack Russell Terrier gibt, wird der Parson Jack Russell Terrier nach der Klassifizierung des ANKC als eindeutiger Neuling gesehen. Über die Jahre wurde eine Anzahl größerer Jack Russells importiert, sie wurden aber alle beim JRT Club of Australia Inc. als Jack Russell Terrier eingetragen. Als England 1991 den Parson Jack Russell Terrier anerkannte, folgte Australien und adoptierte den englischen Standard.

Der ANKC jedoch erkannte einen PJRT nur an, wenn dieser aus dem Begründungsregister des English PJRT Club's kam. Auch Welpen, die von Eltern geboren wurden, bei denen diese Kriterien zutrafen und die schon in Australien waren, konnten eingetragen werden. Aber keine in Australien bereits vorhandenen Jack Russells konnten als *Parsons* eingetragen werden. All die anderen sind in Australien JRTs, wenn sie beim JRT Club of Australia Inc. eingetragen sind. Wenn es ihre Besitzer wünschen, wurden sie auch beim ANKC als JRTs eingetragen.

KAPALDO
Alan Lewis und seine Frau waren die ersten Besitzer in Australien, die eingetragene PJRTs besaßen, da sie eine Anzahl dieser Hunde 1986 aus England mitbrachten, wovon einige im *Foundation Register* in England eingetragen waren.

MISSIGAI
Di und Mike Cross kauften ihren ersten PJRT 1988 von Alan Lewis, der in Queensland lebte. *Trixie*, wie sie bekannt war, wurde zunächst als JRT eingetragen, da sie aber den Kriterien des ANKC entsprach, wurde sie danach als Parson beim RNSWCC neu eingetragen. 1988 kauften sie Kapaldo Ragamuffin (die Mutter von Trixie) und Kapaldo Bandit von Alan Lewis, beide waren in England als PJRTs registriert. Danach brachte Ragamuffin zwei Würfe, diese Welpen wurden zur Basis des Zuchtmaterials. Bandit zeugte in NSW nur zwei Würfe, ehe er starb.

Seither haben die Missigai Kennels über die Jahre weitergezüchtet. Der Höhepunkt bisher war *Best of Breed* auf der *British Terrier Club Show* unter der englischen PJRT Spezialistin Mrs. Jan Wood (Ardencote). *Runner-up* war eine Hündin, deren Vater und Mutter von den Missigai Kennels gezüchtet war. Die Siegerhündin Aust. Ch. Missigai Belvoir hatte Aust. Ch. Galtres Bailiff Ridley (Imp. UK) zum Vater, Mutter war Kapaldo Ragamuffin (Imp. UK).

SWYMBRIDGE
1992 importierten Carol und Robin Makeef die von Barsetta Bruce gedeckte Kenterfox Jean von Barbara Richards aus England. Kenterfox Jean brachte in Quarantäne fünf Welpen, und es dauerte nicht lange, bis sie ihren australischen Titel gewann. 1997 schickte Mrs. Richards Barsetta Jerome nach, auch er gewann schnell seinen Titel. Diese zwei Terrier bestimmen zwei der vier Blutlinien, auf denen der Zwinger beruht.

Ein weiterer Import, wiederum mit englischen Blutlinien, ist geplant, wird nach den bereits vorhandenen Linien ausgewählt werden. Wie Robin uns schreibt, hat der Zwinger Swymbridge im Ausstellungsring gegen andere gut bekannte und lang eingeführte Rassen Anerkennung und Erfolg gefunden, es forderte viel harte Arbeit und Ausdauer. Fortlaufende Erfolge in jüngerer Zeit sind für den Zwinger eine große Ermutigung.

Ausstellungszwinger

YARANUIP
1993 importierte Jo Ballard aus England Galtres Bailiff Ridley. Bedauerlicherweise kam der Rüde zu spät, um mit Shasta, der Stammhündin des Zwingers, gepaart zu werden. Der Rüde wurde von den Yaranuip Kennels nicht viel eingesetzt, aber im Zwinger stehen heute seine Tochter und seine Enkelin. Wasp (Aust. Ch. Yaranuip Thistle), die jüngste, steht heute im Wettbewerb bei *Obedience,* bevorzugt aber bei weitem die Wintermonate, wenn sie und ihre Mutter Twig and Bay auf die Jagd hinausziehen.

Es gibt noch eine kleine Anzahl anderer Hundeliebhaber, die in Australien mit der Zucht des PJRTs beginnen: In WA Rob Taylor und seine Frau (Sunset); in Victoria Mrs. Wagstaff (Pureoz), deren selbstgezüchteter Rüde Ch. Pureoz Aden auf der Melbourne Royal 1997 Best of Breed wurde; in NSW John Mills und seine Frau (Parsonage), ihr Zwinger basiert auf Missigai Blutlinien; Dennis Harvey, er baut auf Parsonage und Swymbridge Linien auf; in ACT Andrew Hutton und Tracy (Culloden), die gerade mit ihrem Zuchtprogramm begonnen haben.

JACK RUSSELLS

KARRELL
Jann Trout schreibt:
»Unser Ziel auf Karrell ist, eine Kombination von vor kurzem erworbenen englischen Blutlinien mit unseren erprobten und getesteten australischen Linien zu finden, um eine gesunde Zucht aufzubauen, die sich gut in den australischen Standard einfügt. Unsere erste Generation der Vereinigung dieser Linien hat einige sehr ansprechende Welpen erbracht. Ch. Karrell Gallant Sophie wurde vom Jack Russell Terrier Club of New South Wales *Puppy of the Year for 1997* zugesprochen, sie begann 1998 damit, dass sie auf der Jack Russell Terrier Club of Queensland's Open Show im März *Best Bitch* und *Runner-up Best in Show* wurde.«

CARISBROOKE
Rita Frances-Little erzählt:
»Mein erster ANKC Australian Champion Carisbrooke Dior wurde 1989 geboren, er

Aust. Ch. Karrell Gallant Sophie. Besitzer und Züchter Jann und Ron Trout.

Aust. Grand Ch. Myrmidon Jack Lairdsley. Besitzer Jann und Ron Trout.

Aust. Ch. Carisbrooke Casablanca, erfolgreiche Ausstellungssiegerin.

musste aber auf Anerkennung als reine Rasse warten, ehe er seinen Titel gewann. Im Januar 1988 kaufte ich von den Malung Kennels in Victoria einen Rüden als *Outcross*. Sein Name war Ch. Malung Orinoco. Er erwies sich als außergewöhnlich guter Vater von Hündinnen. Über sechs aufeinander folgende Jahre haben seine Töchter auf der Brisbane Royal und der The Sporting Terrier of Queensland Shows *Runner Up to Best of Breed* gewonnen.

Orinoco gewann auf den größten *Royals* an der Ostküste sechsmal *Best of Breeds:* Sydney, Melbourne und Brisbane (durchschnittliche Meldezahl 5.500). 1993 war er der einzige Jack Russell, der auf der Sydney Royal *Runner Up Group 2 (Terrier)* wurde. Ein Sohn von ihm gewann auf der Darwin Royal im *Northern Territory* die Gruppe 2 (Terrier).«

MYRMIDON
Jocelyn Cansdell erzählt:
»In den letzten 15 Jahren habe ich mehr als 60 australische Champions gezüchtet, ich bin auch der Züchter der zwei einzigen *Australian Grand Champions* der Welt, des berühmten Australian Grand Champion Myrmidon Jack Cam, *Broken Coat* von hervorragender Anatomie und Wesen, und des glatthaarigen Myrmidon Jack Lairdsley.

Ich züchte nach unserem offiziellen Standard und nur mit Hunden, die im Standard liegen; mit meinen Zuchtergebnissen werde ich immer zufriedener. Einer der beunruhigsten Aspekte für mich ist

Ausstellungszwinger

Foto (von links nach rechts): Aust. Ch. Myrmidon Jack Danni, Myrmidon Jack Niz, Aust. Grand Ch. Jack Cam, Aust. Ch. Myrmidon Jack Quint und Aust. Ch. Myrmidon Jack Tasse mit Besitzer und Züchterin Jocelyn Cansdell.

der Verlust der *Möglichkeit des Umspannens* der Rasse und die damit verbundene Schwere. Wenn wir künftig nicht auf den schlanken und flexiblen Körperbau achten, entfernen wir die Rasse immer mehr von der körperlichen Fähigkeit, ihre ursprünglichen Aufgaben zu erfüllen.«

BAYLOCK
Curly Sullivan schreibt:
»Meine Frau und ich erhielten einen Jack Russell als Geschenk, dieser Hund war Malung Jim Bean. ›Jim‹ wurde Stammhund der Baylock Linie von Jack Russells.

Auf der Melbourne Royal Show in 1991 war Jim Bean Best of Breed und Chum Creek Sweet Sherry, seine Tochter, wurde Runner Up Best of Breed.

Einen unserer großartigsten Erfolge hatten wir 1993 auf der Adelaide Royal Show, als ein Enkel von Jim zum *Runner Up Puppy in Show* unter dem hoch angesehenen Terrierrichter Harry Jorden aus England wurde.

Seither haben die *Baylock Jacks* einen Erfolg nach dem anderen erzielt, gewannen unter internationalen Richtern aus aller Welt. Wir haben Hunde gezüchtet, die in Japan, Neuseeland und jedem Staat von Australien Champions wurden. Im Jahre 1997 war Baylock Besitzer, Züchter oder Deckrüdenbesitzer aller *Best of Breed* oder *Runner Up Best of Breed* auf jeder Royal Show in Australien. Wir haben ein junges Team und schauen wir in die Zukunft, erwarten wir den gleichen Erfolg wie in den vergangenen Jahren.«

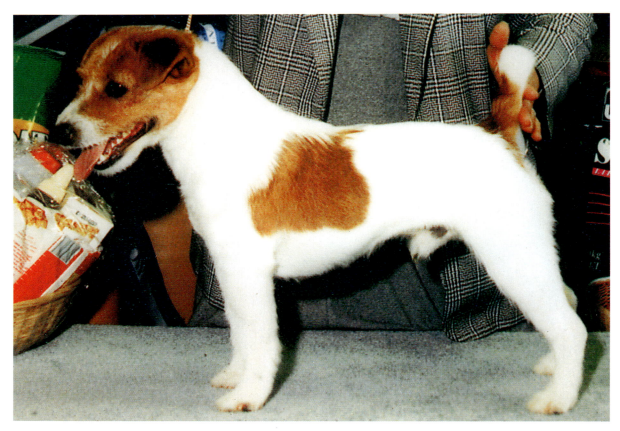

Aust. Ch. Pineview Poacher. Vater Aust. Ch. Tarsia Monocle Of Bohunt (Englandimport).

PINEVIEW

Maryke Franceschi schreibt:

»Ich hatte das Glück, einen wunderschönen weißlohfarbenen Glatthaarrüden zu erwerben - Australian Champion Wypanda Jacko. Dieser kleine Hund aus der Zucht meines guten Freundes Ian Grigg aus Ballarat, Victoria war der Stammrüde aller Pineview Hunde. Er jagte auf den Fuchs, war ebenso erfolgreich im Ausstellungsring. In drei australischen Staaten gewann er *Best in Show,* zeugte viele siegende Junghunde, prägte sie durch gute Köpfe, schöne Knochen und guten Bewegungsablauf.

Mit der Zeit wurde für mich klar, dass der Genpool an Jack Russells in Australien ziemlich eingeschränkt war. Ich hatte auch den Eindruck, dass die Hunde zu plump im Typ wurden, die athletischen Voraussetzungen eines arbeitenden Jack Russells verloren. Bei meiner Reise nach England im Juli 1994 traf ich auf einen erfolgreichen weißlohfarbenen *Broken Coat* Jagdchampion - auf Tarsia Monocle Of Bohunt, und brachte ihn nach Australien. Seit seiner Ankunft gewann er seinen australischen Championtitel und zeugte einige hübsche Welpen mit vorzüglicher Front, die sich leicht *umspannen* lassen. Offenes, freundliches Wesen kam dazu. Nach meinem Gefühl sind diese Welpen mehr der Typ, wie ihn Parson Russell in seinen Zwingern hielt und diesen Typ sollten wir als engagierte Züchter zu erhalten versuchen.«